JN272014

法廷に立つ科学

「法と科学」入門

シーラ・ジャサノフ

渡辺千原・吉良貴之［監訳］

勁草書房

SCIENCE AT THE BAR by Sheila Jasanoff

Copyright ©1995 by the Twentieth Century Fund, Inc.
Japanese translation published by arrangement with
Harvard University Press through The English Agency
(Japan) Ltd.

日本語版への序文

　自分の本が別の言語に翻訳されるのは、かつての仕事を見直す貴重な機会になる。その後の展開を踏まえたうえで、もう一度その成果を見直したくなるからだ。たとえば、当時の基本的な考え方は今でも通用するだろうか。その後の新しい状況をふまえれば、また別の問題設定になるだろうか。異なる言語や文化を背景にしてこのテーマにたどりついた他国の読者にとって、当初の議論がいかなる意味をもつのか、といったように。

　本書の日本語版はとりわけ時宜にかなっている。2011年に福島で起きた惨事は、科学と法に関連する多くの問題を提起し、関心を喚び起こした。原子力発電所の再稼働計画は、安全だという科学的証拠への信頼に寄りかかっている。裁判官をはじめとする法律家は、これから提起されうる法的な異議申立てに思いをめぐらせるとき、人々の安全と国民経済という、競合する利益のあいだでバランスをとらなければならない。本書は日本で関心が寄せられているその他の争点、たとえば生と死の定義、不法行為法における因果関係の性質、科学における不正行為を規律するルールについても扱っている。

　日本語版の刊行にあたって進んで私が言いたいのは、本書が取り組んでいる科学とガバナンスという大問題は、日本だけでなく法と政治を学ぶ世界中の人々にとっていっそう重要になっているということである。私たちの社会的、政治的、倫理的な活動は、かつてないほどに科学技術に関する選択と深く結びついているのだ。ヒトクローン、遺伝子組換え食品、地球規模の気候変動、知的財産権、インターネットにおけるガバナンスといった問題によって幾度となく、法はいかにして証拠、専門家の権威、公共政策を扱うのかという問題にスポットライトが当てられてきた。民主主義社会は今でもなお法に対し、技術革新の方向性と帰結の双方を導くような原理をもたらしてくれるように期待している。法規範へのニーズは、衛生や安全、環境分野ですでになされた基準設定

をはるかに超えて広がっている。法的紛争で根本的な問題となるのは、制度やプロセスが適切なものかどうかである。かかわっている人々はそのなかで、法と科学が有益な目的に向かって発展するように影響を与えうるのだ。

　本書が出版された1995年当時と同様に、今日でも、訴訟は科学技術の変化によって引き起こされる困難な法的、政治的、哲学的諸問題を探求する機会を与えてくれる。たとえば、生殖補助医療の時代に「自然な」母や父であるとはどういう意味なのだろうか。インターネットを通じたコミュニケーションやソーシャル・ネットワークにおいて、言論の自由とプライバシーの限界はどこにあるのだろうか。特定の遺伝的形質を目的とする胚選別の可能性のような、最近のバイオテクノロジーの進展は、自己、ジェンダー、個性、家族、コミュニティといった概念にいかなる影響を与えているのか。法がどの程度まで専門的知識を尊重すべきなのかという問いもまた、残されたままである。科学的な事実が、目撃者の証言や、患者の病歴や刑事被告人の性格をよく知る人物の証言といったその他の証拠に優越すべきなのはいかなる場合なのか。法システムは科学に、そのときどきの関連する知識だけでなく、バランスのとれた専門的知識を提示してもらうことまで頼ってよいのだろうか。

　もちろん、ある国の法システムから得られた結論を安易に他の国に一般化することはできない。アメリカの法システムはうまく翻訳ができない多くの特徴を備えている。というのも、アメリカではあまりにも多くの争いが訴訟を通じて処理されるし、コモン・ローのプロセスは日本のような大陸法モデルに基づくプロセスとは異なっているからである。それだけでなく本書は、主として裁判所と裁判官に焦点を合わせていて、科学技術の規制に関与している他の公式・非公式の多くの機関については扱っていない。本書は、日本の読者が自分たちでさらに完成させなければならない地図のための風景を、せいぜい窓から垣間見せるにすぎない。

　しかしながら本書は、直接触れた特定の事例や論争を超えて意義のある一般的な点についても述べている。

　第一は、信頼できる証拠の問題である。多くの訴訟分野において、紛争解決に必要とされる科学は、その論争が始まるまで用いることができない。法的手続きは、新たな知識が現れるコンテクストなのである。このコンテクストは

往々にして、何が・なぜ悪かったのかをめぐって異なる見解をもつ両当事者によって大きく引き裂かれてしまう。利用可能なリソースが平等に与えられていない場合も多い。原告が個人である場合は典型的に、大企業に比べて専門的知識へのアクセスが限られている。法律の専門家も科学の専門家も、意見が極端に対立し、当事者が対等でない紛争においては、どのようにして信頼できる知識を生み出すかという難題に注意する必要があるのだ。

　第二は、本書が「法の遅れ (law lag)」という考えを退けている点である。このよく知られた考えは、科学技術の動向は法が追いつけないほどに急速であり、それゆえ法はつねに科学に遅れをとっているというものである。本書で扱っている経験的な研究によれば、実際にはその反対であることも多い。法がまさに、科学技術が発展する前提条件を一定の方法で生み出しているのである。科学が進歩する領域を法が先行して形作っているという重要な事実を認識すれば、社会の意識や理解も進んでいくだろう。

　第三は、法は専門技術的な意思決定を民主化するにあたって主要な役割を演じるという点である。高度に専門技術的な社会問題については、その専門家といえる人はほとんどいないのだが、そのごく少数の者が、多くの人々の広く遠い将来にまで影響を与える判断を行うのである。アメリカの法廷は、行政の規則制定、法科学、あるいは不法行為責任のどれが問題となっている事件であれ、そうした影響力のある人々の専門的知識を問題にし、検証する場となってきた。日本でも法は歴史的に、環境や公衆衛生にかかわる損害賠償請求訴訟において民主化の役割を果たしてきた。

　私は日本の仲間たちにアプローチできるこの機会を心より喜んでいる。みなさんが全世界に広がる法と科学の相互作用を適切に位置づけるという課題に、私とともに参加してくれることを願っている。そうすれば、現代の最も重要な制度の関係の1つ、すなわち科学と法の関係をより包括的に説明する基盤を築き上げることができるだろう。

2014年11月

アメリカ・ケンブリッジにて
シーラ・ジャサノフ

まえがき

　法、そして裁判所がこれだけ広範な役割を演じるのは、アメリカのような多様な社会では驚くべきことではないだろう。実際のところ他に類がないほど複雑化したこの国において、そうした各制度は競合する主張や対立するイデオロギーを選り分ける仕組みをもたらしている。今日の法システムは、アメリカの法システムの基礎が確立された当時からすると文字通り想像さえできなかったような問題を日常的に解決している。さらに裁判所は、イギリスの植民者によって作られた他の公的な制度と同様に、自身の弾力性と適応能力を示してきた。たしかに、近代化、政治の進化、文化の変化といったものに生活の多くの面を秩序づけて適応させていくにあたって、司法システムや法は枠組みを提供してきたのだと断言しても言い過ぎではない。しかし、紛争を解決し、ルールを形作る裁判所の能力を試してきたのは、科学革命によって提起される法的争点にほかならない。

　科学的知識の爆発的増加にかかわる想像力や理解力の隔たりの原因を突き止めるには、憲法の起草者たちまでさかのぼる必要はない。今日の私たちが直面している科学の問題は、私たちの大部分の理解力を優に超えている。私たちが人類の歴史上初めて生きているのは、自分たちが日常的に持っているもの、たとえばテレビやコンピュータのような日常品が現実にどう動いているかを大多数の人々がさっぱりわかっていない世界である。そしてそれは、遺伝学の革命であれ、電子盗聴であれ、形はともかく科学によって提起された問題が、生活の基本的な意思決定にさらに深くかかわるようになりつつある時代でもある。

　科学者も法律家も、仮説からスタートする。しかし、法廷における法と科学の世界の相互作用から明らかになったのは、それぞれがまったく異なった伝統を代表しているということだ。科学による真実の追求と、正義に仕える法制度のあいだに衝突が起こるのはもはやいつものことである。それは今後も強まっ

ていくことだろう。もしかしたら両分野はお互いのことを、かつて「誤りはそれが真理を含めば含むほどに危険である」と表現されたような、古くからいわれる知の罠の餌食として見ているかもしれない。

　問題の核心にあるのはもちろん、科学と技術の急速な進歩である。そのため、司法システムに携わる人々や、陪審員として仕える市民たちにとって、専門家証人から提出される複雑な情報を理解するのはますます難しくなっている。たとえばDNA鑑定の結果のようにリスクとエビデンスをめぐる訴訟の場合、それは誤解と混乱の可能性に満ち溢れている。そのような場合に提起される争点はしばしば、法的手続きや科学的方法には手の届かないものである。法律の専門家も科学者も両方とも、他の諸分野に影響を与え合っているダイナミックな社会制度の一部分である。というのも、両者が導いている（と少なくとも一般人に）見える「事実」は、つねに変化しているからである。

　シーラ・ジャサノフは本書でこれから、この領域の司法の活動によって提起された多くの争点について広範で洞察に溢れる分析を行っていく。その領域は、ジャサノフが「法、科学、政治、そして公共政策が交差する位置」として描き出すものだ。今日、ほとんどのアメリカ人が科学について理解しているものの多くが、法廷に立った科学を伝える報道によっているのも無理のないことである。受動喫煙や電磁波技術のリスクは、製品から生じた損害をめぐる訴訟によって明らかにされている。遺伝学研究は、誰が親であるかをめぐる訴訟が起きるたび少しずつ私たちにもわかってくる。そして医療の進歩は、医療過誤や生命をめぐる権利がかかわるあらゆる事件で説明される。このような争点を含んでいる政治的論争のどちらかの側を私たちが選ぶとき、情報は私たちの知識基盤の一部になる。そうした知識は、新しい技術のリスク計算が国家の経済的・技術的成長への欲望に与える影響に反してなされるとき、環境問題をめぐる論争に知見をもたらしてくれる。

　ジャサノフが初めてこのプロジェクトの20世紀ファンドに参加したとき、彼女は新しい研究分野を形作ろうとするキャリアの最初だった。そこから彼女は、コーネル大学に科学技術研究の最初の主要な学際的部局を作り上げてきた。本書でジャサノフは、さらに複雑になっていく世界で私たちが直面するであろう問題を精査し、その複雑さに対処するための方法を提案している。それ

はたとえば、法システムや訴訟に代わって確立されつつあるものに携わる人々への教育である。このような難しい問題群についての十分な情報と知的刺激に満ちた旅程を整えてくれたジャサノフに感謝したい。

1995年6月

20世紀ファンド代表
リチャード・C・レオン

序文

　本書は、長く、そしていまだ終わらない旅の産物である。私の目的は、アメリカで最も力のある2つの制度、つまり科学と法廷が技術革新や政治的変化に直面したとき、どのように相互作用しているのかを探求することにある。両者の関係について学術的な関心が寄せられるようになったのは比較的最近だが、全米のロースクールで「法と科学技術」に関する学術誌や教育課程が急増しているように、その関心は日増しに高まっている。しかしその他の社会科学では、科学の真実を追求する営みと、正義に仕える法制度とのからみあいのなかで何が起こっているかという問題はほとんど手つかずのままである。結果として、専門的な学術誌の外側では、法的プロセスにおける科学技術の記述について、いまだ標準化されたアプローチはない。私たちの社会は、科学的、技術的、そして同時に法的でもある紛争を通じて自らの特徴を描き出していくものだと私は考えている。もし、そうだとすれば、まさに本来ならそういった多元的でゆるやかにつながった自己認識の営みを整合的に解釈するはずのアカデミックな声が聞こえてこないことこそ、きわだった特徴なのである。

　「法と科学技術」に関心をもつ人々は、多くの場合、「よい科学」と「正統な専門知」を見分けるときに裁判官や陪審員が直面する困難に注目してきた。両者はいずれも法の日常的なはたらきから独立して問題なく存在すると思い込まれている。そこでは科学者たちが概して外からの影響に揺らぐことなく、事実論争に決着をつけ、何が正統な主張で何がそうでない主張かを区別できることが当然視されているのである。こういった思い込みのなかの科学は、それ自体としては何も問題がなく、権威のよりどころであるとされる。そこでもし問題があるとすれば、科学から送られてくる正しい使者を見分け、そのメッセージを尊重することができない司法システムのほうなのだ。科学は自律していて、概して自己を律して探求を行う分野であるというこの科学観は往々にして、科

学的な妥当性が正義を実現するための前提条件であると考える法の側の見方と結びついてきた。こういった観点からすれば、科学との関係にあたっての法の側の義務は、2段階の単純な要請に容易に切り詰められる。つまり、法廷やその他の法的機関はまず主流の科学的成果を見つけ出し、次にそれを法的意思決定に組み込めばよい。

　ここでの私のアプローチではそれとはまったく逆に、次のように考える。科学的主張はとくに法的紛争とかかわる場合には激しい論争の的となり、特定のローカルな状況に左右される。そして科学自身がその一部となっている実社会の、暗黙の約束事がぎっしり詰め込まれたものなのである。法的プロセスで何を妥当な科学とみなすかという基準の明確化から始まり、法的に関連性のある科学的主張の表現形態が、法の制度的な道具立てによって多くの場面で形作られている。言い換えれば、真実に関する観念と正義に関する観念は、法的手続きのなかで同時に構築されるということである。それゆえ「よい科学」とは何で、その「よい科学」をいかに見分けるかをめぐっての法的な論争は、私にとって、広がりのある探求の出発点となった。知識に関する主張の対立や根底的価値の分裂、民主主義社会のなかの専門知に関する見方の競合に対して、法的プロセスがどのように折り合いをつけていくのかを理解したい。

　同様に、技術による人工物と社会的状況とをかみ合わせる際にも、法は基本的な役割を担っている。「技術的」と慣習的に呼ばれる領域において起きる進歩によって、現に生きている人々は行動や制度、そして人間関係の再調整を避けようもなく強いられる。新しい行動様式がそれによって可能になり、古いものはときに廃絶される。それゆえ、法にとって基本的な重要性をもつ観念、たとえば主体性、因果関係、権利、責任、非難といった概念に疑問が投げかけられるのである。新しい科学的・技術的発展にかかわってそういった概念が再定義されるあり方や、その際に、司法のスキルと想像力が駆使されうまくいったりいかなかったりするさまが本書の中心的な関心事項である。

　この10年間、科学技術論の分野へのかかわりを深めてきたことで、法と科学技術の相互作用についての私の考えも変わってきた。この分野の仕事によって、たとえば事実や制度、社会のルール、そして無生物といったような、私たちがふだん「固い」のが当たり前だと思っていた多くのものの境界が実は交

渉の余地があることに気づかされた。科学技術論の中心となるプロジェクトは、社会的、物質的、あるいは自然的な世界における線引きが流動的なことを示すことであった。そこでは私たちが科学を通じて得る知識や、技術として用いているものの多くが、社会的に是認されたレトリックと営みを通じて作り出された「固さ」にすぎないことが明らかにされた。この分析から、とりわけ科学は、自然界の真実の独立・自律的な生産者ではなく、近代社会における社会的・認識論的な秩序を作り出す他のさまざまなメカニズムのなかにしっかりと組み込まれた1つの動態的な社会制度として立ち現れる。この分析枠組みのなかで、法と科学の相互作用はとくに重要なものである。なぜなら、社会規範を明確化する法の力は、物理的な世界と私たち自身の本性についての不変の真理を明らかにしようとする科学の努力に密に織り込まれるからである。何が正統な知識を構成するか、誰に自然を語る資格があるか、そして科学は他の知のあり方との関係においてどれだけの敬譲を要求すべきかといった問題につき、科学的「事実」をめぐる法的論争は、社会がその理解をめまぐるしく構築する場としてたびたび立ち現れるのである。

　以下で私が格闘する問題は、法、科学、政治、そして公共政策が交差する点に位置するものである。「社会構築」という概念は科学技術論の現在の学問的探求の中心にあり、本書の各章で扱われるさまざまなトピック、たとえば専門家証人、司法審査、有害物質をめぐる不法行為、そして新技術の規制といったものを概念的につなぐものとなる。それぞれの文脈において法的な手続きは、社会での科学技術の特定の秩序のあり方を構築し、安定させる触媒として機能する。法的分析の段階で私がとくに関心をもっているのは、裁判所が、技術にかかわる専門知や主張、生産物、プロセスについての可能な解釈のなかから、あるものを正統化するとともに、それ以外のものを排除していく公式・非公式のテクニックである。科学論と同様に、法学においても、私は一般的な主張や原理が特定のケースや論争の特殊性から浮かび上がるさまに目を向ける。本書の政治的な側面は、法システムのなかで科学技術の構築が不可避的に権力と権威の境界線を引き直している事実のうちに見出される。それは非専門家たる公衆による審査や管理に向けて、技術にかかわる意思決定の新たな領域を法が開くときになされる。本書の主要な結論の1つは、各学問領域の観点を融合さ

せるところから生じる。法システムはずっと、技術にかかわる対立を解決するために「科学を使って」きた。まさにその過程で科学技術についての人々の理解をもたらし、それを維持する役割を果たしてきたのである。したがって、法的プロセスでどのように用いられているかを注意深く見ないかぎり、アメリカでの政治生活における科学技術の位置を十分に理解することはできない。

　この本における私の考えは、たくさんの友人、同僚、また科学技術論の学生たちとの対話から多大なる恩恵を受けている。初めにこの分野に熱心に誘ってくれたドロシー・ネルケンにはとくに感謝している。マイケル・デニス、エヴェリーン・リチャード、ウェスレイ・シュラム、ローレンス・トランクレディ、ブライアン・ウィニーはみんな、私が自信を失ったり、その他のプレッシャーに押しつぶされそうになったときに、プロジェクトを達成するのに必要な刺激を与えてくれた。法と科学の分野における多くの研究仲間たちは、貴重な情報を提供してくれただけでなく、さらに貴重な事実確認にも寄与してくれた。法律家と科学者の全国会議を通じて、アメリカ応用科学協会や、アメリカ法律家協会（ABA）と公式・非公式にコンタクトをとれたことは、実務を行っている裁判官や弁護士、専門家証人が専門技術的に複雑な事件において直面している問題についての自分の認識を広げるのにとりわけ役立った。バート・ブラック、ジョセフ・セシル、エドワード・ジョージョイの、つねに思慮に満ち、示唆の多い研究仲間としての付き合いにも多くを負っている。マーク・フランケル、デヴォラ・ランケル、アルバート・タイには、アメリカ応用科学協会を通じてさまざまな刺激的な活動に誘っていただいた。トーマス・ジェイアン、マイケル・ライヒ、ジョセフ・サンダーズ、ピーター・シュック、その他の名前は出せない査読者たちは、最終原稿の前段階の原稿にこれまでないほどの鋭く、度量の深い読みを示してくれた。

　この本での研究は、「20世紀ファンド」の助成を受けているが、その当時、まだ認知度が低かった学際的な研究プログラムで悪戦苦闘している研究者にとって、外部で認められることはきわめて重要であった。私はこの支援と、それに引き続き長期にわたる書き直しや改訂を重ねるなかでの、ビバリー・ゴールドバーグと、彼女の同僚パメラ・ジルフォンド、ロジャー・キンボールの変わ

らぬ、ほとんど神に近いほどの忍耐強さに深く感謝している。私の助手であるデヴォラ・ヴァン・ギャルダーは、イェール・ロースクール時代のノラ・デムライナー、コーネル大学時代のジェニファー・ユアン、オリーブ・リー、ターニャ・シモンセリィ、ロバート・スピールと同様に、効率よく的確に仕事を進めてくれる源だった。また、ロバート・ギュラックには、初期の草稿に示唆に満ちた批判的なコメントをいただいた。そして誰よりもさまざまな迷惑をかけ、この本とその作者である私に辟易している私の家族たち、母のカメラ・セン、夫のジェイと息子のアラン、そしてとりわけ、私の法についての時代と人生をともにしてきた娘のマヤに感謝している。

　この本は、多くの人たちの助力と洞察によって内容の豊かなものとなってきたが、内容の選択と解釈上の戦略は、自分自身のものである。よって、ここでの記述は、現代において法が科学技術と出会う場面を包括的に扱うことは意図していない。たとえば、知的財産法や精神医学、社会科学的証拠といった多くの重要なトピックについては、本書ではざっと触れる程度にとどめている。むしろ、この本では、これから引き続き相互に展開していくことを望んでいる、科学技術論と法の対話を切り開いていく第一歩としての試みである。ここが終着地ではなく、ここから周辺領域についてより明瞭に、他の人々がさらに新しい境地を切り開こうという意欲をかきたてる見晴台と考えている。もし、たとえ少数でも読者が、現在の活発な訴訟社会において科学、技術、法秩序の位置づけが刻々と変わりゆくことに興味をもっていただけたなら、この目的を果たせたといえるだろう。

シーラ・ジャサノフ

目次

日本語版への序文 　i

まえがき 　iv

序文 　vii

第1章　科学と法の交わるところ 　1
1.1　真実か正義か？ 　4
1.2　法的探求と科学的探求の文化 　7
1.3　裁判とテクノロジー・アセスメント 　11
1.4　法廷における科学と技術 　15
1.5　手がかりとなる諸問題 　20

第2章　変化する知識、変化するルール 　25
2.1　製造物責任 　26
2.2　医療過誤 　32
2.3　環境訴訟 　36
2.4　連続性と変化 　40

第3章　法が専門性を構築する 　43
3.1　専門家証人という文化 　46
3.2　対抗的科学の脱構築 　53
3.3　司法の門番機能と専門性の再構築 　59
3.4　ドーバート判決以後の科学と法 　65

3.5 これからのために ……………………………………………………… 70

第4章 政府は専門性をどう語ってきたのか **73**
4.1 予防原則的規制の興隆 …………………………………………… 75
4.2 行政の説明責任と科学的論争 …………………………………… 76
4.3 「ハード・ルック審査（hard look）」理論 …………………… 79
4.4 科学政策パラダイム ……………………………………………… 81
4.5 リスク評価における自由裁量の縮減 …………………………… 85
4.6 敬譲審査への回帰 ………………………………………………… 88
4.7 文脈の変化：技術官僚的な裁判官と民主的な専門家 ………… 91
4.8 政府の言説を民主化する ………………………………………… 95

第5章 科学のコミュニティにおける法 **99**
5.1 科学における仲間、法における従属者 ………………………… 100
5.2 科学を取り締まる：両義的な記録 ……………………………… 102
5.3 研究の外側の境界 ………………………………………………… 107
5.4 宗教に対抗する科学 ……………………………………………… 114
5.5 制限された自律 …………………………………………………… 117

第6章 有害物質をめぐる不法行為と因果関係の政治 **121**
6.1 法的ジレンマの誕生 ……………………………………………… 123
6.2 化学物質と疾患：不確実な結びつき …………………………… 125
6.3 司法の事実認定における経験主義 ……………………………… 129
6.4 主流の科学を捜して：「臨床環境学」の場合 ………………… 137
6.5 意義ある改革に向けて …………………………………………… 140

第7章 法廷のなかの遺伝子工学 **145**
7.1 初期の組換えDNA論争 ………………………………………… 147
7.2 自己規律の限界 …………………………………………………… 149
7.3 生命の特許化 ……………………………………………………… 150

7.4	意図的放出をめぐるポリティクス	153
7.5	法への訴え	157
7.6	対立する解釈	160
7.7	紛争からの撤退	163
7.8	規律ある議論	165

第8章　家族にかかわる問題　　169

8.1	「プライバシー」の意味を作り出す	171
8.2	胎児の権利の領域のマッピング	179
8.3	家族を再構築する	186
8.4	生物学と社会のネットワークのなかの法	191

第9章　生と死のさまざまな定義　　195

9.1	死の床から法廷へ	196
9.2	問題の組み立て方	198
9.3	患者を構築すること	201
9.4	市民としての患者	208
9.5	司法の役割の再検討	213

第10章　さらに反照的な協働関係に向けて　　215

10.1	「主流科学」の神話	217
10.2	司法が達成したものの記録	221
10.3	政策改革——信頼しつつの批判	229
10.4	訴訟社会での対立と合意	235

原注　　239

「法と科学」の相互構築性——解説にかえて　……渡辺千原・吉良貴之　　275

事項索引	289
人名索引	294
判例索引	298
著者・監訳者・訳者プロフィール	301

第1章
科学と法の交わるところ

　アメリカの政治文化は、科学技術の発展への信頼と、法を通じた社会的な紛争解決への意欲〈コミットメント〉（それはもはや中毒とさえ呼べるかもしれない）の両方から、その顕著な特徴を引き出している。こうした文化的傾向ゆえ、国民が有する健康・安全・環境保護に対する強烈な関心や伝統的な道徳観と、経済的な発展や際限のない技術発展への希求を調整できるかという疑いが生じたとき、科学技術の制度と法システムの不穏な対立がもたらされるのだ。大学、産業界、そして政府に対し影響力をもち、問題解決のための法的アプローチに幻滅した批評家は、法に対し、科学技術にもっと敬意を払うように、もしくは干渉しないように求めてきた。法システムは、科学的な紛争の解決を科学者にまかせるよう再び強く促されており、「科学裁判所」という悪しき発想さえ一部では再燃した。

　法律家、政治家、科学者そして有識者といった政策決定者は、どうやってこの不満の高まりと折り合いをつけたらいいのだろうか？　もしかすると法と科学の対立的な出会いがしばしば起こる法廷にもっぱら問題があるのだろうか？　それとも、裁判の限界と科学的探究の性質をわきまえることによって、科学技術に関する私たちの期待を調整する必要があるのだろうか？　私は、こうした問題を、科学技術が関係する法的紛争において実際に起こっていることを詳細に見ていくことによって考えてみたい。典型的な登場人物や制度、手続き、そして法の形式的な言語は、科学技術が人々の日常生活において獲得した意味をどのようにかたちにするのであろうか？　専門的な紛争を解決するために法的資源を投入するとき、公衆の科学技術への理解はどのように変化するのか、もしくは変化というよりも利用されるのか？　そして、技術発展をコントロール

する私たちの集団としての能力は、訴訟を通じて、どのように縛られ、あるいは再定義されるのか？　法的な場面におけるさまざまな科学技術紛争を検討するなかで、私は、法と科学についての学術文献の基礎になっている多くの通説的見解を再吟味したい。そして、法的システムが科学技術についてさらに熟考し、自覚的な反応をなすことの利点を考えてみようと思う。

　科学技術発展へのアメリカの信仰は、ある程度、これまでの歴史的な成果のなかに根づいているように思われる。発明の世紀は、数えきれないほどの点で、予想もできなかったほど私たちの潜在能力を拡張し、生活の質を改善した。私たちはいたるところで、進歩を示す新しいモノに出くわす。たとえば、エアバッグやアンチロックブレーキ、Eメール、ファクシミリやキャッシュカード、人工心臓やレーザー手術、遺伝子スクリーニング、体外受精、そして心身の疾患治療のための薬品の急成長。わずか一世代だけを考えてみても、宇宙計画は人間の経験の物理的なフロンティアを拡大してきたし、さらに生命科学での数々の発見が、生命の基本的なプロセスを操作する能力に大変革をもたらし、不妊、老化、飢餓、そして病気に打ち勝とうとしている。科学的な研究は、政治不信の時期にも、予算不足のおりにも、おしみなく公共資金を集め続ける。戦略防衛構想（SDI、もしくは「スターウォーズ」）計画や、超伝導加速器などいくつかの「巨大科学」プロジェクトは、冷戦終結によってそのアピールを失ったけれども、そのほかの宇宙ステーションやヒトゲノム解析プロジェクトなどは、政治的・科学的な団体からの強力な批判にもかかわらず、政府のサポートを受け続けている。

　ところが、知識が増えることによって、科学技術への典型的な恐怖もまた増強されてきた。それは治療、再生、身体の健康、そして衰えることのない進歩への保証に陰を落とすのである[1]。レイチェル・カーソンの『沈黙の春』[2]は1960年代に、動物たちが病み、植物がしぼみ、キーツの詩にある荒れ果てた風景のように鳥がさえずることもない未来を警告したことにより、世界的なベストセラーとなった。遺伝子工学は間違いなくこの時代の偉大な科学的ブレークスルーの1つとみなされるが、それはまるで自然のバランスを壊滅的に崩し、もしくは人間の尊厳の意味を永遠に破壊してしまうかもしれない現代のフランケンシュタイン博士の技術として人々の意識に刻みつけられてしまっ

た。コミュニケーション技術はグローバリゼーションの進行を速めたが、その反面、個々人を地域コミュニティにつなぐかすかな紐帯をも切断せんばかりである。きのこ雲、核の冬、オゾンホール、「温室効果」……こうした不穏なイメージは、私たちの文明がもっている知識へのファウスト的な渇望が、自然を支配することによって結果を予測し回避する我々の能力よりも、完全に先に行ってしまったことを示している。

世論調査や有力なメディアは、科学技術に対する公衆の期待に二面性があることを示している。1992年のハリス調査では、「最高の名声」ある職業として50%以上のアメリカ人が考えていたのは科学者と医者だけであった。しかし、その率は1977年からそれぞれ9%と11%下落した[3]。ほかの調査によれば、1973年から1993年までのあいだ、科学的組織に対して大きな信頼を表す人の割合は、36%から45%のままほとんど動かなかった。1993年でも45%以上の人が、原子力発電所事故と明白な環境悪化が次の25年以内に発生するだろうと考えている。同じ期間でガンの治療や平均寿命の延長を期待する人々はそれよりもやや少ない[4]。この二面性はヨーロッパでも同様に現れている。1989年の調査では75%以上の回答者が、科学は生活を向上させるものであり、それを政府が支援すべきだと信じていたが、一方、28%から65%の人々は、科学者が正しい政策決定をするのに信頼できるかという質問に「そう思わない」か「まったくそう思わない」と答えた[5]。映画「ジュラシック・パーク」（1993年）の空前の大ヒットを目の当たりにしたニューヨークタイムズの科学記者は、少なくとも大衆文化メディアにおいては「製薬企業、遺伝子学者、その他の医学者は、かつては夢のある仕事をする人々であったが、今日では悪人である[6]」と見てとっている。

近時における法と科学の紛糾の大部分は、技術の勝利の暗黒面をコントロール下に置こうとするアメリカ国民の決意を反映している。その暗黒面とはたとえば、公衆衛生や環境、個人の自律とプライバシー、コミュニティと道徳的価値といったものに対するさまざまなリスクである。トクヴィルから現在まで、アメリカ文化を論じる人々は、政治的な対立の解決や、社会秩序の達成を、法を通じて行おうとするアメリカ特有のこだわりに注目してきた。科学技術の成果に疑念がもたれる時代にあって、アメリカ国民が、科学技術が変化する過

程をコントロールしようと再び主張し、そして技術の裏切りに償いを求めるとき、法への依存を深めてきたのは驚くべきことではない。

今世紀の終わりを迎えようとする現在 [1995年]、法は科学に劣らず、進歩主義の神話性のほとんどを失っている。訴訟は、アメリカン・ライフの病理を救うものというよりは、むしろその原因として今では受け止められている。訴訟手続きのコストがふくれあがり、保守派による司法積極主義への批判もあいまって、裁判所に対する信頼は失われかけている。1980年代のメディカルスクール志願者の激減（その後、持ち直したが）から企業倒産、製品導入の遅延、産業競争力の沈滞まで、近時のアメリカの科学技術を悩ます多くの問題が司法の行き過ぎのせいにされている。著名な社会批評家たち（科学者だけではなく、裁判官や法廷弁護士も含まれる）は、アメリカが不況の悪循環から抜け出そうとするには、司法の権力こそチェックされねばならないと主張し始めた[7]。1994年9月に共和党が発表した「アメリカとの契約（Contract with America）」は戦略的には申し分なく優れていたが、そこで共和党は「常識に基づいた司法改革法（Common Sense Legal Reform Act）」を公約し、訴訟を思いとどまらせるために、「敗訴者負担」法の導入、懲罰的損害賠償の制限、製造物責任法改正を謳った。こうした改革に反映されている法プロセスや制度への信頼低下は、本書の文脈の少なからぬ部分を占めるものであり、また、技術の専門家やその非民主的な権威に対してしばしば表明される公衆の不信でもある。

1.1　真実か正義か？

法システムが科学技術に関連する問題を扱うにあたっての不満はおおむね、科学政策分析の2つの異なる確立した伝統に対応している。1つは「政策における科学」に関するものであり、もう1つは「科学のための政策」に関するものである[8]。この相対立する区分けの根拠を問いただすことができようが、こうした二元的分類は、科学技術の側からのニーズと法的プロセスの側からのニーズのあいだで発生するミスマッチについて人々の理解の主流であり続けている。

「政策における科学」のプロジェクトには、法的意思決定における科学の利

用を「改善」するために繰り返しなされる提言も含まれる。たとえば、専門家証人の選択方法の改革、裁判官と陪審員に対する再教育、技術的な証拠の有効性基準の変更などがそれにあたる。批判的な人々がよく述べることとしては、アメリカの裁判官と陪審員、そして法律家はおおむね、科学の社会的な組織やプロセスについてあまり知らないこと、ましてや科学の基本概念、たとえば「統計的有意性（statistical significance）」のようなものはさらに知らず、特定の科学分野の実質的な内容についてはほとんど全く知らない、ということがある。こうした「専門的なことについて無知な」事実認定者たちは科学の本質はもちろん、方法さえ理解していないにもかかわらず、複雑化した専門的議論を正しく評価することを強く求められるようになっているのである。また、真実と合理性が、どうとでも操れる当事者対抗主義的＝対審構造的な手続きの犠牲になっているなか[9]、適切に訓練された門番（gatekeepers）がいないため、法システムは自ら「ジャンク・サイエンス（junk science）」にはまり込んで身動きできない状態に甘んじているとみる批判者もいる。紛争当事者がコントロールする専門家証人のせいで、争点になっている専門的問題についておよそ極端で非主流的な意見のみが法廷にもたらされてしまうようでは、反対尋問と証拠に関する法的ルールは、まやかしのための処方箋としてしか機能しない。

　ダニエル・コッシュランドは『サイエンス（Science）』（生物医学についてのアメリカの一流雑誌）の編集者であるが、彼はときおり、法システムに対する彼の立場を率直で皮肉な言葉で述べている。以下の引用は、うぶな「科学」が「無謬（Noitall）博士」から学んだ法曹界の事実である。

　　科学：それでは、司法システムは、できるかぎり純粋に真実を獲得するシステムではないということですね。
　　無謬博士：ようやくわかったのですね。司法システムは、どっちの法律家が、より賢いかをお互いに競い合う当事者対抗主義システムなのです。もし、暴力団の殺人者を弁護している弁護士が、依頼者を無罪放免にする技術的な矛盾を示すことができれば、たとえ殺人者が自由になったとしても広く賞賛されるのです[10]。

科学者向けに科学者が書いたものではあるが、こういった話は、科学と法の境界を維持する顕著なあり方の１つの例である。この『サイエンス』記事では、法が対抗的なゲームにいかなる犠牲を払ってでも勝とうとしていることが示される一方で、「科学」はあくまでも真実の追求に専念しているものとして描かれている。

　「科学のための政策」に関する批判的な研究は、技術を管理する手段としては裁判による決定が有効性に欠けることに主に注目してきた。この陣営の側に立つ人々が問題にしているのは、バイオテクノロジーや原子力、新しい医療・生殖技術といった問題の政策決定を行うにあたって、司法には制度上、そうしたことができるのか、または憲法上、その権限があるのかといったことである。管轄の制限があるため、州裁判所にも連邦地方裁判所にも国家規模の政策を発展させる権限はないと思われる。さらに、裁判の、事後的でケースバイケースな裁定方法は、科学技術に対して先見的に対応していかねばならない国家的必要性と根本的に相容れないものと多くの人々の目に映るようである。イノベーション、損害賠償責任、実質的な研究計画の選択と資金助成、そして技術的なリスクの規制といったことに裁判所が与える影響は、こうした視点からは、進歩に対する重大な阻害要因のように見える。

　この標準的な問題枠組みは両方とも、次のような想定においては重なり合う。その想定とは、科学と（科学より狭い範囲であるが）技術には、内的な論理があり、妥当性やコントロールについての自律的な枠組みをもっていて、それは法にかかわりなくはたらき、法の規範的な関心にも、法制度の実務にも従う必要はないというものだ。「よい科学（good science）」を法的決定に注入するという処方箋には、たとえば科学的争点についての判断を科学者に委任したり、法に携わる者に専門的な知識をもたせたりすることがあるが、それは私たちの社会が、合理的な、そしてそれゆえに信頼できる客観的な政策過程といったものに深く傾倒（コミットメント）していることの現れである。科学的創造性や技術革新のために法の垣根を下げようとする者も同様に、技術政策は専門家である合理的な政策決定者によって最もよく取り扱われるという考えに執着している。私の見解によれば、こうした概念化は、一方では科学と技術、他方では法と政策のあいだにある境界を、受け入れがたいほど硬直化してしまう。科学裁判所を設立する

といったふうな制度的分離を勧めるのは、法的プロセスのなかでよりよい科学を求めるのと同様、科学技術について道徳的・政治的な選択を合理的なものにする専門家の力を漫然と過大評価するものだ。

1.2 法的探求と科学的探求の文化

　法と科学のあいだのコントラストは、二元的な表現で表されることが多い。たとえば科学は真実を、法は正義を探求する。科学は記述的で、法律は規範的である。科学は進歩を、法は手続きを重視する[11]。こうした単純な特徴づけは、次のような洞察をさまざまなかたちで繰り返し述べ直すものだ。すなわち、法における事実認定は、社会的正義を提供するための特定のヴィジョン（そしてそのためのメカニズム）によってつねに条件づけられているというものである。対照的に、科学的な主張にはこうした条件への依存性はないと思われている。科学のもたらす結論は推測的で、暫定的であるがゆえに修正を受けるが、科学は通常、特殊性と文脈依存性を克服するための組織化された手続きを有し、普遍的な妥当性を有する主張を生み出す能力があることから、科学以外のあらゆる社会的活動から区別されるとみなされている。驚くまでもないが、それゆえ、科学と法が比較される場合、観察事実の体系的な検証や、結論を批判的な検証と反証に進んでゆだねることへの、科学に固有の取り組みが称賛されることが多い[12]。

　根本的に異なる企てとして法と科学を表すとき、科学についての法的な著述では2つのきわだったテーマが繰り返し登場してきた。まず、法律家（または法的な訓練を受けた官僚）と科学者のあいだの「文化衝突」であり、それと同じ流れとして科学的争点を取り扱う際、法の文化は科学の文化とできるかぎり同化するように取り組むべきであると言われる。文化的隔絶は、科学者が自らの技術的判断を規制者の用いる荒っぽい分類で行うよう求められるとき、もしくは専門家の信用性を攻撃しようと些細な矛盾をあげつらう法律家によって反対尋問されるときに感じる不快感を説明するために持ち出される[13]。科学者が記述するこのような対比について、法の分析者はほとんどが不快に感じているようである。法と科学のあいだで申し立てられる文化的衝突を克服するための

処方箋には、科学者自身が使っている「本当の科学と……、にせもの」[14]を見分ける基準を裁判所が借用するよう命じるといったことから、たとえば科学者官僚や科学カウンセラーといった、相手の文化をよりよく相互に理解しうるような人たちを専門的なメディエーター（調停人）にする提案といったものまで存在する[15]。

　こうした文献には、科学の文化を実際に構成している取り組みや営みに対してきわめてぞんざいな注意しか払われていないこと以外にも、欠落しているものがある。ましてや、裁判プロセスに融合してしまっている科学の分野があることを理解しようという努力などはほとんどない。私は以下の各章で、「文化的衝突」論者の多くによって説明されてきた、抽象化・理想化された科学観を問い直すべく科学技術社会論（science and technology studies: STS）の洞察を利用していきたい。その際、補足的に、法発展の見られる特定の領域でのケーススタディも行う。手始めとして、望ましい筋書きよりも実際の判決や論争を取り上げて、これまでほとんど体系的に分析されてこなかった法と科学の文化が、実際にはお互いに構築し合っていることを論じたい。法と科学の制度がいかに協働して、私たちの社会的・科学的な知識と、私たちと技術製品との関係を作り上げているのかを理解することは、政策改革を効果的な試みにするにあたって不可欠である。

　法と科学は、事実探求のための公式な体系として、共通する重要な特徴をいくつか有している。いずれの伝統も、証拠を厳密に吟味し、その証拠から合理的で説得的な結論を引き出す権威的な能力があることを主張する。観察者（または証人）の信頼性とその観察結果の信用性は、法的な意思決定においても科学的意思決定においても決定的な関心事である。組織化された宗教とは異なり、科学も法も、唯一の教義に忠誠を尽くすものではない。両分野において、事実の評価を規律するルールは、ときおり大規模な変革を経験する。その変革は、科学においてはパラダイム転換のパイオニア[16]の仕事によってもたらされるし、法においては（通常は、しかしいつもではない）立法行為によってもたらされる。各分野のなかでの通常の発展は、確立された理論の最先端のところで、既存の伝統の個人的な理解による意思決定により、静かで分散的な革命が引き起こされて進む[17]。

科学的思考と法的思考のあいだの大きな違いは、事実認定に対するアプローチにおいて最も明らかになる。科学は少なくとも現在の研究のパラダイムで認められるかぎりでは、事実を「正しく」把握していくことに何よりも関心があると伝統的に理解されている。法もまた、事実を正しく立証していくことを求めているが、それは紛争を公平に、そして効率的に解決するという、それに優越する目的に付随するかぎりにおいてである。この基本的な二分法は、多くの二次的なコントラストの説明になる。法は終結を必要とするから、法的な事実認定プロセスはつねに時間に制約される——証拠が尽きたときには審理を止めなければならない。司法における審理は、さらなる証拠を待つことにして決定を先延ばしにはできないのである。イギリスの物理学者であり科学社会学者でもあるジョン・ザイマンがいうように「もし、私たちが科学的な問題について未成熟な意見を強いられるとしたら、私たちは、『証明不十分』というスコットランド独特の評決をするか、陪審が評決に達しなかったことから審理を更新することが必要となるだろう」[18]。対照的に、法は、どれほど科学者の目には未成熟な決定に見えたとしても、今ある事実に基づいて立場を決めねばならないのだ。

　法における事実認定は、儀式化された法廷での発話形式を通じて行われ、科学者自身による観察や実験についての一次的な報告を二次的な概念あるいはレトリック上のフィルターにかけることになる。法的な事実認定者が「知っている」ことは、手続きのなかで証人が、法律家の質問に対して、裁判に関係するものとして選んで答えたことの関数なのである。イギリスの推理小説家 R・オースティン・フリーマンは、1911 年の小説でこのような高度に制限された知識の形式について苦々しくコメントしている。「科学的な見解は、法的なものとは根本的に異なっている。科学者たる者は、彼自身の知識と観察と判断に依拠し、証言は無視する。……法律に基づく裁判所は、提出された証拠に従って決定しなければならず、そしてその証拠とは、宣誓された証言という性格をもつ。もし、その証人がクロをシロであると証言するつもりがあり、それに反する証拠が提出されなければ、裁判所の前にある証拠はシロいクロであり、裁判所はそれに従って決定しなければならないのだ」[19]。フリーマンは皮肉っているが、ことの核心に迫っている。「科学」は、法の目的にとっては裁判手続

きのなかや、裁判にかかわって提出される証言の一要素であるにすぎない。その質は証拠を提示する法律家のプレゼンテーション技能や意図に大きく左右されてしまう。こうして、法が構築（もしくは再構築）する事実は、科学者が、独自のレトリックと手続きによる、まったく異なった状況で同僚を説得するために構築する事実とは、必然的に異なっている。

　決定によって終わらせる必要性のために、法は、事実が不確実である場合に何を信じるべきかを決定するルールと実務からなる複雑なシステムを作り上げてきた。こうしたルールと実務は、当然ながら「科学的」ではない。そこにはまず、どの証拠が、そしてどの証人が目の前の紛争に関連性があるかを、法システムが決定するためのルールが含まれている[20]。法的ルールのもう1つの中身は、争いのある証拠に基づいて決定しなければならないという問題にかかわるものである。たとえば、民事事件において法システムは原告に「立証責任」を負わせている。勝つためには、原告は、「証拠の優越（preponderance of the evidence）」基準に基づいて主張を証明しなければならない。言い換えると、証拠が50％以上原告にとって有利でなければならないということである。これは、たとえ証拠が完璧に均衡しているような境界事例であっても、法的な事実認定者にとって、紛争当事者のあいだの決着をつけるための根拠があるようにする要件である。科学は、同じ状況下では勝者を決定しようとはしないし、その能力もない。刑事上の事実認定において科学的な確実性に近いもの（「合理的な疑いを超える（beyond reasonable doubt）」）が要求されているのに対し、行政上の決定では一般的により低い証明基準しか要求されない。事実に反する、または科学に反する結論であっても、法的な立場からは、適切な条件下において「正しい」結論と宣告することができる。たとえば刑事手続きにおいては、国家による弾圧から個人を守るためには、有罪か無罪を科学的に「正確に」決定することに大きくかかわる証拠も排除されうるし、それによって技術的には「誤っている」が道徳的には正しい結論がもたらされるかもしれない。

　民事事件でさえ、法システムが科学以外の価値に対して有する忠誠心は、全く不合理に見える決定を容認することにつながる。たとえば1946年、チャーリー・チャップリンに対する認知事件では、陪審は、チャップリンが血液型の証拠からして父親ではありえないことが明白であったにもかかわらず、こ

の俳優に責任があると判断し、そして裁判所は、彼に養育費を支払うよう命じた[21]。フランシスコ・アヤラは傑出した生物学者であるが、バート・ブラックという工学者でもある法律家とともに、この決定を科学的知識からすればとんでもない奇っ怪なものとして引用した[22]。マイケル・サックスは、社会心理学者であり証拠の専門家でもあるが、もっと穏健な立ち位置を取りつつ、「陪審は、血液型判定のやり方、その基礎にある科学、もしくは専門家証人たちの誠実さに疑問をもったのかもしれない」[23]と指摘した。同じくサックスは、陪審の正義感覚が結論に影響した可能性があるとも述べている。結局のところ生物学的な関係は、子どもに対する大人の経済的・身上監護的な責任の決定において、つねに決定的ではないということである。子どもの養育を保障するために、州法は伝統的に、子どもはその母親が結婚している夫の嫡出子として生まれたものと推定している。おそらく陪審は、チャップリンの地位を教会法に基づく夫としての地位から類推し、彼が子の母親に比較して経済的に圧倒的に優位にある状況を考慮に入れたのだろう。これらすべての記録を踏まえ、陪審がチャップリンの父性の科学的否定を受け入れなかったことは、科学リテラシーというよりも社会的な知恵として適切に位置づけることができよう。

1.3 裁判とテクノロジー・アセスメント

　法と科学の近時の議論が法的事実認定を強調するあまり、裁判所の技術を管理するという役割が目立たなくなっているが、長い目で見れば、その役割のほうが現代の産業民主主義の進化にとって間違いなく重要である。学術的な文献では、法文化と技術文化の交錯点に関して、裁判所におおむね受動的な役割があてがわれてきた。すなわち、裁判所は主として技術の消極的な影響を修復する手段とみなされているのである。保守的な制度分析はこの見解を支持している。裁判所は結局のところ、それ自身では主導的に動くことはできず、苦しんだ人々が原告となって訴えてくるのを待つしかない。立法とは異なり、裁判手続きは事件ごとであり、事後的、すなわち被害が発生してからしか進まない。この訴訟提起のタイミングのせいで裁判所は、テクノロジー・アセスメントで

の主要な第一の目標である「できごとのできるだけ早期の段階での合理的な選択」[24]から理論上は排除されてしまう。しかし、後に見るように、アメリカの裁判所は、人間のコミュニティとその技術的生産物とのあいだに生じる前代未聞の闘争に、初めて公的な声と意味を与える社会制度となることが多い。それゆえに、法システムの内部のできごとによって、技術の方向性は重大な影響を受けるのである。

技術と裁判所に関する法的思考は、その大部分が未検証のままの技術決定論によってもたらされてきた。そのため近時の法と文化の研究においては、ローレンス・フリードマンのようにアメリカの法秩序を鋭敏に解釈してきた者でさえ、技術の変化と法の変化の関係についてほとんど注意を払っていない（206ページの本のうちわずか10ページ）。しかも彼は、技術の影響を保守的で決定論的な用語、すなわち原因と結果という言葉でしか記述していないのである[25]。その結果に含まれるのは、彼がいうには、アメリカ社会の法的な権利意識の肥大化にともなって現れてきた変化の迅速化、法的な形式と構造の爆発的増殖、自己主張の強い個人主義の伸張といったものである。

そのほか、法が技術への影響に第一にかかわっているとみなしてきた人々もまた、法的プロセスが、より大きな社会的利害、たとえば新しい損害賠償責任のルールがもたらす産業界全体もしくは領域をまたぐような効果よりも、個別の正義に関心を向けることを許してきたと非難している。ピーター・フーバーは、アメリカの不法行為法について最もずけずけものを言う批評家であるが、彼の主張によれば、訴訟による規制の力は、体系的にそして不均衡に「公的なリスク」[26]を不利に扱い、「新しく」小さなリスクよりも、「古く」大きなリスクを重視するという[27]。フーバーによれば、公的なリスクのカテゴリーには、大規模な発電所、ワクチンの大量生産、そしてジャンボジェット機などが含まれているが、それらの技術はすべて、より古い、たとえば暖炉や自動車や自然に発生する有害物質への被曝といった、「家内制産業」で作られた物による病気や死亡のリスクを低減してきたという。

ところがフーバーによれば、司法による決定は一貫して、集約的な大量生産により生じ、個人のコントロールの及ばないような、健康や安全への脅威を忌み嫌う傾向にある。新しい技術による被害を過剰に補償させ、その普及を妨げ

ることによって裁判所は、人間と環境に害を与える確率を全体としては増大させているのだ。フーバーは明らかに、人々は事故の数を最も少なくするような技術を選好するがゆえに、裁判所はとにかくその選好を尊重すべきであるということを前提にしている。しかし、リスク認知の研究の進展が示すところでは、それとは逆に、人々は往々にして、現実的または予測により見積もれる影響よりも、リスクの社会的・文化的な側面のほうを懸念する。したがって人々は、有効にコントロールできると感じている活動（たとえば、喫煙、食事、車の運転）によって死傷する確率が高くても許容するのに、無力感や不信感を高めるような活動（たとえば、原子力、殺虫剤の使用、航空輸送）のほうが耐えがたいと考える[28]。たとえ国家的規模で科学技術のエリートによる体制側の選好に逆らうことになるとしても、民主的な社会において裁判所は、正義をなすためには、そうしたゆるぎのない規範的立場を尊重することが求められるのである。

　しかし裁判所には、具体的な対象と社会的なニーズのあいだの関係を構築することについてきわだった能力があるものの、特有の制度的限界もある。そして裁判所の仕事を公正に評価するにあたっては、この能力と限界をともに考慮しなければならない。製造物責任訴訟では、「リーディングケース」となる1つの決定が、その事件の事実内容をはるかに超えた効果を及ぼすとき、社会的に耐えがたい混乱が生み出されかねない。1980年代、ワクチン製造業者に対する訴えによって、製薬会社にしてみれば、ごくわずかな原告らによってなされる甚大な損害の訴えに直面するくらいなら製造をやめるほうが賢明であると考えざるをえないような、不確実な法的状況が生まれた[29]。保険業界が途方もない損害に対する責任を引き受けることを渋ったため、不法行為訴訟による萎縮効果が拡大し、許容限度を超えるような事例も出てきた。たとえば1986年、製薬会社が製品に賠償責任保険をかけられなかったために、数千人のまれな神経筋の病気に苦しむ患者らが数ヶ月のあいだ、有益な臨床試験薬を得られなくなってしまった[30]。議会は、同年、こうした主張を法廷の外に移し、苦痛、障害、死亡に対する賠償に上限を加えるワクチンの賠償法を制定した[31]。先述の共和党の「アメリカとの契約」ではワクチンの賠償以外の分野にも、賠償制限の設定を一般化することが公約として謳われた。

　裁判官が行政の専門機関を後知恵で批判しなくてはならないような場合、裁

判所の政治的正統性も同様に攻撃され、傷つけられる。たとえばバイオテクノロジーが最初に発展し始めたころ、環境活動家たちは訴訟を通じて、遺伝子操作された製品の商品化を遅らせることに成功した。こうしたいくつかのケースにおいて環境活動家たちに有利な判決をした裁判所は、行政機関が国家の競争力にとって不可欠と考える技術推進政策に対する国民の反対を正統化したのである。市民団体は、裁判所によるこうした主導的な決定を称賛したものの、このように専門的で経済的に不可欠な科学技術政策分野に司法が干渉することの妥当性に疑問を呈する人々もいた。そうした人々の議論は（第7章において批判的に評価されている）、裁判所の政策形成機能を狭く解釈することに起因する部分と、裁判所は科学的な根拠を欠くような不安や異議にも等しく時間を与えて科学を脅かしているという見方に起因する部分とがある。

　司法過程の悪名高きコストと非効率性は、技術政策を形作る法廷の役割についての懸念も引き起こす。技術による事故に対する法的救済は、安くもなければ、速くもない。複雑なケースでは、すでに重い負担となっている弁護士費用と裁判費用に加えて、証拠をそろえ、専門家証人を雇う支出が生じる。汚染に関する疾病を訴える訴訟であれば、とくにそれが事実審理にまでいたる場合には、何百万ドルという費用と何年もの期間をたやすく費やしてしまうことになる。アメリカの歴史のなかで最も長い陪審審理の1つは、ダイオキシンによって被害を受けたと主張するミズーリ州の住民がモンサント社に対して起こした訴訟である[32]。このケースで、3年間も結論の出ない証人尋問をやったあげく、多くの関係者は、司法システムというのは覚悟を決めた金持ちの訴訟当事者による濫用に対しては無力であることを悟ったのである。1990年に、アメリカで最長となった、カリフォルニアでの子どもに対する性的虐待（molestation case）の刑事裁判は、124人の証人による6万ページにも上る調書から陪審員がはっきりした事実を読み取ることができないと結論づけた時点で、有罪を宣告することなく終了した[33]。

　複雑訴訟に対する資金調達は、さらに内容の不公平やアクセスの不平等といった問題を含む、その事件のみの取り決めを要請することになる。マサチューセッツ州ウォバーンの有害物質をめぐる不法行為訴訟では、原告市民らは、他の会社と100万ドルの和解金で前もって和解が成立していたことを主たる理

由として、1社だけの被告となったW・R・グレイスに対する訴えを起こすことができた[34]。ピーター・シュックは、ベトナム帰還兵によって提訴された枯葉剤のメーカーに対する巨額の訴訟についての鮮やかな説明のなかで、弁護士たちがかけた時間やお金が、個々の原告たちの、曖昧で不確実な、そして限界事例的な主張を完全に目立たなくさせたと分析する。枯葉剤訴訟は、シュックの言葉を借りれば、「弁護士の裁判」へと徐々に変化し、帰還兵の補償金と懲罰に対する関心は、弁護士らの経済的で専門的な関心に取って代わられたという。同様の問題は、タバコ産業に対して60に近い法律事務所が共同で提訴した巨大なクラスアクション（集団訴訟）にもあるにちがいないと思われる[35]。不法行為法システムは、補償システムとして、世界中で最もお金のかかる、非効率なものの1つである。ランド民事司法研究所によるアスベスト訴訟の有名な研究では、有害物質をめぐる不法行為責任は、並外れて高い取引費用をもたらすことが示唆されている。1970年代初めから1982年までに、アスベスト訴訟の原告に補償として支払われた1ドルごとに、原告、被告、両者の保険会社にとって、1.71ドルが訴訟費用として必要とされた[36]。言い換えると、被害者に支払われたのは総支払額のたった37％だったのである。他の研究は、さらにこのことを裏づけている[37]。

1.4　法廷における科学と技術

科学、技術、そして司法システムのあいだの関係をより深く精査するためには、私たちは、この領域における今日の訴訟パターンの実用的な見取り図が必要となる。アメリカでは技術による深刻な災害が起こったら必ず法的応答がなされる以上、損害賠償請求訴訟は、どんな見取り図を作ろうとも依然として中心であり続ける[38]。製造物責任訴訟はいまやありふれたものとなり、原告集団がことさらに弱者であったり多数であったり、被告の行動がとてつもなくひどいものだったり、訴額が飛び抜けて巨額だったりしないかぎり、滅多に注目を引くことがなくなっている。しかし、製造物責任の広範な普及こそが、その道徳的な解釈と政治的な解釈とのあいだに矛盾を生み出してしまうのである。一部の人々にとっては、損害賠償請求訴訟は、人間味がなく利益をひたすらに

追い求める会社に対し、会社に搾取されて経済的な不利益を受けた被害者が責任を追及しうる唯一の仕組みである。このような精神のもと、アメリカの不法行為法システムの権威であるマーク・ギャランターは、不法行為法システムの20世紀にとげた進化が、被害者に対し十分な救済を行えるくらいに高度な責任を配分するようなメカニズムをもたらしたことを歓迎している[39)]。彼の見解を裏づけるここ数年間のケースとしては、フォード社とジェネラル・モーターズ社に対するガスタンクの爆発事故の被害者らが行った訴訟や、アスベストの労災についてのマンヴィル社に対する訴訟や、ダルコンシールド（子宮内避妊器具）によって被害を受けた女性らによるロビンズ社に対する訴訟などがある。

　他方、製造物責任は、便利な因果のフレームワークを提供しているにすぎず、それを使って人々は、多くの場合筆舌に尽しがたいような不幸を、滅多に起こりそうにない技術的な原因とのあいだに希薄な関連性を構築して合理化しうるのだという、より批判的な見方もなされている。このような非難を招いてきた訴えには、ダイオキシンの被曝、豊胸手術、送電線からの電磁界による被害を訴える当事者による訴訟が含まれる。その複雑さやもともとのことがらの悲惨さゆえに広く知られるこうしたケースを通じ、アメリカは、科学的な証明の基準を決まって無視し、無責任な陪審員が無知で考えのない評決で産業を破壊する場であるというイメージを強くもたれてしまっている。

　しかし科学と技術を取り巻く法廷活動は、補償の範囲をはるかに超えて、社会的な調節のための網の目をはりめぐらせている。急速に増大する技術に関係のある紛争のリストは、科学、技術そして社会のあいだのかみ合わせを調整する裁判所の果たす役割について、いかなる単純な位置づけにも疑問を投げかける。以下の例が示すように、今日では、法は科学と技術の社会的影響を解明するだけではなく、科学技術が意義、有用性、影響力をもつようになる状況それ自体を構築しているのである。これらのケースは、伝統的には科学の領域であった知をめぐる論争と、古典的に司法の領域であった責任をめぐる論争とのあいだに存在する、微妙な関連性について警告を発し始めている。

- ニューヨーク州の上訴裁判所が1993年に出した判断では、高圧送電線の

敷設用地に対する公衆の不安によって引き起こされた資産価値の下落に対する損害賠償の申立てを認めた。申立人は、電磁界の影響への病的ともいえる恐れに対しては、医学的にも科学的にも合理的な根拠を証明することを求められなかった。裁判所は、市場価値が失われるという経済的な問題は、「電力技術者、科学者もしくは医学専門家を新たに総動員して、おおげさに、そしてエスカレートさせる」[40]ことなく、解決しうると考えたのである。

- 1993年の（合衆国）連邦最高裁は、専門家証言の許容性に関して70年も妥当してきた連邦規則を覆し、ドーバート対メリル・ドウ製薬会社事件で、裁判官には科学的証拠が適切か不適切かを見極める義務があると述べた[41]。ドーバート判決は多くの問題に影響を与えたが、そのなかできわだつものとして、全国の警察で、飲酒を疑われた運転手に対して行われていた、水平方向を凝視するいわゆる眼振検査の許容性についての一連の事件がある。この検査の目的は、容疑者の眼球運動の目視を飲酒量に結びつけることにある。カリフォルニアの裁判所は、警察官が証言することを認めたものの、証言する警察官は科学者ではないと意見を述べた。なぜなら、警察官は、「実験ではなく、自身の経験から一般化を行っており、その観察から得た関連性を定量化しようともしていなかった」[42]からである。

- 2人の傑出した科学者によって、イギリスの高名な雑誌である『ネイチャー』に掲載された1994年の記事では、「DNA指紋法」として知られる技術に関するあらゆる科学的論争は、今後当面休戦に入ると宣言された[43]。2人はかつて、この重要な司法鑑定技術をめぐって論争した専門家であったが、このたびのコンセンサス形成の試みは、悪名高い殺人事件であるO・J・シンプソン裁判、すなわち、アメリカン・フットボールのヒーローであり、テレビ番組の司会者であった人物が、彼の元妻であるニコール・ブラウン・シンプソンとその友人であるロナルド・ゴールドマンを殺害したと訴追された事件を受けてのものと、広く受け止められた。

- 1993年3月、連邦地方裁判所は、クリントン大統領による健康保険制度改革作業委員会は連邦政府諮問委員会法の要件である公開の会議を行う

べき諮問委員会であると判断した。この作業委員会のメンバーの大半は連邦職員だったが、ファーストレディである議長のヒラリー・ローダム・クリントンは、連邦政府の役員でも職員でもなかった。この決定の根拠として、裁判所は、作業委員会にもたらされた情報が何であり、それが誰によってもたらされたのか、そしてどんな資金によるものであるのかを市民が知る権利があることに言及した[44]。

- 国立衛生研究所（NIH）で働いていた2人の科学者が、著作権違反をめぐる裁判において、テキストの重複の度合いを計測するための「盗用検出器」プログラムを開発した。この技術を完璧にしようとする彼らの情熱は、1980年代後半における科学的不正行為への法システムの関与の増加を反映していた[45]。

- 1993年のカリフォルニア州最高裁は、成人した2人の子どもが、彼らの父親が自殺する前に一緒に住んでいた女性に対し遺言で譲った精子を破棄するよう求めた申立てを却下した。生殖や、親という意識、そして家族に関する社会的な規範が同じく変化していることを背景にして、フロリダでは1994年に死亡した夫とたった2週間結婚していただけの女性が、夫の死亡直後に採取した精子を利用して子どもを産みたいと発表した。同じく、1994年、同性愛の男性が、レズビアンのカップルに提供した精子によって誕生した子どもについて、「父親」として面会交流する権利を認められた。そして、ルイジアナでは、夫の死後1年経って人工授精をして未亡人から誕生した子どもについて、非嫡出子であるとされた[46]。

- AIDS（後天性免疫不全症候群）のウィルスの同定、血液検査の開発、特性を見極めて感染のリスクを封じ込める試み、そして、ワクチンを製造する努力は、空前の法的論争を生み出した。マサチューセッツ州ニーダムでは、ニューイングランド電話会社に雇われていたAIDSの患者が、175万ドルを求めて会社に対して提訴した。その訴訟のなかで、彼は、会社が彼に対して、ハンディキャップに基づいて差別し、プライバシーを侵害し、そして仕事に戻らないよう圧力をかけたと主張した[47]。彼が会社に復職する和解が成立すると、彼の存在により深刻な健康被害がもたらされると依然思い込んでいる同僚の技術者らが抗議のストライキを起こした。国際的な

状況としては、フランスの権威あるパスツール研究所が、アメリカ国立衛生研究所を、HIV の発見の業績を確立したのは自分たちであるとして提訴し、その血液検査の特許料の配分を求めた[48]。フランスとアメリカの代表が科学的な業績は分かち合うべきであるということで合意したことにより、この論争は一時的に収束したが、アメリカの捜査官たちが国立衛生研究所の共同発見者が科学的不正行為の点で有罪ではないのか追及しようとしたことで、再度表面化した[49]。

● 胎児の延命や生命維持の技術発展は、奇っ怪な一連の訴訟をもたらした。コネティカットの裁判官は、3ヶ月近く昏睡状態にある女性の胎児を中絶させるべきではないと命じた。なぜなら、そのような行為を正当化するには、「不十分な証拠」しかなかったからである[50]。カリフォルニア州サンディエゴでは、ある女性が、主治医の勧めに違反して、胎児に適切な医療措置を受けさせなかったとして刑事訴追された[51]。病院による検死報告書によると、「母親の薬物乱用によって引き起こされた胎児仮死症候群」の結果、この乳児は死亡したとされた。しかしながら、訴追は、結果的に取り下げられ、このケースは、女性の妊娠中の胎児へのケアについて、刑事罰を初めて用いようとしたことから悪名高いものとなった。また、バージニア州郊外の連邦裁判所は、ほぼ無脳状態で生まれた乳児に対し、生命維持措置を続けるよう病院側に命じた。決定時すでに、このベイビー・Kは、呼吸困難に人工呼吸器で対処したいと母親が主張したことによって、普通の無脳症の乳児よりも、長い月齢を生存していた[52]。

こうしたケースの多くは、知の権威をめぐる葛藤として説明しえよう。誰の知識がどんな基準で、そして誰にそれが適用されれば妥当な科学とみなされるのか？　知識が優れていることを主張する専門家よりも、現象を理解している素人が優位であるのはどんな場合か？　専門家の見解は、社会的な関係におけるリスクと費用に関する意見（たとえば AIDS のケース）を構築すべきか、もしくは、専門家の意見に対し、非専門家の意見（たとえば、電磁界やベイビー・Kのケース）が対抗する余地を与えるべきか？　警察官の飲酒運転検査から専門の科学者による盗用を明らかにしようとする努力、あるいは鑑定目的の DNA 指

紋法にいたるまで——これらの事件は、科学的知見や技術の生産自体がどれだけ法の発展と結びついているかを浮き彫りにしてもいる。さらに一般化していうと、このような事件の取り合わせは、科学的・技術的な発展がどのようにして定着した社会関係へと切り込まれ、すでに確立している権利義務の再定義を法を通じて強いるのかが予測不可能であることを反映してもいる。裁判所はこういった争点に取り組むことで、社会変革と技術革新の相互作用プロセスに事実上参加しているのである。つまり裁判所は、新たな解釈をして新たな可能なかたちを再構築するための新しいルールを社会が探求する際のパートナーとなるのである。

1.5　手がかりとなる諸問題

　司法によるルール策定が不可避であることを受け入れても、そのことは、高度に技術的な内容を含む紛争を解決するための現在の法の仕組み全体を、無批判に受け入れることを意味しない。法廷という場所で科学が社会的に構築されることを認めるとしても、裁判官が、特定の事件において証拠を許容すべきかあるいは証拠を陪審にいかに斟酌させるかを決定する必要性をなくしてしまうことにはならない。より一般的には、裁判所に対する批判が根強いことから、科学と技術をめぐる社会的な調整をどの程度司法による解決に任せるべきかという問題について再考を迫られるのである。

　法と科学の相互作用についての理解がますます複雑になるにつれ、規範的な分析も必然的に複雑になっている。私が提案している、法と科学のより動的で構築主義的な分析を採用するならば、現状維持あるいは「よい科学」の領域拡大を目的とする規範的解決を支持するのは困難だろう。法と科学は社会のなかで相互に構築し合っているという考え方を受け入れるならば、これらの制度間の相互作用を評価したり改善したりすることを可能にする基準をどこに求めたらいいのだろうか？

　有力なアプローチは、裁判所自体に目を向けて、技術がますます複雑化している民主主義社会において、ほかとは違う特徴をもつ機関たる裁判所がその最もよく行いうるような機能を改めて考えていくものである。そこでは専門家

の権威を脱構築することが重要な任務の1つとなる。訴訟は、後に見ていくように、物理的現象や自然現象に関する専門家の主張の多くに根ざしている価値観、偏見、社会的前提をあらわにする潜在力がとくに高いリソースなのである。根底にあるこれらの主観的な予断を明らかにすることは、司法制度において「事実を正しく理解する」ことと同様に十分に重要である。さまざまな判決を検討することで、本人さえ気づいていないかもしれない専門家証人のバイアスを明らかにし、社会による批判を活発化させることがどの程度うまくできるかを考察しよう。社会に存在するさまざまなアクター[53]に対して技術が有している意味について、その「解釈の柔軟性」を明らかにし、社会統制の新たな可能性を指し示すことで、裁判所は、技術との関係で脱構築を行う有益な役割を果たすことができるかもしれない。そこで、裁判所自体が科学や技術に関してもっているバイアスが決定プロセスに影響しているのか否か、しているとしてそれがどの程度なのか、またそのバイアス自体をさらに脱構築に利用可能かといったことを問うのは重要であろう。さらに一般的にいえば、訴訟は、科学と技術の発展によって提起される倫理的・社会的な問題を解きほぐす手段として信頼に値するのか、あるいはまた効果的な手続きなのかを検討することになるだろう。

　裁判所に期待されている2つめの役割は、科学と技術の市民教育である。裁判所は、訴訟当事者や市民、法共同体やさまざまな政府および非政府機関に、技術的変革にともなう認識論的、社会的、道徳的ジレンマについてどのように効果的に情報提供できるだろうか。これに関してはとりわけ、法的な事実認定権者が科学的不確実性や科学論争についてどのように考え、証拠をめぐる対立に直面した場合自らの決定にどのような合理的説明を加えているのかを問うことが大切である。また科学に関する裁判所の分析と、裁判所が行うルール策定の全体的な明晰さや首尾一貫性との関係にも関心を抱くことになるだろう。同じ文脈で、科学と技術の特定の発展に関して、法が選択するフレーミングの適切性の問題（たとえば法律構成を厳格なものにするか柔軟なものにするかの選択や、憲法の基準についてそれを維持するか覆すかの選択）も考察することになる。

　3つめの非常に重要な機能は「有効性」の基準である。市民は裁判所に救済を求めるとき、裁判所の判決が一定の道徳的な性質とともに実践的な性質を

も示すことを期待している。とくにアメリカの訴訟当事者が裁判プロセスに非常に一般的な期待を抱くことはよく知られている。正義がなされるべきはもちろんのこと、それだけではなく正義がなされているように見えなければならない。訴訟当事者は自分が法廷で積極的に期日をもてたと感じられなければならない。判決は、そのような人々の金銭的損失のみならず肉体的苦痛や精神的苦痛、憤慨をも補償すべきである。補償は無期限に延期されるべきではない。有効な法システムは、これらの要求にそこそこ規則正しく対応しなければならない。有効性を掲げるのであれば、裁判所の決定が、個人の自由および安全に対する脅威をどのように排除するのか、また訴訟が技術革新と競争といったより広い国家的な目標にどのような影響を与えるのかも問わなければならないのである。

　これらの問題にあたるときに私がとる方法は、ある程度、伝統的な法分析に基づいている。つまり、リーディングケースとなる判例を検討する。なぜならそうした判例は法における革新の瞬間を表しているし、また、社会一般の理解や行動に広く影響を及ぼしているからである。しかし、本書に向けられる司法の境界画定や専門知の考え方といった多くの疑問は、論争となっている個別の領域において多く出される、あまり目立たない事件の判決からより明らかになる。その領域というのは、たとえば遺伝子工学や有害物質をめぐる不法行為である。したがって以降の章では、そのような内容上のトピックを中心に整理するので、ある意味では事例研究の延長のように思われるかもしれない。つまり、それぞれの事例を、判例分析と訴訟の社会的・政治的文脈に関する二次文献からの洞察とを合わせて検討するのである。このアプローチをとることで、科学と技術が構築されるときに法システムが用いる戦略について比較検討をするとともに、歴史的な検討を行うことができるようになる。今後の各章で展開する分析の多くは、可能なかぎり現代の司法判断のなかから重要だと思われる事例を取り上げることにしているが、かといってとくに時間上の制約はない。つまり本書は、科学技術と互いに影響を与え合うときの司法の推論や思考のスタイルを扱っているのであって、実体法の特定の領域について何か結論めいたことをいおうとするものではない。

　科学と技術は境界線をはっきりと引くことはできないけれども、第2章か

ら第5章までは主に科学を、第6章から第9章までは技術について扱う。法システムのなかで科学が社会制度であり、承認された信念の体系でもあるものとして構築される点については第2章から第5章のテーマとなっている。そこでの大きな主題は、法が科学の権威と信頼性を構築するとともに脱構築するように扱っていることである。第2章は、実体法の3領域、すなわち製造物責任、医療過誤、環境法において、裁判所の態度がどのように進展していったのかを概観する。歴史的な視点からすると、これら3領域における司法判断は、技術的な事業の安全性と説明責任に関する一般大衆の期待の変化に応えるものであった。その過程において裁判所は、リスクと利益や安全と危害についての一般人の理解と専門家の理解とのあいだに新たなバランスを打ち立てた。この進展は、科学と技術に関する最近の論争について検討するための序曲として理解されねばならないし、そのうえで批判的評価がなされなければならない。

第3章から第5章は、司法判断がよい科学や正統な専門知、技術的合理性の定義に与える影響を追っていく。第3章は、科学社会学の知見を得て、法廷における専門家証人の使用やこれらの問題を扱うために法が開発した手法について、繰り返し問題となる認識論的・制度的な論争に焦点を合わせている。また法システムにおける科学的事実認定のかたちを作る認識的かつ社会的である複合的な偶然性にも注目している。第4章は、健康被害や環境被害に対する連邦政府の規制に裁判所が与えるインパクトについて考察している。とくに、技術的な決定を行う政府機関に、公衆に対する説明責任を負わせる法の役割に着目している。第5章はこの説明責任というテーマをさらに展開したうえで、今度は科学者と一般大衆との関係に注目する。とりわけ、科学研究や医学研究から生じるさまざまな衝突や、科学と宗教の価値観の対立が起きたときに裁判所がとる行動を検討している。

第6章から第9章は、第一に、技術革新がもたらす倫理的、社会的、文化的含意をめぐる論争を解決する能力が裁判所にあるのかという問題に関するものである。第6章では、有害物質をめぐる不法行為訴訟において、その証明に用いられる妥当な知識と適切な基準が何かをめぐって現在も続いている論争を検討している。有害物質をめぐる不法行為訴訟は、正規の立法にも裁判所

によるルール形成にも抵抗のある法分野の1つである。第7章は、司法府自体が技術の進歩について支配的な見解を支持しているということを強調することで、生命工学に関する全国レベルの政策形成にあたって裁判所が果たした役割を評価する。第8章と第9章は、近年相次いで倫理的ジレンマを生み出している生物医学に関する意思決定のうち2つの領域で、司法府が実際に行ったことを再検討して対比させている。新しい生殖技術と延命技術（「死ぬ権利」事例）の利用という領域である。そこでは市民教育と有効性という観点から見て、延命技術よりも生殖技術において、裁判所の冒険は成功しているように見えるという説明を試みている。最後に第10章で、それ以前の章で説明されてきた基準を使って科学と技術を管理するために法が用いる支配的なアプローチを改めて評価し直し、複雑ではあるが素晴らしくやりがいのある法実践の領域を改革するためにいくつかの提案を行っている。

第 2 章
変化する知識、変化するルール

　裁判所はもはや、技術の変化によってもたらされる社会的紛争から無関係ではいられない。17世紀初頭にはもう、コモン・ローの裁判官たちは、新興の商業活動と住宅所有者の利害が対立する訴訟を扱っていた。「豚小屋」が「原告の家のあまりにも近くに建てられたために空気が悪化した」とき、あるいは染物工場が建てられたために魚の棲む池が汚染されたとき、地主は損害賠償が認められたのだろうか[1]。産業化によって、新旧の土地利用者のあいだでの紛争が頻繁になり、裁判所は騒音、振動、煤煙、粉塵といった負の外部性と、技術によってもたらされる経済的利益の衡量をしなければならなくなった。技術の進展によって資産の期待利益が不当に脅かされている地主に対し、裁判官たちは救済策を作り始めたのである。

　20世紀には変化の速度が飛躍的に高まり、とくにアメリカにおいては、司法上の判断者たちにとってより複雑な問題が生じている。エネルギーや新素材の使用が質・量ともに増え、都市化が進み、消費の理想が追求された結果、汚染が生じるといった変化が広範囲にわたって一気に加速し、それにともなう社会的な分断に対し、立法や行政機関と一緒になって向かっていくことが求められたのである[2]。個人は技術によってアトム化され、移動も容易となったが、それでもなお生産と消費の複雑な連鎖にとらわれている。その連鎖は、昔ながらのコミュニティや国家などの境界線を超えていくのである[3]。世紀が進むにつれ、規制の必要性は強くなっていった。しかし、アメリカの産業は、競争が激化する世界経済のなかの立場の維持に必死である。そのため、行政の規制と不法行為責任は、司法に自由にアクセスしにくい国々に比べ、アメリカでは一見したところコストが大きくなっている。科学の予測能力によって、資源の枯

渇や生物多様性の縮小といったグローバルな次元の問題が明らかになったため、制御に失敗した場合のリスクもまたより大きなものとして現れてきた。

　法システムは知識と技術の潜在能力におけるこれらの急速な変化にどう対応したか。複雑な市場協定や社会関係、近代の技術システムの隠れたリスクといった問題に対し、単純な両当事者間の訴訟のなかで発展してきた法理を適応させたのである。科学的知識がより複雑で豊かになるのとまったく同時に、人間同士の関係も、責任や非難といった概念とともに急速な変化を遂げた。そのなかで、個人に対する正義という法システムの最も基礎的な尺度もまた、その概念が作り変えられていった。20世紀後半にアメリカの裁判所が科学技術に関する政策決定者として立ち現れたのは、第一には進化した産業社会における市場の変化と規制の必要性にコモン・ローを適応させていく過程であった。

　法理の変遷は、技術の変化が、自由やプライバシー、身体的健康に対する人々の期待が根本的に変化するのに結びついていくような法の領域において、きわめて顕著に、そしてきわめて論争的に生じた。たとえば、製造物責任、医療過誤、環境保護をめぐる論争が、因果関係や責任のさまざまな理論を裏づけるような科学的主張の、性能試験場としての役割を裁判所に与えたのである。法廷はまた同時に、一般の人々やコミュニティの個人的・局在的な知見が、没個人的・普遍的な科学の主張と対立するとき、誰の知識を特権化すべきかについても決定を求められている。その結果として証拠や専門知、知識、不確実性に対する司法の態度が変化していくさまが本章の主題になる。

2.1　製造物責任

　最近の全国的なニュース雑誌の見開き記事は、アメリカの主たる脅威の1つとして製造物責任のシステムを認識していた。そして、裏面に「部外秘」と不穏に描かれている、名前が明かされていない企業研究部門の写真について、その要点を解説していた[4]。著名な法律アナリストが同様に主張するには、裁判所は製造物責任を、もともと合法とされていた境界をはるかに拡張して認めているという。それによってアメリカ社会には見えない税が課され、有用で不可欠な製造物が奪われているということである[5]。いったいどんな道を通っ

て、司法の意思決定はこのような敵意ある解釈のやぶのなかに迷い込んでしまったのだろうか。

　製造物責任が不法行為の主要な分野になったのは、比較的近年のことである。19 世紀にはほとんど、欠陥品の売り手は直接的な契約関係（privity of contact）にある相手に対してのみ責任を負うという一般原則によって、法的な異議申立てから保護されていた[6]。したがって、たとえもともとの売り手の過失が損害を引き起こしたとしても、別の売り手や仲介業者からの転売によって製品を手に入れた消費者は、もともとの売り手にさかのぼって請求することができなかった。ベンジャミン・カードーゾ裁判官は、1916 年の名高いマクファーソン対ビュイック・モーター社事件[7]の判決で、販売者と製造者に対する訴訟の禁制を破った。カードーゾの判決はすぐに、作り手の責務に関する支配的な説となった。つまり、市場に製品を出すことによって、作り手は直接の買い手だけでなく、その後のすべての購入者に対して生じる、予見可能なあらゆる損害についての責任も負うのである。19 世紀の法形式主義からの進歩的な脱却という意味では正しく称揚されたが、この動きは製造物責任法を現代の社会状況により適合させるものでもあった。それでもしかし、この判決は、責任は過失に基づくべきとする不法行為法の根本原則に忠実なままであった。マクファーソン判決以降でさえも、被害を受けた消費者は、その被害が製造者の側の過失によることを証明して初めて賠償が得られたのである。

　20 世紀の半ばには、新たな知的動向が不法行為法の分野に流れ込んでいた。リーガル・リアリスト［1920 年代頃からアメリカなどでおこった、法の現実を見るべきという立場に立つ法学者や実務家たちの総称］の影響のもと、判事や学者は政策的手段としての不法行為法の可能性により敏感になっていった。不法行為訴訟の第一の機能は被害を受けた人々への保障であるという見方は、不法行為とは主に過失を罰するための法的措置であるというそれとは対立する法理を乗り越える論拠を得た。20 世紀の前半における賠償保険の発達が、原告が賠償を受ける権利を被告の側の非難可能性から切り離すのを容易にした。保険によって、不法行為訴訟は二者間の紛争から三者間の問題になり、その第三者とは全体としての社会であった[8]。賠償責任がとくに保険によってカバーされるときには、営利企業を過度に罰することなしに、被害者の損失を効果的に転換ないしは

分散できることを裁判所は理解していた。1959 年には影響力のある評論家が、不法行為法は本当は「姿を変えた公共法」なのだと得意げに主張することができたのである[9]。

　さらに法理は展開し、戦後世界の製造物責任は変貌を遂げた。裁判所は過失に重点を置かなくなり、厳格責任（過失をともなわない賠償責任）が、欠陥製品によって被害を受けた人に補償するための第一の基礎としての過失に取って代わったのである。同時に、裁判所は、たとえば勤務中に被害を受けた労働者や、第三者によって被害を受けた消費者のような特定の類型の原告を救済するために、残っていた敷居をより低いものにし始めた。

　カリフォルニア州最高裁裁判官のロジャー・トレーナーは、カードーゾの改革主義の高名な後継者だが、製造物責任法のさらなる変革に特筆すべき役割を果たした。トレーナーの判事在職中に、不法行為訴訟の公共政策上の含意が徹底的に探求され、製造者の責任の観念は実質的に再定義し直された。転機となった事件は、被害の原因が真剣に問われることがなかった平凡な事実状況で生じた。コカコーラの瓶が手のなかで破裂したときにウェイトレスが負傷した。木片が電動工具から急に飛び出して額に当たり、自宅の作業場で作業する男性が重傷を負った。これら日常のできごとから、欠陥製品を原因とする被害に対する責任は、「生活と健康に対する危険を最も効果的に減らすかどうかによって決められる」べきであるという説をトレーナーは唱えたのである[10]。彼が述べるには、生産者はその欠陥を特定し、直すだけでなく、適切な保険と価格政策を介して危害のリスクを一般公衆に分散するのに最も適した存在なのである。彼の主張によると、コストがかかるだけで今後の生産性に結びつかない過失を追及するよりも、裁判所は危険な製品によってもたらされた過失を製造業者に帰するように法を作り替える必要がある。それによって、損失は製品を消費する人々全体にまわるようになるということである。

　厳格責任の考えは要するに、事故の原因に関する事実関係が確実であれば損失に対する経済的責任を立証するのに十分である、というものである。カリフォルニア州最高裁は 1963 年のグリーンマン対ユバ・パワー・プロダクト社判決[11]においてこの原理を全員一致で支持したが、この原理はその後すぐに他州の裁判所でも採用されている。その後の数年のうちに、「欠陥商品」の概

念は単に製造者の手による仕様を満たしていない製品だけでなく、薬や殺虫剤のように、その設計において、または製造者からの適切な警告をしないことによって、欠陥があるような製品も含むように拡張された。

　一方で、マクファーソン判決を端緒とする製造者の責任を拡張する動きは続き、欠陥品を使ったり触れたりすることが合理的に予見可能できる人々すべてに法律の保護をもたらした[12]。こうした条件の緩和は、被害者に補償することに対する司法的関心を促進した点をふまえれば意味がある。裁判所は、原告と被告のあいだに損失の移転を正当化するに足るだけの関係があることを確認するのに「合理的な予見可能性」の基準を使用したのである。しかし、第6章でみるように、無過失責任という原則は、潜在的なリスクをいくつかの産業（とくに化学系の製造業者）にもたらした。さらに裁判所は道徳的に中立なやり方でリスクを分散させる役割を自認するようになったものの、陪審員の同情が被害者側にあった訴訟では重い懲罰的損害賠償を認めるかたちで、不法行為法はその伝統的な規範的役割を果たし続けた。印象的な事例では、設計に欠陥のあったジェネラル・モーターズ社のピックアップトラックで10代の若者が焼死した1993年の事件で、ジェネラル・モーターズ社に対し1億500万ドルの賠償額が認定されたものがある。

　製造物責任の領域で裁判所が次第に下げるようになった別の障壁は、特定の被告がその損害の原因になったことを原告が示さなければならないという要件（「被告確定」要件）であった。現代の製造と流通の状況においては、どの製品や行動が被害の原因になっているかについて疑いがほとんどないときでも、原告が明確に被告を特定することは往々にして困難であったり不可能であったりする。そのような状況で救済策をどのように作り出すかという難題は、狩猟事故にかかわるサマーズ対タイス事件[13]ですでに生じていた。2人の猟師がともに過失によって原告の方向を撃ち、いずれか1人が原告を負傷させたのだが、どちらに責任があるのかを確定することはできなかった。裁判所は、この事実だけによっては罪のない被告を保障の追求から除外するべきではないと結論づけた。「選択的賠償責任（alternative liability）」のルールのもとで、被害者は2人の過失ある射手のどちらかから補償を受けることを認められた。ここでもまた負傷の物理的原因（弾丸が使われた）についてははっきりとわかっていたがゆ

えに、社会的不確実性（どちらの猟師に責任があるか）は、原告に有利なかたちで解決されたのである。

この先例は、有毒化学物質による被害に関する訴訟にも影響を及ぼすことが後にわかった。農薬や調合薬のような多くの化学製品は、複数の製造者によって作られ、また市場に出されているが、実際に使うにあたってはどれでもかまわない。被害者側は、それゆえ問題となっている製品を誰が作ったのか特定することができなくても、物理的に何によって被害を受けたのかは知りうる。このようにシンデル対アボット・ラボラトリーズ事件[14]という別の重要なカリフォルニア州の訴訟で、原告は、被害が母の妊娠中に投与されたジエチルスルベストロール（DES）薬によってもたらされたものであることを示すことはできたが、責任を負う製造者を特定することはできなかった。そこで裁判所はシンデルの主張を退ける代わりに、DES市場の大きなシェアをもつ代表的な製造者集団に対して法的手続きを進めることができると考えたのである。もし彼女が勝訴していたなら、被告の賠償責任は市場のシェアによって決定されていただろう。他のDES訴訟ではいくぶん異なる結果にいたったこともあったが[15]、シンデル以降の複雑な訴訟では、多くの被害者と複数の不法行為者に関係した裁判における原告の立証責任は緩和され続けている。

雇用者の責任を定める法規制が緩和されたことで、職場での負傷や健康被害を受けた人々による訴訟の氾濫が1970年代には起こった。労働者は通常、雇用から生じた損害に対して雇用主を提訴することが法的には禁じられている。無過失責任に基づいた労働者災害補償（workers' compensation）プログラムが、労働に関連した事故や疾病に対する基本的な救済を提供しているからである。このシステムは1930年代までにほとんどの州で採用されており、40年間、本質的には変わらずに維持されていた[16]。しかし、1970年代には潜伏性の職業病の知識によって、この無過失アプローチには無理が生じてきた。このような疾病から生じる請求は、申立期間の非現実的な制限や、補償可能な疾病のリストがかぎられていて、ガンや心臓病といった日常生活でも起こる疾病は除外するといった理由で、取り上げられないことが多かった。たとえ請求が許されても、労働者はその病状が労働に関連していることを証明しなければならなかった。この関連を立証しようとすることで、決まりきった行政的な解決から、争

いに満ちた時間のかかる不確定な救済プロセスに変わってしまうのである。それだけでなく、補償の水準は多くの職業病の深刻さに比して無残なほど低いものであった。

　重症化し、業を煮やした労働者は、雇用者に疾病を導いた製品を供給した第三者である製造者に訴訟を起こし始めた。数少ない重要な勝訴は、補償を導くもう１つの有効な道として製造物責任を確立した。かくして、ガンと肺の病気を患ったアスベスト断熱材の労働者は、健康被害の主張に厳格責任の原則を適用したボレル対ファイヤーボード製紙会社事件[17]において、製造業者を訴える権利を勝ち得たのである。原告弁護団による数件の勝訴は、アスベストでの補償請求を、労働者の補償から不法行為法システムへという劇的な変化に導いたのである[18]。同様の変化が別の職業病でも起こったにもかかわらず、アスベスト訴訟の激震は量においてもそのインパクトにおいても類を見ないものであった。こういった要求はそれ自体、アメリカの民事法システムが制御不能な訴訟爆発に見舞われているという感覚を強く後押しするものである。

　損害賠償法をリスク分散の手段に最初に変えた判例では、事象の物理的原因が確実であることが、社会的責任にかかわるルールを変えるための正当化理由とみなされた。自動車や旋盤、破裂する瓶に関する事故、およびDESやアスベストの判例においてさえ、しかるべき原告には危険な製品から得られた利益によって補償されていたと裁判所は合理的に確信していた。しかしながら、これらの例において原告の権利を拡張した法理の変更は、原告の悲劇と健康被害があることしかはっきりしていない例においても裁判の門戸を開いたのである。たとえば有毒物質による不法行為の場合、被害者の損害の原因を確定することが非常に難しく、技術的なデータについても意見の不一致は避けられない。よって、製造物責任法をより多くの被害者に補償できるよう自由化したことで、不確実な因果関係に関するさまざまな理論に基づく訴訟を後押しし、一見したところ解決できないような科学的な論争を法廷に持ち込むことになった。言い換えると、社会的不確実性を解決するための司法的方針の変化——誰が事故のコストを引き受けるべきか——は、法廷において新しい種類の科学技術の不確実性の問題に取り組む推進力を与えたのである。

2.2 医療過誤

　人口がわずか1万7千人のさびれた製紙工場の町、ジョージア州ブランズウィックで、ある女性弁護士が自らの第三子の分娩の手配をしようとしていた。地元の産科医は受け入れを拒み、妊婦は結局、出産するためにサバンナまで80マイルのドライブをしなければならなかった[19]。その診療拒否は、女性が自分の町で産科医に行った医療過誤訴訟に対する報復であった。1986年の国内の人里離れた場所で起こったこの小さな個人的ドラマは、それより10年前に形作られた司法と医療のより広い対立の1つの現れであった。1970年代の半ば、勝訴となった医療過誤訴訟のせいで、裁判をおそれる保険会社が医療市場から撤退したため、保険契約の解約と保険料の急騰につながった。1974年から1976年のあいだだけで、特殊なものでは保険料は何百パーセントも上昇し、病院に対する保険料率は2倍、いくつかの州では3倍になった[20]。医療過誤は州議会や連邦議会においても主要な公的問題となったのである。

　1970年代の医療過誤訴訟の急増は、科学と医療の専門家に対する司法の態度の根本的な変化を反映してのものなのだろうか。医療過誤事件によって好ましくないかたちで、裁判所は後づけでとやかくいう医療専門家として担ぎあげられたのだろうか。そして、医療と法の専門家の対立を最小化させるために、どんな政策のアプローチが発達したのであろうか。19世紀と20世紀の伝染病の鎮圧の歴史は、これらの問題を位置づける出発点になる。

　1875年から1910年の司法行動についてのデボラ・メリットの研究によると、1世紀前の裁判所は、公衆衛生上の措置に対する異議申立てに直面したときに、たいてい医療の専門家と保健の部局に委ねていた[21]。天然痘の予防接種の訴訟における「医学の難しい問題」に介入することにペンシルヴァニア州最高裁が難色を示したことは、裁判官がとった無干渉主義の典型例である[22]。その100年後、とくに公衆衛生が個人の自由とのあいだで調整されなければならない場合に、懐疑的な態度が見受けられるようになった。たとえば、1978年のニューヨーク訴訟では、数十人のB型肝炎キャリアの知的障害者は別の教室に隔離されるべきだという州の教育委員会の主張に、連邦裁判所

は難色を示した[23]。裁判所は教育委員会の医療専門家に、単なる感染の可能性だけでなく、現実の害を証明するように求めた。この判決は、専門家が必要と思っていたよりもさらに高度な証明基準を彼らに求めることになった。

　医療過誤訴訟では、さらに直接的に適切な行動に関する法的な基準を医療的な基準の代わりに使用している。医療過誤訴訟において、患者は医者の実際の診療内容や治療法の選択、選択された治療について提供された情報の妥当性などを問うかもしれない。被告の医師が適切に行動したかどうかを決定する重要な争点は、問題とされている行為を評価する基準である。一連の対立の激しい訴訟において裁判所は、医師が自分の地域のコミュニティで普及している診療に基準だけを守っていればよいという、長く続いていたルールを変更した[24]。医療の専門分化を考えれば、開業医の仕事内容は国内のどこにおいても、その地域を問わず同じ専門分野の別の専門医と適切に比較できると裁判所は結論づけた。受容可能な医療行為の基準を全国共通にすることは、特定の地域内で診療している医師同士で対立した証言をすることを防ぐという点で、専門職の連帯に対する安全装置をも提供したのである。

　しかし、地域ルールの廃止は、医療過誤訴訟の文化に思わぬ結果を招き寄せた。それは「職業的」専門家証人の団体が、どの法管轄地においても原告側で証言台に立つことを助長したのである[25]。全国共通の証人の共同資源に依拠できるので、原告側弁護士たちは、被告が重要な論文を読んでいなかったとか、さらなる予防措置を取るべきだったというような証言をする専門家を簡単に探し出せるようになった[26]。複雑な医学的な判断についてほとんどわからない陪審員は、申し立てられている問題が取るに足らないかどうかとか、過失と認められるぐらい受容されている医療実践から乖離しているのかを決めるのに、途方に暮れることがあった。医師によるロビイング活動で、多くの州では医療過誤訴訟におけるコミュニティや州や地域レベルでの基準を取り戻す法律とともに、司法上求められるようになった全国共通の基準を取り消したのである[27]。

　インフォームド・コンセントの適切さを評価するにあたって、ローカルな医療慣行を基準にすることを拒んだ裁判所もあった。1960年代から、裁判所は医師に、患者の治療方法にともなうリスクについて患者に積極的に説明をする

義務を課すようになった。その際、医療コミュニティ内の職業規範によって、どんなリスクが開示されるべきで、どれだけの情報が提供されるべきかが決定された。しかし、専門家たちがインフォームド・コンセントの基準について同意にいたらないときや、陪審員がどの専門家を信じればよいか決定しなければならないときには、このアプローチは困難にぶつかった。1970年代には、医師よりも素人の患者のほうが、与えられた情報が十分かどうかを決定するための準拠点たるべきだと考えられた判決もあった[28]。かくして陪審員は、患者が合理的に説明を望むであろう情報のすべてを医者が提供したのかどうか問われることになった。ジェスロ・リーバーマンは、アメリカの訴訟選好性の研究においてこのような発展を「人間の医療モデルから法モデルへの」転換として論じている。「コモン・ロー体系において訓練された裁判官は、個人を、その治療が医療の専門家に委ねられるのが最適である生物学的有機体とはとらえようとしない。そうではなく、個人は権利をもった自律的存在であり、とりわけ自らの意思形成をする権利をもったものとしてとらえようとするだろう」[29]。おそらくさらに正確には、この新基準とは、医療専門家の意見よりも陪審員の素人意見に重きを置くものである。それはもしかしたら、裁判官は情報が十分であったかどうかについての専門家の見解と、自律的で権利を有する個人としての患者のニーズとのバランスを取る陪審員の能力を信用しているからかもしれない。しかし、州議会は再び医療専門職を救うほうに向かった。たとえばニューヨーク州では、インフォームド・コンセントをめぐる争いにおいては患者の観点から規律すべきだとする裁判所の判断を、州法が覆してしまったのである[30]。

　ある著名な事件でワシントン州の裁判所は、通常は欠陥のある製造物の製造者にのみ適用されていた無過失責任の原理を医療過誤の領域にまで拡張した[31]。33歳の女性が、10年間治療に携わってきた眼科医を、緑内障の発見と治療がなされなかったために視力に重篤で恒常的な損傷を受けたとして提訴した。正式事実審理で出された証拠によれば、初期に発見して治療すれば彼女の視力を救えたかもしれないが、医師は適用される医療上の規範には従っていたことが示された。緑内障の検査は一般的には40歳以下の患者には行われない。若い人にはごく稀にしか発症しないからである。にもかかわらず、ワシン

トン州最高裁は全員一致で、医師が検査をしなかったことは過失であったとした。製造物責任のケースのように、その決定は責めるべき点のない原告に対する同情と、彼女の損害が明らかに回避可能であったことによってもたらされたようである。

　この厳しい判決は医療にとって災難となると予想する批判がなされたが、ワシントン州や別の場所でも医療過誤をめぐる法にほとんど影響しなかった。州議会は、最高裁判決の1年後に過失基準を以前のものに戻した。以前と同様、被告が「同業他者」によってなされる程度の治療を実行していなかったことの証明が原告に求められたのである[32]。ワシントン州最高裁は数年後、医師が日々の検査を通して病気の高いリスクを発見しなかった別のケースでの緑内障の犠牲者への補償のために、この法制化された基準さえも回避しようとした[33]。

　1970年以降の医療過誤の歴史はこのように、矛盾した様相を呈している。一方で裁判所は、医療の専門知識を尊重する19世紀以来の姿勢から大幅に後退し始めた。その過程において、裁判所は医療上の訴えを徹底的な法的審査に服させるのに適した環境を作り上げた。治療の全国統一基準の策定を推し進めることによって、裁判官たちは医療の専門家のための適用可能な行動規範を決定し、その全国的な標準化を行う自分たちの権利を主張したのである。同時期の公衆衛生に関する論争と同様に、裁判所は医療コミュニティの職業的な自律性や判断よりも、個人の権利や合理的な治療について、素人の基準策定のほうを重視した。インフォームド・コンセントは患者の立場から評価されるべきだというルールは、非専門家的観点の注目すべき勝利である。他方で、1970年代中盤の医療過誤の危機を受けて、州議会は、医療過誤をめぐる法に対するこういった司法による介入の多くを覆し、専門的な医療の権力を強調するとともに、裁判所の立場には組織的な政治的支援が欠けていることを印象づけた。

　さらにややこしいことに、不法行為をめぐる州法の改革は、過誤訴訟の件数に見るべきほどの効果をほとんどもたらさなかった。1986年にアメリカ連邦議会に向けて会計検査院（GAO）が行った研究では、不法行為法システムの14の主要な改革のいずれにおいても、損害賠償額の上限設定と、根拠のない申立てを排除する正式事実審理前のスクリーニングパネルの利用には限定的

ながら効果があったと見ているが、訴訟パターンに注目に値するほど影響したものがあったとのコンセンサスは見られなかった[34]。こうした知見によれば、科学技術政策の転換に司法が関与するにしても、その影響は、司法が法の修正をもはや積極的には行わなくなってからずっと後になってのみ現れうることが示されている。

　立法府が司法によってもたらされた多くの自由化を再び引き締めたにもかかわらず、医師に対する訴訟に見られた共感は、訴訟の社会的文脈に変わりなく影響を与え続けた。つまり、医療過誤の訴えは正当であり、また勝算があることが示されたのである。専門家証言の文化は、ローカルなルールの排除とともに変わり、医師が他の医師について不利な証言をすることは受け入れられやすくなった。さらに重要なことは、医療過誤裁判に勝つ患者が出始めたことにより、他の人々にも賠償を求めるインセンティブがもたらされたことである。アスベスト訴訟のように、原告やその弁護士たちに重要な機会の窓に気づかせるために必要なのは、ほんの一握りの鍵となる勝利だったのである。訴訟に代えて専門家パネルを使うという計画はその障害となるため、ペンシルヴァニアを含む5、6州で違憲として棄却された。このように経済的・社会的要因によって、裁判所によって作られた潮流は維持された。司法によってもたらされた賠償責任のルール変更はさらなる論争へとつながり、医療コミュニティによる決定の内容について、裁判所がかつてないほど実質的に審査するように促したのである。

2.3　環境訴訟

　約100年前、イングランドのマンチェスター近くにあるアーウェル川の岸辺で、ある製紙工場が操業していた。製紙にはとてもきれいな水が必要であった。しかし6マイル上流のアルカリ工場が川の近くの一角に大量の廃棄物を貯め始めたため、下流の使用者が必要とする水を汚染するおそれがあった。そこで、製紙工場の経営は危機にさらされ、以下の理由で差止め命令を要求した。「数年のうちにきわめて有害な性質の液体が廃棄物から流れ出すおそれがあり、その流出は40年以上続くだろう。この液体が万が一相当量川に入った

ならば、水は原告の操業に不適な状態となり、商売は成り立たなくなる」。このフレッチャー対ビーリー事件で裁判所は、原告に対する危険は急迫したものではないとの理由で、要求を棄却した。つまり、裁判所が、有害な行為をやめるよう命じる以前に、この件での事実は、害が「生起することが実質的にたしかで」なければならないというコモン・ローの基準を満たさないというのである。措置を講じない決定の説明として、裁判官は「10年も時が経てば、(そのテーマについて進行中の) 科学がこの緑の液体を無害にするような何らかの手段が発見される可能性はかなり高いと思う」とコメントした[35]。

科学の力に対するこの信頼は、進歩主義時代から現代アメリカにいたるまで、奇妙にこだましている。アメリカでは、環境に対する不可逆的で破滅的な損害の予見が、政治的言説を席捲し、公益団体が環境保護のために日常的に裁判所を巻き込んできた。しかし、アメリカの裁判所が健康と環境に対する、遠い未来の推測的なリスクに懸念を示し始めるのは1960年代後期になってからだった。環境保護への司法積極主義は、市民の環境意識の向上と同時に見られるようになったが、両者とも同じく科学的・社会的変革の力に後押しされている。

長期間の汚染の影響についての着実に積み上げられた知識は、研究によって生み出されたものもあれば偶然に生み出されたものもあるが、それらが環境にかかわる争点についての司法の考えを再び作り直す一要因であった。引き金となるもののリストはきりがないように思われる。水生生物に対するポリ塩化ビフェニル (PCB) の影響、鳥類に対するDDT、森林に対する酸性雨、鉛の習慣的低レベル曝露による健康被害、農薬による地下水汚染、フロンガスによる成層圏オゾンの減少。第二の要因は汚染産業の規制がコモン・ローによるアプローチから制定法に取って代わられたことであった。連邦議会は、環境リスクを事前に特定しコントロールする法律を相次いで制定した。とくに1969年の国家環境政策法 (The National Environmental Policy Act: NEPA) は、裁判所の役割に革命的な変化をもたらした。ほとんど一夜にして、裁判所は環境イデオロギーがぶつかり合う戦場となった。環境の価値を政府の決定に組み込むようにというNEPAの指示を実現すべく、活動家たちは司法による援助を求めたのである。

1970年代には、司法審査が無気力な政府機関に行動を強制したり、望ましくない産業の発展を阻止・抑制したりするための強力な手段となった。裁判所は、連邦議会が想定していたよりも間違いなく広く、門戸を環境保護主義者に開いたのである。たとえば、司法府はNEPAを解釈し実行するにあたり、積極的な役割を買って出た。司法審査はNEPAにも規定されておらず、立法経緯でも想定されていなかったにもかかわらず、である[36]。その後の立法によって、連邦議会は裁判所が環境規制の監視機関として奉仕すべきであることを明確にした。1970年から1980年までの、環境を保護する新しい法律のほとんどは、行政機関によって進められた政策を再審査する権限を裁判所に与えたのである。それらの法律は、責任ある機関が適切な行動を取れなかったときには、私人が裁判を通じて環境規制を実施させる権限も与えた。1972年までには、裁判所は環境保護の支持者として確固たる地位を確立し、法学者クリストファー・ストーンは、法廷での権利を主張する当事者適格を人間と同様に木にも与えるという（アカデミズムにとどまらない）論争を巻き起こすアイデアを切り出した[37]。

　1970年代の環境問題の法制化により、リスクの科学的証拠を考察する際の司法のアプローチが根本的に再構築された。大気汚染防止法や水質汚染防止法といった法律は、政府に対して、公衆衛生を危険にさらす行動を規制するように指示した。連邦裁判所裁判官の承認のもと、規制当局は「危険にさらす（endanger）」という語を、予防的（preventive）な意味があって、実証可能な現在の危害だけでなく、まだ証明されていない将来の危害にも注意を要するものとして解釈した。利用可能な科学的証拠に基づいて合理的に推測されうるいかなるリスクも法的に重要となり、規制官は「急迫（imminence）」というコモン・ローの基準で示されているよりも確実性が低い状況下でも介入する権限を与えられたのである。

　リザーブ・マイニング対環境保護庁事件[38]、エチル社対環境保護庁事件[39]という1970年代の2つの環境をめぐる事件の画期的な判決は、科学に対する予防的立法の含意をよく表している。リザーブ・マイニングにおいて連邦第8巡回区控訴裁判所は、採掘業者による低品質鉄鉱石（タコナイト）の処理によって出る廃棄物が、是正措置を正当化するほど公衆衛生に十分な脅威を与える

かどうか考えなければならなかった。タコナイトの作業による廃棄物、または「尾鉱」〔選鉱で有用鉱物を採取した残りの低品位の鉱物。選鉱くず〕は構造的にアスベスト繊維に似ており、その排出がアスベストの曝露によるものと同程度のガンのリスクを市民にもたらすかもしれないという懸念を生んだのである。

　しかしながら、そこでの証拠は決定的なものとはほど遠かった。タコナイト繊維はその発ガン性において、懸念に値するほどアスベストに似ているのか。繊維の長さはリスクの程度の評価において重要なのか。疫学調査によって、浮遊するアスベスト繊維の吸入がガンの原因となることは明らかになっている。では、スペリオル湖から引いた飲料水からタコナイト繊維を摂取することは同様のリスクを示すのだろうか。どの程度人間がタコナイトに曝露されると考えられるのか、そしてその曝露によるリスクは法的に注目するに値するほどの重大性を有しているのか。これらの点のすべてにおいて、性質上、証拠がいろいろな解釈のできる曖昧で不完全なものであることからすれば、裁判所は科学的不確実性のもとで判決を下すための新しい原理を見つけなければならなかった。第8巡回区控訴裁判所は、エチル社対環境保護庁事件においてD.C.控訴裁判所のJ・スケリー・ライト裁判官によって書かれた反対意見のなかに先例を見出した。これは人々の健康を「危険にさらす (endanger)」という法律上の概念につながった連邦大気汚染防止法に基づいた同時代の判例である。ライトの分析の鍵は、「危険にさらす」とは「現実の損害よりは少ないもの」を意味しているという考え方であった[40]。この基準によれば、示さなければならないのは単に危害の危険があったということであり、危害が実際に起こるだろうということではない、とライトは主張した。第8巡回区控訴裁判所は、リザーブ・マイニング事件は、この危険にさらすことについての解釈を満たすと結論づけた。証明されていなくとも、受容可能な医療理論であれば、「公衆衛生に対する合理的な医学的懸念」の根拠となった[41]。したがって、裁判所はリザーブ社に、廃棄物の地上投棄をやめ、しかるべき期間内に汚染を減らすように命じたのである。

　エチル事件の影響のほうが、リザーブ・マイニング事件よりも広範囲にわたるものとなった。2回目の大法廷での審問において、D.C.巡回裁判所は初期の立場を覆した。ライトはこのときは法廷意見を書いたのだが、予防のための

環境指令で規制するという目的においては決定的な証拠は必要でないことを再び強調した。ライトが警告するには、危険とは「損害のはっきりとした確率に対応しているものではなく、むしろリスクと損害の、または確率と損害の重大さの、相互に影響を与え合う要素によって構成されるものである。いわば、大きな損害の小さなリスクと、小さな損害の大きなリスクとの両方によって公衆衛生が危険にさらされているというのが適切かもしれない」[42]。エチル裁判以降の数年で、規制目的のリスク評価の技術は発展し、ライトが損害に対するリスクを計るよう意思決定者に求めたときに予見しえたものとは比較にならないほどに、複雑で意見の分かれる技術も生み出されていった。しかし、公衆衛生と環境へのリスクは、縮減された証明に基づいて規律されてよいという彼の洞察は、アメリカの環境政策の基本原理に残っている。

2.4 連続性と変化

3つの法領域における歴史的な展開は、新しい種類の科学的・技術的な問題を含む論争に対し、アメリカの裁判所が高い重要性を確立・強化してきた道筋を示している。それぞれの領域において、変化は司法上の革新、立法による処方、生物学的・社会的関係の新しい理解が、それぞれ異なる配合でからみあってもたらされた。しかし、これら3つの法領域の変化は、科学、技術、社会のあいだの関係におけるより一般的な潮流に合致している。不確実な証拠に基づいて紛争について聴取し、素人の原告に科学の専門家への異議申立てを認めていく裁判所の傾向は、科学技術の統治可能性に対する公的な信頼が一貫して崩れていっていることを反映している。法廷において弁護士や判事によって語られる懐疑は、リスクについての専門家の言葉の確かさへの幻滅が広まっていることと響き合うものである。個人の権利の第一の擁護者として、裁判所は個人の安全や自律性に対して科学技術がもたらす脅威に敏感になっている。専門技術上の決定に対する市民参加の促進や、否応なく引き受けさせられるリスクから個人を保護することへの関心は、科学技術についての法的な論争における重要なテーマとして立ち現れている。

それぞれの法領域の議論は、1980年代から1990年代の政治的変化に合わせ

て再び変化の様相を呈した。なかでも注目すべき変化は、大規模な製造物責任の訴えを併合したことによって生じた複雑な訴訟の台頭と、政府機関との環境争議における個人資産家の保護への明らかな傾斜である。しかし、こうして変化した状況においても、裁判所は変わらず多くの規範的問題に取り組み続けている。新しい法的権利や責任を定義するときに誰の知識が考慮されるのか。対立する専門的議論が問題になっているとき誰が信頼されるべきか。補償や環境への管理ルールの変更を正当化するにはどのぐらいの確実性が必要とされるべきなのか。これら果てしない関心事を例証する2つの決定を、本章の締めくくりと次章への橋渡しとして読んでいただきたい。

クリスクオラ対ニューヨーク州電力公社事件[43]において、ニューヨーク州控訴裁判所は、高圧送電線の敷設地に隣接した資産の価値の下落への補償申立てについて、資産保有者に補償するにはどのような証拠が必要であるのか決めなければならなかった。市場価値の損失が生じた理由として想定されたのは、送電線周囲の電磁場によるガンや他の健康被害に対する市民の不安であった。裁判所は、不安が実際に存在し、資産の市場価値を下げていることは原告が証明しなければならないが、その不安が合理的である（reasonable）ことまでは示す必要がないとの判決を下した。裁判所は明らかに、法システムが訴訟手続きを進めるにあたって、地価について証明する経済学者からの専門家証言のほうが、「新しい一連の電磁力の技術者や科学者、医療の専門家」[44]といったなじみのない布陣からの証言よりも扱いやすいと感じたのである。

ドーラン対ティガード事件[45]において、連邦最高裁は、一見したところ高度に科学的ではない問題に直面した。フローレンス・ドーラン夫人が店舗を拡張する計画にオレゴン州ティガード市が課した環境規制は、修正第5条のもとで禁じられている、補償のない資産の「収用（taking）」を構成するほど非合理だったのか。かろうじて5対4の多数でドーランに勝訴判決を出した最高裁は、他の同様の事例における証拠や証言に重要な影響を与えることになる基準を明らかにしたのである。レンキスト首席裁判官の多数派意見によると、許可に付される条件が開発の予想される影響と「およそ比例している」ことを市は証明しなければならないという。レンキストは必要な説明をするのに、「緻密な数学的計算は必要ではない」と主張したが、オーデュポン協会の顧問弁護

士であるジョン・エチェベリアは、その判決のせいで、地方自治体と開発者の双方がもっと勉強をして情報を提出しなければいけなくなり、土地収用の決定には費用と時間がかかることになりそうだと述べている[46]。この要件によって今度はリスクとコストの評価をめぐる紛争が増加する可能性が増すとの言及はなかったが、これについても近年の環境規制の歴史全体から、確信をもって推測できることである。

第 3 章
法が専門性を構築する

　法システムは昔から、真実を探求するという共通のプロジェクトを遂行する上で、科学を欠かすことのできない協力者として見てきた。紀元前 6 世紀から伝わるタルムード［ユダヤ教の口伝律法とその注解の集大成。それまで口伝されていたものが編まれたのは紀元後 4～6 世紀とされる。モーセ五書とともにユダヤ人の生活規範・精神文化の基盤となった］の 1 節は、法が科学による専門的知識に古くから依存していたことを示している。「妻と離婚したいと思っている夫が、妻と他の客人たちを酒宴で酔わせ、妻と男の客人 1 人を寝床に運び、彼らの間に卵白を投げつけた。そのあとで、夫は妻の姦通を証言してもらうために他の客を呼んだ」[1]。機転のきく妻は、素面に戻ってから医者を呼び、その物質が精液ではなく卵白であることを証明してもらった。その医者がどのような検査法を用いたのか、あるいは夫がそれ以外の何らかの専門的知識に訴えることで窮地を脱しようとしたのか、といったことは伝えられていない。おそらく、医の専門家としての明快な判定を誰も疑問視せず、この紛争は終わったのだろう。

　14 世紀の半ばまでには、専門技術を有する者から専門的な情報を得るという慣習は、イングランドの裁判所では比較的一般的であった。しかし、陪審員と証人との機能分離が確立されたのは、16 世紀に入ってからのことであった[2]。専門家が裁判所から呼び出されることは昔から多かったが、当事者が自らの証人を呼ぶことを許すコモン・ローの制度が確立したのは 18 世紀になってからである[3]。専門的証拠の許容のあり方について定めるルールもまた、この時期に確立していった。1782 年のイギリスの画期的な裁判で、マンスフィールド卿は、港が溢水した原因について技術者に自身の意見を述べることを許可し、「証明された事実についての意見は、その分野の有識者によってな

されるのが望ましい」と述べている[4]。一方、アメリカでの裁判手続きにおける専門的証拠の使用は、19世紀末から20世紀初頭までに広まっていた。ある試算では、マサチューセッツ州上位裁判所で1909年に争われた全訴訟の60％で、何らかの専門的な証言が用いられていたという[5]。

この数十年間でテクノロジー関連の訴訟が急増し、アメリカの法的紛争に参加する専門家は、人数的にも分野的にも激増している。精神医学、社会学、統計学、地質学、疫学、毒性学だけでなく、新規で一般に耳なじみのない学問、たとえば言語学や科学哲学、科学社会学からの証人が、工学者、経済学者、医師、科学捜査の専門家といった、一般にも知られている人々とともに法廷にすでに参加している。しかし、専門的証拠の扱い方に関する制度や手続きは全く変わっていない。アメリカのほとんどの裁判官は、以前と変わらずジェネラリストであり、科学教育をとくに受けてはいない。また、裁判官への訴訟の割り当てはランダムに行われているため、専門的知識が必要な領域について司法のなかで専門分化することもない。法的事実認定のかなりの部分を担っている陪審員は、裁判官よりも科学的素養という点ではさらに劣っている。平均的なアメリカの陪審員は、せいぜい高等学校程度の教育しか受けていない。結果として、法廷での証人尋問というコストのかかる手続きは、基礎的な科学的原理を全く、あるいはほとんど心得ていない人々のために、高度な専門的情報を翻訳してわかりやすく述べ直したり、（必要な場合には）誤りを正したりすることにほとんど費やされている。

さらに問題なのは、裁判手続きにおける科学の役割についての批判的思考（クリティカル・シンキング）が、マンスフィールド卿がもっていたような、事実認定を助ける専門家の力への単純な信仰からほとんど進展していないことである。法が独自に行う「事実」の検証や認定は、紛争の解決と正義の実現という法の目的につねに左右されてしまうことを、法実務家の多くは認識している。しかし、科学的知識の文脈依存性や、それが法に対してもつ含意についての体系だった研究は、いまだなされていない。これから見ていくように、法的な事実認定は、裁判官によって作られる道徳的・倫理的基準だけでなく、法と科学のそれぞれに固有の社会学的要因からも制約を受けている。社会学的要因には、ある主張が科学者コミュニティのなかで権威を獲得していく一般的な過程や、専門家証人がどのよう

に選定され、出廷にあたってどのように適応していくかということも含まれる。ゆえに、法的な事実認定を行う者が受け取る科学的説明は、特定の訴訟の状況に左右され、また当事者たちの特定の規範的な問題設定が染み込んだものとなる。法廷においてそれぞれの側で精巧に構築された専門家証言は、当事者対抗主義的プロセスのもとにある。そこでの第一の目的は、相手方の提示した証拠に含まれる偶然的要素を暴くことによって、その主張の信頼性を低下させることである。

　O・J・シンプソンが被疑者となった殺人事件をめぐる裁判では、1994年のほとんどが準備段階に費やされた。この裁判の準備過程は、被告人の有罪・無罪を立証するための網羅的な戦略の一部として科学的証拠が構築されていくということを、一般の人々が知る大きな契機となった。手段を選ばず、金に糸目もつけなかったこの対決では、高度な技術を駆使した個人特定技術である「DNA鑑定（正確にはDNAタイピングと呼ばれる）」［英語では一般に、DNA指紋（DNA finger-printing）という言い方が人口に膾炙しており、DNAタイピング（DNA typing）がより正確な表現としてここで提示されているが、訳語としては以後、DNA鑑定のみを用いることとする］の信頼性に関する争いが、正式事実審理のずっと前の段階から起こっていた。それぞれの側が相手の信頼性を失墜させることを試み、その企てのための多くの方策のうちの1つとして科学が加えられたのであった。科学者コミュニティは、アメリカ科学アカデミー（NAS）による委員会報告書や、『サイエンス』『ネイチャー』といった雑誌に論文を掲載するなどの手段によって独立した役割を切り開こうとし、事態のさらなる複雑化を招いた。結局、こうしたエピソードは、法的な舞台における科学がつねに因果関係や罪、責任の個別の事件に応じた構築と結びついていることを露呈させただけであった。

　本章では、専門家の主張が法廷でどのように提示され、脱構築されているか、そして訴訟は当事者どうしが敵対する構造であるにもかかわらず、裁判所はどのようにして最終的な幕引きまでこぎ着けるのかを詳細に検討する。時とともに、法は科学的な専門知の信頼性を確保するために公式のルールや手続きを数多く発展させてきた。だが、少なくともそれと同じくらいに興味深いのは、ある主張の事実性を認定したり、別の主張の妥当性を否定したりする非公

式の実務慣習やテクニックである。知識を選別するこうした公式・非公式なシステムを概観し、どのようなアプローチによって制度や手続きを改革することが裁判所の効率性と学習能力を高めることになりそうか、検討していくことにしよう。

3.1 専門家証人という文化

　比較法制度論の権威であるマーティン・シャピロは、英米法が事実認定に傾倒する性質を有しているとし、その性質を正／誤という二値的な判断への選好と関連づけている。シャピロがいうには、「事実が確実には立証できない場合でさえ、一般に英米の裁判所は断定的な事実認定を行い、証拠の優越の基準でしか立証できていないときでさえ、それらを確実なものであるかのように扱う」[6]。フランスでは対照的に、裁判官は事実認定の限界をより積極的に認め、証拠のギャップを埋めるために必要であれば推定（presumption）を用いる。

　しかし皮肉なことに、「事実を見つける」のにきわめて献身的に取り組む一方で、コモン・ローの伝統が他方では、中立的な専門家という概念をほとんどまるごと廃してしまっているのだ。アメリカの法廷での専門家証人は、紛争当事者によって選定され、訓練され、報酬が支払われている。大陸法系の法廷とは異なり、古典的なコモン・ローの訴訟での裁判官は、法によって証拠能力がないとされるものの排除を除き、証拠提出の管理、その提示方法の組み立て、証人尋問などには、ほとんど、あるいは全く関与しない。コモン・ローの裁定者が実際に見ているのは、双方当事者によって入念に構築され、提示されてくる2つの事実である。そのどちらもが専門家の知識に基礎づけられているが、一方で専門家証人の文化にも根深く条件づけられている。なぜなら、専門家証言というのは、証言を行う側の利害関心、創意工夫、使える資源などと不即不離であるからである。

3.1.1　商品化される専門家
　専門的な証拠は法的論争の解決にあたって急速に有用な商品になっている。専門的な証拠が真実あるいはそれにかぎりなく近いものとして提示できれば、

その価値が高まることを弁護士やそのクライアントたちは敏感に意識してきた[7]。一流の専門家による証言は値段が急騰し、貧しく教育程度の低い原告にとっては利用しにくいものになっている。たとえば、マンハッタン在住のある精神・神経科医は、専門家証人や法律コンサルタントとしての仕事で、1983年に20万ドルもの収入を得ていたとのことである[8]。1987年には、専門家証人の報酬は「警察官の時給50ドルから、美容整形手術の専門家の日給1万ドルまで」の開きがあったと報告されている[9]。つつましい報酬でサービスを提供する専門家もいるだろうし、プロボノ［専門的知識やスキルを生かして行われるボランティア活動］として無償で証言する専門家もいるだろうが、その一方で、上の数字は法システム内での専門知の使用を支配する冷徹な営利計算に光を当てている。どんな訴訟でも、使える資源には不平等があるものだが、そうした場合には裕福な側が有利になるように、いとも簡単にバランスが傾きやすい。

　特定の利害関心を有する者によって、専門知があからさまに「所有」されてしまうこともある。たとえば、医療過誤を扱う法律事務所は新しい案件を調査し、訴訟を準備するため、医学の訓練を受けた人材を社員として採用していることが多い。それ以上に多いのは、専門性が特定の目的のために買われることである。O・J・シンプソン裁判では、弁護側と検察側の双方ともに、DNA鑑定の問題について、それぞれが集められるかぎりの最も権威のある科学的協力者を見つけるために、アメリカ中を徹底的に探し回った。検察側は定評のある民間会社セルマーク・ダイアグノースティクス社と契約し、DNA検査を行わせた。一方で弁護側は、一流の弁護士たちだけでなく、コネチカット州の犯罪科学捜査研究所の所長、すなわち法科学者（科学捜査官）という非の打ち所のない仲間を加えることによって応戦した。

　日常的な訴訟であれば、弁護士は適切な専門家証人探しを、特定の種類の訴訟のための専門家を見つけることを専門とする証人ブローカー[10]、あるいは専門家証人ネットワーク（Expert Witness Network）や弁護士向け専門アドバイザー・サービス（Technical Advisory Service for Attorneys）などの情報サービスといった、さまざまな形態の仲介業者に委託することが増えてきている。それらに利点があることはたしかだが、そういった仲介者たちは、非倫理的だったり専門分野のなかでも周縁的だったりする専門家を招き入れる窓口ともなってし

まう。たとえば元医師で服役し、医療従事免許を剥奪された後に法律コンサルタントになった者もいる[11]。

　専門的知識が商品になっている市場では、科学的信頼性そのものよりも、説得力のほうが証言としての価値を決定してしまう。専門家は（多くの場合、起業家的精神をもった弁護士の支援を受けながら）特定の種類の訴訟類型におけるスペシャリストとして身を立てようとするかもしれない。そしてときには「原告側証人」、ときには「被告側証人」として登場する。法システムは実績のある者を選び好みする傾向があるので、同じ人が繰り返し証言台に立つことになり、法廷に入ることのできる専門知の幅は実質的に狭められてしまう[12]。たとえば、イリノイ大学の環境・労働医学の教授であるバートラム・カーナウ博士は、1982年、ダイオキシンによって被害を受けたと主張した鉄道労働者たちに5800万ドルの損害賠償を認めた裁判で証言を行った。2年後には枯葉剤訴訟で、ベトナム戦争を戦った退役軍人の側に立って証言するダイオキシンの専門家を必要としていた、ニューヨークの弁護士に協力することになる。その後、彼は化学物質への曝露による免疫学的損傷を主張する訴訟などにも、敏腕の原告側証人として登場するようになる[13]。法社会学の専門家であるジョセフ・サンダースがベンディクティンという薬剤にかかわる製造物責任についての優れた研究のなかで述べるには、原告側の専門家証人は平均して10以上の訴訟で証言しているのに対し、被告側の専門家証人は平均して7の訴訟で証言するにとどまっているという[14]。

3.1.2　弁論の圧力

　理論上の法は、科学と同じように「徹底的に理性的であり、真実性の高いデータの探求を組織化・制度化し、とりわけ判決の根拠としては真実性の高いデータを探求することに努めている」[15]。こうした実証主義的な観点に立つ法実務家にとって、当事者対抗主義（対審構造）のシステムは真実の探求という理想的な状況を不幸にも崩壊させるものである。裁判官としても弁護士としても多くの訴訟を経験してきたマーヴィン・フランケルはそうした幻滅に同調し、次のように述べている。「私たちが用いている当事者対抗主義の訴訟におけるルールや手続きの多くは真実発見の促進には適しておらず、むしろ妨害し

がちである。……利害を有した両当事者によってこのプロセスが用いられるとき、もしそこで真実が獲得されるとしても、それはただ訴訟にとっての便宜上のものであったり、副産物であったり、あるいはたまたま近いものが得られたにすぎないのである」[16]。フランケルは「どの時代においても、係争中の弁護士の大多数にとって真理と勝利は相容れないものである」[17]と結論づけた。当事者対抗主義的なプロセスを批判する別の論者、ピーター・ブレットも同様の意見を表明している。「コモン・ローの裁判で真実が現れると想定できるような理由は何もない。当事者対抗主義的なシステムは、当事者が法廷から真実を隠すことを許すように設計されているのである」[18]。

　どうやら、科学者と同様に法律家も、当事者対抗主義的な過程こそが、勝利のために真実を覆したり歪曲したりしてしまうシステムとして不興を買っていることを指摘したいようである。法という枠組みのなかでの問題設定ではあるが、批判者たちはそうした歪曲の原因を鋭く指摘している。たとえば、当事者対抗主義的な手続は「真実すべて」を述べるという考えとは本質的に両立しないと考えられている。裁判所に誤った印象を与えてしまったと思った専門家は、弁護士が正しくフォローする質問をしないかぎり、それを訂正することができない[19]。また、「真実のみ」を述べることも、実務上は同じくありえそうにない。どんな訴訟においても、科学技術の専門家は、自らの能力の発揮できる知的領域の外側で途方に暮れてしまう可能性がつねにある。シカゴ大学の統計学者ポール・マイヤーは、「自己強化」の問題に注意を促している。専門家は、条件つきではない確定的な解答を与え、ほかの学説の存在は目立たないようにし、自らの推論の重要性を強調するという誘惑に駆られているのである[20]。より一般的にいって、訴訟には、事実と科学的意見とを、意見と単なる推論とを、そして推論と法的結論とを区別するための厳格なルールがあるわけではない。裁判官の特権であるべき価値判断と、専門家のためにしかるべく残されている事実問題とのあいだの境界線は、それ自体が構築物であり、専門家ごとに、そして事件ごとに、新たに引かれるものなのである。

　専門誌上で、専門家証人についての実践的ガイドラインがよく見受けられるようになった。今後法廷に立つ可能性のある専門家が、法的な場での証言を戦略的に構築しうることを十分に自覚していることが示されている。技術者向

けのガイドラインは読者に次のように指南している。「証言の出し方には一般的に次の2つの選択肢がある。1つは、訴訟に関連するすべての証拠を提示すること。もう1つは、本質的ではないが相手にとって不利にはなる証拠を隠し持っておき、相手側の弁護士が『食らいついて』、それを反対尋問で求めてくるのを待つのである。……このように証拠の提出を遅らせることで、証言は効果的に強化され、相手側の弁護士がさらなる尋問を加える意気込みは削がれる」[21]。相手が友人や同僚の場合でさえ、自分自身の優越した知識によって「相手を矮小化し、その意見を（正当に）打ちのめす義務」があるのだ[22]。

　法という文化においては、専門家としての参加者は、専門家集団内で科学的な有能性を確立するのとはほとんど関係のない戦術で、自らの信頼性を確立しなくてはならないことをはっきりと自覚しているようだ。

3.1.3　乗り気でない専門家

　科学者たちは、プロの弁護士の優先事項や関心に歩調を合わせなくてはならない、専門家証人というゲームのプレイに乗り気でないことが多い。訴訟ではいかなる戦略的な目標も許されうるが、このことは自らを偏りのない観察者と考えるように訓練された人々の神経を逆なでする。不幸にも、法的討議のルールはその不快さをさらに増幅する。次の2つの条件がわかったうえで、競合する2つの理論からどちらか一方を進んで選ぶような科学者ばかりではない。その条件とは「(a) その2つの競合する理論の提唱者のどちらもが、自らの所有しているデータのすべてを提示しなくてもよかった。もっといえば、その存在はわかっていても、『不都合な』あるいは整合性のない観察結果は伏せることが適切だと双方ともに考えていると思われる。(b) ……裁定者は決定的な証明になるかもしれないような、追加的データを引き出すことを提案したり要求したりする可能性から除外されている」というものである[23]。専門家証人になるかもしれない多くの人々にとって、こうした行動原則は、乗り越えられない倫理的な障壁となっている。そして、法プロセスへの参加を妨げているのである。

　専門家証人となるのを嫌がらせるもう1つの大きな要因は、同業者との意見の対立が公然のものとなることにより、自分の専門分野に対する不信が招

かれるのではないかと考えることである。この問題は「創造科学」と「進化科学」の両方を平等に扱うように公立学校に求めるアーカンソー州の法律に対する異議のなかで浮上した[24]。科学史・科学哲学者であるマイケル・ルースは、原告であるアメリカ自由人権協会の側に立って証言した。一方、哲学者であるフィリップ・クインは、ルースの証言は「関連する学者集団の定説を代表する」ものではないと批判した[25]。それに対しルースは、専門家の見解は「理性的で、自らの分野の自らの知識に基づいて」いればよいと反論した[26]。

実にさまざまな科学技術分野（とくに精神医学[27]、医学、そして最近では統計学[28]）に携わる人々が、自分の分野と法との頻繁なもつれあいによって生じる否定的な意見に反論してきた。たとえば、刑事被告人の危険性の有無を予見できたかどうかをめぐって口論している精神医学者たちをみれば、プロの専門家の判断に対する一般市民の信頼は弱まる。このような事情に鑑みれば、科学者の多くが科学者同士の意見の相違を曝露する場所として、法廷よりも、分野の権威や内的結束力を容易に維持できる学会や雑誌といった安全地帯を好むことは、なんら驚くに値しない。しかし一般市民にとっては、予想不可能で欠陥だらけのこの当事者対抗主義的プロセスだけが、「現実世界」についての専門家の主張に埋め込まれた文化的・規範的態度を目の当たりにできる唯一の参加形態なのである。

3.1.4　裁判所のために仕立てられる科学

法プロセスが、新たな科学的知識や技術の生産に対する影響力を高めているのだが、そのことが科学や法の学術論文で取り上げられることはほとんどない。多くの場合、たとえば電磁場とガン、豊胸手術のシリコンゲルと免疫不全症候群とのあいだのように、それまで疑われることのなかった因果連関の存在が訴訟によって疑われ初めて、そうした研究が始められる。こういった例における研究は、最もうまくいった場合でも法プロセスについていくのがやっとである。たいていの場合は法プロセスのスピードが速く、研究のほうが後追いになる。よって、科学者コミュニティが特定の因果関係の主張を肯定／否定するための信頼に足るデータを出す前に、判決が出されるのは無理もないことなのである。たとえば1994年、豊胸手術を受けていた女性749人を対象とする

後向きの［過去にさかのぼっての］疫学調査が行われ、結合組織疾患に関して統計的に有意な増加は見られなかったと報告する論文が『ニューイングランド・ジャーナル・オブ・メディシン』に掲載された。この報告はダウ・コーニング社（アメリカ最大の豊胸シリコンの製造会社）が原告とのあいだで数百万ドルの和解に合意した後、数ヶ月も経ってから出された。同誌の編集責任者であったマーシャ・エンジェルは、法システムでの科学的証拠の扱い方について一般的な批判を行った際に、次のように述べている。「裁判での主張や意見を根拠に科学的結論を出すことはできない。データがなくてはいけない。にもかかわらず、法廷では専門家証言の許容性の判断を、証人の意見が基礎としている証拠の妥当性ではなく、証言者の『信頼性』によって判断してしまっている」[29]。

　エンジェルの素朴な歴史記述は、この例では裁判官と陪審員とが原則として「データ」を利用できたことを前提としている。それは関連する科学的知識の生産を行うにあたって、法の側に主体性があること、そして、法が科学に知識を求めるのと、科学がそれを提供できるまでのあいだにタイムラグがあることの両方を無視してしまっている。法と科学について標準的で洗練された観察眼をもつジョージ・アナスもまた、同様に過剰な単純化の罠にはまっている。彼はDNA検査について「法廷における証拠の許容性基準と証拠の評価について科学論文で論争が繰り広げられている一方で、科学的妥当性の基準が法廷で議論されている」と嘆いている[30]。法廷にあまりにも性急に科学が持ち込まれたことによって問題が発生したのだとする科学者たちの一部の見解を支持しつつ、アナスは法科学（forensic science）の特定の手法が法的地位を獲得する経過について、歴史学的・社会学的に素朴な説明を行っている。ピーター・フーバーのさらに批判的な著書『ガリレオの復讐』も、知識の発展とそれを使用したいとする法の側の需要との関係についての歴史記述が甘いという問題を抱えている[31]。

　科学の専門的知見が訴訟での必要性に応じて生産されるとき、科学が通常とる検証プロセスは省略されたり歪曲されたりする。民間の検査施設で得られたDNA鑑定が証拠としてアメリカの刑事裁判で使用されたことは数十例あるが、科学者たちは後に、そのいくつかは受け入れがたく擁護しようのないものとみなしている[32]。陽電子放射断層撮影法（PET）による脳機能の画像化や、

コンピュータ・アニメーションによる犯罪や事故の「再現」などの技術は、それらを検証する試みや、なぜそれらがある特定の方法で解釈されるべきなのかについて説明する試みがほとんどない状態で使用されている[33]。法廷における科学のピア・レビュー基準は、存在していないか、あるいは法が必要としていると科学者自身が考えるものについての認識を反映したアドホックなかたちでしか進歩してこなかった。アドホックな例としては、『ジャーナル・オブ・ジ・アメリカン・メディカル・アソシエーション』の編集者が、訴訟に対して大きな含意をもっているという理由で、さらなるレビュー論文を掲載したことがあげられるだろう[34]。

科学者もまた、研究や論文（とくに査読つきの論文）が訴訟における重要な資源であることに気づいている。エリック・ランダーとブルース・バドウルによる、DNA鑑定についての『ネイチャー』の論文はみせかけのコンセンサスを作り、O・J・シンプソン裁判でDNA証拠をスムーズに受け入れさせようとする試みとして一部には受け止められた[35]。その他の訴訟の文脈においても、科学者、とくに証拠に関してある特定の解釈をもつ科学者は、自らに肯定的な雑誌に投稿し、自らの主張の信頼性を高め、将来の訴訟に備えているのである。

3.2 対抗的科学の脱構築

当事者対抗主義（対審構造）的プロセスの擁護者は、法的決定は、両者が「相手側に対しできるかぎり不公平に言い争いを行った場合に法的決定は最も公平なものとなるであろう」と主張する。というのも、そうした場合には、すべての重要な論点がもれなく検討されるだろうからである[36]。実際、反対尋問は「真実発見のために発明された最も優れた法的原動力」だと誉め称えられてきた[37]。このような見方には、裁判は、他でもありうる事実の構築のうちからいずれかを選ぶ機会というよりも、真実がどこにあるのかを突き止める機会であるという、法システムが固執している考え方が反映されている。

科学知識の社会学における研究では、反対尋問や他の当事者対抗主義的な手続きが科学の表象にかかわることになったときに何が起こるかについて、こ

れとは全く異なった見解が示唆されている。科学は自然をそのまま映す鏡であると考える論理実証主義的な見解と異なり、科学知識の社会学は、科学知識の生産には社会的要因が深く関与していることを強調する[38]。そうした社会学的説明に従えば、科学的主張の権威は、物理的な現実の記述に直接的に由来するものではなく、関連する分野に属するメンバーの間で繰り広げられる、非公式で多くの場合は目に見えることもないさまざまな交渉を通じた主張の確認に、間接的に由来するものなのである。ある科学的主張を真なるものとして確立するためには、人々や方法論、インスクリプションと呼ばれる視覚的記録、そしてさまざまな道具（それ自体、社会的慣習を取り込んでいる）が織りなす複雑なネットワーク[39]と調和させなくてはならない。科学における事実は、時とともに一般にも幅広く受け入れられていくので、それらの事実がもともとどのように構築されたのかを見ることはもはや不可能になってしまう。しかし、ある主張が事実であるかどうかについての位置づけがなお「作られつつある」場合でさえも、そうした暫定的な性質は、科学社会学が「境界画定作業（boundary work）」と呼ぶものによって一般の目から遮蔽されてしまうかもしれない。「境界画定作業」とは、単一の分野内での、あるいは異分野間での、さらには「科学」とそれ以外の権威ある知識形態のあいだでの、「よい」仕事と「悪い」仕事（そして決して些細な問題ではないのだが、その仕事を行う人が「よい」か「悪い」かについても）のあいだの線引きを共同的に承認しながら行っていくことである。これから見ていくように、証拠の提示が妥当かそうでないかを事実認定者が判断する際には、法システムの内部において境界画定作業がごく一般的に行われているのだ。

　反対尋問のように、練り上げられた敵対的な精査のもとに主張がさらされているような場合には、構築されたものとしての科学の性格が明るみに出ることは当然に想定できるだろう。実際、アメリカにおける規制プロセスについての研究では、当事者対抗主義の手続きによって証拠が積み上げられていく過程で、科学的主張が否応なしに脱構築され、不確実性や解釈をめぐる論争が残る部分が明らかにされることが述べられている[40]。しかし、このような脱構築の入り乱れる状況にあっても、科学にはその制度的権威を維持し続けようとする傾向がある。法の側の事実認定者もまた、尋問相手である証人台の科学者

と同様に、真実が存在することを示すことに加担(コミット)しているのである。

3.2.1 信頼性の検証

専門家証人が見え透いた嘘をついていることがわかる場合には、当事者対抗主義的プロセスは大きな力を発揮する。そうした胸のすくようなシーンはテレビの裁判ドラマ好きにはおなじみのものだろうが、現実の裁判で弁護士がそうそう出くわすものではない。しかし、反トラスト訴訟として有名なバーキー・フォト社対イーストマン・コダック社事件[41]では、コダック社側の唯一の専門家証人であるイェール大学の経済学者マートン・J・ペックが、書簡のなかでコダック社の市場における現在の強さは過去の競争阻害的行為に起因していると述べているのをバーキー社側の弁護士は偶然にも発見した。その書簡を非常に効果的に使い、バーキー社側の弁護士はペックが故意に証拠を隠していることを立証し、ペックの信頼とコダック社の主張の両方を崩した。百日咳ワクチンをめぐる訴訟の原告側証人であったゴードン・スチュワートも、重要な疫学研究で対照群の性質について不正確に伝えていたことが反対尋問で明らかにされたときに、同様の信頼失墜を経験している[42]。

証人の信頼性を確立することになる要因には、知識だけではなく社会的・文化的要因、たとえば態度や人柄、利害関心、言葉の巧みさなどといったあらゆる要因が含まれる。科学的証言が当事者対抗主義的プロセスのもとにさらされる場合には、そうしたすべての要因が同時に攻撃の対象となる。したがって、信頼性についての非認識論的な決定要因が一般の陪審員や裁判官に非常に大きな影響を与えてしまうことを懸念する批判もある。オルト社が製造した殺精子剤が、ある女児に重度の先天異常を引き起こしたと申し立てた製造物責任訴訟であるウェルズ対オルト製薬会社事件[43]では、まさにそうした問題が起こっていた。この裁判で、連邦地方裁判所の裁判官であったマーヴィン・シューブは、原告へ460万ドル、原告の母親へ約50万ドルの賠償を認めたが、その判断は、原告側の証人であった科学者のほうがオルト社側の証人よりも信頼できるという裁判官の評価に大きく依拠したものだった。たとえば、シューブはブルース・ビューラー博士の証言台での確固たる態度さを称賛したが、それはよい推論の証としてシューブが考えていたものであった。

裁判での彼の意見は、彼が以前に宣誓供述書で述べたものと同じであった。……考えられる他の原因をどのように排除していくかについての彼の詳細な説明は、その意見が単なる憶測ではなく、慎重かつ系統だった推論の産物であることを示していた。証人としての彼の態度は素晴しかった。彼はすべての質問にバランスよく、公平かつ率直に答えた。専門的な用語や調査結果を一般的でわかりやすい言葉に翻訳した。そして偏見や先入観は一切含まれていなかった。[44]

　これとは対照的に、「主尋問の際には確信的であるかのような口調であったのに、反対尋問の際にはそれほど確信がないように見え、そのギャップ」が大きかったとの理由で、シューブ裁判官はオルト社の重要な証人の証言を低く評価した。また、別のオルト社側の証人について、彼の「先天性異常をめぐる訴訟における原告側の弁護士および専門家証人に対する批判」、そして「結論を表現した独断的な言葉」は彼の信頼性を著しく損なわせたとの判断をシューブは下した[45]。

　この事例は、法と科学とで信頼性の判断の仕方が大きく異なっていることを示している。シューブ裁判官にとっては、証言を行う専門家の個人としての信頼性こそが、その人の科学的信頼性を決めるすべてであった。それに対し、科学の公共的エートスは、主張の正しさはその主張を行う個人の属性とは独立に評価されるべきであるとする[46]。すでに共同的に認められた知識体系のなかに、自らの観察を根拠づけることによって科学者は信頼性を主張する。しかし、正式事実審理においては、ほぼ同数の専門家がそれぞれの側の証言台に立つため、より大きな科学者コミュニティの意見もまた同様の分布になっているという誤った印象を与えかねない[47]。それぞれの側は自らの立場に最も有利な意見を求める傾向があるので、審理プロセスが2つの正反対の意見に直面してしまったとき、実際にどちらが逸脱していて、どちらが（もしあれば）知識豊富な専門家の相当数が属する集団によって支持されているのかを容易には判断できないのである。

3.2.2　DNA 鑑定：揺らぐコンセンサス

　当事者対抗主義的プロセスが、堅固に見える科学的主張、学問分野、科学的手法のなかに、気づかれていない、あるいは検証されていない前提が隠れていることを明らかにすることに成功するのであれば、訴訟は市民教育のための効果的な手段となる。法システムは 1980 年代の DNA 鑑定の使用をめぐる一連の訴訟において、遅ればせながらもその機能を果たした。DNA 検査は 1986 年にアメリカの刑事訴訟に導入されたが、当初は警察当局の夢に応えるものとして熱烈に歓迎されていた。広く用いられている手法の 1 つは、長さが人によって異なっている DNA 反復配列（タンデムリピート数、VNTR とも呼ばれる［数塩基〜数十塩基からなる配列が繰り返し並んでいる箇所のことで、ゲノム中に数百〜数千箇所あるとされる。単位となる配列が何回繰り返されるかが人によって異なっているため、その箇所の長さによって個人を特定することができるとされている］）から視覚的表現を作成するものである。その長さが同じになることは、どの任意の 2 人であっても統計的にはほとんどないとされている。伝統的に用いられてきた指紋と同様に、DNA 鑑定［ここでは従来の指紋と並べるために DNA "fingerprint" という表現が原語では用いられている］は、被疑者から採取した血液、精液、その他のサンプルと犯行現場から採取したものとのあいだに、ほぼ確実な同一性が認められる（あるいは認められない）という証拠を提供するといわれている。導入されてからの 4 年間で、DNA 検査から得られた証拠が全米の 185 ほどの訴訟で用いられた[48]。しかし、80 年代の終わりまでには、この一見したところ非の打ちどころのないかたちの証拠は、信じられていた無謬性が実は巧妙に構築された基礎のうえに成り立っていたことを曝露する議論の餌食となった。

　DNA 鑑定についてのコンセンサスがほころび始めるきっかけとなったのが、有名な州民対カストロ事件[49]である。この事件では、民間の検査研究所であるライフコード社が DNA 証拠を解釈する際に使用していた、ずさんでまだ標準化されていない手法に対して、被告側・検察側双方の専門家が共同で異議申立てを行った。その後、性的虐待をめぐるメイン対マクラウド事件[50]でも、ライフコード社の 2 つの DNA サンプル間の一致を認める手法について、弁護側の専門家から再び疑義が差し挟まれた。この訴訟での 2 つの「DNA 型」［ここでも DNA 型という意味で fingerprints（指紋）という単語が用いられている］

は、素人目にもたしかに同一ではなかった。パターンは同一であったが、片方はもう一方と比較してバンドの現れる位置が異なっており、DNA 断片の長さが違うようであった。正式事実審理でライフコード社の専門家の 1 人が、自社では観察されたバンド移動を補正するために、未検証の方法（つまり、他の専門家によるレビュー、あるいは承認を受けていないもの）を用いていると証言した。この証言が認められたことによって、決定的だとされていた同一性の判断は、致命的なまでにその力を失うことになった。

また、ほかの正式事実審理でも、合理的な疑いを超えて被告人の犯人性の立証を崩すのに成功した例がある。そこでの根拠は、関連する人口集団のなかで、特定の DNA マーカーの保有者がどれくらいの頻度で見られるかを検察側が立証していなかったというものであった。初期の裁判では、専門家は DNA 鑑定で検査されるそれぞれの配列が互いに独立であると仮定したうえで、それらが偶然に一致する確率は非常に低いとの予測を立てていた。しかし、この仮定は同一の民族集団内のメンバーにおいて、特定の配列パターンがより高い頻度で見つかるという可能性を見落としていた。当初、法的な事実認定者は、専門家による確率の主張を補強するために、集団遺伝学の分野からの統計的データが必要であることに気づいていなかった。境界画定作業が見事になされたことで、当初 DNA 鑑定の支持者たちは、DNA 鑑定は分子遺伝学と分子生物学の分野のみにかかわる技術と思い込んでいたことが明らかになったのである[51]。

初期の DNA 鑑定訴訟では疑問視されずに通用していたコンセンサスを脱構築する方向に弁護士と科学コミュニティのメンバーを向かわせたのは、反対尋問だけではない。脱構築のプロセスが起動し始めたのはそれよりも、どんな訴訟でも両側を見るべきであるという、法システムのもつ規範的な態度（コミットメント）によってである。この規範的態度により、カストロ事件では専門家がついに疑いを差し挟み、DNA に関連する検査・証拠の方法論上のいくつかの前提についての専門家間の意見対立を招くにいたったのである。しかし、パンドラの箱がいったん開けられてしまうと、マサチューセッツ工科大学のエリック・ランダーなど、箱を開けるのに最初は熱心だった科学者たちも、脱構築のプロセスを元に戻すのはそれほど簡単な話ではないと今度は落胆したのであった。アメ

リカ学術研究会議 (National Research Council) による 1992 年の報告書では、集団遺伝学者から提起された問題に決着をつけることができなかった。アメリカ学術研究会議の調査委員会は、データ・ギャップを埋め、それでいてなお、市民的自由を尊重する人々をも満足させられる程度に穏健な方法である「天井原則 (ceiling principle)」と呼ばれる計算手法を提案した。しかし、論争が解決されるどころか、この報告書はさらなる論争を呼び、1994 年にはこの問題をさらに検討するために 2 つめの委員会が組織されるにいたった[52]。『ネイチャー』に掲載されたランダーとバドウルの論文には、DNA 鑑定が受容されることを確実視し、論争を終結させたいという彼らの利害関心があまりに色濃く表れていた。実際、彼らの論文は、そのすぐ次のページで、ともにハーバード大学の生物学者で、DNA 鑑定技術の統計的・方法的信頼性について懐疑的な批判を主導しているリチャード・ルーウォンティンとダニエル・ハートルによって批判されている[53]。こうしたエピソードをみれば、ワシントン州の弁護士ミルトン・ウェッセルによる次のような楽観的な断定は疑問視されざるをえない。「社会的な意義が十分にある争点については、『科学会議での議論状況 (the state of scientific conference)』アプローチは科学的なコンセンサスを形成し、最も敵対的な法プロセスにおいてさえほとんど批判がなされない説得力を有するにいたるだろう」[54]。DNA 鑑定の場合には、そうはならないようだ。

3.3　司法の門番機能と専門性の再構築

　当事者対抗主義的プロセスが専門家証言を脱構築するにしても、法システムが真実にいたるための場というイメージを維持し続けているのもさることながら、法システムはいかにして科学的な争点について幕引きをしているのだろうか。そして、それはなぜだろうか。こうした問題に答えるために、裁判所が専門家証拠について担っている門番 (gatekeeping) 機能について検討してみよう。それには、専門家を直接に選別する方法と、外部に存在する現実の、またはそうと想定されている専門的権威に委託する方法がある。

3.3.1 専門家と認める

法廷で証言するよう依頼された証人は、まず予備尋問を経る必要がある。両側の弁護士からなされる質問に基づいて、その専門家が関連する専門知識を有しているとの主張について裁判官がまず意見を形成し、その人を証人として認めるべきか否かを決める。この段階での参入障壁は比較的低く（たとえば、証人は正式な資格の証明書がなくても、経験のみに基づいて専門的地位を主張してよい）、実質的には証人として認めるかどうかの決定は裁判官が行う。

1975年にアメリカ連邦議会によって制定された連邦証拠規則（Federal Rules of Evidence）によると、資格を与えられた専門家の基本的な役割は、法的な事実認定にあたっての専門的な証拠への理解を支援することである。その当然の帰結として、この規則は裁判官が無関係または不適切な証拠を排除することを認めている。たとえば規則403条は、裁判所が「その証明力よりも、不公正な偏見、問題の混乱、陪審の誤解の危険性のほうがかなり勝っている」証拠を排除することも許している。規則703条では、専門家が依拠したデータがその分野の専門家たちによって合理的に依拠されているたぐいのものであるかどうかを確認するかどうかは、裁判官の裁量に任されているとされる。実際には、この法的権限を行使するかどうかは裁判官によってかなりばらつきがある。たとえば、ニューヨーク州のある訴訟では化学物質の四塩化エチレンが腎不全を引き起こしたという原告の主張に依拠して百万ドルの賠償を命じた判決が下された。しかし、正式事実審理の段階では、四塩化エチレンに関する広範な科学文献のレビューからは、この物質を腎臓病と結びつけることはできなかった。むしろ、原告の症状は慢性的であり、化学物質によって引き起こされた可能性は低いとされた。それにもかかわらず、四塩化エチレンについての知識や化学物質が誘発する疾患についての専門知識のない内科医が原告側で証言することを許可され、陪審員は因果関係に関する彼の意見を受け入れ、それを根拠に原告勝訴の評決を出した[55]。

これとは対照的に、第5巡回区連邦控訴裁判所は、積極的に門番としての司法の役割を果たし、ダイオキシンへの曝露によってポルフィリン症に罹ったと主張する鉄道労働者が勝訴した評決を覆した[56]。原告側証人のうち2人、化学工学者と毒性学者はいずれも、原告がその化合物にどの程度曝露してい

たかについて直接的には知らなかったにもかかわらず、原告の疾病はダイオキシンによって引き起こされた可能性があると証言した。被告であるモンサント社側の専門家は、その労働者の最大被曝量は住宅地で許容されているレベルの2％未満であり、ともかくポルフィリン症を起こすには十分ではないと証言した。控訴裁判所は、このような状況では、原告のために提示された証拠は、原告側勝訴の評決を支持するには不十分であるとの判決を下した。

　連邦証拠規則によって認められた権限を行使するのに積極的な裁判官は不可避的に、「科学の言い分」についての自らの理解を、法廷で構築される因果関係図式に注入することになる。枯葉剤訴訟で和解に参加しなかったベトナム退役軍人は、彼らの主張を正式事実審理に進めることを拒否したジャック・ワインスタイン裁判長によるまさにそういった介入を拒んだのである。退役軍人らの主張を棄却した略式判決でワインスタイン裁判長は、彼らの提起した科学的問題は、陪審によって解決するのに適していないと判断した。この結論にいたる際に裁判長は、原告が提出した動物実験と疫学研究の結果はどちらも信頼には値しないという自己流の評価に依拠していた[57]。原告側の弁護士はワインスタインに対し、こうした研究結果が裁判の合理的な基礎を提供するかどうかを判断する際には、専門家証言に依拠すべきであると反論した。しかし、第2巡回区連邦控訴裁判所は彼らの異議を退け、連邦裁判所は専門家の信頼性を独立して審査する権利を死守したのである[58]。

　おそらく、より目に見えにくいところで、裁判官は専門家の信頼性を認定するときに何が「科学」であって誰が「科学者」であるのかについての自らの理解の影響を強く受けている。専門家の信頼性を裁判所自身の主観的な基準にあてはめていく境界画定作業は、電気泳動法と呼ばれる技術で発展してきた血液型データ証拠の許容性についての一連の判断のなかで鮮明に見られた。鍵となる専門家証言がほぼ同じものであったにもかかわらず、血液型データをカンザス州最高裁判所が証拠として許容した一方で、ミシガン州最高裁判所はまだ証拠として許容できないとした。「科学」や「科学者」についての概念の違いが、それぞれの裁判所を異なる判断へと導いたのだ。カンザス州最高裁判所は、すべての証言者を等しく専門家とみなしたので、全員の証言に等しく参照する価値があるとしたのだが、ミシガン州最高裁判所は対照的に、検察側の主な証言

者たちを「科学者」というよりは「技術者」であるとみなし、その分類をもとに、技術者による技術の信頼性に関する主張の価値を割り引いたのである[59]。

ごくありふれた裁判からも、科学を構築しているものは何かについての司法府の暗黙の理解を垣間見ることができる。警察官が行った水平注視眼振（HGN）検査［アルコールには対象物を追う眼球のスピードを遅くさせ、眼球に振盪を起こす作用がある。それを利用し、運転手が酒気帯びの状態にあるか否かを判定するために、主に交通を取り締まる警察官によって用いられた検査法］の証拠能力についての判断の際、カリフォルニア州裁判所は自らがもつバイアスを露呈させた。「ある人のHGNの測定と、その結果を酒気帯びによるものとして解釈するかどうかは、生理学、毒性学、その他の科学分野の専門性を必要としない。眼振効果は、何の機械的・電子的・化学的装置も必要なく観察できる……眼振効果の測定には、片足バランスなど路上で行われる飲酒検査の実施と同じく、特別な医学的訓練を必要としない」[60]。ここで非科学的な観察と科学的な観察とを区別するために裁判所が用いた基準（名の通った専門分野が存在すること、専門的訓練が可能なこと、装置を使用すること）は、控訴審において法の誤りと指摘されるまで、公にも批判されることはなかった。しかしその基準は、科学的知識とそれ以外の知識形態との違いについて、たった1人の裁判官のもっていた素朴な見識を反映したものにすぎなかった。

カリフォルニア州の別の裁判である、州民対ウィリアムズ事件では、一審でのある警官のHGN検査に関する証言が問題となった。彼の証言は一般人の証言としては認められなかった。というのも、彼の証言は、「日常的経験を明らかに超えた知識・経験・訓練があってこそ」可能になったからである。しかし、彼は専門家証人としても認められなかった。なぜなら、彼の証言には「アルコール摂取が眼振を産み出すプロセスや、アルコールと眼振との相関関係がどの程度あるか、他のありうる原因がどのように排除されているおそれがあるか、統計的調査における誤差の範囲や多くの関連する他の要因群についての理解」が欠けていたからである[61]。ここでも、「日常的経験」と「専門性」とのあいだの境界に関する裁判所の判断については、上訴という公式な制約のなかでしか議論の対象とならなかった。法が科学と専門性を構築していく過程がこのように不透明であることは、民主主義社会において無視することのできない

事実である。それは、被疑者の眼球運動を直接に目で観察した結果を専門性というマントで覆い隠しておこうとしなかったウィリアムズ事件に賛同するとしたところで変わらない。

3.3.2 科学者に任せる

アメリカの裁判所は、どの証拠に証拠能力があるかを決める権利が自らにあることを主張しつつも、ここ100年近く、そうした決定を専門家に任せるための指針作りを試みてきた。裁判官は専門家のコンセンサスに敬意を払うべきだという考えは、1923年のD.C.連邦控訴裁判所で争われた殺人をめぐる裁判であるフライ対合衆国事件のなかで初めて表明された。その短いにもかかわらず引用されることの多い意見の1節は、フライ基準（Frye rule）として知られるようになった。

> 科学的原理や科学的発見が、どのタイミングで実験段階から疑う余地のない段階への境界を越えるのかを確定するのは難しい。その漠然とした領域のどこかで、そうした原理のもつ証拠能力が認められなくてはならない。裁判所はよく知られている科学的原理や科学的発見から推論された専門家証言を証拠として許容し、大いに活用していくことになるが、その推論の根拠となるものについては、関連する特定の分野で一般的承認が得られているほどに十分に確立されていなくてはならない[62]。

フライ判決自体もこの「一般的承認」という基準を用いて、被告人側から提出された嘘発見器による検査を排除した。フライは殺人罪で有罪判決を受けたが、新たに無罪を証明する証拠が明るみに出た後、釈放された。

数十年もの間、フライ基準は法曹界において、哲学的意味においても実用的意味においても鋭い意見の対立を見てきた[63]。信頼性の問題を、新規の技術の水準について判断するのに特段の資格のない正式事実審理の裁判官に委ねるのではなく、科学者集団に委ねるという発想に好意的な者もいる。その場合、科学者集団は「専門陪審員」のような役割を担うことになるだろう[64]。その一方で、そうした曖昧な基準では一貫性のない判断を助長してしまうと反対す

る者もいる。フライ判決は、普遍的な合意（すなわち一般的な合意）にいたっていなくても科学的証言を許容するのには十分だろうと仮定していたが、ではどの程度、誰のあいだで合意があれば十分かについては全く触れなかった。そのために、一般的に承認されていると立証するのに必要と考えられている合意の程度について、裁判所の判断が分かれた。上述した電気泳動法の訴訟と同様、境界画定作業が異なれば、結果も正反対になる。レーダー検出器がスピード違反の立証に使用できるかどうか、話し手を特定するために声紋が使用できるか[65]、書面の成立の真正を立証するのに文体に関する統計的分析（統計文体論）が使用できるかについて[66]、アメリカ内の裁判官の意見は一致を見ていない。フライ基準の適用は不整合性を生むので、一部の裁判所はフライ基準を全否定し、連邦証拠規則403条に規定された衡量アプローチをとった。第2巡回区控訴裁判所で争われた合衆国対ウィリアムズ事件[67]は、論争のある声紋鑑定を麻薬裁判で証拠として使用することを認め、証拠がもつ価値と、陪審員を誤解や混乱に導く可能性とを比較衡量する権利が裁判所にあることを再認した。その判決では、証拠の「信頼性を決定する責任を科学者に丸投げ」するのは不適切であると判断された。

　フライ基準から70年が経ち、科学的証拠の許容性をなお一般的承認によって決定し続けるべきかどうかについて、アメリカ連邦最高裁判所はついに合意にいたった。法律専門家は今までこの問題について手をこまねいていたわけではなく、長い時間をかけて知を積み上げてきた。しかし、ドーバート対メリル・ドウ製薬会社事件[68]において、さまざまな専門家団体から提出された「アミカス・キュリエ」（裁判所の友［裁判所に情報や意見を提出する第三者による意見書］）を見るかぎりは、フライ基準での多くの問題から体系的に学んだことはほとんどないようである。裁判所に対する勧告は、大きく分けて2つの陣営に分かれる。1つは、アメリカ科学振興協会（AAAS）やアメリカ科学アカデミー（NAS）などの影響力のある専門機関が主導する陣営で、裁判所に対し、科学を妥当性の源泉として見るように、より具体的にはピア・レビューを、承認されている科学を承認されていない科学から区別するための一次的な基礎として受け入れるように強く求めている。もう一方の陣営は、裁判官が必要な弁別を行う能力については比較的寛容な立場をとり、ある主張の科学的位置づ

けを決定するための普遍的基準と自分たちが考えるものを法に輸入するようなテストを提案した。後者のアプローチでは、科学は事実究明の独自の方法であり、他の知識の獲得方法とは、検証可能性などの形式的な基準を通じて区別できると想定されている（それぞれの代表的な立場の主張については次ページのコラムを参照せよ）。

ハリー・ブラックマン裁判官が書いたドーバート判決での多数意見は、当時、連邦最高裁において科学についての主導的な権威とみなされていたが、裁判所に提出された意見書のすべての立場を見事に折衷したものであった。科学的証拠を評価し選別する裁判官の裁量を裁判所が再び強く認めたため、原告が正式に勝利を収めた。連邦最高裁は原告の肩をもち、ピア・レビューと一般的承認のどちらについても、信頼性の絶対的な指標としては認めなかった。この点については、フライ基準は連邦証拠規則でとられているアプローチに完全に取って代わられたといえる。しかし、裁判官は科学者に承認されている方法に従って科学を評価すべきであると連邦最高裁が勧告したことについては、被告と科学者コミュニティが胸を撫で下ろす材料となった。この勧告を実施するにあたり、提示された証言の妥当性と重要性を決定するため、多数意見は次の4つの基準を提示した。(1) 証拠が依拠している理論や手法が検証されており、反証可能性があるか、(2) 証拠が依拠している理論や手法はピア・レビューされているかどうか、(3) もし知られていれば、その手法の誤謬率はどのくらいか、(4) 証拠の許容性にかかわる争点にとって重要な要素の1つとして再登場した、一般的承認。誤った主張に対する明確な反証を通じて科学は発展していくという哲学者カール・ポパーの見解と、科学者コミュニティのメンバーのなかでの交渉と合意を通じて蓄積される知識という社会構築主義的な科学社会学者の見解の両者を、からくも連邦最高裁はこの4項目に織り込むことができた[69]。

3.4 ドーバート判決以後の科学と法

ドーバート判決における、証拠の許容性の決定基準について哲学的な意味での首尾一貫性を見事に意に介しない態度は、論理よりも経験を優先して何と

ドーバート対メリル・ドウ製薬会社事件：連邦最高裁判所への意見書（Amicus Briefs）からの抜粋

　アメリカ科学振興協会（AAAS）（被告側）：「裁判所は、無理なく科学的基準に準拠しており、妥当で信頼できると一般的承認を得ている手法から得られたものである場合にかぎって、科学的証拠として許容すべきである。そのような許容性の検証は、ピア・レビューの結果といった、科学者が他人の研究を評価する際に考慮する要因を含むだろう」

　カーネギー科学・技術・政府委員会：「この［科学的主張は科学的調査であるとわかる形式の範囲内で展開されているかどうかについての］調査を行うために、裁判所は次の基準を考慮すべきである。(1) 当該主張は検証可能か、(2) 当該主張はすでに経験的に検証されているか、(3) 検証は科学的な方法論に則って行われているか」

　原告：「しかし、専門家による意見の説得力に関する最終的な決定は、連邦規則によって陪審員たちに委ねられてきた……民間のジャーナル編集者たちにでも、そのような編集者に委託したいと思っている裁判官［に］でもなく。ピア・レビューのプロセスには多くの利点があるが……連邦裁判所で専門家の見解の信頼性を選別するために用いるには不向きである。なぜならば、ピア・レビューの目的もプロセスも、真実の決定には適していないからである」（［　］挿入は原文）

　被告：「科学的主張には、科学者コミュニティによる検証と認証という法廷外のプロセスをくぐって必須の基礎を得るものと、依拠している推論が、その種の主張に妥当性を持たせるための承認された科学的基準に一致していることで必須の基礎を得るものとがある」

　チュービンら（原告側）：「第9巡回区裁判所のように、査読つきジャーナルに論文が掲載されたことをもって科学者共同体の『合意』による『一般的承認』であると推定することは無意味である。むしろ、結果的には受容へとこぎ着けるにしても、それ以前にはたいていの場合には数多くの批判があり、そこにはたった1つの是認された声明のような『一般的承認』よりも、もっとずっと多くの『一般的拒否』が存在する」

かやっていくというコモン・ローのもつ創造的特質の表れといえるだろう[70]。しかし、その折衷的なメッセージゆえ、ブラックマン裁判官が曖昧なままにしておいたものを明らかにしようとする人々が招き寄せられることにもなった。

当初の下級裁判所からの反応には、産業界や被告側弁護士にとって安心できるような兆候も含まれていた。第9巡回区控訴裁判所は、連邦最高裁の意見に照らして、ドーバート事件の証拠を再検討する際に、疫学データへの対立するような再解析は受け入れられないと結論づけた[71]。その間、ドーバート判決を解釈する学者だけでなく、実務弁護士も、何が科学であるのかについての自分たち自身の構築を、実際の判決意見に立ち返って読み取ろうとした。たとえば、原告側弁護士として有名なロン・サイモンは、連邦最高裁が「科学が、1つのできごとについて同時にさまざまな説明が許される非常に流動的なプロセスである」と認めたことを賞賛した[72]。対照的に、著名な科学者でアメリカ科学振興協会会長であったフランシスコ・アヤラと2人の弁護士との共著で出された論文は、連邦最高裁が結局は何が適正な科学であるかについてのさまざまな科学者たちの考え方を採用する方向に舵を切ったとして賞賛した。この論文で描かれている科学のイメージは、調査に基づいているというよりは著者らの内省によるものであるように思われる。今日の科学社会学でなされている議論をまじめに扱うのを避け、著者たちは脚注で次のように述べている。「私たちの主張は、哲学的厳密さを求めるものでも、実証主義対相対主義といった科学の本質についての論争を解決しようとするものでもない。現実に多くの科学者が専門家として行っている営みに一致した科学像を提示することが目的である（強調引用者）」[73]。

こうした認識論的な問題と同様に、制度的な問題もまた、ドーバート判決以後も未解決のままであった。事実をめぐっての争いの解決に資するような、新たな司法的あるいは準司法的な制度が必要だろうか。もっといえば、望ましいだろうか。「科学裁判所」というアイデアは、1967年に技術者であるアーサー・カントロウィッツが提案し、さらに1970年代半ばに大統領特別調査委員会によって展開されたが、実行不可能であるとしておおむね放棄されてきた[74]。もともとの構想では、科学裁判所は事実を政策から切り分けて、事実に関する問題を扱うための手段と考えられていた。科学裁判所の提唱者たち

は、科学裁判所を「サイエンスアドバイザーの価値観を人々に押しつける取り組み」に対する安全装置と考えており、「能力を超えた権威の拡大」を防止するためのものとしていた[75]。批判者たちは、事実に関するとされる論争の多くは時とともに、特定の技術的選択の社会的あるいは道徳的な実行可能性についてのより根本的な対立の代理戦争になるだろうと結論づけるにいたった[76]。こうした議論は、科学的知識が特殊なタイプの社会的構築物であるという認識が徐々に広まっていることとかなり整合的であった。

制度改革を目指すより穏当なアプローチは、裁判官に利用可能な専門的支援を強化するという考えのうえに成り立っている。複雑な裁判の場合には、裁判所が任命する専門家、専門委員、専門的訓練を受けた裁判官付調査官(ロークラーク)の活用頻度を促進するといった選択肢もしばしば議論されている。こうした方向での正式な手段は、連邦証拠規則ですでに利用可能になっている。証拠規則では、科学的な事実認定のプロセスに役立つと考えられる場合に、裁判所が任命する専門家やパネルに助言を求める広い権限を裁判官に認めている。しかし実際には、こうした権限が連邦裁判所で行使されるのはごく稀である。連邦司法センターが1989年に実施した調査では、規則706条で認められている専門家証人任命の権限が、とくに特許や製造物責任をめぐる訴訟において役立ちうることを連邦裁判所の裁判官の87％が認めているにもかかわらず、たった19％しか実際にはその権限を行使していないことが明らかになった[77]。

裁判所によって任命された専門家のさらなる活用への支持は、ほとんど検証されていない想定に基づいている。それは、事実の確定を紛争当事者による独占的なコントロールから解き放つことで、科学的証拠について偏見のない説明がもたらされるだろうというものだ。イェール大学ロースクールのジョン・ラングバインによると、このアプローチの大きな利点は、当事者たちを「法と事実についての対抗関係」から、大陸法の訴訟のモデルのように「法についての対抗関係」へと転換する点にある[78]。中立的な事実認定の可能性を暗黙裏に認めているラングバインは、結果として無駄を省き、不偏性を促進することになったという欧州の経験を指摘する。しかし、欧州のやり方の効率性は、ある1つの偏見に他の種類の偏見に比べて特別な地位を与えるという代価を払って初めて得られるものである[79]。ブライアン・ウィンが行った、ウィンズケー

ル［セラフィールド］の核燃料再処理工場の建設についてのイギリスの公的調査に関する研究は、比較的閉鎖的な専門家文化のなかで、裁判所での事実認定がいかにして科学的・制度的権威の主要な源を強化するために使われたかを示している[80]。

　裁判官付調査官（ロー・クラーク）やスペシャルマスターに関する提案も、経験を通じて問題が明るみになってきた。たとえば1950年代の初め、著名な経済学者であるカール・ケイセンは裁判官付調査官として、反トラスト法に関する画期的な訴訟において、マサチューセッツ州の連邦地方裁判所のワイザンスキー裁判官を補佐していた[81]。彼が執筆を手伝った判決文は評判がよく、連邦最高裁にも支持された。しかし、ワイザンスキー自身は最終的に、ケイセンへの依存は賢明でなかったと判断した。いかなる裁判官も、「優れた専門的能力、学識、経験を通じて、補佐が裁判官に対する「支配力」を実質的にもってしまうときには、裁判官に必須の独立性を」保つことができなくなる[82]。こうした問題のいくつかを緩和するために、ワイザンスキーは別の裁判では専門的補佐との関係をより透明なものにした。スペシャルマスターが原告・被告とお互いが同席する場で相談し、報告書を提出し、公開法廷で尋問できるようにしたのである。アメリカにおける司法の伝統のなかでは、裁判官は専門性へのアクセスにおいて当事者よりも優位であるべきという考えよりも、このように、裁判所によって任命された専門家が果たす教育的・仲介的機能を高める努力のほうが受け入れられやすいだろう。

　普通の裁判所において、科学的訓練を受けた裁判官付調査官を用いるには、実務上の困難がともなう。連邦裁判所の管轄では、処理しなくてはならない訴訟が慢性的に溜まっており、調査官は需要があるたびに訴訟ごとに次から次へとローテーションを組まなければならない。意思決定のペースがこれだけめまぐるしく予想もつかないことに鑑みれば、ほとんどの裁判官には、調査官を、その人の科学的専門性に関する訴訟のみに確実に割り当てられるように雇うことはできないだろう。したがって、適切な訓練を受けた専門的な裁判官付調査官（ロー・クラーク）の全神経を注ぎこまなくてはならないほどに複雑な訴訟でもないかぎり、調査官と訴訟の完璧なマッチングは不可能だろう。

3.5 これからのために

　避けることのできない経済学的・社会学的制約のもと、きつく制約されるレトリックや手続きに関する規則に従いながら、科学は法廷で構築されている。そして、広く多岐にわたる規範的検討事項に用いられている。専門家証拠を使用する現行システムを構築する部分に変更をもたらすことは、法的アリーナにおける科学的事実の構築や脱構築に関与しているさまざまな利害関係のバランスに変化をもたらすだろう。手続きを新たなものにしたところで、科学が道徳的・社会的圧力から解放されることはないし、技術官僚的（テクノクラシー）な理想がずっと思い描いてきたように科学者が法に純粋に事実として指針を提供できるようになるわけでもない。むしろ、科学的事実の生産は、さまざまな偶発的要素からなる、異なった基盤（マトリクス）のなかに埋め込まれている。たとえば、裁判官の力は紛争当事者を犠牲にして強化されるかもしれないし、専門家証言を選別するルールが変更されることによって大学や専門家集団などの新たな利害関係者が訴訟過程に関与することに利益を見出すようになるかもしれない。

　それほど政治的に異論のなさそうな戦略としては、裁判官、弁護士、そして科学の専門家に対し、お互いの推論や討議の様式を教育することが挙げられる。たとえば、有害物質をめぐる不法行為訴訟が多いことに鑑みて、連邦や州の裁判官が、疫学的研究やガンの生物学的検定（バイオアッセイ）、およびリスク分析などの基本的な原理・原則について学んでおくことは理にかなっているかもしれない。連邦司法センターは、裁判官の科学リテラシーを向上させるためのプロジェクトに着手し、『科学的証拠レファレンスマニュアル（Reference Manual on Scientific Evidence）』を 1994 年に出している[83]。ウェルズ事件でオルト社側の証人が経験したことは、専門家の側が自ら、法的プロセスや法的事実認定者が真実性を評価するときに使用する基準の目的について理解を深めることができることを示唆している。他にも改革のアプローチとして、科学が対立する当事者の利害関心に絡め取られてしまうことのないような手段で争いを解決することが挙げられるだろう。たとえば、損害賠償（とくに懲罰的損害賠償）や訴訟費用に関する上限を設けて無過失保険システムを拡大するなど、勝

者と敗者の両方の利害関心を低減することによって、科学をご都合主義的に利用したくなる誘惑を抑えながら、正義を果たすことができるかもしれない。こうした論点については第10章で触れることにして、司法が特定の意思決定の文脈で科学技術をどのように取り扱うのか、その詳細な分析を続けることにしよう。

第4章
政府は専門性をどう語ってきたのか

　アメリカの法システムが有する、専門的な事実認定を規範的な政策目標に従わせる権力は、司法審査の場面で顕著に現れる。裁判所は行政機関の専門的判断に疑問を差し挟むことができるほどの、ほかの西洋世界とは比べられないような権限をもっているのである。行政機関は委任された権力を合理的に行使しなければならないというのが、アメリカの行政法の基本原理である。それにはもちろん、不確実あるいは曖昧な科学を解釈する権力も含まれている。そのうえで裁判所は、法の下に行政の合理性を終局的に監視する立場にある。したがって1946年に定められた行政手続法は、行政機関の決定が「実質証拠 (substantial evidence)」に基づくものでないとき、または「恣意的だったり、気まぐれだったり、裁量権の濫用があったり、あるいはそうでなくとも法に適合しない」ときは、裁判所は決定を無効にすることができると規定している。同様に、1970年代に定められた主な規制法規は、司法審査条項を備えており、提案された方策とそれを支えるデータとのあいだに理にかなった関連がなければ、行政機関の決定を取り消す権限を裁判所に与えている。それゆえ、逆説的だが、専門的知識をもっていない裁判官が、はるかに深い専門的知見や政策立案経験をもった行政機関の決定を覆す権限をもっているのである。

　裁判所と行政機関がもっている専門的知識に格差があるせいで、裁判所が審査機能をどこまで積極的に発揮すべきかを決定するのが難しくなっている。他方で裁判官は、規制行政機関がその権限内で十分な情報に基づいた意見に対して、後知恵で軽々に批判できないということも自覚している。だが、司法審査を意義のあるものとするためには、専門的記録の何らかの再検討が必要であることも同様に明らかである。現代的な、健康、安全、環境規制に特徴的な、複

雑な規則制定の記録の審査を求められたときに、審査の難しさと必要性というこの2つの考え方のあいだで裁判所がバランスを取ることはとくに難しい。この難問を整理し、行政機関が自立して動ける範囲と、裁判所が監視できる範囲とのあいだに何らかの一貫した境界線を引くには、20年にもわたって行きつ戻りつする試行錯誤が必要であった。そうして裁判所が作った境界でさえも、行政機関の専門的能力と政治的正統性をわざと楽観的に見積もり、それに依拠したものであった。近年になって科学者コミュニティが、本当であれば行政機関の能力にふさわしいはずの、決定手続を定める主導権を裁判所から奪いつつあるように見えるのは皮肉なことである。

　この時期を振り返ると、科学に基づく規制をめぐる政策決定を審査するのに用いられる法規範が作られていく過程に、3つの段階があったことがはっきりしている。その第一段階は健康、安全、環境にかかわる連邦レベルの規制に対する異議に応答し、司法審査の射程にかかわる法理が進展していった時期で、1970年代を通じて続いた。司法府の権限を大幅に拡大する規制法令のもと、行政の行為に対して説明責任を負わせることができるようになると、裁判所には新たな審査申立てが殺到した。裁判所は、行政機関の行動の科学的基礎を調査し、解釈の分かれるデータについては、採用した解釈の合理的説明を積極的に求めていった。新しい証拠(エビデンス)があるにもかかわらず、行政がそれに基づいて行動しなかったケースはとくに注目された。

　第二段階は1980年代であり、この時代の特徴は、技術によって生じるハザードを制御するためのリスク評価やその他の予測手段への懐疑が強まったことである。この時期の裁判所は、1970年代に展開された法理では科学的不確実性を解釈するときに行政機関を十分に規制できないことを不安視し、行政の裁量に対し、より厳格な制限を課そうとして成功と失敗を繰り返した。しかし1980年代中頃には、専門的な決定の審査にあたっての司法積極主義は退潮し始めた。この時期が第三段階であり、行政の専門的判断をより尊重する敬譲的な審査方法への揺り戻しが起こった。これによって司法審査の政治的要素はさしあたり息をひそめることになる。だが、現代の複雑な民主主義において、政府が生み出す専門的な言説をいかに管理すべきかという問題は未解決のままである。

過去の記録を見れば、科学に基づく行政の決定を審査する使命がどのようなものかについての裁判官の自己規定は、国内政治のより広い潮流の影響を強く受けていることがうかがわれる。1970年代の活動的な環境保護思想は、1980年代に入ると企業寄りで規制反対派の政治に敗北し、裁判所の審査原理も同様の道をたどっていった。背景には国内政治の圧力があったが、だからといって裁判所は規制をめぐる政策決定に対する公的な説明責任要求から完全に身を引いたわけではなかった。保守的なレーガン-ブッシュ時代においてさえ、裁判所はホワイトハウスの唱える政策の単なる代弁者にはならなかった。20年間に及ぶ司法審査の歴史のなかで、行政が法解釈と同じくらい明示的に、科学的評価の説明も行うように期待されるという、規制を重視する文化が形成されたのである。たとえば医療保険改革問題特別専門委員会の公開をファーストレディであったヒラリー・クリントンに求めた判決は、政府の政策決定において専門知をもつ者が民主的価値に対してなお説明責任を負わなければならないことを思い起こさせてくれた[1]。

4.1　予防原則的規制の興隆

第2章では1960年代後半の、議会も世論もこぞって予防的政策決定へと連邦行政機関を推し進めようとした、規制に関する考え方の大きな変化について検討した。行政機関は、危険があるとすでに知られている技術を規制する代わりに、もし野放しにしたら健康や安全、環境に深刻な脅威をもたらす可能性のあるハザードを見極め、それをコントロールする責任を負わされたのである。議会は、行政機関に、危害そのものではなく、リスク（つまり危害の確率）を防ぐよう求めるようになったのである。とりわけこのリスクが「非合理（unreasonable）」と決定されたときにはなおさらである。

規制行為の基準が、危害に基づくものからリスクに基づくものへと変化したことは、行政機関の裁量を大幅に拡大することとなった。行政が介入を正当化するにあたっては、労働者の死亡、森林破壊、可燃性物質汚染にともなって炎に覆われた川など、目に見える証拠を必要としなくなった。即座にリスク評価をせよという立法府からの命令によって、行政が関連性ありとみなしうる

証拠の種類や、危険とみなしうる活動の幅は広げられた。リスクに基づく規制は、定義上、人の死や疾病への直接証拠を必要としない。したがって行政機関はその規制のきっかけを、動物実験を含む研究に多く求めるようになった。人にとってのリスクを、動物のデータをもとにして推定＝外挿する試みは、また終わることのない論争を引き起こすことになる。科学的不確実性は専門家のあいだで決着のついていない不一致によって特徴づけられるが、それは環境や公衆衛生にかかわる効果的な政策決定をする際の最も深刻な障害として現れた。

連邦レベルの規制が、分野横断的で危険性のある活動（たとえば、化学製造業、製薬業、石油精製業、発電業など）と衝突し始めると、産業界のトップたちは、行政機関の予防的規制計画を基礎づけているリスク評価が、手っ取り早い批判のタネであることに気づいた。行政機関のリスク判断は、検証されていないデータ収集方法や、分野横断的であることが多い新たな解釈判断に基づいていたので、ノーマル・サイエンスが有しているような制度としての信用を欠いていたのである。環境保護庁（EPA）、職業安全衛生管理局（OSHA）、消費者製品安全委員会（CPSC）など、新たな任務のために設けられた機関は、科学的証拠の解釈、とくに有害物質への曝露によるガンのリスク評価にあたって、産業界とすぐに争うことになった。産業界がそれを誤った科学だと非難する一方、環境保護立法がまだ十分に実施されていないと懸念する新しい世代の公益活動家たちは、行政機関が従来の危害の証明基準をゆるめるのが遅すぎると主張した。両陣営の論者は、それぞれの規制原理を実現させるため、科学の使用に瑕疵や欠陥があるとして行政機関を裁判所へ引っ張り出すことになった。

4.2　行政の説明責任と科学的論争

アメリカの規制当局は、科学を誤用しているとの批判にとりわけ弱かった[2]。1970年代以降の社会的規制の強化により、規制行政機関の自由裁量権は拡大したが、そこでは同時に、意見対立のある政策決定については、広汎かつ丹念に詳細まで詰めた専門的な根拠を用意させる圧力もかかっていた[3]。規則制定にかかわる記録（すなわち政府の行動の公的な説明である）は、行政機関が受け入

れた妥当な知識に加えて、その行政機関が依拠した科学的前提、不確実性、そして判断のあり方についても、同じように詳細に説明していなければならない[4]。根拠(エビデンス)について競合した解釈があったならば、その解釈についても、それが採用されなかった理由とともに説明されなければならない。行政機関の最終的な判断を支持する意見は、それに対抗する他の主張と併記し、実質的に異なる規制となる結論に導く可能性があったものは記録内に註記される必要がある。このようなルールによって記録が作られることで、記録は合意の歴史というよりは論争の歴史になるのである。

　これらは科学的な正統性を保証するためのきわめて公共的なアプローチであるが、同時に弱さも抱えており、それは発ガン性物質を規制する1970年代からの試みのなかで例証されている[5]。発ガン性化学物質は、現代の環境保護運動の夜明けともいうべき時期において、活動家団体が厳格な規制を求めて最初にターゲットにした汚染物質である。連邦殺虫剤殺菌剤殺鼠剤法（FIFRA）、職業安全衛生管理法、連邦食品医薬品化粧品法ディレーニー修正条項（Delaney Clause）といった法律に示された、立法府の予防的（precautionary）な指示に基づいて、環境団体や労働団体、消費者団体は、人への危害の証明の有無にかかわりなく動物にガンを引き起こすことが示された物質は禁止せよと連邦規制当局に迫った。当然ながら、化学製造業者はこの取り組みに激しく抵抗した。動物実験による根拠(エビデンス)が拡大使用されることにより、製品開発のコストが増大し、最も収益の見込める製品のかなりの割合が市場から追いやられるのを恐れたのである。

　その後の法的な対決においては、両陣営が政策的支援だけではなく、強固な科学的支援を集めた。環境保護論者は、人間への発ガン性がすでに知られている物質はすべて動物にもガンを引き起こすという観察結果によって、決定的な影響力を獲得した。加えて、倫理面への配慮によって人間の研究が不可能になっているため、化学物質が人の健康に引き起こしうる効果について、動物データは実験に基づく最良の証拠になった。動物実験で擬陽性（あるいはリスクの過大な算定）を発生させる確率を高めるような多くの方法論が、そうした運動上の事情によって支持を獲得していった。たとえば規制推進団体は、問題となっている発ガン性物質を高用量で動物に曝露させる方法を強く支持した。管理が

容易な少数の実験動物を使って、比較的低いリスクを検出する現実的な方法はこれしかなかったからである。動物が試験期間中に深刻な中毒症状を被ることのない範囲内で最大量である「最大耐性量（MTD）」で研究を行うことは、つねに反発を招いてはいるものの、標準的慣行となったのである。

　産業界の科学者は、人へのリスクを算定するにあたって動物実験しか用いていない知見を攻撃し、集中砲火を浴びせた。化学製造業者は、動物と人の生物学的差異に注目した。多くの動物研究で見られた発ガン陽性反応は、実験に用いられた動物種に特有のものであり、人に一般化すべきではないと主張した。また高用量での実験も、擬陽性を発生させうるため、終わりの見えない論争を巻き起こしたもう1つの争点である。産業界の専門家は、最大耐性量の曝露を頻繁に行うと、実験動物の新陳代謝や、その他の変化を誘発し、それがガンを起こしやすくすると主張した。このような変化は、人間が実際に経験する低用量曝露であれば起きないものだろう。結局のところ、高用量の動物実験を根拠にして人の低用量レベルの曝露リスクを推定＝外挿するという前提そのものが、議論を激化させたのである。産業界の科学者は、環境保護庁やその他の機関が開発したリスク評価技術の主要な要素は慎重すぎ、科学的な裏づけを欠いていると攻撃した。ガンの定量的なリスクを評価するために用いられる数学モデルは生物学的な現実との関係がほとんどなく、またその過度に精密なリスク計算によって実験データの質が低いことをを覆い隠しているとしてとくに激しい反発を招いた。

　科学的な根拠に基づいた発ガン性物質規制への異議申立てが頻繁になされるようになり、裁判所は、行政機関とそれを非難する人たちによってそれぞれ提出された解釈の、どちらがより説得力があるかを評価しなければならない厄介な立場に追い込まれた。まず、最初期の事件で裁判所は、行政法のなかに新しい領域を設定する必要に迫られた。第一の問題として裁判所は、複雑かつ不確実な科学に基づく行政の決定を、どの程度まで徹底的に吟味すべきかを明らかにしなければならなかった。第二の問題として、科学的不確実性と法的不確実性がともにある状況での規制行政機関の自由裁量による判断をコントロールするための、原理に基づく基準を編み出さなければならなかった。

4.3 「ハード・ルック審査（hard look）」理論

　審査を行う裁判所が、専門的な政策決定を監督する際に行うべきことは何だろうか。専門的な行政機関が法的要請や民主的価値に対して責任を負うと判示することは重要な任務ではあるが、専門的な知見に基づく行政機関の判断に後知恵で文句をつけるのを避けるために、裁判所は微妙なバランスを取らなければならないだろう。「専門的知識をもたない裁判官による数学的・科学的証拠の実質審査は、危険なほど信用ならない」[6]というディヴィッド・ベイズロン裁判官の意見に、司法はつねに心底同意してきたのである。行政機関の「専門的知識」が、特定の規制計画の仕組みに精通しているということを主に意味しているにすぎない場合でも、制度上の外部者である審査する裁判所が、その問題に行政機関が正しくその専門的知識を適用したかどうかを判断するのは容易でない。それでも裁判所は、ほとんど世間の目の届かない場所で作用する官僚的な技術文化（bureaucratic-technical culture）を公に開いていくために、有効かつ制度的に重要な存在であり続けている。司法審査についての法理は、通常は目に触れることのない規制のあり方をどれだけ透明化すべきかを決めようとする試みなのである。

　社会的規制時代の初期になって[7]、裁判所は、行政機関との積極的な協働関係に入る意思を表明した。裁判官は政策決定で行政機関に取って代わろうとはしなかったが、提出された証拠の「ハード・ルック審査（hard look）」基準をとることを明確にして、行政機関に高度な基準の専門的な説明責任を課そうとした。裁判所の第一の義務は、行政機関の決定が「理由ある（reasoned）」ものであるかどうかたしかめることである。審査した裁判官は、それぞれの意見のなかで理由ある政策決定という観念を軽視していないことを示してきた。この司法の厳しい目に応えるために、行政機関は明確性と一貫性という厳しい基準に適合させなければならなかった。すなわち「前提を詳述し、一貫していない点は説明し、方法を開示し、矛盾する証拠は退け、記録参照はしっかりと根拠づけられ、当て推量は除去しなければならない。そして、結論は『裁判で理解されるようなかたちで』裏づけられていなければならない」[8]のである。

「ハード・ルック審査」論は表面的には、専門行政機関が一次的に有している政策決定権限と裁判所の審査機能とのバランスを取るためのもっともらしい方法を提供しているように見えるかもしれない。しかし、実際的な問題として「ハード・ルック審査」論は、規則制定と判決（judgment）とのあいだに持続的で実用に耐える境界を設定することができなかった。D.C. 巡回区控訴裁判所の有力な裁判官であるディヴィッド・ベイズロンとハロルド・レヴェンタールは見解を異にしているが、その意見対立は、この基準を意義ある実践へとつなげることの困難さを際立たせている。レヴェンタールによれば、責任を負う行政機関が行使した裁量が理由に基づくものであったかどうかを決めるためには、問題となっている行政機関の決定の実質的な根拠を理解しなければならない。したがって、行政機関が直面している専門的な争点に「精通し」かつ「その法的問題を決定する背景として裁判官は、どんな専門的知識であっても確保しておく必要がある」[9]とする。レヴェンタールの解釈では、「ハード・ルック審査」という隠喩は、行政機関の決定を支持する科学的な議論の厳格な検討を裁判官に許すための巧妙な根拠になっている。言い換えれば、裁判官は不可避的に、政策選択が最終的に拠って立つことになる科学的事案を構築する当事者となるのである。

　一方、ベイズロンは、司法府が難解な科学を習得する能力について、それほど楽観的ではない。裁判官は規則制定の実質面よりは手続き面に焦点を当てるべきだというのが彼の意見である。つまり、行政機関の手続き的な選択を注意深く監視することで、関連するすべての争点の洗い出しと、異なる視点を採る専門家の参加の機会を確保できるだろうと考えるのである。もし、これらの基準を行政機関が満たせなかった場合には、裁判所は、関連する科学的議論をさらに十分に展開できるよう、追加の手続き（交互尋問を含む訴訟型の聴聞会など）を踏むように命じるべきだとする。

　D.C. 巡回区控訴裁判所はベイズロンの処方箋に従い、十分な熟慮／熟議を経た規則制定手続きだったとはいえないとの理由によって行政機関の決定を何度か差し戻している。このやり方には、それぞれの事件の文脈で浮上する法的争点および科学的争点に付随するケース・バイ・ケースの専門的評価を行政機関に再考させるメリットがある。だが最終的には、この積極的手続審査も批

判者たちを満足させることはできなかった。というのは、第一に、裁判官はレヴェンタールが推奨したような綿密な実質審査なしには、いかなる追加手続きが必要かを決められない。したがってベイズロンのこの手法は、司法の抑制を実際に保証することはできなかったのである。第二に、規制に関連する知識はさまざまな事実、予測、政策判断が混ざり、裁判所が単なる手続きの調査にとどまらず行政機関の科学的評価や経験的評価といった禁止領域に侵入しないよう警告するための、外から与えられる境界標は存在しない。これらの理由によって、ヴァーモント・ヤンキー原子力発電会社対天然資源保護協議会（Natural Resources Defense Council）事件で連邦最高裁判所は全員一致で、下級裁判所が命じた手続きは誤った方向に導くもので不適切であるとしてそれを破棄した。最高裁の意見によれば、このような「試合が終わった後からとやかくいうこと（Monday morning quarterbacking）」[10]は、すでに過度な負担となっている行政過程の不確実性を悪化させるだけである。いずれにせよ、裁判所には、憲法の適正手続要件や、議会によって明示的に求められているものを超えるような手続きを行政に課す権限はないのである。

だが同時に、このヴァーモント・ヤンキー判決は、問題となっている決定が依拠している実質的記録を裁判所が吟味したり、記録のなかで不十分な箇所の再考を行政機関に命じたりできることを肯定している。したがってレヴェンタール流の「ハード・ルック審査」論は1970年代を通じて普及し、行政機関に対し功罪両面の影響を与えた。経験の浅い規制当局は、差し戻されて初めて、自分たちが実際に関連性のある証拠を検討できていなかったことや、十分に根拠のある方法論上の批判を考慮に入れていなかったと気づくことも少なくなかった。しかし裁判所が詳細にわたる事実審査を行うことが知られることで、政策決定がなされていく記録や専門的議論の提示にいっそう気を遣うようにもなっていった[11]。だが一方でこれらの利点は、過剰な分析によって、規制側が決定できなくなるという犠牲のもとに得られたものでもあった。

4.4　科学政策パラダイム

D.C. 巡回区控訴裁判所が先陣を切ったように、連邦裁判所は科学に基づく

政策決定を厳格に審査する権限があると主張する一方で、実際のところ「科学的知識の最前線にある」争点について分析する際には行政機関に相当な自由を与えていた。裁判所は、このような場合の決定は「かなりの程度、純粋な事実分析というよりは政策判断に依存」[12)]せざるをえないと主張し、論争中の科学的データに支配的な解釈を与える行政機関の権限を強化するような一連の条件を明らかにしたのである。この「科学政策パラダイム」[13)]には3つの中心的原理がある。第一は、規制に関する決定は、危害の決定的な証拠というよりはむしろ危害を暗示する程度の証拠に基づいて行ってよい。第二は、専門家間のコンセンサスに裏打ちされずとも解釈は妥当であるとみなされうる。第三は、専門家の意見が対立したときに、争点となっているデータや方法論からどれを選択するかは行政の裁量の範囲である。

　これらの原理は、本書第2章で触れたように、連邦裁判所が予防原則を環境保護の基準として捉えた最初の本格的試みであるとされる、エチル社対環境保護庁判決で有力な見解として用いられた。法廷意見を執筆したJ・スケリー・ライト裁判官は、環境保護庁に通常、リスク基準を実施する際に「厳密で段階を追った因果関係の証明」までを期待することはできないと述べた。証拠に食い違いがあるときに行政が行うべきなのは、「事実のあいだの、完全に実証されてはいないがありえそうな関係、事実のなかにみられる傾向、不完全なデータからの理論的な推測、『事実』としていまだ証明されていない立証のための予備データ、これらのものから結論を引き出すため」[14)]に、事実分析と専門的判断の両者を織り交ぜて利用することである。この言い方は、科学者コミュニティがいまだ決定的とみなす準備ができていない証拠、または科学者が専門的にみて不適切であると考える情報にさえ行政機関は依拠してもよい、ということを強く示唆するものだ。その帰結としてエチル判決は、リスクに関する証拠が規制行為を支えるのに十分な実質的内容を備えているかどうかを決定する権利を行政機関に認めたのである。

　D.C.巡回区控訴裁判所および他の連邦裁判所の手になる1970年代の事件には、このような科学政策パラダイムの要素を再確認するものがほかにもある。たとえば、決定的ではないにせよ、人への発ガン性を示唆する動物実験のデータに基づいて、化学製品の規制を実施した行政機関を裁判所は支持してい

る[15]。このような判決のなかには、ガンのように非常に「影響が大きく怖ろしい」[16]健康への脅威を扱うときは、「ほかより低い証明基準」[17]に基づいて規制するのが適切であると裁判所が明言しているものもある。実際のところ、規制当局が公衆衛生上の危険を防ごうとしているときには、通常よりも精密でない事実認定手続きの採用を裁判所は容認している[18]。最終的には症状のない（subclinical）生理的影響（すなわち、必ずしも疾病の発生徴候を示さない変化）でさえ、予防原則的な基準設定の基礎として有効に用いることができると裁判所は述べているのである[19]。

　これらの判決で認められたのは、公的決定に関連性を有する知識が適切かどうかは、その知識が必要とされる目的に照らして評価すべきであるということだ。リスクが非常に高いときには、相対的に確実でない知識でも行政の活動を正当化することが可能である。そういう場合には、「科学的妥当性」（フライ基準における「一般的承認」のようなもの）は、あまりにも頼りなくて、リスク、証拠（エビデンス）、行政活動の各要素間の望ましいバランスの微調整に使うことはできない。しかし科学政策パラダイムは、後の２つの問題を生み出すもととなりそれは結局は行政機関の信頼性を掘り崩し、その裁量に対するさらなるコントロールの必要性を裁判所に突きつけることになったのである。緊張を生み出した原因の１つは、裁判所が発した、行政機関はリスクに関する証拠の評価に際して「科学的」証明基準を適用する必要はないという命令（injunction）である。リスク情報の妥当性を評価するにあたって「科学的」基準よりも低い基準を構築する自由を行政に認めたことで、裁判所は、その後に勃発する政府と科学者コミュニティとの衝突の舞台をまたもやお膳立てしてしまったのである。行政機関は、決定的とはいえないリスク証拠に基づいて政策選択をするたびに、よい政策判断ではなく粗悪な科学（bad science）に依拠しているとの非難を受けることになった。他方で規制反対派は、事実上、行政機関による規制科学（regulatory science）の正統性を否定する根拠を、科学者間で行われている「現実の科学（real science）」と比較対照させることで手にしてきた。行政機関が科学者コミュニティのメンバーにとって受け入れがたい情報に従って活動しているということが知れわたると、規制に関する決定は、それが裁判で形成された正統性テストを充足しているときでさえも、その信用性が崩れていくこと

になった。

　科学政策パラダイムの第二の弱点は、基準設定に際してあまりに広範に見える裁量を行政機関に残したことである。知識ベースの不確実性のために、誰もが同意しうる確実な点に一般的な基準を設定することができなくなった。裁判所はこれに敏感に気づいていたけれども、その行動を見ると、専門家の判断で補強された法令上のガイドラインが、不確実な状況下で基準をどの程度にするかについて、行政機関に十分な指針を与えていると考えているかのようであった。しかし実際にそのような指針を信用して利用できたのは、科学者間の合意によって行政機関の裁量の幅をかなり狭い範囲に限定できた、ごく少数の事例においてのみだった。

　大気汚染防止法（Clean Air Act）の波乱含みの施行の歴史について研究したR・シェップ・メルニック（R. Shep Melnik）は、科学が基準設定の範囲を定められる程度について裁判所は判断を根本的に誤ったのだと主張している。メルニックによれば、大気汚染物質によって引き起こされる健康への悪影響の閾値を環境保護庁が識別できると裁判所が誤って想定しまったのだという。裁判所が本当にそのように誤解していたのか、あるいは組織だった行政手続きに裁判所がコミットしたために、行政機関の見方を支持することにつながったのかは完全には明らかではない。しかしながら、科学者間に合意があるという想定——それは健康への影響をめぐる論争があるという実態に反しているが——のおかげで、裁判所が1970年代の大気汚染防止法の主要な基準設定に関する規定の「健康オンリー」解釈（すなわち規制当局は健康上の利益だけを考えればよく、コストは無視してよい）を容認できたことは疑いない。そのため裁判所は、環境保護庁に環境大気質基準による費用便益分析を実施させる必要を感じなかったのである。メルニックの結論では、このような戦略のため「行政機関に所属する経済学者の官僚組織内での地位を低下させ、彼らを基準案を緩和させようとする［産業界の］圧力を後押しする位置にもつかせなかった」[20]とのことである。

　発ガン性物質の規制に関する決定の司法審査も同様に、行政機関が環境保護側に過剰に傾くのを推し進めていった。たとえば、発ガン性物質の規制をほかの環境や健康に関する危険の規制よりも優先する議会の政策を追認し、さらにはそれを広げさえするような顕著な役割を演じたのが裁判所であった。D.C.

巡回区控訴裁判所は、環境防衛基金（EDF）対ラッケルズハウス事件（EDF v. Ruckelshaus）において、ディレーニー修正条項のなかのアンチ発ガン性物質の態度を、食品添加物分野から環境保護庁による殺虫剤規制計画にまで拡大した[21]。裁判所は、これらの物質を規制しない決定のほうが、積極的に規制する決定よりも慎重に吟味されることになると述べ、発ガン性物質についての審査の二重基準を打ち立ててもいる[22]。

社会的規制が熱心になされた時期の初期には、裁判所の決定のこうした傾向は、曖昧な法が命じていることを明確化し、及び腰だった新しい規制行政機関に使命感を育ませ、現実の危害に基づく反動的な規制アプローチに固執する官僚や政治家たちの圧力を緩和していた[23]。しかし1980年になると、規制の政治的機運は劇的に変化した。ロナルド・レーガンが、規制緩和、経済的コストや帰結を重視する連邦レベルの政策を掲げて大統領に選出されたのである。急激に保守化していく状況で、積極的な規制に対する司法の支持は時代に取り残されているかに見えだした。裁判所は、科学政策パラダイムの枠組みで行使されてきた行政機関の自由裁量の水準を引き下げることが要請されていると感じたのである。

4.5　リスク評価における自由裁量の縮減

健康、安全、環境に関する決定への司法審査の続いての10年は、規制行政機関の科学的判断に意義のある制限を課そうとする模索とともに、幕を開けた。この時期に登場し、広く論争を巻き起こした重要な理論は、単に科学的不確実性が存在するだけでは些細なリスクの規制は正当化されないというものであった。D.C.巡回区控訴裁判所はこのメッセージを、アクリロニトリル重合体から作られたプラスチック製飲料容器を行政機関が禁止する提案をしたことに関する判決で、明確に食品医薬品局（FDA）に伝えている[24]。食品医薬品局は理論的推測によって、動物で発ガン性が認められたアクリロニトリルが容器壁面から飲料に少量（すなわち検出水準以下で）移入するだろうと断定していた。そのため食品医薬品局は、食品への発ガン性物質の添加を禁じたディレーニー修正条項に従って、アクリロニトリルを食品添加物として規制するこ

とを提案した。これに対して「ハード・ルック審査」論を作り出したレヴェンタール裁判官は、そういった規制行為は裁量権の濫用にあたるだろうと判示した。レヴェンタール裁判官はまた、いかなる行政機関も、準拠法令が文言上でそういった決定の権限を与えているというだけの理由で、取るに足らない (de minimis) 程度のリスクを規制しなければならないと考えるべきではないと述べている。この事例では、理論上は「法令の規定上は、食品のなかに紛れ込む可能性があれば、どんな物質のたった1つの分子でも『食品添加物』の名のもとに、排除できる」25)からといって、食品医薬品局局長がディレーニー修正条項を適用するよう義務づけられてはいないのである。

しかしながら1980年代のリスク規制にかかわる事例には、行政機関による決定の科学的基礎を吟味する役割に、裁判所が引き続き意欲的であることを示すものもある。ヴァーモント・ヤンキー判決は確かに前述のように手続き的な問題——十分な交互尋問があったか、すべての関連当事者が聴聞されたか——を排除することで、実質審査という選択の可能性だけを残した。そして、その結果はつねに有益というわけではなかった。1970年代の司法積極主義の批判者でさえ、裁判官が実際に科学的証拠を誤読したことがほとんどないことは認めていた26)。それとは対照的に、おそらく1980年代で最も有力な科学政策に関する判例である連邦最高裁判所のベンゼン判決27)は、規制過程における科学について、裁判所の理解がいかにナイーヴであるかを示しているとして盛んに批判された。

この事件では、職業安全衛生管理局が職場におけるベンゼンの許容曝露基準値を10 ppmから1 ppmに低減しようと提案したことが争点となった。職業安全衛生管理局は、現在の科学的知識の状況では、人への発ガン性物質と知られているベンゼンの「安全な」曝露基準値を見出すことは不可能であると主張した。こうして管理局は、実現可能な値のなかで最も厳しい最低値を、準拠法令28)に規定されたものとして許容曝露基準値に設定しようとしたのである。

予想通り、石油産業からの異議申立てによってこの問題は連邦最高裁にまで持ち込まれた。そして相対多数意見［過半数には満たないが、最も多数の裁判官が同調した判決意見］で、職業安全衛生管理局は規制分析のなかでの重要な手順を履践しなかったと判示したのである。その結論によると、労働長官は何らかの

化学的な危険を規制する前に、法が定める最低要件を充足させなければならないとされた。最低要件とは、現在の基準のままでいる場合のリスクが「重大（significant）」であり、新しい基準にすることで労働者の健康に対して測定可能な改善をもたらしうることを示すことである[29]。連邦最高裁裁判官はさらに、職業安全衛生管理局はリスクの重大性を証明するために、数値で危害の確率を示す定量的なリスク評価を実施しなければならないと提唱した。これらの指示が出されることになった要因は、(アクリロニトリルの事例のように) 低レベルのリスクを規制するために政府の権力が見境なく用いられるべきではないという、至極真っ当な懸念である。したがって、この点で当該判決は、制定法や行政機関によるその解釈に欠けている合理的なルールを連邦最高裁が補充した、「いわば政治の失敗の一時的な修正」[30]とみなすことが可能であろう。

　だが職業安全衛生管理局を正す裁判所独自の命令もまた、「数理的評価への反射的で無思慮な依存」[31]を呈しているという点で欠陥があった。いかなるリスクならば合理的に規制するに値するのかについて常識的な見方を推し進めようとするなかで、相対多数意見は、たとえばリスクは危害の確率であるだけでなく曝露との相関（a function of exposure）でもあるといったリスク評価に欠かせない原理に通じていないことを露見させてしまった[32]。より一般的にいえば、相対多数意見は「リスク評価技術の原始的な状態（a primitive state）」、すなわち同一の基礎となる科学的データから導き出される算定の重要度を数桁単位でバラつかせてしまう要因に気づいていないようなのである[33]。同様に、環境影響評価の正確性や予測力をおそらく誤って信頼してしまったために、連邦最高裁は、ドーラン対ティガード（Dolan v. Tigard）[34]という公用収用事件において、地方自治体に対して「およそ比例していること」の［無意味なほどに］さらに詳細な立証を求めたのであった（第2章参照）。

　また、ガルフ・サウス・インシュレーション社対消費者製品安全委員会事件[35]でも、リスク評価への裁判所の介入があり論議を呼んだ。一般的な住宅用断熱材である尿素ホルムアルデヒド発泡断熱材（UFFI）を禁止しようという消費者製品安全委員会の提案に対して、ホルムアルデヒド業者が訴えを提起した。消費者製品安全委員会はすでに、当該物質に曝露した場合に100万人につき51人のガン患者が増えているとの定量的リスク評価に一定程度基づい

て、尿素ホルムアルデヒド発泡断熱材が、ガンの通常の範囲を超えたリスク（unreasonable risk）を示していると断定していた。この決定を審査することになった第 5 巡回区控訴裁判所は、消費者製品安全委員会のリスク評価のもとになった事実と理論について古典的な「ハード・ルック審査」を行った。そして消費者製品安全委員会の行動について、実質証拠を欠いていると結論づけたのである。消費者製品安全委員会の専門的事実認定に対する裁判所の積極的な再検討は、これに注目していた多くの人々を困惑させた。というのもこの判決は、行政機関と審査裁判所の通常の関係をひっくり返しただけでなく、重要な科学的原理を裁判所が適切に把握できていないことが明らかになったからである。とりわけ裁判所が誤解していたのは、動物実験の性質と目的、それに高用量から低用量の推定＝外挿に関する統計学の基礎である[36]。

　こうした判決を受けて、行政機関に任されている科学的問題を裁判官が積極的に審査し直すことが本当に望ましいのか、法学者は再考することになった。すなわち「ハード・ルック審査」を再検討することになったのである。「レヴェンタールが求めた『ゼネラリストとしての裁判官』から科学的教養をもった裁判官へという考えは、理論的には素晴らしいが現実的ではない」[37]という不安感はこれまでもところどころで見られた。はるかに厄介なことに、行政機関の決定を徹底的かつ実質的に審査することは、必ずしも将来の行動に意味のある手引きを与えるものではなく、リスク評価に基づく政策決定にさらなる不確実性を持ち込むものということが認識されるようになったのである[38]。行政法の著名な専門家であるトーマス・マクガリティは、「ハード・ルック審査」という隠喩は有効性を失っていたし、裁判所はその審査機能を制限する控えめな方法を模索すべきであると論評した[39]。

4.6　敬譲審査への回帰

　「ハード・ルック審査」論を実行に移すときに生じた問題は、科学に基づく規制についての司法審査が、1980 年代半ばまでに敬譲審査へと回帰した理由のよい説明になる。連邦最高裁が最も明確に司法権の抑制的行使というシグナルを発したのは、ボルチモア・ガスアンドエレクトリック社対天然資源保護

協議会判決[40]であった。これは原子力に反対する一連の市民訴訟の頂点に位置するものである。このような訴訟は、原子力規制委員会（Nuclear Regulatory Commission）の決定、つまり高レベル核廃棄物の永久貯蔵は環境に対して何ら重大な影響を与えることはないだろう（「放出ゼロ想定（the "zero-release assumption"）」）というざっくりとした（generic）な決定に異議を唱えるものであった。市民からなる請願団体である天然資源保護協議会は、原子力規制委員会が長期貯蔵にともなう不確実性を本当に適切に評価したのかに疑義を呈したのである。原子力に関する以前の決定[41]において連邦最高裁は、環境保護活動家の主張を退けて、司法権の抑制的行使をその主な理由として示したのである。連邦最高裁は、「原子力規制委員会は、科学の最前線でのとくに高度な専門的知識の領域において予測していた。審査裁判所は一般的に、この種の科学的な決定を審査する場合には、単純な事実認定とは異なって最も敬譲的でなければならない」[42]とした。

　すでに手続きに関する問題で判示していたのと同様の敬譲＝尊重を、行政機関による実質的決定にまで拡張したという点で、ボルチモア・ガス判決はヴァーモント・ヤンキー判決の精神を受け継いでいると見ることも十分に可能である。実際のところ、この決定は司法の抑制についてごく一般化された主張としてのみ理解されなければならない。というのは、なぜ、規範的な問題が本来的に中心となるべき場に「科学の最前線」での決定だからといって裁判官からの厚い尊重を受けるべきなのかについて、連邦最高裁は説得的な議論を提供できていないからである。裁判所は、原子力規制委員会のきわめて還元主義的な環境影響評価を問題視しているようには見えない。還元主義的な評価とは、物理的原因や・人為的な原因によって生じるため、種類を異にし、方法論的に比較不能であるさまざまなリスクを結びつけて、「放出ゼロ」という単一の点に還元して推計しようとするものである。これについて連邦最高裁は次のように肯定的に述べている。「原子力規制委員会がもっている膨大な量の議事録（proceedings）は、地中岩塩層保管での長期貯蔵にともなう不確実性の重要な部分を適切に解説している。つまり、地質断層、隕石落下、人間の計画あるいは偶然の侵入などさまざまな原因で貯蔵容器に水が浸潤しうることが想定されている。原子力規制委員会の注記によれば、このような浸入の確率は低

く、また塩の塑性は一定の種類の浸入を抑える傾向がある」[43]。科学論争や知識の社会学の知見からすれば、こうした結論は、精力的な反対論によって脱構築されえたことは疑いないだろう。裁判所がこの結論を問題ないとしたのは、原子力に対する国家的な依存への裁判所の自覚的な配慮と、技術的な楽観主義という文化を原子力規制委員会と共有し、それに参与していることを疑いなく反映している。

また連邦最高裁は、シェヴロン USA 社対アメリカ自然資源防衛協議会判決[44]で、さらに進んで法律上の命令の行政機関による解釈は、審査裁判所からも尊重されるに値すると判示した。この事件の発端は、大気汚染防止法の下で「固定汚染源 (stationary sources)」を規制する際に、いわゆるバブル・コンセプト [仮説上のドーム型空間を想定して中にある複数の排出源を1つとみなすこと] を適用するという環境保護庁の決定である。環境保護庁は当初、1つのプラントのそれぞれの構成部分を分離した汚染源として、それぞれの排出の増加に対して、個々に分離した許可を必要とすると、大気汚染防止法を解釈してきた。だがその後、環境保護庁は、より柔軟な政策を採用せよとの圧力を受けて、1つのプラントのなかにあるすべての排出源を、ドーム型に見立てた空間のなかにある1つの汚染源として扱うかたちに規制を変更したのである。そのドームのなかのどこかでの排出の増加は同じドーム内の別のところの排出の減少で相殺されて、環境保護庁の特別な適用免除を必要としなくなる。連邦最高裁は、法律と何ら矛盾しないとしてこのアプローチを受け入れた。

イェール大学ロー・スクールのピーター・シュックと E・ドナルド・エリオットは、シェヴロン判決直後の影響について興味深い研究を行っている。それによれば、この判決は、実体法上の瑕疵を理由とする差戻しの大幅な減少を招いた[45]。しかし注目すべきことに、高度に専門的な健康、安全、環境に関する規制の大部分を審査している D.C. 巡回区控訴裁判所では、シェヴロン判決の翌年には差戻しの比率を実際に増加させているのである。1988年においてさえ、D.C. 巡回区控訴裁判所が下級審判決を支持した比率は、他の巡回区控訴裁判所のそれを 14％下回っていた。さらに注目すべきは、D.C. 巡回区控訴裁判所から差し戻されても行政機関がその行動計画を中止するという事態は、他の管轄区に比べて少なく、他の領域の規制に比べ、健康、安全、環境に関す

る規制においては、差戻しでの「大きな変化」があまりなかったということである。こうしたことからわかるのは、D.C. 巡回区で 1980 年代に展開された非常に形式的で、ほとんど儀式的ともいえるリスク規制をめぐる政治(ポリティクス)は、外部の統制、それも連邦最高裁の統制にすら容易には服さなかったということである。

4.7　文脈の変化：技術官僚的な裁判官と民主的な専門家

　20 世紀にはさまざまな分野で発展が見られたが、その背景に照らしてみると、ヴァーモント・ヤンキー判決、ボルチモア・ガス判決、シェヴロン判決の三部作は、奇しくも反動的に見える。手続きについてか、技術の内容についてか、実体法についてか、という境界的な解釈上の選択を行政機関の裁量に委ねることで、連邦最高裁は、政治的現実とは根本的に相容れないような規制プロセスのモデルを暗黙裡に支持しているのである。裁判所が採用する敬譲＝尊重というポリシーは、規制行政機関に、経験的知識と専門的知識を組み合わせて人々に受け入れられるような政策を策定する能力があることを前提にしていた。実際には、周知のように、リスク規制の時代は政府に寄せる人々の期待の変化とともにあった。人々は危害からの保護への要望を強め、同時に政策決定における透明性と理由づけて説明する責任を求めるようになったのである。このようなプレッシャーのなかで、規制当局の信用は次第に弱まっていった。非効率、官僚制の硬直性、技術的能力の不足、さらには不誠実であるという非難までが増えていったのである[46]。規制改革の主導権が議会に、そして皮肉にも科学者コミュニティにまで移っていった後になっても、争いは続き、それに対する司法の反応は、形式主義のなかで身動きがとれなくなっているように見える。

　シェヴロン判決以降、形式主義への転回を示す D.C. 巡回区控訴裁判所の判決が 2 つある。天然資源保護協議会対環境保護庁判決[47]は、排出される塩化ビニルが危険な大気汚染物質であるとして、これを規制しようとした環境保護庁の提案を取り下げるよう求めたものである。すでに環境保護庁は 1976 年、塩化ビニルが人への発ガン性物質であると断定していた。そのため、安全性に

ついて何らかの明確な閾値を設定することはできなかった。そこで、環境保護庁は、排出ゼロを最終目標としてより厳しい管理を求める環境保護活動家と合意したのである。この譲歩の内容は、1977年に提案された規制に組み入れられたが、最終案として出されることはなかった。1985年、環境保護庁は1977年の計画案を取り下げたが、そのときの説明は、この規則は不合理なほどコストがかさみ、また現在実用可能な管理技術では当時の基準以下まで排出を削減できるとは確実にはいえないというものであった。これを受けて天然資源保護協議会は、大気汚染防止法の大気汚染物質規定である112条の「健康オンリー」を考慮せよとの立法命令に、経済的・技術的な考慮を組み入れているとして環境保護庁を提訴した。

　D.C. 巡回区控訴裁判所は、環境保護庁の112条の解釈を支持し、そのためにシェヴロン判決を援用したのだが、裁判官全員の決定で、環境保護活動家にも部分的な勝利をもたらすかたちで法を解釈した。裁判所の判示によると、議会は、環境保護庁が健康こそを112条の排出基準の主たる基礎として考えるべきであるという意図をもっていたとされる。それゆえ、技術的な実現可能性だけに基づいて塩化ビニルの規制基準を設定した環境保護庁の決定は、立法者の意思に反していた。裁判所は、環境保護庁が112条のもとでコストや実現可能性を考慮することはできないという天然資源保護協議会の主張を斥けてはいるが、しかし環境保護庁が健康以外のことを考慮に入れる前に、予定している基準が「安全である」（すなわち「安全性の十分なマージン」を取り、公衆衛生を保護するのに十分である）ことを証明しなければならないと判示したのである。経済的な事情を考慮することが適切な場合というのは、立法者が意図した「安全」を満たすとされた一定の幅の基準のなかから、選択を行うときだけである。

　市民対ヤング判決[48]では、立法者意思が再び破棄の基礎になった。この判決は、長きにわたって論争が続いていた連邦食品医薬品化粧品法のディレーニー修正条項をめぐって、食品医薬品局が新たな解釈を行おうとしたことに関するものである。食品医薬品局は、実験動物で癌を引き起こすことを示した2種類の着色添加物の使用を許可したことで、発ガン性物質を完全に禁止したディレーニー修正条項から逸脱していた。食品医薬品局は、これらの物質は些細

な (de minimis) な健康リスクをもたらすにすぎないので、それを許可した政策は正当化されると主張した。審査においてD.C. 巡回区控訴裁判所は食品医薬品局のリスク評価の方法について問うことはなかったが、その代わりに、ディレーニー修正条項の文言、文脈、歴史を注意深く読解することによって、立法府はリスクの非常に少ない発ガン性物質でさえも食料供給から排除しようと固く決意していたと判示した。いかなる添加物であってもひとたびガンを引き起こすことが示されてしまえば、食品医薬品局が例外を作る余地はないとされたのである。

　上記の2事件において裁判所は、ベンゼン判決で連邦最高裁が行ったような、政治の失敗を正す機会を逃してしまった。しかしながら両事件の結果自体は、保守時代に見られた司法判断の原理と整合的なものであった。もはや裁判所と行政機関とのあいだに、社会全体の広汎だが曖昧な課題を実行するための協働関係、つまり利益団体が目を光らせるなかで規則を変更したり、「ハード・ルック審査」のような解釈の新たな慣例を作り出したりすることで得られる関係は存在しない。裁判所は、行政機関の政策が、裁判官が解釈した議会の意思と直接的に矛盾していると思われるときにかぎり介入を行うようになる。ディレーニー修正条項をめぐる事件に見られるように科学者間の合意と法が相反しているとき、議会は裁判所から是正の政策的な指針を何ら受けずに、法改正を行う政治的意志を喚起せねばならない。議会にそれに対応する制度上の能力があるのかどうか、監督を受けない裁量が与えられていたら行政機関がうまく実行できるのかなどという疑問は、明らかに司法府の関心事ではなくなっている。

　スティーヴン・ブライヤーは、著名な連邦裁判所裁判官であり、そして行政法の専門家であったが、後にクリントン大統領によって連邦最高裁裁判官に指名される。彼が書いた研究書には、これまでとは違う、そして潜在的により危険な形式主義が姿を見せている。ブライヤーは、官僚機構の近視眼性、そしてあまり効果のない小さなリスクの規制を求める集団的ヒステリーを批判し、各連邦行政機関を横断してリスク評価を整序するように特別に訓練された専門公務員集団を創設し、その集団の専門能力を高いレベルに維持することを提案した[49]。ブライヤーのこの提案は、D.C.巡回区控訴裁判所の立法者意思説判決

のようであり、なんとも時代錯誤のように見えなくもない。リスク評価のなかの偶然的要素と専門的な不確実性を過小評価している（裁判官はこれをやることが多い）のみならず、ますます分化・分裂していくリスクの政治に「正しい」答えが出せるという専門家の能力への過大評価をしているからである。

興味深いことに、レヴェンタール裁判官やベイズロン裁判官の見解に近いものが、リスク決定への科学者コミュニティの関与が強まっていくなかで現れた。1970年代中頃に始まったのは、粗末な科学（poor science）に基づく行政機関の過剰規制に対する産業界の不満から、独立した専門機関の審査に行政の科学使用を服させるべきだという政治的要求が生まれたことであった[50]。そして議会は、規制の科学的根拠にピア・レビューを求める新たな法制化を行ったのである。確立された審査機構をもっている行政機関（とくに環境保護庁）は、自らの弱点を減らし信用を高めようとして、諮問機関への依存を深めるようになった[51]。議会と行政機関は、アメリカ科学アカデミー（National Academy of Sciences: NAS）の調査部門であるアメリカ学術研究会議（NRC）に対して、行政機関の仕事を評価し、特定のリスク管理の領域について提言を行うよう要請した。

ピア・レビュー委員会は、レヴェンタール裁判官の提案した処方箋に共鳴するかのように、意思決定の記録について問うたのである。その問いは、一見したところ審査裁判所によって以前なされた問いに酷似していた[52]。行政機関が採用した解釈を支持する筋の通った科学的根拠があったか。行政機関は目の前にある証拠に対してバランスのとれた考慮をしていたか。行政機関が出した結論は明白で首尾一貫した包括的な方法によって組み立てられているか。要するに、整然とした明確な規制プログラムでは、責任ある科学的レビュー（responsible scientific review）が「ハード・ルック審査」とほぼ同様の機能を果たしていることが見て取れる。しかもこの場合にはレビュワーが、行政機関が証拠を厳格に見直していたのかを判断するのに裁判所よりも十分な専門的能力をもっているというメリットがある。ガルフ・サウス判決において非常に積極的な審査を行い、そのために新しい基準まで設けた第5巡回区控訴裁判所でさえ後に、いみじくも、専門家のピア・レビューを組み入れた行政機関の決定は尊重すべきというようになった[53]。

また同時に、アメリカ学術研究会議が行った多くの研究が、リスクに基づく意思決定におけるプロセスの価値を再び強調し始めていった。これはベイズロン裁判官が10年ほど前にすでに実践していたことである。たとえばリスク・コミュニケーションについての報告では情報の相互交換の必要性が強調されたり、リスクについてだけでなく厳密にはリスクに関係ない複数のメッセージを含むようなコミュニケーションが適切であることが認められたりしている。すなわち「リスクに関するメッセージ、あるいはリスク管理の法的・制度的整備に対する懸念、意見、反応を表明する」[54]ようなメッセージを含むものである。国家の専門エリートによって書かれた、こういった報告のなかには、専門家と非専門家が科学と政策の境界線上にある争点を扱うとき、ほぼ対等の立場でやりとりできるような場を規制内に設ける必要性を指摘するものが複数ある。ここでいう境界線上の争点とは、リスク評価にとって適切な問題設定（フレーミング）をいかに行うか、いかなる情報が重要である（relevant）とされるか、いかにして信頼を保証するか、そしてとくに、その決定に達するのに十分な専門的調査が完了したといつの段階でいうのか、などである。

4.8 政府の言説を民主化する

一貫性のなさや度重なる信頼喪失に悩まされながらも、科学に基づく規制への司法審査はアメリカの規制に関する政治言説のなかに消し去ることのできない刻印を残した。拡張主義的であった1970年代は、司法もロビイング団体も積極主義が最も著しい時代であり、審査裁判所は行政に対し、意思決定をより透明化し専門家の覇権（ヘゲモニー）を縮減するような分析方法や説明方法を強く求めた。積極的司法審査の帰結として、専門知識をもたない裁判官や一般大衆にも理解できるような方法で、混み入った決定を説明する義務が連邦の行政手続きのなかに確立された。また司法審査は、何が規制目的に有効な知識かを決定する公権力の権利と責任も強調している。そうすることで裁判所は、活動に十分な基礎があるときがいつなのかを確言できるのは科学者だけであるという神話を斥けているのである。

エチル判決などを見れば、予防原則的規制（precautionary regulation）におけ

る不確定な面を司法がよく理解していることがわかるが、他方で裁判所は、規制科学の解釈者としての裁判官と行政当局それぞれの役割の境界画定作業をする有効な公式を明確化できなかった。とくに科学政策パラダイムは、リスク評価に関してハード・ルック審査を行う裁判所にとって、使いやすい中継地を用意しなかった。また、粗悪な (bad) 規制科学とよい (good) 本当の科学を区別するという境界画定の作業を通じて、行政機関の専門的知識に疑問を投げかけることを規制反対派に許容してもいる。1980年代に司法が専門的決定の監視から撤退したことで、審査が積極的すぎるという落とし穴からは逃れたものの、これは行政機関の専門知識に対する非現実的で時代錯誤的なヴィジョンに回帰することで可能となったのである。

　最終的には、「ハード・ルック審査」論が何よりも耐用力のある理論であることが明らかになった。D.C. 巡回区控訴裁判所の首席裁判官であるパトリシア・ウォルドは、アメリカ法律家協会の行政法部局に向けた講演で、「ハード・ルック審査」論は「私たちの法廷の誇らしい貢献」であると述べている。ウォルド裁判官によれば、時とともに「ハード・ルック審査」論は裁判所の実際の能力を考慮に入れるように微妙に変化してきたという。

> 今日、私たちの法廷は、レヴェンタール裁判官やベイズロン裁判官の時代のように、方法論あるいは手続きが間違っているのだと行政機関にいうために「ハード・ルック審査」論を適用するのではない。そうではなく、行政機関がその行動を選択した理由が十分には説明されていないというために適用するのである。……1987年4月から1988年4月の1年間に、私たちが破棄または差戻しした行政審判の審決は3分の1にすぎない(計159件中、破棄または差戻しは58件である)が、その理由は、行政機関の理論的根拠が不十分だったからである。最もよくあった行政機関の欠点は「先例の逸脱」を説明できていないことであった[55]。

　ウォルド裁判官の解釈によれば、「ハード・ルック審査」論が引き続き果たしている機能は、たとえ行政機関の行動が難解で専門的な情報に基づいていたとしても、行政機関に自らを一般大衆に理解されるように努めさせたことであ

る。この責務は、行政機関がすでに定着している慣行と異なることをした場合に非常に強力なものとなる。科学諮問委員会が時とともに「ハード・ルック審査」論を取り上げるようになったのは、裁判所の教育能力のおかげである。結果として専門的意思決定に生じたこのような民主化は、司法審査があげた功績と考えなければならない。たとえ公共的な説明責任という規範を制度化したこの決定が賢明でないと思われるときがあったり、あるいはそこに科学的に非難する余地があったりしてもなお、色あせることのない功績である。

第5章
科学のコミュニティにおける法

　科学技術に関係する訴訟は通常、研究者の専門的な活動に干渉するものではない。また、アカデミックな科学内部の仕事を司法に監視させるためのものでもない。「科学のコミュニティ」を統治するために決定的に重要なプロセス、たとえばピア・レビュー（査読）、資金助成、教育、出版、あるいは研究プロジェクトや研究室の日々の運営などは、通常は（科学者は当然だというだろうが）、裁判所の権限の外にとどまっている。しかし、重要な公的利害関心となるような他のすべての問題と同様に、科学技術もまた、司法の審査を免れているわけではない。研究関係への法的な審理をみることで、裁判所が市民社会における科学の権威を脅かすと同時にそれを維持していく戦略について特段の洞察を得ることができる。なぜなら、ここで裁判所は、おそらく他のあらゆる場面においてよりも、科学の理想化された特別の地位への主張と、その現実の社会実践とのあいだの食い違いに直面せざるをえないからである[1]。ここでの我々の課題は、裁判所が、立ち入ったり監督したりしないことを一貫して選択している科学研究の領域があるのかどうか、そしてどんな理由で裁判所がそこで干渉しないという決定を裏づけているのかを見極めることである。

　一見したところ政策主導ではない科学研究の営みや運用、普及に裁判所が関与するには、2つの主たる経路がある。第一は、研究結果の歪曲、詐称、不正流用や、ピア・レビューにおける偏向、被験者に対する問題のある対応のような、科学者や科学機関の不正行為への非難を通して生じる。このような問題のせいで、裁判所は、科学者の行為のなかで許容可能なものの境界線を明らかにすることを求められるし、結果的に、司法上の決定をなすにあたっては科学の規範的・社会的なあり方を精査するように求めることができるのである。第

二の経路は、近代科学の探求プロジェクトや、アメリカ社会でそのようなプロジェクトがもっている特権的な地位に対する、宗教的・道徳的な反発から起こる、稀ではあるものの政治的に目立つ訴訟によるものである。たとえば、社会評論家であるジェレミー・リフキンによるバイオテクノロジー批判はテクノロジーに対するネオ・ラッダイト運動であるとして一蹴される向きもあるが、この分類にあてはまるものと見ることができる (第7章参照)。動物の権利擁護運動家、環境保護主義者、中絶反対論者、創造論者などによってばらばらになされている、科学技術へのありとあらゆる攻撃は、間違いなく道徳に端を発している。

どちらのタイプの問題も、司法の権威と科学の権威の関係、より広くいえば、科学と民主主義社会の関係についての根本的な問題につながるものである。裁判官はいついかなる場合に、科学の制度的自治や自己管理能力を尊重すべきなのか。司法は、科学のコミュニティの基準以外の基準で、研究の企てへの異議申立てを評価すべきなのか。それとも、科学の多様な、フォーマルそしてインフォーマルな自己管理や専門家の行動規則に従うべきなのか。無制約の探究の自由を求める科学側の主張と、宗教組織のような敵対する信念体系に由来する主張とのあいだで、裁判所はどのようにバランスを取るべきなのか。ここで3つの領域の判例法を簡単に振り返ることで、こういった問題にアプローチすることができるだろう。すなわち、(1) 科学的評価とピア・レビュー、(2) 研究対象としての人間や動物の扱い、そして (3) 科学と宗教の対立である。

5.1 科学における仲間、法における従属者

西洋社会における「科学」の境界線は、その内部にいる者、つまり科学者コミュニティのメンバーのみが、研究が有用であるかどうか、そして研究者の行動が非難されるべき逸脱なのかどうかを判断できると考えられ、その判断によって画定されてきた。この専門家自治を維持するために使われる、最も重要で公的な仕組みがピア・レビューであり、いわば科学における陪審裁判と言ってもよいものである。インフォーマルなものとしては、科学者は、自分たちの学

問領域のアイデンティティや自律を維持するために、多様なかたちで境界画定作業に取り組んでいる[2]。資金を分配し、公表する論文を選び、昇進、テニュア、賞、その他の職業的報酬の授与を決定するためには、ピア・レビューが最も効率的な方法であると科学者たちは長年にわたって主張してきた[3]。

ピア・レビューは多くのかたちを取りうる。一部には実際のところ、中立的で冷静な科学研究の理想とはほど遠い場合もある。実際の科学者たちは、問題のある同業者を暴露して懲らしめるために、法廷や演劇の舞台で用いられるようなレトリックや芝居じみた手法をためらいもなく駆使している。だから主流派の生物医学の研究者は、ヒト免疫不全ウィルス（HIV）がAIDSの原因であると信じなかった同業者の信用をおとしめるために、非公式の「科学裁判所（science court）」を開催したし[4]、権威ある科学雑誌『ネイチャー』の編集者は、科学者や雑誌編集者、プロの手品師を寄せ集めて、フランスの研究者による、高希釈溶液における化学的活性に関するありそうにもない主張を調査させた[5]。

その動機や手続きの上記のような多様性にもかかわらず、科学者コミュニティは裁判所やその他の社会的制度に対し、科学の業績を評価するための確実な安全装置としてピア・レビューを持ち出す（たとえば、第3章のドーバート対メリル・ドウ製薬会社事件の議論を参照）。しかし、科学の資金、優先順位の設定、著者としての地位に関する争い、その他の科学上の不正行為をめぐる訴訟によって、裁判所は次第に、学問上のピア・レビューの不偏的な見かけの下にある、専門家の知識、専門家による規準や行動実践、個人的あるいは専門上の人間関係に関する、対立するイメージの検討へと向かった。こういったケースのほとんどで、科学者が用いる自己評価のあり方を司法がかなりの程度で尊重することを予期させるような特徴が示されている。裁判官は、科学的証拠の内容をよく知らないのと同様に、科学研究の規範（科学はどのように営まれるべきか）についてもよく知らないのである。さらに、裁判官も、自律的な専門家コミュニティの一員として、他の専門職の不文の自治ルールを尊重することが期待されよう。しかし判例はむしろ、より複雑な見解を支持している。裁判所は科学の自律性の主張を尊重する用意があるが、それは法システムが有する、重要な実体的・手続き的な利益に抵触しないかぎりにおいてである、というものである。

その利益には、訴訟にとって重要な事実認定における、法自身の自律性への主張も含まれている。

5.2 科学を取り締まる：両義的な記録

裁判所でのピア・レビューの扱いは、最近の司法判断における科学の権威と法の権威とのあいだの微妙なバランスをはかる好例である。裁判官は、いずれもあやふやな先読みでの審査を行っている機関なのだが、概して、危険な技術を規制することに責任を負っている機関に対してよりも、科学研究を助成している連邦機関に対して慎重な態度をとっている。法学者のスティーヴン・ゴールドバーグは、「一連の判例は、科学への助成の決定に関する不服申立てに裁判所がどのように答えるべきかについての、合理的で正確な指針を提供している。つまり、助成決定に対する不服申立ては拒否するのである」[6]と結論づけている。

司法が科学的判断を尊重するパターンは、助成機関に異議申立てした最初の現代的な訴訟である、クレチュカ対ドライバー裁判[7]から始まった。シラキュース復員軍人援護局病院の心臓の研究者であるハロルド・クレチュカ博士は第2巡回区控訴裁判所に対し、わずか1年前に彼に与えられた資金を返還させるという、復員軍人援護局（VA）の決定について審査するよう求めた。クレチュカの主張によれば、VAによる取消しは、シラキュースの同僚が彼に対して行った、事実に反する中傷的発言に基づくものであったという。しかし、第2巡回区控訴裁判所は、クレチュカが撤回を要求している決定の、特殊で専門的な性質に注目した。裁判所は、VAの決定は「原告の研究プロジェクトの専門的な業績についての、微妙で複雑な評価」[8]に基づくと結論づけた。裁判所は、この種の決定は本来的に審査できないものであり、なぜなら、いかなる裁判官も重要な専門的データを駆使したり、研究者の専門家としての能力を評価する能力において、助成機関に及ぶことは望めないからであるとした。

差別であるという主張は、とくに司法の関心領域である。そのためジュリア・アプター博士の裁判での尋問は、より同情的になったものの、依然として助成機関の専門性への敬譲が決定的であった。1972年、ラッシュ長老派聖ル

カ医療センターの教授であったアプターは、国立衛生研究所 (NIH) を訴えた。アプターの性別、フェミニズム運動への参加、そして上院の利益相反についての公聴会で一部のNIH委員会メンバーに反対して証言したことなどを理由に、補助金申請が不当に拒絶されたという主張である。第7巡回区控訴裁判所は、この主張についてアプターの当事者適格（裁判所へのアクセス）は認めたが、その主張の実質的な内容については留保を表明した。裁判所はクレチュカ事件を引用し、研究助成に関するNIHの広範な裁量を再確認した[9]。正式事実審理にいたっても、アプターはNIHが違法な差別を行ったと裁判所を説得することができなかったのである[10]。

　研究資金の助成機関による優先順位設定に異議申立てをした科学者たちは、それ以上に成功することはなかった。マリノフ対HEW事件[11]では、利害関係が比較的ない原告（つまり助成金が認められなかったことに異議申立てをしている応募者ではない）が、ガン治療に役立つかもしれない化学物質に関する研究にNIHが助成するよう求めた。連邦地方裁判所はその短い却下判決において、NIHの決定を覆すことは不適切であるとした。なぜなら、当該機関は連邦議会から明確に、ガン研究における優先順位設定に関する決定を委ねられているからである。同様に、カジメル・ユジヴァロシによる、AIDSに関する特定の理論への調査を求める訴えは、請求者に当事者適格がないとして却下された[12]。

　しかし、公衆衛生が問題になっている場合には、連邦の裁判官はつねに機関の優先性を尊重するわけではない。まったく例外ではない例を1つあげると、環境防衛基金 (EDF) 対ラッケルズハウス事件[13]では、原告の環境団体であるEDFが、DDT殺虫剤の登録停止を環境保護庁 (EPA) 長官が拒否したことに対して異議を申し立てた。EDFの主張では、DDTが実験動物にガンを引き起こしているので、人間の健康にも深刻なリスクとなりうるという証拠に当該機関が十分に留意していないということであった。D.C.巡回区控訴裁判所はEDFの主張に好意的に応答し、EPAがDDTを「切迫した危険」と扱わないことに対して、より十分な理由を示す必要があるとした。ここでの裁判所は、専門機関によっておそらく熟慮された規制の優先順位を、環境保護団体によるそれとは真っ向から対立する科学的主張を基礎にして、覆す覚悟が完全に

あったように思われる。しかし、EDF 対ラッケルズハウス裁判の原告の訴えは、マリノフやユジヴァロシの訴えと根本的には同じものなのである。すなわち、公衆衛生に重大な責任をもつ連邦機関が、ガンの制御に関する特定の科学的知見に十分に応答してこなかったという訴えである。

なぜ裁判所は、NIH の専門的知識は尊重すべきとし、EPA の専門的知識を尊重すべきとはしなかったのか。これらの決定にはたしかに、社会的・政治的文脈の違いがある。DDT 訴訟では、新しく組織された環境運動が、規制への伝統的な官僚的障壁を打ち壊すために司法の支援を求めていた。標的となった機関である EPA は、政府のなかでは新参者であり、リスクを評価し管理するうえでの信頼できる業績に欠けていた。おそらく、より重要なのは、連邦食料・薬品・化粧品法の有名なディレーニー修正条項［1958 年に追加された］において、議会がガンに対する特別な懸念を表明していたことである。D.C. 巡回区控訴裁判所は、この規定を「実験動物にガンを引き起こすと知られている化学物質の継続的使用を認める決定には根拠を示すよう、すべての行政官に重い義務を」[14] 課すものとの解釈を示した。第 4 章で見たように、規制機関の説明の質が十分かどうかという争点については、1970 年代には裁判所が自身で審査すべき領域内の問題として引き受けたのであった。にもかかわらず裁判所は、研究のための科学と規制のための科学の問題に対して異なる審査基準を適用することによって、アカデミックな場面における専門家の信頼性については、政治的な場面とは全く異なる期待を生み出す（あるいは、それを維持させる）ことに加担してきたのである。

ピア・レビューの秘匿性や、レビューを受けていない研究結果の秘匿性に対する異議申立ても同様に、異なった反応をもたらした。裁判所は、アメリカ科学アカデミー（National Academy of Sciences）やアメリカ学術研究会議（NRC）の委員会内部の議論の秘密の保護に手厚かった。よって、アカデミーは情報公開法や連邦諮問委員会法の規制対象となる機関とはみられないし[15]、アカデミーの原稿その他の書類の公開を要求する訴訟においても、背景となる資料へのアクセスを却下した判例が少なくとも 1 つある[16]。他の裁判所でも政府の機関とその専門家の諮問委員との守秘的な信認関係を乱すことを恐れて、ピア・レビューのプロセスへの介入を拒んできた[17]。しかし、雇用機会均等委

員会（Equal Employment Opportunity Commision）がペンシルヴァニア大学での雇用差別事件における審査委員のコメントを見たいと主張したとき、最高裁はためらいなく、人種差別や性差別を防止することへの政府の利益は、ピア・レビューの秘匿性を保護する大学の利益に優先するとした[18]。敬譲から脱する別の動きでは、ドーバート判決で連邦最高裁が、ピア・レビューを、専門家の提示する証拠の許容性を決定する決定的なテストとして認めることを拒否した。つまり、「公表（これもピア・レビューの一要素ではある）は、証拠の許容性の必須条件ではない。それは必ずしも信頼性と相関するものではない」[19]ということである。この判決によって、ピア・レビューそのものが頻繁に法的審査にさらされるようになり、科学者たちの、自分たちだけがこのプロセスの正統性を決定できるという主張が切り崩されることになろう[20]。

かつての裁判所は、過剰な審査と遅延から研究者を守るために骨を折ってきた。たとえば、予備的な段階での結果は証拠開示の対象とはされず[21]、研究者とその情報源との関係の秘密は保護されうるとしてきた[22]。しかし最近の判例では、法システムが、証拠開示に有する利益を強く主張する傾向を見せている。裁判所は当事者の要求に応じて、科学者や社会調査者に、ピア・レビューされる雑誌ですでに公表されている論文のために保存してある生のデータを提供するだけではなく、公表前のデータの開示も強制してきた[23]。もっとも、このようなケースでも研究対象の守秘性を保護する要請は尊重されうるし、訴訟当事者は研究者にそれにかかる手間の時間分を補償するように要求されるかもしれない。しかし、要求されている情報の開示を研究者が拒否した場合には、経済的・刑事的な罰が課されうる。公表されている科学的結論の根拠を開示するなかで、裁判所は暗に、観察とは多様な解釈を許すものであり、研究者自身の解釈は必ずしも支配的なものではないという可能性を認めてきたのである。このように、法的な証拠開示の公正さを維持するという名の下では、裁判所は、他の文脈では不適切として排除してきた専門家の主張への異議申立てを進んで認めようとするのだ。

科学における不正行為への司法の介入は、裁判所が、科学者コミュニティで受容されている行為規範のうえに、さらに法的規範を押しつける権限を認めることでもある。1980年代後半までに、科学における不正行為は、重要な公的

問題にまで進展した。最初に、アメリカを代表するいくつかの研究センターの有望な若手研究者による歪曲や盗用の発覚があった。次に 1987 年、イギリスの雑誌『ネイチャー』が、完全な歪曲ではないにしても、不注意な不実表示が科学の研究と出版のあいだに蔓延していると批判する、NIH の 2 人の科学者による論文を掲載し、論争を巻き起こした。また 1988-89 年には、ミシガン州選出の民主党の国会議員ジョン・ディンゲルと、ニューヨーク州選出の今は亡きテッド・ワイスが議長を務める 2 つの議会小委員会で、マサチューセッツ工科大学のノーベル賞受賞科学者であるデイヴィッド・ボルチモアが、権威ある雑誌『セル』に公表した論文のデータに誤りがあったという申立てを審査する公聴会が開かれた[24]。

　アメリカ国立科学財団と公衆衛生局（PHS）の双方は、助成先や被給付者の不正行為を発見・調査・制裁するための包括的なルールを公布した[25]。しかし、そうしたルールを適用する試みは当初、政府の助成決定を覆させる悪名高い事例をもたらした。アブス対サリヴァン判決[26]では、公衆衛生局の決定に異議申立てをする略式判決を求めた科学者の訴えが、調査に関する手続きの通知の仕方が不適切だったという理由で認められた。さらに顕著で厄介な逆転事件は、NIH の研究公正局は、HIV の共同発見者であるロバート・ギャロと、その同僚であるミクラス・ポポビッチについての数年にわたって続けてきた調査を、ポポビッチは何ら不正行為を行っていなかったと裁判所が判断したため、中止に追い込まれたのである[27]。

　こうした事件は、ワイスマン対フリーマン事件[28]の著作権侵害訴訟での第 2 巡回区控訴裁判所の処理と対比されうるものである。そこでは適正手続（デュー・プロセス）への関心は争点にならなかったからだ。ニューヨークのモンテフィオーリ・メディカルセンター放射線科の講師であったハイジ・ワイスマンは、上司であるレオナルド・フリーマンを、胆嚢の画像化技術に関する「シラバス」やレビュー論文についてワイスマンが単著であると主張し、フリーマン自身の名で書かれているのは誤りであると訴えた。下級裁判所はワイスマンの訴えを退けるうえで 2 人の科学者の地位の違いを重視し、フリーマンが上司であることは、彼が著者であるとの主張をワイスマンの主張よりもどちらかといえば強いものにするとした[29]。［しかし］上訴審で第 2 巡回区控訴裁判所は（著作権法上の）「著者性

(authorship)」という法的構成と、（両当事者の科学における地位の比較に基づく）「権威（authority）」という社会的構成とをいともたやすく切り分けた。控訴審は、証拠に基づいて、ワイスマンがシラバスの唯一の著者であることだけではなく、フリーマンが実は暗に彼女の主張を受け入れていたことまでも認定したのである。

5.3　研究の外側の境界

　裁判所は、訴えている人が、人間の患者で、はっきりとした被害を受けている場合には、研究の許容可能な境界を取り締まることに非常に積極的であった。動物の権利擁護運動の主張を扱うときのような場合には、司法ははるかに科学者寄りの反応をしてきた。

5.3.1　人間の被験者をともなう研究

　19世紀以来の人体実験の不幸な記録からは、研究者が科学の進歩や人類の利益の名のもとに、患者・被験者の重大なリスクを顧みない、あるいは度外視する多くの例が明るみになっている。アメリカでは、他の科学先進国と同様に、実験者と被験者のあいだの不平等な関係から大規模な虐待がもたらされた。社会の最も弱い集団の一部（エスニックマイノリティ・子ども・女性・病人・精神薄弱者・貧困者・高齢者・囚人・兵士）が、知的あるいは人道的価値からして疑わしい危険な実験に駆り出されたのである[30]。

　インフォームド・コンセントの法理は今日、このような搾取に対抗する第一次的な防御となっているが、それは医療科学が通常の治療から自らを切り離し始めた後になって初めて生じたものである。歴史家によればインフォームド・コンセントの起源は200年以上前のイングランドの判決にまでさかのぼるという[31]。しかし、20世紀半ばまで裁判所は、その概念をほとんど使わなかった。というのも、当時受け入れられていた医学の営みから逸脱するものはすべて、疑いの目で見られていたからである。「実験」はいかさま療法と同視され、新奇の治療方法によって患者に危害がもたらされた場合、医師は厳格に責任を問われた。

20世紀半ばまでに、医学研究は尊重に値する科学活動として評価されるようになった[32]。同時に、第二次大戦中にナチスの医者によってなされたひどい犯罪は西洋社会に、生物医学研究において被験者の権利をどうすれば最もよく保護できるのかという問いを突きつけた。強制収容所における実験への参加に関する裁判と有罪判決は、ニュルンベルグ綱領に結実した。これは人間に対する研究を規律する倫理原則についての、司法による記念碑的な宣言である。綱領のなかで第一番目の、そして最も広く引用される原則は「被験者の自発的同意が絶対に必要である」というものである。

インフォームド・コンセントの抽象的な原則を、アメリカにおいて法的に拘束力ある規律へと読み替えていくのは、さらに10年から20年にわたって数々の悲劇が発覚した後であった。非倫理的な営みは、民間の研究だけではなく、国家によって国家のためになされた科学においても蔓延していることが明るみに出された。たとえば悪名高いタスキギー梅毒研究では、公衆衛生局は故意に、梅毒にかかった数百人の黒人の治療を差し控え、その結果、少なくとも28名、おそらく107名もが死亡した[33]。その梅毒研究は1932年から1972年まで行われていたが、1929年のペニシリンの発見によって、梅毒への効果的な治療ができるようになっていたにもかかわらず、参加者たちは自身の症状が治療可能なものであるとは決して知らされなかった。

こうしたことの発覚から、連邦政府・州政府は、人間の被験者をともなう研究には強制的なインフォームド・コンセントの要件を課すようになった[34]。結果として、インフォームド・コンセントをめぐる紛争の中心的管轄は司法から行政に移った。政府による規制が先行するため、人体実験をともなう紛争が訴訟を引き起こしたり裁判所による最終的な解決を必要としたりするのはごく例外的な場合だけになった。保健社会福祉省（旧・保健教育福祉省）が出した規制のもとでは、連邦の研究資金を受けている機関は、人間の被験者をともなう研究を認めるにあたっては機関内に審査委員会を設置し、同意要件の順守（コンプライアンス）を確かなものにしなければならない。違反した場合、カリフォルニア大学ロサンゼルス校（UCLA）の医学研究者であるマーティン・クラインの場合のように、重大な制裁がもたらされる。クラインは1980年、組換えDNAを2人のサラセミア症候群の患者の骨髄に注入し、遺伝子治療の記録上の最初の実験を

行った。実験場所は、1人はイスラエルで、もう1人はイタリアである[35]。その研究は、彼の最初のスポンサーであったNIHに承認されておらず、その後UCLAの被験者保護委員会もクラインの研究は時期尚早であるとして承認しなかった。NIHの懲戒委員会は、クラインについては部局の主任を辞めさせ、2つの補助金を中止し、その他の特別な懲罰に服させた。

インフォームド・コンセントは、クラインのケースでは事後的な制裁の理論的根拠となった。しかし、法学者だけではなく現場の医者も、インフォームド・コンセントが治療の場における医者と患者の力関係を変えられるかどうかについてはなお懐疑的である[36]。裁判所がこれまで医者の権威を維持するような方向で研究と治療の境界線を引いてきたことが、さらなる懐疑の根拠になっている。

5.3.2　同意の範囲と十分さ

　同意が必要であったかどうかに関する線引き問題を除けば、同意にかかわる紛争はたいてい、患者に与えられた情報の適切性が中心である。裁判所にとってよくある問題の1つは、患者への医療措置について患者にどれぐらい情報開示すべきかを決定するうえで、誰の観点を採用すべきかということである。過半数の州は専門家を支持し、医者は同じ地域・同じ専門の「合理的な医療従事者」[37]によって理にかなっていると考えられる情報だけを開示する責任を負うとしている。このアプローチは、治療上の秘匿特権と呼ばれるものに根拠づけられており、患者の害になるかもしれないいかなる情報をも秘匿する強い権利を医者に認めている。そこまで医者を特権化しない少数派が支持するルールでは、公開の妥当性は「合理的な医師」ではなく、「合理的な患者」の観点から判断されるべきとした[38]。これらの一般的なルールは、十分に確立されたものであるが、開示の十分さの問題が依然として生じる。たとえば、アレイト対アヴェドン裁判[39]でカリフォルニア州最高裁は、ある膵臓ガンの患者が、まずは、彼のような患者の統計的な平均余命を知らされるべきであったかどうか、その次に、この決定をなすのは専門家の視点からかそれとも患者の視点からなのかを決定しなくてはならなかった。

　実験段階においては、医療実践の基準がまだ流動的で治療効果とリスクは相

対的に不明確であり、患者を基礎とした開示の基準がとくに適切であるように思われる[40]。医者—患者関係での医師の権限濫用は、研究者が患者の立場から開示の妥当性を評価しなくてはならないときにはそれほど生じにくくなるだろう。頻繁に引用されるカナダの判例はまさにこの結論に到達しており、研究者は医者一般「より多くとはいわないまでも、同じくらい多く」開示する義務を負うとした[41]。

　実践上の問題として、裁判所が研究と治療のあいだの線引きをどのようにするかによって、個別のケースで医者の判断がどれだけ尊重されるかという程度が決まるだろう。初期のインフォームド・コンセントの判例であるカープ対クーリー裁判では、この境界線問題が扱われた。心臓移植手術のパイオニアであるデントン・クーリー医師は、1969年4月に、慢性的な心臓病患者であるハスケル・カープの心臓移植のブリッジとして人工心臓の使用を試みた。カープは機械装置でほぼ3日間生存したが、ドナーの心臓を移植されてから1日で死亡した[42]。残されたカープの妻は後にクーリーを訴え、その処置に対するカープの同意の妥当性は、人体実験に適用される、より高度な開示基準によって判断されるべきであったと主張した[43]。裁判所は、一部の見解にまとめられているように[44]、「記録によれば、カープ氏への処置が治療以外のものであったという証拠は含まれていない」と結論づけた[45]。合理的で慎重で、賢慮ある医者であれば同様の状況で同じように行動したかどうかという伝統的な医療過誤テストによれば、カープは適切に情報を与えられていたと判断されたのである。それから20年後、ジョージ・アナスは、国防省が湾岸戦争で同意なしに部隊で薬品を使用することを規制するために、裁判所が研究と治療の境界線をより効果的に使用しなかったことを批判した[46]。

　問題となっている状況が治療であろうと実験であろうと、裁判所は、被害を受けた患者に救済を提供するために、インフォームド・コンセントの範囲を再検討することに積極的である。患者にとって有利な判決は、被害がどう見ても予防可能と思われる場合に最も出されやすい。バートン対ブルックリン医師病院裁判[47]では、ニューヨークの裁判所は、医者の判断を覆し、臨床研究において過度に酸素にさらされたことで失明した幼児の原告ダニエル・バートンへの損害賠償を認定した。バートンの出生当時、専門家は、未熟児の治療の際酸

素に長く露出すると失明につながりうるのではないかと疑っていた。しかし、それが医学的に確定的なものとして「知られ」るようになったのは、それより1年以上後のことだった。実際、バートンが処置を受けたニューヨーク病院の小児科は、彼の出生の2週間ほど前に、酸素失明に関する決定的な情報を得るための全国的研究に参加することを決めていた。研究者はその問題を未解決と見ていたが、陪審は、医者はそのような疑問のある処置をバートンに施すべきではないことは「知っておく」べきであったと結論した。裁判所はこれに同意し、「当時一般的な処置であったとしても」[48]、1953年に、それ以外は健康であっただろう乳児に、その処置を施したことは、必ずしも「健全な医療実践」ではなかったとした。ヘリング対ケアリー事件（第2章参照）の緑内障患者と同様に、ここでも法システムは、自身の正義感覚に資するよう、誰がいつ何を知るべきであったかについて法システム独自の歴史を刻んだのである。

　原告に与えられた情報が適切ではなかったという主張ではなく、情報がまったく与えられなかったという場合も、患者に有利な結果になることが多い。シカゴ大学とイーライ・リリー製薬会社による治験では、およそ1000人の妊婦が、流産を防止する薬品であるジエチルスチルベストロール（DSE）をそのことを知らされることも同意もないままに、投与された。患者はいかなる身体的被害も受けなかったのだが、その薬品は、生まれてくる子どもの生殖異常やガンのリスクを高めるものだった。連邦地方裁判所は、女性が大学を訴えることを認め、イリノイ州の法では、同意していない患者に意図的に薬品を投与することは暴行（battery: 権限なく人に接触すること）とみなすことができるとした[49]。

　インフォームド・コンセントの範囲を劇的に拡張した、また別の事件は、UCLAの医学者が患者の組織や細胞を商業的に使ったというものである。シアトルのビジネスマンであるジョン・ムーアは、毛様細胞白血病として知られる症状への治療のためにUCLAを訪れた。大学の研究者でもあった彼の担当医は、ムーアの外科的に除去された脾臓が、巨大な潜在的価値をもつ薬品を製造するために使えるリンフォカインと呼ばれるユニークな細胞を含んでいることを発見した。患者にそれを伝えることなく、UCLAの研究者は、ムーアの細胞から遺伝子工学的に作られた細胞株を確立し、その特許をとって、その細胞株と製品のさらなる開発のために2つの製薬会社と大きな利益をもたらす

契約を結んだ[50]。ムーアの細胞株から開発された製品の市場価値は、1991年までにおおよそ30億ドルと予測された[51]。

ムーアは、こうした活動に気づいて、大学と個人の研究者たちを訴えた。その細胞株は自分の財産（property）であり、それを同意なく商業的に使用するのは違法である以上、自分にはその損害の賠償を受ける権利があると主張した。カリフォルニア州最高裁は、患者に自身の細胞への財産権を認めることは、生物医学研究者に過剰な負担を課すものであるが、しかしそれでもムーアは、インフォームド・コンセント理論を拡張して、損害賠償請求権を有すると判断した。そして治療という状況では、医者は患者の治療法の選択にバイアスをかけたり、何らかの影響を与えるかもしれない商業的利益についてはすべて患者に開示する義務があるとした。こうして、ムーアは、患者としての自律の侵害を回復することはできたが、彼の細胞の利用から生み出された商業的利得については全く分かち合うことはできなかった。

ここでのインフォームド・コンセントの拡張は、患者が知らないうちに商品として利用されることから保護される資格を患者に認めたものの、発明や知的財産権に関する伝統的な観念への異議申立てについては道を閉ざした。ムーア判決でカリフォルニア州の高等裁判所は、医学研究は患者を「分子化」しているが、法にはまだ、遺伝情報に関する新しい財産権を生み出す目的で医学研究と同様に患者の身体を脱構築するようなやり方で概念化する用意はないとした。ジェームズ・ボイルは、ムーア判決における裁判所の何重もの歪曲と矛盾を巧みに記述している。ムーア判決は、それは結局ほとんど、こんな控訴審判決は書いてはいけないという教科書例になっている[52]。しかし、他の巡回区控訴裁判所におけるこの問題についての以後の沈黙は、この判決が、研究被験者の組織や細胞の所有に関する主張について少なくとも一時的な安定を達成したことを示している。この例での法的な理由づけはあまりいただけないものではあるが、患者の権利への配慮と、社会は最も天才的な発明家に無制限の報酬を与えるべきという考えを含む、研究の政治・経済に関する広く共有された見解とのあいだで、うまくアドホックな調整を導いたようだ。

5.3.3 動物を用いる研究

 1985年から1987年にかけて26回にわたって、動物の権利を主張するアングラ集団のいくつかが、実験動物を逃し、動物実験がなされている研究室を破壊するゲリラ活動を行った[53]。研究プロジェクトや施設にはかなりの被害があった。たとえば1985年4月、動物解放戦線（Animal Liberation Front: ALF）はカリフォルニア大学リバーサイド校の生物学・心理学の研究室に侵入し、467の動物を持ち去った[54]。2年後、カリフォルニア大学のデイヴィス・キャンパスの獣医学研究室で起こった火事は350～400万ドルの損害をもたらした[55]。動物の倫理的扱いを求める人々の会（PETA）、慈悲団（Band of Mercy）、真の友（True Friends）など、このような活動への責任を担っている集団は、宣教師のような情熱をもって動物の「解放」や「種の壁を越える」ことを語る。その目標を世に知らしめ、促進するためには犯罪的暴力に訴えることも辞さない者も多い[56]。

 動物の権利活動家による直接的な行動に出る戦略は、ヨーロッパや日本の暴力的な社会運動を思い起こさせるが、通常はお行儀よくぶつぶつ言うだけのアメリカの政治的抗議のなかにあって不協和音を響かせていた。環境・労働・市民権組織とはちがって、動物の権利団体は、裁判所に向かうことは稀であり、赴くとしても主に自分たちの違法な活動に付随するものとしてである。その見返りとして、彼／彼女らはほとんどの他のアメリカの社会活動、たとえば最近までの反中絶運動の暴力的な派閥などよりも制約の厳しい法的状況に直面した[57]。連邦の裁判所は、生物医学研究における動物の扱いに関する訴えに対してあからさまに拒絶してきた。

 動物の権利の支持者は、研究動物の不当な扱いによって自分たちが被害を受けている（たとえば研究に寄与している納税者として）、あるいは自分を擁護できない生物の法的な代理を行う資格がある、と主張することによって裁判所へのアクセスを求めてきた。どちらのアプローチも多くの支持を獲得しなかった。第9巡回区控訴裁判所はある連邦管轄地で、何頭かのヤギの扱いに異議申立てをした集団について、原告はその動物に直接かかわりがないという理由で当事者適格を否定した[58]。NIHが助成するメリーランドにおける研究プロジェクトへの異議申立ても結局、当事者適格がないということで退けられた。1981年、

有名な動物の権利活動家でありPETAの創設者・指導者であるアレックス・パチェコは、行動研究所のエドワード・タウブ博士のもとで働くことを志願した。そこで働いていたあいだにパチェコは、タウブの研究で使われているサルが適切に扱われていないという証拠を集めた。彼の証拠は、メリーランド州の検察を動かし、タウブが州の動物愛護法に違反しているとして刑事訴追させた。タウブはモンゴメリー郡区裁判所で審理され、動物虐待の罪で有罪判決を受けた。サルは保護のためNIHの施設に移された。

［しかし］メリーランド州控訴裁判所は、タウブが有罪とされた州法は「連邦のプログラムで医学・科学研究を行う研究機関」[59]には適用されないとして、下級審の判断を破棄した。PETAの代理人たちはタウブの研究のサルの法的な監護権の獲得をしばらく試みたが、メリーランド州の連邦地方裁判所は、その当事者適格を否定した。第4巡回区控訴裁判所はこれに同調し、訴訟が研究に与える潜在的な悪影響を指摘した。

> それ（訴訟）は生物医学研究における動物の使用を、法廷での訴訟のもたらす不安定で危うい状況にさらすことになるだろう。そして裁判官に研究所での研究の監督や規制をさせることにもなりうる。爆発的に訴訟を次々と引き起こし、人間の苦難を緩和するような医学の進歩を阻害することになるかもしれない。連邦議会による明確な（立法による）指示なしに、このような規模の結果をもたらす危険を冒すことは賢明でないだろう[60]。

連邦動物福祉法は連邦議会が示した唯一の指針であるが、裁判所の見解によればそれは、動物の保護よりも、「責任ある霊長類研究が、人類にとって最も恐ろしい傷病の処置と治療につながるという希望」[61]を優先させるもののようである。科学・医学の進歩を法の第一の目的と定める裁判所のもとでは、動物の権利運動が法プロセスに頼ったところで望み薄である。

5.4　宗教に対抗する科学

科学の内容に対する最も直接的な攻撃は、公立学校で進化論を教えることを

阻止しようとする宗教集団によるものである。アメリカの創造論者にとって州の立法は、子どもの教育や宗教的価値への科学による影響を制限するうえで信頼でき、融通の利く同志であった。しかし、立法の場での運動の成功は、連邦の控訴裁判所からの反対によってかなり切り崩された。

　進化を教えることを禁止していたテネシー州法でジョン・スコープスが有罪判決を受けた 1925 年の悪名高い「サル裁判」[62] 以来、ほぼ 40 年間、創造論者は法的な冬眠に入っていた。科学・医学の歴史家であるロナルド・ナンバーズはこの沈黙を、その運動が基本的なアジェンダを放棄したのではなく、他の方法で成功を収めてきたしるしであると解釈している[63]。いずれにせよ、1960 年代末までに、進化論生物学が高校の教科書に広く載せられるようになると、創造論者は再び活気づき、立法や訴訟での新たな攻撃的運動に乗り出した。

　1968 年、連邦最高裁は、特定の宗教集団の見解を促進しているとして、スコープス事件にかかわったのと同様の州法を無効とした[64]。したがって 1970 年代の創造論の復権は、別の立法戦略を採用した。均等アプローチ（balanced treatment approach）と呼ばれるものである。今回の目的は進化論教育の禁止ではなく、高校のカリキュラムで進化論と創造論の両方に均等に時間を割くということであった。10 年以上にわたり、いくつかの州では地球の生命の起源に関しては、「創造科学」と呼ばれる創造論も教えないかぎり、進化論を教えてはならないことを命じる法を制定していた。1920 年代と同様にアメリカ自由人権協会は、こうした制定法による挑戦を受けて立った。紛争は否応なく連邦最高裁に持ち込まれた。エドワーズ対アギラード判決[65]で連邦最高裁は、7 対 2 の多数決で、ルイジアナの均等時間法は宗教を不当に促進しており、したがって違憲であるとした。

　第 5 巡回区控訴裁判所ですでに創造論に反対する判決を出していたので、最高裁の判決はおそらく、予測通りの結論であった。しかし、科学者コミュニティは万全の対策をとっていた。事実上、アメリカのすべての主たる科学組織と、少なくとも 72 人の科学分野のノーベル賞受賞者が、アミカス・キュリエ（amicus curiae: 法廷の友 [当事者以外の利害関係者が、法廷に参加する制度。アミカス・キュリエが提出する意見書などの書面をアミカス・ブリーフという]）として書面を提出

し、最高裁に対しルイジアナ州の法が明らかに違憲であるという下級審の判断を支持するように主張した。こうした書面がとった戦略の1つは、「創造科学」は「科学」を一意的に定義するいかなる性質も満たしていないことを洗練された哲学的論拠によって示すことであった。科学アカデミーは、科学の歴史と哲学に関する小論で、科学による、世界についての「自然的・検証可能・暫定的」説明は、創造論者が示す「超自然的・検証不可能・絶対的」説明とは完全に異なるものであることを明らかにしようとした[66]。言い換えれば、科学は、真実に近づく能力において特別であることを示そうとした。

　連邦最高裁は、国を代表する科学者にお望みの結果を与えた。しかし（ドーバート事件のアプローチとは対照的に）連邦最高裁は、科学を構成するものとは何かという定義からは距離をおくことを選んだ。その代わり多数意見は、第1修正条項に関する先例であるレモン対カーツマン判決[67]で展開された、合憲性に関する3つのテストを適用した。レモン判決の視点から見直すと、連邦最高裁にとって鍵となる問いは、「創造科学」というラベルが単に宗教的信念の隠蔽にすぎないのかどうかであった。その答えのために連邦最高裁は、ルイジアナ州の法令の立法史や、「一定の宗派の教育と進化論の教育とのあいだの歴史的そして同時代の対立」の背景を参考にした。これらの社会的現実をふまえて多数意見は（スカリア裁判官の口頭での反対意見はあったが）、創造論の中心的教義、つまり「超自然的存在が人類を創造した」[68]は、宗教的ドグマの反映にすぎないと結論づけさせた。

　エドワーズ対アギラード判決で連邦最高裁は、宗教に反対票を投じたというより、科学への支持票を投じたものと評されてきた[69]。しかしそれとともに最高裁は、科学・宗教・国家のあいだの関係を取り締まる自らの権利を再確認したのであった。というのもエドワーズ判決は、アミカス・ブリーフで主張されたように、科学は他の信念形態よりも認識的に優越するという科学の主張を明確には承認することなく決定されたからである。進化論が勝利したのは、それが「真実」である（これは、反対意見が強く異議を唱えた立場である）からではなく、最高裁が先例に基づくことができたから、そして創造論者の粗雑な立法戦略に見られる宗教的意図の証拠を発見できたからなのである。おそらく予想された通り、エドワーズ事件は、アメリカにおける科学的世界観と宗教的世界

観の闘いの世紀末的な再開をおしとどめることには失敗した。一部の宗教原理主義者は、「創造科学」は科学の一形態であるという論拠を逆転させることで、敗北に対応した。彼らはいまや、「世俗的人間主義」、つまり近代科学にともなう価値の複合体は、実際のところそれ自体「宗教」であり、そのような価値を教えることは、彼らの子どもたちから自分の信念を実践するという自由を奪っていると主張したのである[70]。裁判所は概してこのような主張に動かされることはなかったが、法システムを離れれば、原理主義者は、進化論を生物の教科書に載せないという運動のなかの重要な戦いに勝利した。科学の知的・道徳的ヘゲモニーへのローカルな反対は、こうしたケースでは非常に根深く、それゆえ憲法におけるルール制定の仕組みでは阻止や回避ができなかった。

5.5 制限された自律

　これまでの章で検討したいくつかの論争と比べると、科学の内部機能への挑戦は、稀で、アドホックで、非体系的で、予測不可能なものであった。EPAや他の規制機関の政府の専門家とちがって、研究室やその他の研究環境にある科学者には、積極的に訴訟の機会をうかがっているような組織化された敵対者がほとんどいない。学術的な科学の内部で争いが生じるとき、それに巻き込まれる者（大学、助成機関、個々の科学者、裁判官自身）は全員、できるだけ裁判所に頼らずに解決することにコミットしているようにみえる[71]。言い換えれば、科学者は自己規律メカニズムの実効性を引き合いに、法による侵略に対抗してその境界線を積極的に取り締まっているのである。ジュリア・アプターやハイジ・ワイスマンのような訴えが裁判所に持ち込まれることはあまりない。持ち込まれるときも、裁判所はことさら熱心に訴訟を奨励しようともしない。

　しかし、このむしろ一貫性のない相互作用パターンでさえ、科学が自らの専門的自律や特別な認識的権威を主張する際の、その主張に対する裁判所の見方に光を当てるものである。助成やピア・レビューから、研究、教育、出版という領域にいたるまで、裁判所が科学で実際に用いられているルールを尊重するのは、それが法プロセスのルールや目的を侵害しないときのみであると示してきた。とりわけ、もし科学への従属の結果が、科学の実践・文書・主張・合意

を、通常の法的手続きにおける独立した司法審査から免れさせることになるのであれば、裁判所は科学者コミュニティに制度的に進んで敬意を表そうとはしない。

裁判所は、裁判のプロセスを促進する目的であるならば、ピア・レビューの秘密を暴くことを躊躇しない。助成機関に対する初期の判例におけるピア・レビュー制度の尊重は、最近では、研究対象の未公開のデータや情報への積極的な要求へと変わってきている。ドーバート事件における連邦最高裁の決定は、たとえばピア・レビューされた科学のより大きな信頼性を受け入れることなど、裁判官に対し、もっと科学者のように行動するように求めるもので、一部の科学者に歓迎された。しかし、ドーバート判決は、前述のように、諸刃の剣であることが明らかになった。というのもそれは、「よい科学」の指標としてのピア・レビューの絶対的な信頼性を否定し、同時に、事実審裁判所が特定のケースにおいてピア・レビューの主張の妥当性を独自に再評価することを許しているからである。

法が科学に対する規範的優位性を宣言してきたもう1つの領域は、人間の被験者に対する研究者コミュニティの義務に関するものである。司法の関与は一般的ではない（適切な行為の基準は法令や行政規則で主に決定されているから）とはいえ、裁判所は、介入を要求されたときには、インフォームド・コンセントの要件の完全な遵守を主張し、どちらかといえば、医者よりも研究者に対してより高い開示基準を要求するだろう。さらに、ムーア判決が示すように、患者が商業的利得のために利用されているということを知ると、たとえそれ自体は人類の苦痛の緩和を約束するようなものであっても、司法の共感のバランスを研究者から離れる方向に傾かせるだろう。

しかし、裁判所は、科学的実践の未開地を探索することに積極的なのだが、裁判所自身の制度的利益が問題になっているときには、科学の信念体系や、その知識獲得方法に対する正面攻撃に参加するのには消極的であり続けている。動物の権利運動の主張は、新しい法学への道をほとんど開かなかった。動物の道徳的地位に関する問題に直面したとき、裁判所は、追加的な社会的コントロールはコモン・ローの創造的発展を通してではなく、立法府や行政機関からの要望に応じてなされるべきであると宣言してきた。最も明確なものとして、

連邦最高裁は、科学的知識の伝搬やそれに関連する世俗的価値の普及を阻害しうるようなやり方で科学と宗教を裁定することは拒否してきた。この論争領域では、科学は依然として、独立した権力としての地位を保持している。科学の主張は、その認識的権威に挑もうとする立法や利益集団の動機と同等の強さの懐疑によって脱構築されるには及ばない。法がどれほど幅広く科学的実践に規制の網の目を投げかけるとしても、イデオロギーとしての科学は、裁判所からの脅威をほとんど感じることはないようだ。

第6章

有害物質をめぐる不法行為と
因果関係の政治(ポリティクス)

　技術的な過ちの責任を扱う法規範は、何を権威ある科学的知識とみなすかについての法的な観念とともに進化してきた。有害物質をめぐる不法行為訴訟(toxic tort case)と、それを通じて提起されてきた改革案は、それを見るためのちょうどよい視点をもたらしてくれる。裁判所は有害物質をめぐる不法行為の訴えへの判決ほど科学的情報を誤用したと批判されたことはない。乳児ケイティ・ウェルズのウェルズ対オルト製薬会社訴訟などでは、科学的基準から見て因果関係の議論がかなり不十分だったにもかかわらず原告に数百万ドルを勝ち取らせており、法制度が科学に無知であるという非難を避けがたくしている。企業側の代理人によると、法の矛盾やでたらめな立証基準のせいで不確実性の流れが強まり、企業は和解する必要のない原告とまで和解するよう迫られているという。この説明によると、被告が諦めるのは、実際に自らが損害を引き起こしたと考えるからではなく、訴訟が陪審員の前まで進んだときの帰結が予測できないからである。
　有害物質をめぐる不法行為の領域で裁判所が科学的に無能だという非難は、技術による事故の被害者に対し、公正で偏りがなく、コストにも見合った救済をもたらすにあたっての裁判所の能力への、さらに広範な疑いとも重なっている。有害物質をめぐる不法行為訴訟によって、原告に有利になるように責任ルールを緩和するという、第2章で述べたような司法政策の一般的な傾向が促進されてきた。経済や政治の保守派の分析によれば、その結果として生じたルールの変更は個別の事件に応じてなされたものであり、それによって起こりうる影響を十分に考慮しておらず、化学産業の一部の技術革新を阻害するような大きな負担を強いることになったという。それについてよく提案される解決

策は、裁判所へのアクセスを制限するか、裁判所による科学評価を「主流の科学（mainstream science）」にあわせるかのどちらかである[1]。

　一方、原告団体や環境保護主義者、法廷弁護士は、不法行為法システムの成果について全く異なる評価を下す。不法行為法は欠陥をもち、ときに誤りも生じうるが、ほかのいかなる救済方法よりも補償と抑止の効果的な組み合わせを提供するアプローチであるという——それでも最も甚大な被害を受けた人々に十分な補償はできていないのだが。不法行為訴訟は、柔軟性がある点、さらには紛争に関連する新たな科学知識を生み出しうるという点でいっそう評価されている。不法行為訴訟の支持者が問題だと考えるのは、裁判官の技術リテラシーの欠如ではなく、技術集約型社会で常態化している大規模な事故や災害の複雑さに対処するにあたって、訴訟が個別的なものであることによる限界なのである。したがって、不法行為法システムの擁護者にとって本当の知的課題は、たとえば不法行為責任の原理を補償にむけての準行政的手法に移しかえるなどして、大規模な不法行為の被害者たちのニーズを満たすためのよりよい手続きを設計することである[2]。

　アメリカ社会における有害物質をめぐる不法行為訴訟の位置づけについての、今日まで続く政治的論争は、科学技術に関する法政策の価値中立的な評価の難しさを浮き彫りにしている。現行の制度に賛成するにせよ反対するにせよ、個人や企業の権利や責任と、技術によって生じた損害に対する金銭的・道徳的責任を分配する最適な方法にかかわる、より複雑な一連の価値へのコミットメントをどうしても示すことになるからである。訴訟過程をどのように変更しても、目下の紛争をはるかに超えた規模で、勝者と敗者の振り分けに影響が及ぶ可能性がある。政治的な意味においても、原告の市民と被告の企業は、社会や経済をめぐって鋭く対立する思想の象徴や旗印となっている。したがって、どちらの勝訴見込みを実質的に変えるような司法改革であっても、対立するイデオロギー的な意味が注ぎ込まれている。ルールの変更の提案には、専門家証人の選択や証拠の許容、立証責任の転換といった非政治的な場面においてさえ、価値が組み込まれているのである。

　この章は、不法行為法システム全体に関する論争の解決を模索するものではない。あるいは、そのなかの有害物質をめぐる不法行為に限定してそれを行お

うとするものでもない。不法行為法システムの経験的研究に関するマイケル・サックスによる要を得た調査が強く示唆したように、事実をふまえて単純に方針変更を促すようなデータは存在しないのである[3]。そうではなく、この章では、有害物質をめぐる不法行為訴訟における対立的な状況のなかで権威ある「事実」がどのように構築されるかを検討するという、控えめだがそれでも重要な課題に取り組む。そして、対立競合する知識の主張のどれに裁判所が信頼性のお墨つきを与え、「主流の」科学と周縁の科学との境界画定に関与している過程を明らかにしたい。

6.1　法的ジレンマの誕生

　イギリスの有名な人類学者メアリー・ダグラスとアメリカの有名な政治学者アーロン・ウィルダフスキーは、リスクに関する重要な著書において、技術的に発達した社会における有害物質に関する紛争が、原始的な非難のパターンへの回帰を示していると論じた[4]。生贄となった動物のはらわたを読み解いていた聖職者から、現代の法科学者（forensic scientists）まで、専門家はつねに、説明や予測、危険の回避のための能力ゆえに召喚されてきた。しかし、現代の科学技術は自然に対する支配をはるかに強め、いまや私たちは、かつて神秘的で不可避なものとして扱われていた災害にまで理由を求めるほどになった。病気や死、先天異常といった、かつてであれば「自然」だった状態は、今の物質的に豊かな社会では、特別な因果的説明を必要とする珍しいものとなる。ローレンス・フリードマンは、安全と快適さへの期待が高まるとともに、「少なからぬ人々が、災害や不正義に直面した場合に、強い受給権意識、すなわち救済を受けられるとの期待感をもつようになっている」と述べている[5]。責任を負わせるための特権的な儀式となった訴訟は、いまや、科学技術そのものによって不自然になったできごとについて、科学に問いただす手段にもなったのである。

　200年少し前に、イギリスの医師パーシヴォール・ポットは、煙突掃除人の陰嚢ガンの発生率が異常に高いことに気づき、この病気が作業環境における煤への曝露によって引き起こされたことを正しく推論した。知識の増加ととも

に、炭鉱労働者の炭塵肺、アスベスト作業者の肺ガン、綿くずへの曝露による綿肺、塩化ビニルに曝露された人々の肝臓ガン、土壌燻蒸剤ジブロモクロロプロパン（DBCP）の製造工場で働く男性労働者の不妊など、ほかの職業病についても科学的説明がなされるようになった。有害物質への人体の反応についての観察を補うべく実験研究が積み重ねられ、化学物質が動物、とくに齧歯類に対して病気や先天異常を引き起こしうることが証明された。人体にガンを引き起こすことが知られる物質については、ほぼすべてにおいて、動物でも発ガン性が確認された。

1970年代までには、新しい科学であるエコロジーは、人間や高等哺乳動物以外の生物に対する有害化学物質の悪影響についても警鐘を鳴らし始めた。広く使用され、効果の高い化学農薬DDTは、環境中に残存・蓄積し、甲殻類や軟体動物、魚類の組織中に有害残留物を残し、またカッショクペリカンやミミヒメウなど魚食性の鳥類の生殖周期に影響を与えることが発見され、ほとんどの先進国で禁止された[6]。また実験室研究によってDDTは人に対する発ガンの可能性と結びつけられ、論争は続いたものの[7]、DDTがガンを引き起こしうるという疑いのためにアメリカでのDDTの禁止は加速した。この一連のできごとは、一般の人々のあいだに、ある生物（たとえば農業害虫）にリスクを与える物質は他の生物にとっても無害ではなさそうだという認識を高めることになった。

また医薬品による惨事も一般の人々のあいだに、「よりよい生活のためのよりよいもの」の主な供給元とみなされてきた産業部門から健康と安全への脅威がもたらされうる、という認識を強めることになった。サリドマイドの悲劇は、アメリカよりもヨーロッパで強い衝撃をもたらしたのだが、アメリカの医薬品安全法制に対する1962年の抜本的な再検討への原動力となった。ほかにも、ジエチルスチルベストロール（DES）、豚インフルエンザやポリオのワクチン、オラフレックス［非ステロイド性抗炎症薬］、そしてベイビーアスピリンといった薬に関する事故はすべて、非常に有益な医薬品にさえ不可避のリスクが存在することを決定的に裏づけた。

因果関係が明確に証明できないような場合でさえ、科学的知識の変化によって、化学物質の公衆衛生や環境への影響を結びつけることができるようになっ

た。実験動物への化学物質の影響を研究する手法は、人体へのリスクを評価する代替策として用いられるようになった。また、環境中の化学物質を検出し人体への曝露レベルを測定する方法も急速に発展し、個人の有害物質への接触の程度と期間を高精度に特定できるようにもなった。分子レベルや細胞レベルでの生理作用の理解が進んだことによって、化学物質への曝露とガンなどの疾患の誘発を関連づけるための基盤も拡大した。ついには、間接的な証拠から人体へのリスクを予測する定量的手法（リスク評価として知られる）は、環境基準を設定するための基礎として急速に用いられるようになった。

しかし1980年代初頭においても、こうした展開が、後に化学産業にとってどれほど重大な結果をもたらすかは明らかでなかった。1977年になってようやくアメリカ法廷弁護士協会が「有害物質をめぐる不法行為」を訴訟の一類型にしたのであった[8]。1981年のロージャーナルのある論文では、有害物質をめぐる不法行為法は「幻の救済」とされたが、これは主流の法的思考になお一致するものだった[9]。しかしその後数年のうちに、有害物質をめぐる不法行為訴訟は、法に関する学術的・一般的文献の中心を占めるようになった。何十もの論文や書籍、数え切れない報道、多数の議会での調査は、このにわかには手に負えないほど巨大化した社会問題に集中した。不法行為法が科学的不確実性をどのように扱うかは、有害化学物質の製造者と罪のない被害者とのあいだの、公正で効率的なバランスをどのように見つけるかという、より広い論争における議論のなかで重要な論点として現れた。

6.2　化学物質と疾患：不確実な結びつき

ある化学物質や化合物が原告の被害を「引き起こした」という主張は、有害物質をめぐるあらゆる不法行為訴訟の中心に位置する。ここでの因果関係は、とくに法的に構築されたものである。すなわち、この因果関係は、ある特定の因果の物語のもっともらしさについての専門家の判断と、個人や社会にとって最もよい説明はどれかを決定するという法の規範的関心との統合を必要とするものなのである。たとえば原告が立証責任を負うルールなど、不確実な状況における決定のための法的ルールは、その統合の試みが必要であることの最も明

確な証拠である。

　賠償を求める訴訟を説得的なものにするためには、有害物質をめぐる不法行為訴訟の原告は、有害物質を特定し、曝露の経路を特定し、害の生じうるレベルまで曝露が達したことを示し、さらにその特定された要因がそこで主張されている種類の損害を引き起こしうることを立証しなければならない。そして、可能性としてほかにありうる原因を排除しなければならない。有害物質をめぐるほとんどの訴訟では、以上の要素のうち複数が争われるのだが、それは関連する領域の専門家集団のあいだでも意見が対立するために悩ましいものになる。多くの有害物質についての知識は、まったくもって不完全である。民事訴訟における「証拠の優越（preponderance of the evidence）」（または 50％ 以上の心証形成の程度がより高い〔more likely than not〕）テストを満たすためには、ある化学物質について一般的な科学論文において「知られている」ことだけでは足りない。ほとんどすべての場合、訴えに関する特定の個人や集団について得られる知識によって補完されなければならないのである。シリコンゲル豊胸手術訴訟について検討したように、科学者が妥当で信頼できるものとして受け入れる知識であっても、法廷で必要とされる時点では利用できない場合もありうる[10]。

　病気が特定の有害物質に一意に結びつけられる「特異的疾患」の場合は、原告の主張は科学的に最も強力である。たとえば、塩化ビニルは肝臓の血管肉腫（ガンの稀な形態）の原因となること、アスベストは中皮腫（ある構造の鉱物繊維への曝露のみに関連するガン）の原因となること、出生前の DES への曝露が一般人口では極端に低頻度のある型の膣ガンの原因となることなどは十分に証明されている。しかし、有害物質をめぐる典型的な不法行為訴訟では、被害者の状態が化学物質の曝露以外の要因によって引き起こされた可能性も十分にありうる。白血病や先天異常、生殖能力の喪失、神経的・心理的障害といった、よくなされる訴えが、特定の何らかの有害物質との接触の結果であることを証拠の優越基準によって証明することは難しい。アスベストの被害者でさえ、中皮腫以外の症状（とくに肺ガンや肺細胞の損傷）が、喫煙などほかの原因ではなくアスベストへの曝露によって引き起こされたことをつねに示せるわけではないのである。

　原告の主張は通常、1 つ 1 つでは決定的とはいえないような、さまざまな種

類の証拠を集約することによって構築される。疫学研究は人間の健康への影響に注目しているため一般的に最も有用であるが、方法上の不備のために調査が信頼できなくなったり、解釈が難しくなったりする場合も多い。疫学調査によく見られる失敗の1つは、対象とする集団が小さかったために、曝露と疾病とのあいだの、稀であるが現実にある相関を発見できないことである。たとえば、ある化学物質が曝露者1000人あたり1人のガンの増加を生むとしたら、100人しか対象にしない調査によっては相関が見出されるとはかぎらない。このような調査は、化学物質の健康影響に関する因果関係の主張を証明するための十分な「統計的検出力」を欠いているとされる。さらに大きな標本サイズを実現するためにさまざまに異なった疫学調査を統合する「メタ分析」の手法は、独自の法的論争を生んでいる[11]。

疫学調査が曝露と疾病とのあいだの統計的に有意な相関を示したとしても決定的にならないのは、ありうる「交絡因子」、すなわち対象とする影響を生み出した可能性のある、主張されている毒性の曝露以外の要因を説明しそこなっている場合がある。たとえば、アスベストとガンとの関連を主張する調査では、研究者は同じような種類の肺疾患につながりうる喫煙を適切に考慮する必要がある。より一般的に、対照群を選ぶ際には、有害物質としばしば同様の効果を健康についてもたらす要因、たとえば食生活や年齢を除外する必要がある。さらに、調査対象者の疑わしい化学物質への曝露が、その疾患の既知の病因と一致するような水準と期間になるように注意しなければならない。

疫学調査が必要な証拠のレベルを提供できないことが多いとしたら、裁判所は、それより不十分であるとしても、それ以外の種類の証拠を見出すだろう。たとえば、化学構造分析や生体外（*in vitro*）での細胞研究、動物実験は、疫学データと組み合わせないかぎり、有害物質をめぐる不法行為訴訟において限定的な重みしか与えられない。動物実験は人間集団の研究と同じような多くの設計上の欠陥をもつ。たとえば動物の数の不足、投与量や食事の不適切なモニタリング、実験室での実践の欠陥は、実験によって得られた証拠を実質的に価値のないものにしてしまう。対照的に、適切に設計・実施された動物実験は、化学物質が疾患を誘導する生化学的過程を解明する。そして、疫学調査が不完全だとしても、そこで観察された影響を補強する重要なものとなりうるのであ

る。動物のデータも、限定的ではあるがリスクの定量的な証拠を提供しうる。しかし、弱い疫学データと関連づけられただけのそうした間接的な証拠では、枯葉剤事件やベンデクティン事件を含むさまざまな訴訟で裁判官の説得に失敗してきた。

　動物や人間の研究による信頼できる証拠でさえ、因果関係についての原告の立証責任を部分的にしか満たさない。科学研究は、疑われている曝露が原告の健康状態の原因だと原理的にいえるかどうかという「一般的な因果関係 (general causation)」の問題についてのみ、せいぜい研究者集団を満足させることができるだけである。原告はさらに、その化学物質が実際に自らの特定の損害を引き起こしたという「個別の因果関係 (specific causation)」の立証をしなければならない。この要件もまた、救済にあたって大きな障壁となる。因果関係を肯定的に示す疫学調査は、有害物質に曝露したことによって原告が病気に罹患した確率が統計的に高くなったことを示すために使うことができる。しかしそのような統計的な提示は、曝露集団の過半数で疾患が生じるような稀な場合でなければ、それ自体では証拠の優越基準を満たさない。したがって、有害物質をめぐる不法行為訴訟の原告はほとんど、その疾患が、彼らの主張している曝露に実際に起因したことを示す、さらなる補強証拠を提示しなければならないのである。

　個別の因果関係を証明する際に主な障壁となるのは、病気を引き起こすのに十分な量と期間の曝露が生じたことを示すことである。とくに環境中の有害物質に関する訴訟では、曝露を高い精度で明らかにすることは非常に難しい。たとえば農場労働者が、正確な農薬曝露量や、曝露した物質の正確な組み合わせを立証できる立場にあることは稀である。有害物質への曝露について一般的に注意深く監視されている労働環境で働く工場労働者の場合でさえ、つねに彼らの曝露の程度と時期を立証する記録が利用できるとはかぎらない。たとえば、クリストファーソン対アライド・シグナル社事件[12]では、原告の提出できた証拠が不特定の有害ガスにさらされてきたという同僚の証言のみだったため、連邦裁判所は化学工業労働者の訴えを棄却した。この結論にいたる際に、裁判所は、ガスの化学組成、工場の規模と曝露の数量的証拠といった「客観的な」データのほうが、労働環境の状態に関する同僚の主観的で経験的な知識よりも

優先されなければならないと暗黙のうちにみなしたのである。

　危険性の高い施設や廃棄物処分場からの環境汚染によって曝露が生じる場合、原告はさらに大きな困難に直面する。こうした場合、汚染雲（プルーム）が大気を汚染したり上水に混入したりしたかを分析するために利用可能な方法が数学的モデリングだけであることが多い。そのようなモデリングには不確実性が含まれており、とくに司法が間接的で統計的な証明に抵抗感をもつことに鑑みると、訴訟で用いるには大きな問題がある。

　大規模な不法行為訴訟において、科学的な非決定性は、現代の化学工業における生産環境と、さらには知識の社会的編成を源泉とする非決定性とが混じり合っている。複数の製造業者や排出源に有害な曝露の責任がありえ、原告が自分たちに損害を与えた被告を一意に特定できる立場にないことが多い。シンデル対アボット・ラボラトリーズ事件（第2章参照）における証明基準の緩和は、原告の前に立ちはだかる、被告を特定できないという障壁を克服するための、司法の創造的な試みだった——といっても、広く踏襲されたわけではなかったのだが。対照的にクリストファーソン事件では、有害物質をめぐる不法行為の訴えをとりまく、取り除くことのできない不確実性はそれほど注目されなかった。裁判所は原告から提出された証拠を退ける際に、たとえばより「客観的」「科学的」な曝露データがクリストファーソンに実際に利用可能であったかどうかを調査しなかった。大規模不法行為は被告にとっても、最終的に何人の原告が訴訟に集うのかがわからないという不確実性というかたちで面倒な非決定性を生む。こうした状況での法廷での争点は、どうやって事実認定するかというよりも、関連する事実をある程度の確実性をもって確証することが誰にもできないことのコストを誰が負うべきかである。したがって、両当事者やその法廷代理人が認識しているかどうかにかかわらず、事実認定は規範的で、きわめて政治的な活動なのである。

6.3　司法の事実認定における経験主義

　それにもかかわらず、事実は有害物質をめぐるいかなる不法行為訴訟においても公式に認定されなければならない。科学の実験室と同じように法廷もま

た、そこでの提示は主張の強力なかたちであり続けている。しかし法的な重みをもつような提示は、人身被害訴訟の文脈で進展してきた解釈慣習とともに、第3章で議論したすべての要素に制約されている。たとえば、競合する因果関係の理論のなかから1つを選択する場合、裁判官や陪審員は、法廷において因果関係の物語りを迫真的に行う目撃証言をとくに好む傾向を示す。医学的・臨床的データは動物実験や統計的証拠よりも説得的であり、定量的データに依拠したいと願う当事者は、専門家が事実認定者に対して数字を現実的で明白なものにしたときに優位になる。つまり、司法において科学的事実が構築される経路は、他の科学者が消費するために生産される科学的事実とは必然的に全く異なったものになる。

6.3.1 担当医症候群

　不法行為法では一般的に、原告を医学的に検査した担当医の判断が尊重される。これは担当医が因果関係にかかわるすべての要素を知っているかどうかとは関係がない[13]。たとえばフェレビー対シェヴロン化学事件[14]では、連邦控訴裁判所は除草剤パラコートへの曝露が原因とされる肺疾患で死亡した原告に有利な陪審員の評決を見直すよう求められた。被告の化学会社であるシェヴロン社側の証言では、パラコートが原告の病気と死を引き起こしたという証拠は存在するのかという、一般的な因果関係の問題が主に扱われた。肺の専門家や病理学者、放射線科医を含む被告側の証人は全員、この争点について否定的に証言した。

　対照的に、原告は、特定の因果関係の問題に焦点を当て、さらに踏み込んでフェレビー自身を議論の中心に据えるという法的戦略をとった。陪審員にはフェレビーの病歴やパラコートとの接触の状況を説明するビデオを見せた。フェレビーを治療した2人の医師が法廷で証言し、彼の病歴や検査結果、ほかの医師の意見、パラコートによる病気の医学文献を説明した。控訴裁判所はこの証拠がフェレビーに有利な陪審の評決を正当化するのに十分であると結論づけた。「この争点について、専門家からの肯定的・否定的両方の意見があった。このような状況では、それぞれの専門家の意見への重みづけは、陪審のみが担う。クリスタル、ユスフ両博士はともに呼吸器内科の非常に高名な専門家であ

る。彼らはともにフェレビー氏の治療にあたった医師であり、被告側の専門家にはそうした人物はいなかった」(強調は著者による)[15]。言い換えれば、裁判所はフェレビーの状況についての直接の証言をする担当医を、信頼性のヒエラルキーの最上位に置くという陪審の権利を再確認した[16]。

原告側の医師によって提供されない医学的証拠はいつまでも、高い参入障壁に直面する。ニュージャージー州の裁判所は、ボルタッチ対ターミニクス・インターナショナル社事件[17]において、医師免許をもつサミュエル・エプスタイン博士に対し、原告の健康の訴えの原因について証言を認めなかった。個人的に診察もせず医療記録にも基づいていなかったからである。裁判所は、医療の専門家は「本人に診察も問診もせずに特定の個人の問題についてそのような複雑な診断を合理的に下す」ことはできないと結論づけた[18]。

同じように、トンプソン対サザンパシフィック運輸事件[19]では、トンプソンを診察した5人の医師が、彼の疾患がダイオキシンによって引き起こされたとは考えないと証言したこともあり、裁判所は原告に不利な判決を下した。枯葉剤事件の 離脱組(オプトアウト) [和解に参加しなかった人々による訴訟、第3章3.3.1参照] で、ワインスタイン裁判官も原告を直接調査して得られた医学的証拠を優先させるだろうと述べた[20]。対照的に、ウェルズ対オルト製薬会社事件[21]では、原告を診察した医師による証言が、報酬が支払われている（ゆえに利害がないとはいえない）証人を含む被告側の専門家に対して勝利した。これらすべての訴訟が示唆しているのは、医師によって個別の因果関係に関する強い証明が提示されたときに、裁判所が一般的な因果関係についての弱さを見逃しがちであるということである。同じ理由で、原告が個別の因果関係を説得的に提示することに専念すると、一般的な因果関係に関する説得的な議論は却下される。

ある知の形式は他のものに対して特権化されるということが、これらすべての判決に暗に含まれている。ジェスロ・リーバーマンの言葉を言い換えると[22]、裁判所はそれぞれの訴訟で、病気について還元主義的毒性学モデルよりも全体論的（あるいは医学的）モデルを好む傾向があるようだ。全体論的な視点は、苦しんでいる個人に注目し、状況の全体をふまえたうえで、そこで述べられたような曝露によって、述べられたようなかたちで影響を受けたかどうかを問うものである。このアプローチは、担当医症候群に表れているように、

原告の生きた人生の文脈において一般的な因果関係と個別の因果関係がともに検討されなければならないことを前提としている。この見方は、個別の因果関係の前に一般的な因果関係を証明する必要があるという、有害物質をめぐる不法行為についての一部の意見と鋭く対立する。法学教授のデイヴィッド・ケイは「一般的な因果関係は個別の因果関係の必要条件であるが、十分条件ではない」という典型的な偏見を述べている[23]。いうまでもなく、こうした定式化は「一般的な因果関係」の適切な提示とは何かに関する一部の科学共同体による判断を無反省に採用するものである。たとえばクリストファーソン訴訟における事実において、司法の事実認定者（この場合、ケイ自身）のような第三者の観察者は「ニッケルやカドミウムへの曝露が結腸小細胞ガンを引き起こす」かどうかをどのように「知る」のだろうか。一般的な因果関係の特定の理論を正しいものとして受け入れるには、裁判所は脱構築の試みの有無にかかわらず、その理論のもとになっている専門家の合意を（その合意が法廷で表現される形式で）受け入れなければならない。同様に、担当医の知識を特権化する意思決定者も、自らの隠れた規範的選好を反省してはいないようである。そうした選好は、特定の因果関係や個別の因果関係に（すなわち、一般的にはありそうにないことだとしても個別には正しい可能性があることを認識することに）偏っている。これとは対照的に、科学的・法的な実証主義に好まれるアプローチでは、一般的な因果関係の説明を反映して、統計的にありうるものに重みが与えられる。

6.3.2 疫学とクラスアクション

　原告が大規模な訴訟では、疫学的証拠は、原告が少ない訴訟における担当医による証言とおおむね同じように、結果に影響を与えることが多い。核実験による放射性降下物によって引き起こされたとされるガンについて、ユタ州とネヴァダ州の1000人を超える住民が連邦政府に対して提起した、アレン対合衆国訴訟[24]において、事実審裁判官のブルース・ジェンキンスは放射線誘発ガンの疫学的証拠に依拠して立証責任を首尾よく被告に転換した。核実験の期間に原告が被曝していたことと、原告の特定の種類のガンと放射線を結びつける利用可能な疫学的証拠が原告によって示されると、裁判官は放射線が原告のガンのリスクを高める「実質的な要因」[25]となったと結論づけた。原告は、その

特定のガンが放射性降下物によって引き起こされたのではないことを政府が証明できないかぎり、損害賠償が認められることになった[26]。しかし結局、控訴裁判所では、連邦政府がたとえば兵器実験のような裁量行使をした場合にそれによって訴えられることはないとの理由によって、原判決は破棄された[27]。

司法と学界の偏向がさらにはっきりした症候として現れたのが、枯葉剤（エイジェント・オレンジ）事件である。枯葉剤事件は大規模不法行為訴訟のなかで、1970年代に、いやもしかしたら20世紀で最も論争を巻き起こした訴訟である。この訴訟では、数千人のベトナム退役軍人が、ガンや先天異常から神経的・心理的不調まで、広い範囲の健康被害の原因になったとされる除草剤の製造業者を相手として争った。ほとんどの民事訴訟と同じように、この訴訟は陪審審理まで進むことなく、連邦地方裁判所裁判官ジャック・ワインスタインの指揮のもと、正式事実審理前の長い交渉に基づいて和解にいたった。ここにいたるまでにワインスタインは、臨床的証拠をとくに尊重した重要な決定をいくつか下した。

この裁判官の選好は、多くの退役軍人を対象とした和解に加わらずに離脱した約350人の原告の訴えを扱う際に最も明確に表れた。この「離脱組」が訴訟を再開した際、被告の化学企業は、略式判決を求めた。これは、訴訟を始めた側に勝訴の機会を与えずに裁判所が訴訟の却下を認めるような手続きである。略式判決は訴訟が審理される前に一方の側の法的権利を消滅させるため、そうした申立ては、その事件に関連するあらゆる事実に関して不一致がなく、どのように事実を解釈しても、原告が法的に勝つ余地がないような場合にのみ認められる。

離脱組の原告は、彼らの被害が枯葉剤によって引き起こされたと考えるほうが、そうでないよりもありうる (more probably than not) という主張を支持するような、動物と人間の両方の研究からの証拠を提示した。しかしワインスタイン裁判官はそれには関心を示さなかった。ワインスタインは自身で証拠を評価し[28]、第一に、原告が依拠している疫学研究は彼らの主張を支持するのに十分強力ではない、と結論づけた。第二に「動物研究からの不適切な外挿」[29]は離脱組の主張する因果関係を証明するには不十分であると述べて、原告から提供された動物のデータを許容しなかった。これら2つの裁定は離脱組の科

学的議論を実質的に無効化し、被告の略式判決の申立てを認める基盤を提供した。さらに重要なのは、これらの裁定が、有害物質をめぐる不法行為訴訟において動物実験のデータを過小評価するきっかけとなったことである。「主流の」科学者が裁判所に採用してもらいたい立場は、『サイエンス』の記事の、次のような見解に反映されている。「高用量を与える動物実験は、低用量曝露による人間のリスクとの関連が疑わしい。包括的リスク評価の文脈以外で提示されたそのような証拠は、科学的データの全くの誤用であり法廷から排除されるべきである」[30]。興味深いことに、この著者たちは「包括的リスク評価」では、それ以外では信用できないとする動物実験を有効にしうるものとして受け入れている。規制論争においてリスク評価は、動物実験から定性的に妥当にいえることを歪曲してしまうものだとみなされることが多いが、ここでの毒性学者の立ち位置は奇妙にも逆転している[31]。

6.3.3　リスクの増大

　リスクの増大に対する損害賠償請求訴訟も、司法システムが観察可能で経験的な証拠を好むことを示している。以前は、裁判官は単に推測されるだけの被害の賠償を認めようとはせず、こうした訴訟で勝利する可能性はなかった。しかし現在では、病気の前兆となる分子や細胞の変化に関する知識の蓄積とそうした徴候を探知する検査が増え[32]、臨床的疾患が見られる（あるいはその可能性がある）よりもずっと前に、原告がリスクの生理学的な証拠を提供することができるようになってきた。

　科学的に根拠が薄いかどうかにかかわらず、リスクの増大に関する証言は、熟達した専門家の手にかかると推測ではなく感知可能なものに見せることができる。免疫学的試験の結果、異常が疑われる部分を「1行1行、1列1列」色つきの点で描いた図が陪審員に示された際、経験豊かな被告側弁護士クリフォード・ザッツは懸念を表明した。ザッツは、こうした「数字による描画」はとてつもない影響を与える可能性があると主張した。

> これは強力な証言である。単純で劇的であり、記憶に残る。切断された脚、焦げた身体、整形手術の失敗、体内に残された外科用具のX線写真

などを見るものと思っている陪審に対して、こうした図示は検査で見つからないような被害とされるものをまるでほぼ見えるようにすることができる。そのため、実際には、弁護側は非常に多くの説明をしなければならなくなる[33]。

　法廷でこのような証言がもつ説得力は、一般に広く受け入れられた技術的正確さの基準とはある程度、別物である。図のなかの点によって表された結果は、実際のできごとに対して無言の「目撃証言」になる。これらの結果の「正常な」範囲からの偏差が有意か、有意でないかといった統計的な問いや、試験の妥当性、再現性、臨床的意義に関する問いは、対立当事者が同じくらい説得力のある形式で提起しないかぎり陪審には届かないのだ。

　原告側の弁護士は、リスク増大型訴訟を、より早期の段階での救済措置を認めるものとみる（リスク増大型訴訟の主要な根拠となる免疫学的損傷は、ガンのように長く潜伏する疾患よりも化学物質への曝露の後にはるかに早く生じる）が、化学メーカーは、説得力があっても不完全なデータに基づく主張は、破滅にいたるほど高額の責任を負わされる新たな前線を切り開きかねないと危惧する。しかし今のところ、そうした危惧は杞憂であるようだ。裁判所はリスク増大型訴訟の原告によるささやかな付随的な主張をいくつか認めてきたが、通常は現在の被害の立証のない現在の損害賠償の求めは棄却している。たとえばエアーズ対ジャクソン郡区事件[34]では、ニュージャージー州の町民が、町の埋立地から飲用井戸に浸出した有害汚染物質によって引き起こされた、発ガンリスクの増大を含む多様な被害について訴訟を提起した。ニュージャージー州最高裁判所は、リスクの増大による損害自体は否定したが、原告が負担した医学調査の費用の賠償については認めた。裁判所は、医学的モニタリングを求める訴訟では重篤な疾患についての看過できないリスクを証明することによって十分な証明とされるとした。原告が損害の可能性を定量的・合理的に示す必要まではなかった[35]。

　もう1つのリスク増大型訴訟である、スターリング対ヴェルシコル化学会社訴訟[36]では、被告の権利と原告の利害とのあいだの、多少異なるバランスに落ち着いた。裁判での証拠は、被告が排出した有害物質に曝露した原告の罹患の可能性が25〜30％高まったことを示していた。第6巡回区控訴裁判所

は、これは原告が腎臓や肝臓の疾患にかかるであろうことを「合理的な医学的確実性」をもって証明するには不十分だとした[37]。エアーズ訴訟と同じように、裁判所はリスクの増大そのものからの原状回復（recovery）を否定したが、将来的に病気になるのではないかという原告の恐れはテネシー州法において賠償されうると結論づけた。

6.3.4 不安の場

　リスク増大型訴訟は、裁判官がどのような証拠を優先するかを示すだけでなく、社会的な抗議や不安に対し、公的な対応を保障するのに十分な正統性を付与する際に裁判所が中心的な役割を担う例としても重要である。リスクの増大に対する救済をどんなに狭く構築するとしても、アメリカの裁判所は、化学物質や送電線などといった工業化が産み出したものに対して人々が抱く恐れは非合理的ではないとの態度をとってきた。実際、裁判所はこうした恐れを意識的・無意識的に共有しているように見える。たとえば第3巡回区控訴裁判所は、ポリ塩化ビフェニル（PCB）への曝露に関する訴訟で「有毒物質に溢れた時代では、不法行為者が個人に重大な被害を及ぼしうる」と判示した。そこで、医学的モニタリングの要求は「有害物質が広く使われていることによって引き起こされる危険やそれによる損害の可能性に対する意識の高まりに社会を適応させようとする努力として」適切であるとしたのである[38]。

　おそらくこの例ほどは教訓的ではないが、ニューヨーク州控訴裁判所はクリスクオラ対ニューヨーク州電力公社訴訟[39]において、送電線の敷設によって自らの所有地の市場価値が被った損失を補償するよう求める原告が、そうした損失の原因であるガンへの恐怖が科学的に合理的であることを証明する必要はないと判示した。第2章で述べたように、この訴訟で裁判所は、市場価値の質問に関する経済学者からの専門家証言を聞く用意はできていたが、科学的な専門家の証言が争点を途方もなくあいまいにすることを恐れた。

　技術官僚的な批判からすれば、こうした人々の「非合理なガン恐怖症」を正当と認めることは根拠がないとして嘆くべきかもしれない。しかし、社会学的な意味で行き届いた分析であれば、こういった訴訟は、科学技術的に発達した社会で多くの人が生活の条件と考えるような信頼が欠如したり、社会的アノ

ミーが広がることに対して、生産性のありうるかたちで向き合っているものと見るだろう[40]。たとえば、一部裁判所からの警告に誘発されて、1993年末の時点で19ほどの州は電磁場によるリスクへの対処を実施している。それぞれの州の反応は多様だが、慎重な回避、新たな送電線の敷設の一時延期、数量的な電磁場強度基準の採用、現状維持の4つに分類できる[41]。認知的・社会的不確実性に対処するためのこうした散発的で実験的な努力は、公共の議論を否定したりやみくもに拒否したりするよりは、結局のところ技術にとって肯定的な環境を作り出すことに寄与するだろう。ここでは、連邦最高裁が、原子力発電所を一貫して支持するなか、メトロポリタン・エディソン社対「核エネルギーに反対する人々」事件[42]では、スリーマイル島原子力発電所の再稼働に関する人々の恐怖を「環境への影響」として扱うことを拒否したことが想起される。これらの訴訟は原子力技術者が安全で効率的なエネルギー源であるとみなすものに対しそこそこのモラトリアムを与えるだけだった、ということである。専門家の意見を司法が是認してしまうと、専門家と彼らの技術的予測に対する公共的な信頼を大きく高めることもないまま、技術的な争点について議論する重要な場を閉ざしてしまうことになるだろう。

6.4 主流の科学を捜して：「臨床環境学」の場合

有害物質をめぐる不法行為訴訟において、科学的評価に何らかの欠陥があることが考えられた場合、それを是正するために、裁判所は「主流の科学」に解決の糸口を見出すよう求められてきた[43]。第3章および本章でも、そうした「主流の」科学という位置づけが（仮に存在するとすれば）部分的にはまさに訴訟の流れのなかで構築されると論じてきた。不法行為法システムが最終的に依拠しようとする知識は、多くの場合、技術の安全性にかかわる紛争のなかで、法と科学の対話的な相互作用から生まれてくるものである。「主流の科学」の支持者から頻繁に「ジャンク・サイエンス」の例として引かれる「臨床環境学（clinical ecology）」は、そうした相互作用がはたらいている過程を示している。司法過程においていわゆる主流の科学と傍流の科学での見解の相違を考慮に入れることが構造的にできないわけではないのだが、（科学内部でもそうであるよう

に）新たな論争領域の周囲に合意のとれた知識を構築していくためには時間と専門家集団による活発な作業が必要であることがそこでは示唆されている。

アメリカの法廷から「臨床環境学」の専門家が徐々に排除されていることからは、有害物質をめぐる不法行為訴訟を通じて、科学者自身が知を取り締まる努力によって、主流の科学が再び自己主張していくことができることがわかる。臨床環境学は、ゆるやかに組織された免疫やアレルギーの専門家集団が、環境中の化学物質と人間の健康との影響関係についての一連の信念を表すために用いている名称である。この集団の人々は、化学物質への曝露が身体的・精神的疾患のさまざまな症状（たとえば、うつ病や慢性疲労、呼吸器・消化器疾患、高血圧）の原因だと考え、環境中の化学物質がとくに影響を受けやすい患者に「免疫系の調節異常」を起こしていると主張する。臨床環境学者は、「化学物質過敏症（multiple chemical sensitivities: MCS）や環境疾患、アレルギー症候群（total allergy syndrome）、そしてより印象的なものとしては20世紀病などと、さまざまに呼ばれてきた」疾患に対する治療法を発展させてきた[44]。その治療法には、食事制限や特別な空気濾過システムを備えた「安全な」部屋への隔離など、患者の生活や仕事の環境を大幅に変更することが含まれている。

臨床環境学者は、1980年代初頭から化学物質の生産者や排出者に対する訴訟に原告側証人として登場し始めた。彼らの登場は初期にはいくつかの注目すべき原告の勝利につながった。たとえば、アンダーソン対W. R. グレイス事件[45]において、マサチューセッツ州の連邦地方裁判所は臨床環境学の主導的立場にあった医師アラン・レヴィンの証言に説得され、被告の略式判決の申立てを却下した。レヴィンは自身の観察した原告の細胞損傷は白血病の前兆であり、グレイス社が排出していた物質によって引き起こされた可能性があると証言した。最終的にグレイス社が原告に支払うことになった和解金は数百万ドルに及んだ[46]。

メネンデス対コンチネンタル保険会社事件[47]では、原告の担当医でありかつ臨床環境学の実践者でもあったアルフレッド・ジョンソンが、原告側の主要な証人をつとめた。彼は、原告の症状はある薬の副作用によって「誘発され」、カーペットに検出されたホルムアルデヒド、タバコの煙、そしてニンジン、サツマイモ、鶏肉、クルミ、米、牛肉、卵、何種かの果物、インゲン豆、大豆、

赤鯛、鮭、海老、ヒラメなどの食材といった、環境中の多くのものに「過敏に」なったと証言した。被告側の専門家は「臨床環境学は科学の実践とは考えられない」[48]と反論し、科学に訴えたにもかかわらず、ルイジアナ州の裁判所がジョンソン医師の医学的判断に頼るのを妨げることができなかった。

しかしその後のいくつかの訴訟では、臨床環境学者の証言は裁判所からはるかに低い扱いを受けた。たとえば、テキサス州連邦地方裁判所が臨床環境学者の集団による反トラスト訴訟を却下したレア対エトナ生命保険会社事件では、とりわけ「臨床環境学は正式な訓練や試験を必要とする認定された医学の専門領域ではないし、独立に確立された実践の基準やまとまった知識体系があるわけでもない」[49]と判断した。同様にラボード対ヴェルシコル化学会社訴訟では、ルイジアナ州の裁判所は「『臨床環境学』は医学の一領域として認められてはいない」[50]とした。最後に、スターリング対ヴェルシコル化学会社事件[51]で第6巡回区控訴裁判所は、レヴィン博士を含む、免疫系異常に関する原告側専門家の意見は、被告によって汚染された水が原告に損害を与えたことを証明するための十分な科学的根拠を欠いていると述べた。

臨床環境学に対する司法の受け入れ方が、このように逆転した理由は、正統的な医学の共同体がこの自称の専門分野をうまく周縁に追いやったことにある。1980年代を通じていくつもの有力な専門家集団が、臨床環境学の主張の科学的根拠を批判した。1985年にアメリカアレルギー免疫学アカデミー（American Academy of Allergy and Immunology: AAAI）は、「現代の状況における環境病の理論的根拠は事実として証明されていないし、「免疫系異常」や適応不良が実際に存在することを裏づける十分な証拠も存在しない」という意見書を公表した。それにより AAAI は臨床環境学に「証明されていない実験的な手法」[52]というレッテルを貼った。

また、別の専門家組織であるカリフォルニア医師会（California Medical Association: CMA）は、1981年には、臨床環境学は有効な医学的専門分野を構成していないと結論づけていた。1984年、CMAはこの疑問を詳細に再評価する科学委員会を招集した。CMAの委員会は、「内科、毒性学、疫学、産業医学、アレルギー、免疫学、病理学、神経学、精神医学といった専門性によって」[53]選ばれており、医学全体を代表していることを一定の信頼性をもって主

張できた。この委員会は、その手続き上の選択において、正統性の確保のための科学的かつ法的な戦略を利用し、これによってさらなる権威を得た。科学的側面としては、委員会では文献レビューを行い、明確な方法論的基準を採用した。同時に、準司法的側面としては、1985年4月に公聴会を開催し、そこで臨床環境学の支持者と反対者とが委員会の委員に口頭で証言を行った。これらの調査に基づいて、委員会は「臨床環境学者が治療した患者が、はっきりした特異的な症候群を有していたこと、また用いられた診断テストが有効で信頼できるものであったこと、そして治療が効果的であったこと」についての確たる証拠はないと結論づけた[54]。

　正統な医学とそうでない医学の境界を画定しなおすこうした努力は、すぐに司法の考え方に影響を与えた。臨床環境学はヴェルシコル事件で大きな挫折を経験した。裁判所が判決のなかで「アレルギーや免疫を専攻する主要な専門家の学会が……臨床環境学を事実にも理論にもなんらの科学的根拠ももたない証明されていない方法論として否定してきた」[55]と記していたのだ。しかし、裁判所がAAAIやCMAによって得られた合意の背後にあるものを見て、これらの組織が隠れた偏見をもっているかどうかや、彼らの合意形成の過程で十分に偏見を免れるだけの努力をしたかどうかを問わなかったことは特記すべきだろう。裁判所の関心の範囲では、専門学会を、たしかな医学理論をそうでないものと区別できる「ブラックボックス」として単純に受け入れたのである。その判断は効率性の観点から賞賛されうるかもしれない。しかし、繰り返しになるが、これは上訴裁判所の側が科学者共同体による自らの認知的・社会的信頼性に関する見解をそのまま採用して社会に押し返すだけという傾向を表している。法はこのように、社会における科学の正統性を守るという強力な役割を果たしているのだ。

6.5　意義ある改革に向けて

　有害物質をめぐる不法行為訴訟において、科学的問題に関する裁定をいかによりよいものにするかという問いは、結局のところ有害物質に曝露した被害者に補償するために訴訟を用いること自体の妥当性についての問いから切り離す

ことができない。しかし後者の問題に関する意見の対立は根深く、改革についての国民的合意に容易には達成しそうもない。それぞれの立場は、現行の不法行為法システムの有効性に関する根本的に相容れない2つの態度を核に硬直化してきている。この溝を乗り越えるためには、公平で実現可能な医療政策をいかに成し遂げるかについての国民的議論を解決すると同時に、国レベルでの法的・政治的意識に関して腰を据えた変革が求められるだろう。第103回議会でクリントン大統領の医療計画がたどった運命を見れば、1990年半ばの政治的風潮においては、こうした変革をトップダウンの立法改革を通じて実現させる見込みはほとんどない。

　不法行為の改革論議の一端には「漸進主義者」がいる。漸進主義者には研究者、原告弁護団、一般の人々などがいるが、彼らは専門的な主張が素人のフォーラムで裁定されることに賛成し、これまでの不法行為法システムが有害物質による被害者の補償を行ってきた、そのあり方をおおむね肯定的に評価する。漸進主義者は、不法行為によるアプローチが、一部のそれに値しない原告に棚ぼた的な利益を与え、多くの補償されるべき原告に十分補償できずにいるとしても、全体としてみれば、ほかの救済制度よりも衡平な結果を生んできたと満足している。この見方では、裁判の場において科学論争を解決することには何の問題もないとされる。漸進主義者は、多くの場合、裁判自体が重荷として原告に不利に働き、最も見込みのある訴訟でしか大きな成功を勝ち取れないと考えている。不法行為法システムに関するサックスの研究は、こうした意見をいみじくも裏づけている。彼は以下のように結論づける。

　　事故による死傷者のごく一部しか、賠償請求を求めるようにならない。提訴できることが知られている傷害でさえ裁判にいたることはめったにない。連邦裁判所でも州裁判所でも、不法行為という領域は民事訴訟のなかでの拡大が最大・最速なわけではない。あらゆる種類の民事訴訟の大多数は、交渉による和解で決着する。平均すると、これらの和解における補償の額は原告の損失には及ばない。比較的小さな損失については十分に、またはそれ以上に補償されるが、受けた損失が大きいほど補償が不十分であることが顕著である。[56]

不法行為訴訟の手続きの支持者は、科学の扱い方に改良する余地のあることを認めるだろうが、相互の教育と有害物質をめぐる1件1件の不法行為訴訟の経験を通して、裁判官や陪審員、弁護士が高度な専門的能力を発展させるという漸進主義的な方法で十分と考えているのである。

　「ラディカルな改革主義者」の目には、状況はまったく別様に映る。この立場をとるのは主に科学者、産業界の代表、一部の学者たちであり、有害物質をめぐる不法行為訴訟の科学的側面の扱いについて大きな制度的改革を提唱する。不法行為訴訟の手続きに、さらなる専門家主義を導入しようとするこれらの人々は、担当医への過度の依存や統計的証拠への不当な懐疑、一般的な因果関係に関する問題の無視といった、裁判での考え方にある「非科学的」と考えられる特徴を批判する。より一般的に、専門家たちは、既存のルールの誤った適用によってだけでなく、事実認定者が曝露や介在する原因についての本質的な問いに迫ることができないために、証明基準を不用意に緩和してしまうことを懸念している。改革主義者は、不法行為法システムで科学の評価を失敗したといわれている例に注目し、法廷で科学的な責任を確保する唯一の方法は、決定をもっと専門家に託すことであると主張する。たとえばスペシャル・マスター［裁判所から任命される専門家で、裁判官の補助的な役割を行う。科学的証拠の評価などの役割も担う］や特別陪審［重大刑事事件で主に学識経験者から選ばれる］、専門家助言パネル、合意レポートやマニュアル、裁判官へのよりよい専門的研修などの方策が提案されている。これらの改革案の全体的な目標は、有害物質をめぐる不法行為訴訟という舞台を、通常捉えどころのない「主流の科学」という役者を受け入れるようなものにすることである。

　歴史をひもとけば、漸進主義者のほうが政治的にはより強力な論拠をもっているようだ。連邦議会や州議会において被害者の補償の別の方法を検討する機会がなかったわけではない。ミシガン州のポリ臭化ビフェニルの事故とラヴ・キャナルの汚染事件をきっかけに、いくつかの人身損害賠償法が第96議会までに提出された[57]。第97議会では、既存の法的救済に関する詳細な調査研究を委託し、その結果報告は1982年半ばに刊行されたが、そこには野心的な立法改革の提案が含まれていた[58]。第98議会の公共事業委員会の調査・監視小委員会において、被害者の補償の問題について広範な公聴会が開催された[59]。

皮肉なことに、この長きにわたる調査の末、委員会が納得したのは、「議会が被害者の補償の問題に実行可能で長期的な立法救済策を構築するには不十分な情報しか存在しないだけ」ということだった[60]。不法行為法システム全体について調査したサックスも、同時期に、以下のように同様の記述を行っている。「こうした制度の価値や目標に賛同したとしても、そうした目標をより達成できる見込みがあるのは、不法行為法システムを廃止して無過失損害賠償責任制度を設けることなのか、より有効で効率的な不法行為法システムを作る道を追求することか、あるいは現行のシステムを維持することなのか、それを結論づけるに足るほどの信頼できる根拠はない」[61]。

　化学物質の有害性について法的に説得力のある知識は、科学からだけでなく裁判と科学活動とのあいだの複雑な相互作用を通して生まれるという、この章の中核をなす議論も、漸進主義を支持する作用をもつ。「主流の科学」は裁判所が意のままに到達できる純粋な認知の領域に存在するわけではない。ほかのすべての人間の知識と同じように、「主流の科学」は作られる。そして、その一部は、法システムの、関連する知識を得ようとする漸進的な努力を通して作られているのだ。

　これを認めたとしても、科学的不確実性について法廷で争う伝統的な方法に欠陥があることを否定するわけではない。すなわち、信頼性に関する科学的評価と司法的評価との、ときにひどい食い違いや、科学的主張を法的な因果関係の概念にあてはめようとする、不適切な動機に基づくことの多い努力、科学が重要な点を占める裁判で管轄ごとに矛盾し、異なる結果が生じることなどはある[62]。訴訟の散発的な性質のために、裁判での事件管理を通じた改善は、この制度で長い時間をかけて徐々に進まざるをえないし、アスベスト訴訟の苦い経験からわかるように、多くの創造的な手続き上の革新にもかかわらず、司法の側の学習だけでは巨大不法行為災害を扱うには十分でない。法制度の学習の過程を迅速化し、変化する知識に適応する法制度の能力を高めるためにできることはまだまだあるだろう。そうした可能性については最後の章で立ち戻る。

第7章
法廷のなかの遺伝子工学

　本章と次章の2章で扱う法の展開においては、技術にかかわる人々の理解（とりわけ技術がもつリスクの理解）が構築されるにあたって、法が中心的な役割を果たしていることがわかる。それは有害物質をめぐる不法行為の場合よりも明確である。これまでの章で見たのは、損害賠償責任のルール（liability rules）が、責任と被害者性（victimhood）の意味を変えたのみならず、化学物質に対する新しい人々の向き合い方も、ある程度まで正当化したということである。それは、増加したリスクやガン恐怖症、臨床環境学などに基づく要求を目の当たりにするなかでなされた。しかし、厳しく規制され、構造的に成熟している化学産業に対しては、法システムが新しい社会的意味を作り出したり承認したりするのにも限界があった。それとは逆に、制度の詳細と規制状況がいまだほとんど固まっていなかったバイオテクノロジーのコントロールについては、裁判所が深入りすることとなった。その段階では裁判所がもたらしたインパクトが非常に大きなものであったことは想像にかたくないだろう。

　集団的ヒステリー、批判を込めた訴訟、専門家への不信、司法による無関心あるいは行き過ぎ——、こうした懸念は、当初は訴訟において科学者コミュニティの集団的な意識の欠如によって呼びおこされたものだが、連邦裁判所がバイオテクノロジーの規制に引っ張り出されるにつれ、現実に表面化することとなった。裁判所はジェレミー・リフキンに議論の場を与えるやいなや、スポットライトのただなかに入ってしまった。リフキンは全国で最も有名な、そして最も影響力のあるバイオテクノロジーの反対者であり、「科学業界に最も憎まれた男」[1]と呼ばれることを恐れない男であった。ラルフ・ネーダーのような英雄でもあれば、ラッダイト［19世紀初頭のイギリスにおける労働者による機

械打ちこわし運動]的な悪漢でもあるリフキンは、世論を引き裂くことにかぎりない才能を示した。たとえば1986年4月、『ニューヨークタイムズ』は、リフキンの組織である経済動向研究財団を、バイオテクノロジー規制における連邦のシステムの深刻な不十分さを暴露したとして賞賛した[2]。そのたった数日後、『ロサンゼルスタイムズ』はリフキンを、「現代の最も重要な科学的進歩の1つを止めようと」裁判所と規制プロセスを抜け目なく操作したとして非難した。大惨事になるという彼の予言には根拠がないとして、「人類に危機があるとすれば、それはリフキンの話を真に受け続けるときだけである」と同紙は警告した[3]。

　バイオテクノロジー研究の前線の科学者たちは、リフキンの法によるアクティビズムに狼狽した。一時的であれ、裁判所が研究をストップさせうるという考えは、科学者コミュニティにとって座りが悪かった。というのも彼らは、許容される研究の線引きは自分たちで行うという自律性にイデオロギー的にコミットしているからである。リスクの問題はすでに、バイオテクノロジーを最も理解している人々にとっては満足できる程度の解答が与えられている、と研究者たちは感じていた。それゆえ、こうした争点について裁判官や弁護士がいかに蒸し返して分析したところで、それは非生産的で混乱し、科学的な一貫性を損なうものと見られたのである。生物学者であり、リフキンの法的戦略に対する率直な批判者でもあるバーナード・デービスは、リスクの議論を専門家たちの場に限定する必要をとくに強く主張した。「もし裁判所がたしかな科学的証拠をデマゴーグ的なアピールと区別できるのであれば、けっこうなことだ。しかし不幸なことに、それは現在のシステムでは保証されていない。その実現のためには、科学の専門的知識をもった裁判官によって構成された特別裁判所の設立が望ましいだろう。そのような洗練されたアプローチがなかったら、狂信者の法的干渉によって、進歩はつねに人質にとどめおかれてしまうだろう」[4]。デービスの主張と似たものとして、『サイエンス』の編集者であるダニエル・コッシュランドはいわば「司法影響報告書」が必要であるとした。それは「行政機関や委員会の判断を覆した裁判官や陪審員にはその分野の適切な専門知識を提示させ、自分たちの判断がどういう結果をもたらすかについての認識を示す責任を負わせる」ものである[5]。コッシュランドは、遺伝子組換え微生物の

野外試験を、専門知がまず確立される前に裁判官が裁定すべきではない問題として取り上げた。

デービスやコッシュランドのように法に幻滅した科学者が想定しているものは、注意深く考察するに値する。というのも、よくも悪くもアメリカの裁判所は、今後も新しい技術について対立する人々の期待に対処するための、重要な場であり続けるだろうからだ。記録によれば、多くの主流の生物学者たちの懸念に反して、バイオテクノロジーについての法的論争は、科学者と産業界の利益に資するような決定に終わることが多かった。その最も注目すべき例は、遺伝子工学の用いられた生命体の特許性を認めた1980年の連邦最高裁の決定であるが[6]、それほど明確ではない例も、環境中へのそのような生物の放出を含む訴訟でみられる。妨害者の役割を果たすどころか、裁判所は遺伝子工学を標準化することを助けてきたのである——その技術の適用を管理できるように見せる言説のかたちと方法を提供することによって。

それゆえ、バイオテクノロジーの裁判でも、これまでの章で展開してきたテーマが続く。科学技術政策に裁判所が巻き込まれるとき、支配的な信念と制度のあり方、つまり、このアメリカ社会での科学技術が進歩する力への強固な信念を強化することになるのである。訴訟は、初期の段階においてはとりわけ、新しい技術の社会的受容の確保にとって必要な妥協をもたらすための通路になる。たとえばラディカルな批判者に屈服するのではなく、明確になった社会的ニーズに新技術が細かく応えられるようにすることによってである。このように裁判所は、技術の変化を社会に適応させるための欠くことのできない（たとえある程度、不快であったとしても）議論の場として機能している。バイオテクノロジーにとって訴訟は、原子力の場合と同様、時間をかけて、反対を後押しするのではなく、沈静化する役割を主に果たしてきたのである。

7.1 初期の組換えDNA論争

分子生物学者が遺伝子工学の適切な管理の問題を最初に取り上げたときには、裁判所や立法府からの催促があったわけでもなく、ポピュリズム的な訴訟など予期していた者はほとんどいなかった。科学者の主導権とその結果は、科

学政策に関する文献に記録されている。それは常軌を逸する、またある意味では見事に成功した、自己規律の試みであった。バイオテクノロジーをめぐる法制度と科学制度のあいだのその後の対立は、この初期の歴史をふまえなければ理解できないものである。それは争点を特徴的なやり方で形成すると同時に、鍵となる多くの登場人物の期待を形作りもした。このテーマについては二次文献が豊富にあるため、それを簡単に要約すれば、ここでの目的は果たされるだろう[7]。

1971年にガン研究者のあるグループが、スタンフォード大学の科学者であるポール・バーグによって計画された実験に関心をもった。ヒトの腸に普通にみられるバクテリアである大腸菌に、動物の腫瘍ウィルスから取ったDNAを挿入する実験である。ここで懸念されたのは、この種の研究がヒトへの発ガン物質を生み出し、それが実験室から流出し、ヒトの組織で急激に自己複製して公衆に健康被害を引き起こすことだった[8]。バーグは実験を一時的に延期することで同僚たちの心配に応じた。科学者コミュニティは1973年に開催された2つの大きな会議で、組換えDNAの潜在的危険について議論し続けた。1月の第1回アシロマ会議と、7月の核酸についてのゴードン研究会議である。これらの会議に続いて、アメリカ科学アカデミーによって設置された委員会が、1974年7月に『サイエンス』と『ネイチャー』の編集者への手紙（「バーグ・レター」）のなかで、起こりうるあらゆるリスクを防止する適切な管理手段が開発されるまで組換えDNA研究を取りやめるモラトリアムを宣言すべき、と勧告した。研究者に対する競争圧力は増大していたけれども[9]、モラトリアムはおおむね効果的であり、続く数ヶ月のうち自己規律の動きは流れを作っていた。いまや有名になった1975年2月の第2回アシロマ会議では、出席していた科学者の多数が、組換えDNA実験を行う際に特別な安全手続きの適用を求める報告書を承認した。

こうした勧告を実施する仕事は、ほとんどデフォルトで、生体臨床医学研究への資金配分に第一義的に責任をもつ機関である国立衛生研究所（NIH）のものとなった。そこでは組換えDNAを用いた研究の規制についての議論が、アシロマ会議の前からすでに行われていた[10]。組換えDNA諮問委員会は、もともとNIH長官の私設顧問団として設立されたのだが[11]、研究の自由を最

限に確保しつつ、起こりうるあらゆるリスクを縮減するガイドライン作成の仕事を引き受けた。最終的に 1976 年 6 月に発表されたように、NIH のガイドラインは物理的および生物学的な、2 種類の「封じ込め」を要求した。物理的には、実験室は P1 から P4 までの段階で分類されることとなった。P4 の封じ込めレベルでは、通常時をはるかに超える高コストの予防（エアーロック、マイナスの空気圧、特別な服など）が推奨された。生物学的な封じ込めは、特別に弱らせた生物（たいていは大腸菌の系統）を用いることで達成することとされた。実験室の外で生き延びることができないようにするためである。法システムは、後に見るように、第三のセーフガード、つまり「社会的封じ込め」を徐々に形成することになる。それはアシロマの科学者たちには予想されていなかった。

　後年、ガイドラインが断続的に緩和されたのは、実験室における組換え DNA 技術の安全性についての当初の懸念は概して根拠を欠くものであった、とするコンセンサスが研究者コミュニティで形成されていったからである。一般の人々もまた、この評価の線に従うように見えた。ルイス・ハリスとその協力者によって実施された、1986 年の技術評価局の世論調査においては、被調査者の 67％ が、新しい生物の野外実験の場が自分自身のコミュニティにあることに積極的に賛成か、少なくとも反対しないとした[12]。しかし、遺伝子操作をほどこされた生物の広範な使用には 42％ の反対があり、ヒト細胞を遺伝学的に作ることは道徳的に間違っているということにも 42％ の同意があった[13]。アシロマ会議の後ほぼ 10 年で、公衆の不安は実験室から、バイオテクノロジーが商業利用される社会的・環境的な文脈へと移ったようにみえた。

7.2　自己規律の限界

　組換え DNA 諮問委員会の設置と組換え DNA ガイドラインの発表によって、公衆の不安と科学的な不安は鎮められた。しかしすぐに明らかになったのは、このような取り組みでは、遺伝子工学によって可能になった技術的な応用の全範囲を規制する基盤としては不十分、ということであった。ここでの問題の核心は、NIH のガイドラインの管理対象が、政府の資金によって支援された実験室の研究プロジェクトだけであることだった。ほかのあらゆる研究、

とくに産業界によって遂行される研究は、企業から資金を得ている科学者がNIHガイドラインを守ることを自主的に選択した場合を除いて、規制をまぬがれたままであった。

もちろん、NIHの組換えDNA諮問委員会という規制レジームの限界は、包括的な連邦立法を行えばすぐにでも乗り越えられるものであった。実際、連邦議会では、組換えDNA研究の科学論争の最初期の段階で、そのような措置が可能かどうか検討され始めている。マサチューセッツ州の上院議員であるエドワード・ケネディは、バイオテクノロジーを規制する市民の権利を強力に支持し、ニューヨーク州の上院議員であるジェイコブ・ジャビッツと一緒に、1976年にフォード大統領に対して、NIHガイドラインを産業界へ拡張することを訴えた。バイオテクノロジーの規制権限を、保健教育福祉省（現・保健社会福祉省）に合併するという法律が、上下両院に提出された。しかし、それがまず生み出したのは、産業界と学界による反対であった[14]。多くの者にとって、それは、基本的に安全な技術に対する不必要に厳しい管理と考えられたのである。1970年代末まで、連邦議会はバイオテクノロジーについて多くの公聴会を開催するも、立法化する機運を失い、当分の間、何もしないことを受け入れたようにみえた。

1970年代後半と1980年代初期のあいだに、バイオテクノロジーの商業化を中心とする新しい問題が人々の中心的な関心になった。組換えDNA技術を利用した最初の製品で市場化テストの用意ができたとき、連邦による包括的な規制がないことがまた深刻な政策問題となった。科学者、産業界、世論がみな、規制状況が不確定であることにいらだって反応した。バイオテクノロジーをめぐる最も白熱した法的・政治的・科学的論争が勃発したのは、遺伝子操作をほどこされた生物の特許や意図的な環境放出の計画についてであった。この論争は、裁判所を初めて、政策形成過程に引きずり込むこととなった。

7.3　生命の特許化

連邦最高裁は1980年に入ってすぐ、ダイアモンド対チャクラバーティ事件[15]でバイオテクノロジーについて見解を示す機会を得た。これは間違いなく、組

換え DNA 研究の商業化における一里塚とみなされる裁判である。法的紛争が始まったのは、ジェネラル・エレクトリック社の微生物学者であるアナンダ・チャクラバーティがシュードモナス属のバクテリアの特許を申請したときであった。このバクテリアは、流出した原油を分解し処理することができると考えられていた。遺伝子操作で生み出されたのではなかったけれども、チャクラバーティのバクテリア（細胞融合の産物）は、自然界にはそれまで存在していなかったものである。特許庁審判部は、バクテリアは生物であり、それゆえ連邦法のもとでは特許を与えられないという根拠によって、研究者による権利主張の要求を退けた[16]。連邦関税および特許控訴院はそれを覆したため、特許商標局長は再考を求め連邦最高裁に上訴した。

　連邦最高裁は、5 対 4 のぎりぎりの過半数で、特許法をチャクラバーティに有利に解釈した。どんな発明が特許可能かを規定した特許法 101 条は、もともとトマス・ジェファーソンによって、遺伝子工学が到来するほぼ 200 年前に起草されたものであり、それ以来、実質的に変わっていなかった[17]。そしてこのとき、5 人の連邦最高裁裁判官は、生物であれ無生物であれ、現代の人間の発明のあらゆる産物を含むところまで立法者の意図は拡張しうると結論づけたのである。この解釈を擁護するため、多数意見は 1952 年の上院レポートを引用した。それは、特許可能な対象物を「人間によって作られた太陽の下のあらゆるもの」[18]と認めている。残る 4 人の裁判官は 101 条のより保守的な解釈を主張したが、不首尾に終わった。それは、新しい生命体に特許を与えるほどの重大なステップを、議会の明確な承認なしに踏むべきではないとの主張であった。チャクラバーティのバクテリアに特許を与えられるべきと認めるなかで、多数意見は、法と科学の進歩のあいだの関係について奇妙にねじれた論理の筋道を追っている。裁判官たちは一方で、まさにジェファーソンが啓蒙思想によって構想したように、科学技術からの変転する要求に応えられるよう、法は広く解釈されるべきだと考えていた。他方で、首席裁判官のバーガーは科学政策についてノータッチの立場を擁護した。裁判所は科学的進歩に立ち入るには根本的に無力であるというのである。「どの研究者も特許保護が可能かどうかはっきりした知識をもっていないのに、すでに膨大な量の研究が始められている。このことが示しているのは、特許性について立法や司法が決定したとこ

ろで、科学的精神が未知への探求を思いとどまることはないだろうということだ。カヌート［イングランド王、デンマーク王、ノルウェー王を兼ねた］であっても潮の流れに命令できないのと同じように」[19]。このような理由づけにおいて、法には技術的進歩を促す義務があると同時にまた、法は研究を止めたり管理したりするには無力であることが前提になっている。この多数意見は、技術が自らの力のみで自律的に発展するという理論を一見否定しつつ受け入れるという矛盾を解決しようとはしていない。

ブレナン裁判官の反対意見には、より一貫した戦略がともなっていた。「特許を取得しようとしている組成物が、人々の関心事である場合には」[20]連邦裁判所に注意するよう、促したのである。この問題で謙抑するよう主張することで、ブレナンは多数意見よりも、積極主義的な司法の役割の捉え方を示した。彼の反対意見は、特許法に、科学的探究に対し、そしておそらくは技術的進歩に対しても、影響を及ぼす力（そしてその延長として、そのような法を解釈する司法的決定の力）があることへのより強い確信に基づいているのである[21]。

チャクラバーティ判決に続く数年間に、ブレナンの反対意見の精神はバーガーの多数意見の内容まで凌駕したように思われた。特許商標局は、101条についての最高裁のリベラルな解釈をすぐに適用しようとはしなかった。特許商標局は1987年になってようやく、なお遠回しにではあったが、多細胞の動物について特許性があることを示唆したのである。というのは、特許商標局は遺伝子操作をほどこされた牡蠣に対する特許の申請を拒絶したが[22]、その拒絶の理由は発明の自明性であるとされ、そのような生命体に特許を与えることの不適切性ではなかったのである。

牡蠣についての決定は、主により高等な生命体に特許を与えることへの一時的モラトリアムを提案する法案というかたちで連邦議会の政策への関心をほんの一瞬、再燃させた。下院司法小委員会は、そのような特許の法的・倫理的・経済的含意を調査し始めた。そして、一部には驚かれたことだが、動物への特許を推奨する最初のスタッフ・レポートを受け入れなかったのである[23]。しかし、1988年4月、遺伝子改変された動物の21の未処理の特許申請について、特許商標局は自身の非公式なモラトリアムを解除するにいたった。その最初の特許は、ハーバード・メディカル・スクールのフィリップ・レダー博士

と、ジェネティック有限会社のティモシー・スチュワート博士に対して認められた。それは乳ガンの進行への耐性をもっていた新しい遺伝子改変マウス種に関する特許であった。この「ハーバード・マウス」は感受性が強められたことにより、発ガン物質やガンに対抗すると考えられた物質の効果を研究するためのテスト種として、とくに熱望されていたのである。

　特許商標局は動物特許のテストケースを選ぶにあたって、明らかにしっかりと計算していた[24]。この決定はトップニュースになり、議会および一般の論議にさらに火を注いだが、特許の合法性にはほとんど誰も疑問をもたなかった。現状の受け入れが、最終的に社会的な通念を承認することになった。つまり、チャクラバーティ判決において、連邦最高裁が遺伝子改変された動物に特許を与えることに対する経済的・心理的障害をほぼ取り除いてしまっていたのである[25]。もちろん実際には、法的決定はレトリック上・規範上の問題枠組みを作り出したにすぎず、そのなかで他のアクターたち（ほんの数例をあげるとすると、特許商標局、ハーバードの科学者、オンコマウス［活性化された人間のガン遺伝子をもった実験用マウス］、農業関係者など）が、時間をかけて適応し、知的財産権のこのような賛否両論ある拡張に対する社会的なサポートを供給していった。

7.4　意図的放出をめぐるポリティクス

　研究開発の成果を商業化するという産業界の意図からすると、チャクラバーティ判決における知的財産権の決着は、十分な方針の明確化をもたらすものではなかった。たとえば、農業研究に従事してきたバイオテクノロジー企業は、何らかの公式の許可なしに遺伝子改変された生物の意図的な放出を行うのは無謀であるという認識を初期にはもっていた。しかし、どの連邦機関がそのような活動の許可をする権限をもっているのかは、全く明らかになっていなかった。NIHは研究費配分機関なので、商業的行為を規制するには不十分な権限しかもっていなかった。そしていずれにせよ、産業界によってNIHにオープンにされた機密情報を保護することはできなかった。危険な生産物の規制にかかわるほかのどんな連邦機関も——とりわけ環境保護庁、食品医薬品局、農業省——、バイオテクノロジーの研究の生産物を管理するための制定法上、権限

を明確に付託されていなかった。それゆえ意図的放出の問題は、さまざまな力の複雑な相互作用に巻き込まれた。個々の機関はその官僚機構としてのアジェンダの拡大を図り、活動家コミュニティは商業化のプロセスを遅らせようとした。

いくつかのエピソードによって、1980年代初期のバイオテクノロジーを取り囲む混乱と不確実性が強調されることとなった。1984年遅くまでに、環境保護庁は2つの法令のもとで遺伝子組換え生物を規制する権限を見直した。有害小動物を殺す薬剤に適用される連邦殺虫剤・殺菌剤・殺鼠剤法（FIFRA）と、新しい化学物質に適用される有害物質規制法（TSCA）である[26]。結果として環境保護庁は、NIHのガイドラインによってカバーされていない種類の組換えDNAの実験を認める暫定政策を採用した。それは新しい微生物の意図的放出を含んでいた。環境保護庁の手続きにおける初期のテストの1つに、アドバンスト・ジェネティック・サイエンシズ社（AGS）によって可能になった実験的使用への適用があった。AGSはカリフォルニア州を拠点とする小さなバイオテクノロジー企業であり、遺伝子改変された微生物をテストしたがっていた。それはいわゆるアイス・マイナス・バクテリアで、果物や野菜の収穫物にできる霜のなかに生息するよう作られたものである。

殺虫剤についての科学諮問パネルによる審査も含む、約1年の審査の後、環境保護庁はAGSに、計画的な野外実験を実行する許可を与えた。しかし、数週間のうちに、議会小委員会は、ジェレミー・リフキンから、その企業がオフィスビルの屋上で許可されていない実験をしていたとの情報を得た。AGSの科学者が、その実験は、アイス・マイナス・バクテリアの果物の木への注入をともなうが、本当の「放出」にあたるものではなく、それゆえに規制対象ではないとの見方をしていたようであった。しかし、そのときの環境保護庁の殺虫剤プログラムの責任者であったスティーヴン・シャゾーによれば、「我々は皆、閉鎖施設がどんなものであるかわかっていると、私は思う。そして専門家でなくても……木がその定義に合わないことに同意するだろう」[27]ということであった。環境保護庁は、AGSの行為を意図的放出と解釈して一時的にテストを延期した[28]。しかしデータ偽装の責任は不問にされ、実質的な罰金は減額された。

ほぼ同時期に、モンサント社が、トウモロコシへ使用する、遺伝子操作をほどこされた微生物殺虫剤に対する実験的使用の許可を環境保護庁に求めた。その製品はモンサント社のバイオテクノロジーにおける最初の大きな発明であり、それまでの石油化学製品のみへの依存からの脱却を意味していた。モンサント社が許可を求めたときまでに、すでに製品への投資が実際になされていた。つまり、実験室における25万ドル相当の安全テストを含む、3年以上の研究開発である[29]。それゆえ、環境保護庁の許可を得ることは軽く扱えるような問題ではなかった。

　しかし環境保護庁の初期の規制プログラムではまだ、そのような問題への準備ができていなかった。アイス・マイナスのケースと同様、環境保護庁はその科学諮問パネルに、モンサント社の製品の安全性評価を委ねた。しかし、科学者たちはデルフォイの神託のような曖昧な声明で応えた。「全体としては、実験的使用の許可の判断をすることも、拒絶の判断をすることもできるだけのデータがそろっている。いくつかの研究からのデータの質に基づけば、環境保護庁は現時点では実験的使用を許可せず、さらなる情報を要求することができるだろう。あるいは環境保護庁は、最小のリスクを基礎に実験的使用の許可を認めることもできるだろう」[30]。このむしろ混乱を招くようなメッセージについて詳細を述べておくと、サブパネルは次のように見ていたのである。モンサント社の研究のいくつかには実際のところ欠陥がある、しかし環境保護庁はそれ以外の研究に基づいて、テストのリスクは最小限であると合理的に結論づけることができる、ということだ。

　パネルのアセスメントの結果、環境保護庁はどのように進むべきか板ばさみになった。明確な科学的な青信号もなく、AGSによる未認可のテストが公になったことによるダメージもあるなかで、環境保護庁は求められた許可をモンサント社に与えないと決定した。この決定は、潜在的にやっかいな訴訟を未然に防いだ。しかしモンサント社の微生物殺虫剤プログラムを一時的に中止させることになり、問題の殺虫剤は無害だと信じていた科学者たちの不興を買うことになった[31]。

　アメリカ農業省もまた、バイオテクノロジー製品の規制についての論争に引き込まれた。1985年に農業省の動植物健康検査サービス（APHIS）は、アグラ

セトゥス社（セトゥス社の子会社）から、遺伝子組換え植物の野外試験の許可を求められた。APHIS は、そのテストは植物への悪疫リスクを生み出さないと判断したが、APHIS には、アグラセトゥス社の実験に公式な許可をする権限はないと結論づけた。結果としてアグラセトゥス社は許可申請を NIH と組換え DNA 諮問委員会に戻さざるをえなかった。政府の許可を得る全プロセスには 3 年を要した[32]。APHIS もまた、新しい遺伝子工学ワクチンのテストと許可の手続きに巻き込まれた。仮性狂犬病（プシュドラビーズ）と呼ばれる動物の病気のコントロールを狙った、オムニバックというワクチンであった。この製品を農業省が扱うことについての議会の調査によって、現行の法律、政策、手続きの適用で広がっている問題が明らかになった。

> ワクチンを「組換え微生物」として認めるのを不必要に遅らせたのは農業省だけではない。主任研究者であるキット博士も NIH ガイドラインの自分の解釈について、地域の IBC（認定バイオハザード委員会）や諸機関そのものに確認していなかった。1976 年以前から……農業省は各州内の積荷を規制できていなかったが、今回ますます無力さを増した。それは、NIH の組換え DNA 研究ガイドライン外で行われた実験テストから得られたデータ……の使用について農業省が明確な方針をもっていなかったためである。最終的に、農業省がバイオテクノロジー製品審査における農業省独自の手続きに従うのも遅かったために、ワクチンの安全性が明らかになった後も、そのワクチンの市場流通を不必要に遅らせることになった。[33]

不確実さと遅さにいらいらして、規制というボトルネックを完全に迂回しようとする会社や研究者も存在した。たとえば 1986 年 11 月、リフキンの経済動向研究財団はウィスター研究所を告発した。実質的に NIH から資金を得て開発された組換えによる狂犬病ワクチンについての、アルゼンチンでの野外試験が連邦ガイドラインを違反しているという内容であった。後に NIH の長官は、その実験自体に連邦の資金は使われていなかったので違反はなかったという決定を下した[34]。1987 年の中頃、モンタナ州立大学の植物病理学者であるギャリー・ストロベルは、規制関係者と公衆のあいだに怒りを引き起こした。

環境保護庁の規制は「ほとんど馬鹿げている[35]」とわかったと述べて、環境保護庁からの許可を得ずに遺伝子改変されたバクテリアを 14 齢のニレの木に注入したのである。反発に圧倒され、結局、ストロベルは泣く泣く木を切り倒し、環境保護庁と自分の大学からの軽微な処罰に服することとなった。しかしストロベルの多くの同僚研究者たちは、ストロベルの行為を正当な市民的不服従の行為とみなして称賛した。それは、マーティン・クラインの遺伝子治療への無認可介入によって引き起こされた、世界的な非難（第 5 章参照）とはかなり異なっている。数ヵ月後、NIH 特別委員会は技術的な根拠に基づいて、組換え DNA ガイドラインに違反したというストロベルの嫌疑を晴らした。ストロベルの微生物は NIH によって定義された「組換え DNA 分子」を含まないので、NIH の管轄のもとにないと決定を下したのである[36]。このようにそれぞれの規制は、社会的封じ込めのシステムのなかで自分の役割を演じることとなった。それは人々に安心を提供する一方、相対的に束縛されない研究のための空間を開拓したのである。

7.5 法への訴え

このような官僚機構の混乱状況は、科学的・法的な不確実性もあいまって、熟練したイデオロギー的主張を行う圧力団体が規律プロセスの欠点を明るみにしてあげつらうのに格好の材料をもたらした。スタンリー・アブラムソンは当時の環境保護庁副事務局長であったが、リフキンとその組織を「我々の審査手続きの弱点をピンポイントでつく薄気味悪い能力」[37]をもっていると考えた。より正確にいえば（規制機関には失礼な言い方になるが）、1980 年代初期には慇懃で盲目な行政側だけがそれらの弱点を見落としていたのである。

遺伝子工学に関係のある連邦機関に対して提起された最初の重要な訴訟は、実はジェレミー・リフキンによって始められたものではなかった。マック対カリファノ事件[38]において、原告は組換え DNA 実験に対する差止めを求めた。それはメリーランド州フォートデトリックのフレデリックガン研究センターで行われた実験で、ガンウィルスから大腸菌への DNA の挿入を含んでいた。原告は、保健教育福祉省と NIH は問題のある実験の環境へのインパクトを国家

環境政策法（NEPA）に従って十分に評価していないと主張した。[しかし] D.C. 連邦地方裁判所のジョン・ルイス・スミス裁判官は、異なった結論を下した。実験は明らかに NIH の安全性要件に従って行われ、NIH によってすでに用意されていた環境影響評価報告書もそのような研究にともなうリスクに対して十分に「厳しい目 (hard look)」を向けていた、と彼は考えていた。第5章で描かれた結論に沿って、マック判決は型通りの司法の、科学研究者の実験室に根ざした活動に対する敬譲を示したのである。

国家環境政策法についての議論は、意図的放出に焦点をあてた次の訴訟において、より強い力をもって再浮上した。1984年、経済動向研究財団は、D.C. 連邦地方裁判所に遺伝子操作をほどこされた霜抵抗性バクテリアの野外試験を止める命令を求めた。これは、カリフォルニア大学の2人の研究者、スティーヴン・リンドウとニコラス・パノプロスによって計画された実験であった。経済動向研究財団は、被告（保健社会福祉省、NIH、カリフォルニア大学）は環境影響評価報告書への準備ができていないと非難した。そして、環境への実験の帰結がより徹底的に調査されるまで、その種のほかのあらゆる実験を NIH に許可させないよう、裁判所に求めたのである。経済動向研究財団対ヘクラー事件[39]では、ジョン・シリカ裁判官は2つの差止めを認めた。控訴審では、D.C. 巡回区控訴裁判所の J・スケリー・ライト裁判官が、リンドウとパノプロスの事件に関する差止めを支持した。しかし、NIH が将来のあらゆる放出に対する計画的な環境影響評価 (environmental impact assessment) を実施するべきだというシリカ裁判官の命令は支持されなかった[40]。

手続き上の瑕疵についての経済動向研究財団の主張は、根拠のないものではなかった。NIH の 1976 年ガイドラインは、5つのカテゴリーの実験を明確に禁じており、それは遺伝子操作のほどこされた生物の環境中への放出を含んでいたのである。1978年のガイドラインの改訂版は、NIH 長官にこれらの絶対的禁止に例外を設けることを認めた。しかし、そのような禁止除外を認めるためのどんな基準も示さなかった。NIH は、この改定をサポートするための公式の環境影響評価報告書も、なぜ環境影響評価報告書が必要でないかを示す消極的な「環境評価 (environmental assessment)」も準備しなかった[41]。したがって 1981 年に NIH が野外試験を認め始めたとき[42]、批判者たちはもっともら

しく、そのような実験の環境への危険性はまだ十分に考慮されていないとか、そのような研究に対する組換えDNA諮問委員会の専門性は十分に示されてこなかったと主張することができたのである[43]。

しかし経済動向研究財団に科学的に敵対する人々は、手続きについての異議申立てを単なる技術的問題と考えていた。組換えDNA諮問委員会によって行われた環境評価（environmental evaluations）は、環境影響評価と「機能的に等価」なので、この訴訟における環境影響評価報告書についての主張は意味のない形式主義だと彼らは主張したのである。この反論は否応なく、法廷を論争的な領域へ導くこととなった。なぜなら、組換えDNA諮問委員会の環境分析（environmental analysis）の質を評価しなければ、機能的に等価かどうかという問題を解決できないからである。ほかの多くの司法審査と同様、適切な手続きについての告発は、技術的論争の実体的当否の評価へといたる。裁判所は、その争いの解決はおろか理解のための専門性も明らかに持ち合わせていない。

シリカ裁判官と控訴裁判所の両方を困らせた要因の1つは、1976年ガイドラインが完全に禁止している実験に例外を与えるための明確な基準をNIHがはっきりと示していなかったことだった。基準を強調できれば、「理由に基づいた（reasoned）」行政の意思決定へのコミットという、司法の態度として一貫性あるものとなる（第4章参照）。加えてこの訴訟では、NIH長官でさえ、1978年のガイドラインの改定の際、信頼のおける基準が必要であり、基準を作成する仕事は組換えDNA諮問委員会に委任されるべきだと示唆していた[44]。1984年になっても引き続き基準がなかったために、懐疑的なシリカ裁判官は次のように結論することとなった。「禁止除外を与える『基準』は、少なくとも組換えDNA諮問委員会の多数派の信頼を得ることができるようなもの、そして、できればさらにNIH長官の認可を得られるようなもの、としかいえない」[45]。シリカ裁判官やライト裁判官が組換えDNA諮問委員会の環境分析の内容を審査する場合には、潜在的にはそれ以上にあやふやな根拠のうえに立つことになるのである。委員会はリンドウとパノプロスの実験を全員一致の19対0で許容したのだから、その許可を司法が無効としたならば、それは専門家の意見を堂々と覆すことになった。しかし、機能的に等価かどうかという法的に決定的な問題を解決するには、NIHと組換えDNA諮問委員会によ

ってなされた環境影響評価が国家環境政策法の形式的な遵守基準を満たしているかどうかを、審査する裁判所が自ら決定しなければならなかった。

　組換えDNA諮問委員会による全員一致の決定に対して法的に「ハード・ルック審査」基準を適用したことで、ほとんどの科学者が重要とは考えなかったことについて、担当する裁判官に十分な注意を喚起させることになった。リンドウとパノプロスの実験に関連して取り上げられた重要な環境問題の1つは、遺伝子組換えをほどこされた生物が環境中に散らばるかもしれないという可能性である。この問題についての組換えDNA諮問委員会の扱いを審査するなかで、裁判所はまず、委員会の結論がたった1文であったことに気づいた[46]。続いて、この1文でさえリンドウとパノプロスの研究計画書からほとんどそのまま抜かれていた。これは、委員会による独立した分析がなかったことを示唆していた。第三に、実際にごく少数の実験生物が取り扱い場所の外周を越えて移動したときのありうる帰結について、明確な議論はなかった。これらの事実はいずれも、法的な分析と言説のフレームワークにおいては信頼性を掘り崩すものと考えられるものであった。そこで、裁判所は予想通りに、NIHと組換えDNA諮問委員会は重要な環境問題について取り組まなかったと結論づけた。そしておそらく同様に予想されるように、科学者コミュニティはこの判定に同調することができなかった。

7.6　対立する解釈

　マキシン・シンガーは著名な生物学者である。彼女は、最初の遺伝子工学モラトリアムを行った際に賢明な役割を果たしたことで知られている。彼女の言葉は、ヘクラー判決当時の科学的コンセンサスだったといってよい。法と科学のあいだの文化のギャップを嘆きつつ、シンガーは組換えDNA諮問委員会を覆したシリカ裁判官を強く批判した。

> 提案された野外実験が人間の環境に重大でないまでも、何らかの影響を与えるだろうと考えたことは、いずれも、理由がない。それ以上に、普通のバクテリアの、どちらかというと力のない変種をつけて小さなジャガイモ

の畑に苗を植えることが、連邦にとって重要な行為であると考えることは難しい。シリカ裁判官によって受け入れられた原告の議論は、狭い法的な見地からは意味をなすかもしれない。しかし現在得られる科学知識の文脈ではほとんど無意味である。裁判官が科学を理解していれば、その訴訟を始めるのは馬鹿げているとわかったのではないかと思わざるをえない[47]。

シンガーは、このように、バイオテクノロジーについての論争は「科学を理解した」裁判官のみによって判定されるべきと提起した点では、科学者仲間のデービスやコッシュランドと同列に身を置いた。

しかし、そこでのシリカ裁判官の法廷意見に対するシンガーの分析は、法を誤解している。その誤解は、少なくとも、裁判官が科学を誤解しているとシンガーが信じているのと同じくらい深いものだ。シンガーの誤りは、科学的正統性を法的正統性と同列視していることである。本件についての彼女の見方によれば、「組換えDNA実験の監視に責任をもつ、NIH諮問委員会による厳格な審査」[48]を経ているのだから、裁判所はリンドウとパノポウロスの実験を承認するべきだったということになる。このような専門知（expertise）の尊重要求には、科学技術についての公的な意思決定は、技術の専門知のみから引き出すことはできないような、さらなる正統性基準に適合していなければならないという事実が見落とされている。つまり、法の文言と精神を尊重し、公式な活動についての理由に基づく説明を行い、そしてその決定が科学者の狭い自己利益を単に反映したものではないと一般市民を満足させる行政文書をともなっていなければならないのである。

シンガーは、「小さなジャガイモの畑に苗を植えること」が「連邦にとって重要な行為」を構成しうることを理解しようとしなかった。このことは、科学者のおそらく理解可能な傾向、つまり法的言語に対して、物理的あるいは自然的な意味を読みこむ傾向があることを例証している。そして、それが驚くまでもなく、法の深刻な誤解を招くことがあるのである[49]。ヘクラー判決で争点になった連邦の行為とは、物理的な範囲で意味が確定される実験そのものではなく、野外試験の絶対的禁止を緩和して、NIHにそのようなテストをケースバイケースで許可する権限を与えた1978年のガイドラインの変更であった。

それゆえ、小さなサイズのジャガイモ畑であることや、霜に耐えるバクテリアの生存能力などは、これらの政策変更が「重要 (major)」かどうか決めるうえでは関係がないのである。その代わり、法廷は適切にも NIH 長官自身の供述のほうに着目していた。それは、ガイドラインの変更は重要な連邦行為であったという供述であり、それについて被告である連邦側はあえて争おうとはしていなかった[50]。

　しかしそれにもかかわらず裁判所は、無害で取るに足らない手続き上の瑕疵を問題にしているとして訴訟を却下すべきだっただろうか？　適切に構成された技術的権威である組換え DNA 諮問委員会が実験の安全性と妥当性を認めていた以上、非専門家による裁判所が純粋に手続き上の根拠に基づいて決定を覆すことは適当だったのだろうか？　アイス・マイナス・バクテリアについて組換え DNA 諮問委員会が全員一致で投票したことから考えると、裁判所は、経済動向研究財団が主張する手続き上の瑕疵は取るに足らないものであると容易にみなすことができたはずである。言い換えると、さらに手続きを踏んでいたとしても、結果は変わらなかっただろうと結論づけることもできたはずである。行政法においては、これは、通常、行政機関の決定を覆さないためのよい根拠となっている。科学的なトレーニングを受けた裁判官であれば環境影響評価報告書がないことを単に技術的なこととして事件を却下し、組換え DNA 諮問委員会の決定を最終的なものとして認めただろう。シンガーやほかの科学者たちが、こう考えたことは、おそらく間違ってはいないだろう。

　対照的に、法の論評者たちは、科学の実質よりも、法の形式を重視するパースペクティブからバイオテクノロジー訴訟にアプローチしている。プロセスへ関心を向けること、司法審査を行政裁量の濫用に対する万能薬とみる傾向、これらは法的なものの見方の特徴の一部である。それゆえ、ヘクラー訴訟についての 1986 年のある論評は、NIH の欠陥のある環境分析を視野狭窄だとし、「意思決定が分野横断的な機関に訴えられ審査されていたのであれば、この制度的欠点は最小化されていただろう」とほのめかしたのである[51]。ほかの記事は、経済動向研究財団対トーマス事件――アイス・マイナス・バクテリアの野外試験に対する環境保護庁の許可を支持した決定――を、あまりに行政機関に対して敬譲的であると批判した。そこで提案された解決法は、立法府で司法

審査のより厳しい基準を規定するものであった[52]。またその論評は、環境保護庁の決定は司法審査の前に、多分野からなる専門家委員会によって精査して、決定が技術的に問題がなく、生態学的、公共的な利益も十分考慮に入れるようにするべきとも述べている。

これらの法律の分析者たちは、連邦規制機関の、技術的あるいは政策的な専門性についてのみならず、その公正さ（integrity）にも懐疑的であるゆえに、行政側の説明責任を保つ手段として積極主義的な司法審査のあり方を支持したのである。このような提案は、彼らの実践の知恵としてというよりも、彼らが法文化に対して向けた洞察として興味深い。新しい審査基準は、過度に杓子定規である（legalistic）だけでなく、バイオテクノロジー企業にとって実質的に結果は変わらないとみられるものであった[53]。もう1つ審査の段階を加えても、どうせ、コストカットと官僚制的な合理化の要求によって骨抜きにされるだろうからである。実際、これは、1980年代、またそれ以降、アメリカの規制政策において再表面化した傾向であった[54]。

7.7　紛争からの撤退

振り返ってみれば、ヘクラー訴訟が大騒ぎで受け止められたことは、その判決が、バイオテクノロジー規制に対しては最終的にわずかな影響しか与えていないことからすると、まったく不釣合いだった。ヘクラー事件以降、経済動向研究財団は多くの訴訟で負けが込んできた。1985年、経済動向研究財団は防衛省を訴えて、計画されていた化学・生物兵器の実験施設の建設計画を止めさせるのに成功した。適切に環境影響評価がなされていないという理由に基づいてであった[55]。しかしその1年後、トーマスとの訴訟[56]では、経済動向研究財団は環境保護庁がアイス・マイナス・バクテリアの野外試験に許可を出すのを止められなかった。経済動向研究財団対ジョンソン事件[57]でD.C.地方裁判所は、原告は当事者適格（訴えの利益）を欠いているとして、バイオテクノロジー規制連携フレームワークへの異議を退けた。経済動向研究財団は、特定の損害も緊急の困難の可能性も立証できなかった。そして経済動向研究財団対リング事件[58]では、D.C.巡回区控訴裁判所は、米国農業省は動物由来製品研究

計画を承認する際に計画的な環境影響評価報告書を用意することは必要ないと判断した。その後、1990 年代初期にリフキンが、遺伝子組換え牛成長ホルモンの市場流通に反対する有名なキャンペーンを行った。おそらくその結果、法廷戦略よりも、スーパーマーケットでのボイコットのような直接行動のほうを多用するようになったのは、理解にかたくない。

　そのうえ 1984 年までに、レーガン大統領下のホワイトハウスが、バイオテクノロジー政策に対するコントロールを取り戻そうとし始めた。1984 年 12 月に、科学技術政策局のなかで動いていたバイオテクノロジーについてのワーキンググループが、「バイオテクノロジー規制連携フレームワーク（the Coordinated Framework for Regulation of Biotechnology）への提案」[59] を発表した。この文書は、バイオテクノロジーの生産物とプロセスを既存規制計画のなかに収めようとする、環境保護庁、食品医薬品局、農業省による政策提示を含んでいた。パブリックコメントに続いて、バイオテクノロジーサイエンス連携委員会と名づけられた合同グループは、再び科学技術政策局の後援のもと、改訂・拡張された「バイオテクノロジー規制連携フレームワーク」[60] を連邦官報に公表した。新しい文書では、1984 年の提案から参加していた 3 機関からの提言に、NIH と職業安全衛生管理局（OSHA）からの政策提言が組み入れられた。

　連携フレームワークの最終版では、規制諸機関のあいだのコンセンサスが公式化された。それは、なんらかの新しい規制の発議が個別の機関から求められることがあることには参加諸機関は同意するけれども、バイオテクノロジー規制において直面した問題は既存の制定法上の根拠のもとで十分扱うことができる、というものであった[61]。フレームワークへの参加諸機関が同意しているように、プロセスとしてのバイオテクノロジーは、立法府の注目を必要とするような新しいリスクを全く示してないのだから、連邦議会が立法行為に及ぶ必要はあるまい。むしろ安全のために評価されなければならないのは、バイオテクノロジーの個々の生産物である。そしてこの評価は、1970 年代に議会が用意してきた諸規制法令の寄せ集めのもとで完全に実施可能である、と。この決定の重要な、またおそらくは意図せざる結果は、政策形成の前面から裁判所を排除したことであった。歴史的経験に照らせば、バイオテクノロジーについての新しい連邦法は、どの解釈の対立の余地も切り開き、それは訴訟を提起する

新しい理由に根拠を提供してきた。対照的に、既存の法のもとでの行政規制を通じた政策形成は、法によるアクティビズムの可能性を制限することになる。

遺伝子操作をほどこされた生物の放出についての社会的議論が、効果的に封じ込められたという証拠は、多くの方向から挙げられる。規制の原理やアプローチについての不一致は連邦機関のあいだに残っているけれども、それはより開かれた、非専門家のフォーラムにおいてではなくむしろ、技術的・専門誌上で提起され討議される傾向がある[62]。連邦政府の連携フレームワークよりも産業界にとって安定的な環境を作り出すために、バイオテクノロジーに特化した法律を制定した州もある。このような立法は、連邦の規制アプローチをより強固に制度化したが、国民的議論を再燃させることはない[63]。最後にヨーロッパの数カ国と比較してみよう。わかるのは、アメリカにおけるバイオテクノロジーについての公的議論は、大西洋の対岸の諸工業国におけるのと同じくらい完全に遺伝子工学の社会的・道徳的次元をオープンにしたわけでもなく、同じくらい厳格な規制管理に帰結したわけでもなかったということである[64]。

7.8 規律ある議論

組換え DNA 研究に異議を唱えた唯一の重要な連邦裁判所の決定であるヘクラー判決に科学者は反対していたが、それは、実験を進めるべきかどうかの決定の最終権限を非専門家がもつべきではない、という盤石の確信に安住したものであった。しかし、1980 年代のバイオテクノロジー訴訟をより長期的な政治的・歴史的な物語のなかに置いてみれば、裁判所がこの台頭してきたテクノロジーの進歩を深刻に妨げてきたと示すことの意味は低下する。バイオテクノロジーを規制する初期の試みをめぐる行政の無秩序と法的な混乱は、すべて裁判所の関心事となるようなさまざまな紛争を引き起こした。そのときどきの連邦裁判所の裁判官たちは、生物学者とは別様に組換え DNA 研究の物理的リスクを評価してきたが、それは科学者コミュニティが自ら安全性について確信をもったメッセージを発信できないことを部分的には反映していた。さらに 1980 年代における訴訟ラッシュは、非常に官僚主義的なリスクベースのバイオテクノロジー規制アプローチを手つかずのまま残すこととなった。それは結

局、開かれた道徳的・倫理的な問いを促進することはなかった。

　連邦最高裁の、遺伝子工学をほどこされた動物の特許性についての記念碑的判決は、法律からの許可だけではテクノロジーの社会的受容という複雑な問題を解明・解決するには十分でない、ということを想起させるのに役立つ。チャクラバーティ判決は、動物特許を出す限定のない法的権限を特許商標局に与えた。しかしこの権限が公式に援用されるまでに 8 年の経過があったことや、「ハーバード・マウス」に特許を出した後の議会の抗議からは、新しい所有権を生み出すことには、技術的に「正しい」特許法の解釈をするよりも数多くの要素をともなうことがわかる。連邦最高裁が狭く、文言通りに特許問題を構築したことで、このような道徳的・倫理的な問題のあるイッシューについて適切に政策発展につながるような幅広い公的議論をおそらく抑制してしまった。

　対照的に、経済動向研究財団が主導権をとって目指していたのは、バイオテクノロジーの広範な潜在的インパクトにそって一定の議論を喚起することであった。しかし長い目でみて、経済動向研究財団はほとんど成功しなかった。このことが証明しているのは、意味のあるテクノロジー・アセスメントの枠組みを形成し、主導するフォーラムとしての法的手続きの限界である。これとの関連で示唆的なので、1980 年代の合衆国のバイオテクノロジー訴訟で主張された軋轢についての外部者の視角を紹介しよう。イギリスのバイオテクノロジー専門家であるエドワード・ヨクセンは、次のような見方でアメリカの論争を解釈している。

> アメリカでは、公的議論は——その一部は「どちらの」側からみてもマンガやファンタジーや恐怖症であるが、その一部はよく情報に基づいており、合理的だ——暗黙の仮定を精査し、ドグマ的な信念をドグマだと明らかにする役割を果たしてきた。アメリカは、当事者対抗主義的な議論にコミットしつつ、それに安住している。また、対立がないふりをするよりも、紛争を解決の手段として演出することに慣れている。アメリカというのは、こういう社会だ。[65]

　ヨクセンが示唆するように、もしアメリカの当事者対抗主義的な議論のスタ

イルがほかの国よりもより包括的でたしかな結果にいたるのであれば、技術の擁護者たちはたとえばバーナード・デービスが提唱する専門化された裁判所や、一部の法律家が好む多分野審査委員会などのような費用のかかる新しい付加的制度で、我々の訴訟中心の政策過程を阻害することは、考え直すべきだろう。そのような機関によって作り出される「コンセンサス」は、相対的に狭く、未熟である可能性が高い。予期せぬ事故やリスクについての新しい科学的発見に直面すると、いとも容易にほころびてしまうだろう。しかし、ヨクセンの「紛争を解決の手段として演出する」という言葉は、もっと我々を困惑させるものである。バイオテクノロジーの進歩という観点からすれば、チャクラバーティ判決やヘクラー判決を、「演出された」紛争として振り返ってみたくなる。つまりそれらは儀式だった。紛争と解決という公式な見せかけのなかで反対意見のために限られた技術的な空間を開いただけで、すぐにそれを威厳のある法の権威によって、さらに強固に閉じてしまったのである。

第8章
家族にかかわる問題

　第6章、第7章で見てきたように、アメリカの技術文化については、公衆衛生や安全、環境の分野において、リスクをコントロールする責任は第一に国家にあるといっても問題はないだろう。こうした危険性は現在、線引きがすでにはっきりしているか、または原理的には可能であり、コントロール可能な性質の問題だとみなされている。もちろん、特定のリスクの重大性について意見の不一致はあるだろうが（たとえば、どのくらいのガンが発生するか、遺伝子の導入が起きる確率がどのくらいか、ある状況下での汚染物質への曝露はどのくらいかといったことである）。したがって、健康・安全・環境のリスクについての紛争は、ある概念的な枠組みの範囲内で解決されている。その枠組みの基礎となる要素はすでに確立されており、一回ごとに再検討する必要はないのである。もし新しいリスクに関する主張があり、仮に裁判所がそれを認める場合には比較的容易に、過去のリスクから類推できる。

　これとは対照的に、生殖技術や延命技術によって生み出されるリスクについては、いまだ決着のつかないままに最初の問題枠組みが設定されている。ここで扱われているのは道徳的問題なのか、技術的問題なのか。それとももっとおもしろみのない、アクセスと資源が制限されているという問題なのか。これは新しい社会問題なのか、それとも重大な法的・政策的変革など必要ない、現在の社会にある解決方法によって扱うことのできる問題なのか。このように考えると、誰が、どのような手段でこうした技術をコントロールすべきなのかという問題はそれほど明快ではない。それに関するもっともらしい主張は、個人や専門家集団、利益団体や国家といったさまざまな立場からなされうるだろう。本章と次章では、生物医学の科学技術がたゆみなく進歩するなかで生じる統治

とコントロールをめぐる争いに対して、最初の問題枠組みを作り次いでそれを解決するのに、裁判所がどれだけ効果的な役割を演じうるのかということを検討していく。

本章で扱う議論はすべて、セクシュアリティ、女性の自由、出産、親子関係、家族についての人々の考え方の分布が大きく変わっていく過程での胎児の法的地位に何らかのかたちで焦点を当てている。つい最近まで、胎児は社会においてほとんど目に見えず、声ももたない存在であった。この数十年のあいだに起きた技術的革新によって、胎児にはより肉体的なリアリティが与えられ、またそれによって、法的権利への新しい要請が生まれることになった。その一方で、技術革新は同時に妊娠について女性たちに、妊娠を避け妊娠の意味合いを新たにし、さらには妊娠を終了させるための基盤を提供することにもなった[1]。避妊と中絶の技術的な選択肢が増えたことにかかわる紛争は、ここでの問題に格好の視点を与えてくれる。しかし、これとは別の論争もあり、それはたとえば人工授精や体外受精、胚移殖などの技術的な手段を用いることで、生物学的生殖が、社会的な親業から次第に切り離されていることにかかわっている。養子縁組や離婚を通じた家族の再編と交差するように、こうした従来にはない生殖の方法は、「母親」「父親」「子ども」「家族」といった言葉のこれまで受け入れられてきた意味を掘り崩し始めている。

生殖をめぐる技術の発展は、それまで決着がついたと考えられていた（技術の社会構成主義の用語によれば「閉じた」「ブラックボックス化した」）問題をめぐって、解釈が柔軟に変わっていく領域を新しく作り出した[2]。かつてゆらぐことがないと考えられていた社会のタブーは、もはやそのようには考えられていない。そして、かつて生物学のみが特権的に支配していた領域のなかに、新たな社会的選択が姿を現している。私たちが社会的なものとして捉えてきた世界と自然として捉えてきた世界のあいだの壁の水漏れを修繕するために、法が必要とされる。そして法は、かつての理解が拡張し、限界にいたるとき、規範的秩序を作り直すのである。妊娠した女性の権利と、まだ生まれていない子どもの権利は、どのようにしてバランスがとられるべきだろうか。そして、胎児の生存可能性について、医療技術によって生存可能となりうるのかどうかが問題になるのだろうか。医師が診断検査を怠り、それによって障害児の出生を「引き起こ

した」場合には、法的な責任が問われるべきなのだろうか。生物学的な「親」が死亡したり離婚した場合には、冷凍された胚を「所有」するのは誰なのだろうか。そして、こうした争点を解決するために最も説得的な枠組みを提供できるのは、はたして所有権なのだろうか。女性は、すでに離婚した夫の精液によって妊娠する権利をもつべきなのだろうか。赤の他人が育てる子どもを産むことに、愛のためにせよ、お金のためにせよ女性が同意している場合に、そうした行為をどのように規律するべきなのだろうか。

　生物医学技術は、技術的な変化が起きているほかの領域よりもより明らかに、自然の世界と社会の世界のあいだに存在する境界線を引き直し、人々が行政やそのコントロールに求めている期待もまた作り変えている。これは、技術に対する司法の応答を評価する際に、脱構築と市民教育という私たちの問題関心に関連させて問うべきなのは、いま起きているこうした現象を、裁判所がどれだけはっきりと識別してきたか、そしてそれを法的意見という「言語技術（literary technology）」のなかで、どうやって明確に示してきたのかということである[3]。また、技術に関連する新しい規範を作り出すという役割を担うことについて批判的に吟味するだけの能力が裁判所にあるのかどうかを探り、また裁判所が、自身の理解を運用可能な行為規範へとどれだけ効果的に変換できてきたかも評価したい。

8.1 「プライバシー」の意味を作り出す

　1973 年に最高裁判所が出したロー対ウェイド判決[4]をめぐり、その叡智や道徳性、合憲性をめぐる議論は、もう 20 年以上も、アメリカの政治論争のなかに異様に激しい勢いを注入し続けてきた。一時は、ある人が人工妊娠中絶についてとる態度がその時々の他のさまざまな社会問題へのその人の立場を示す信頼できる尺度となった。レーガン大統領とブッシュ大統領の時代には、人工妊娠中絶に対する考え方は高位の公職人事を決めるための「リトマス試験紙」として使われていた。その人事には、連邦裁判所裁判官や大統領顧問、さらには国立衛生研究所の所長までもが含まれていた。1993 年の夏、ルース・ベイダー・ギンズバーグ裁判官の指名承認公聴会でようやく、リベラルな妊娠中絶

の権利を公然と擁護した者が最高裁判所裁判官候補として超党派の強い支持を受けた。

ロー対ウェイド判決[5]についての大量の学術文献を要約したところで、本書の目的にとって有益なことはあまりないだろう。ここでの問題関心は、この事件の判決が正しいか間違いかよりも、技術の媒介によって起こった人間の性行動の革命について問題枠組みを作り、安定させる（あるいはときに失敗する）にあたっての裁判所の役割にある。こうした観点からロー対ウェイド判決を再検討するには、技術の社会学でいう「アクター・ネットワーク」概念を用いるのが有益だろう。この理論は、複雑な技術システムは異質なアクターのネットワークから成り立っており、そのすべてのアクターが、技術がうまく機能するようにお互い支え合い、規律し合う関係のうちに共存しなければならないということを明らかにしてきた。こうしたネットワークの要素には、無生物、測量技術やプロトコル、器具、スキルのある人的アクター、そして法を含む社会制度も含まれる[6]。もし、こうした構成部分が調和して動かなければ、技術システムは破綻してしまう。よくできた憲法の原理は（鍵となる科学的発見や自律的機械にも似て）、そこで述べられている規範的な基準によって、複雑な社会システムと行為システムの両方を表面上束ねることができるようにみえる。しかし実際には、社会がひとたびその解釈を始めると、その原理は「作動」しなくなり、もはや放棄するしかないところまでほどけてしまうかもしれない。そうならないためには、原理以外の社会ネットワークの構成要素が、その原理によってきちんと捉えられるようになっていなければならないのである。ロー対ウェイド判決のような画期的な憲法上の判断は脆弱なものである。それは憲法上の判断が、法に内在する脱構築的なメカニズム（つまり法的な批判と検証だが）に従っているからというだけでなく、それによって行動に影響を与えようとする社会ネットワークの抵抗力があまりに強いことが明らかになったからでもある。

デービッド・ギャローは、ロー対ウェイド判決が書かれた過程について、判決の構築を「言語技術」の一部として洞察を加える[7]素晴らしい研究を残している。ギャローは裁判所の内部で当時起きていた交渉の細部を綿密に描写している。それは妊娠中絶の権利を適切に枠づける概念と、それを支持できる論理を探し出すためのものであった。このおよそ30年のあいだに、歴史に残る

3つの事件があった。グリズウォルド対コネチカット州事件[8]、ロー対ウェイド事件、そしてペンシルヴァニア州南東部計画出産教会対ケイシー事件[9]である。ここでは、そこにかけられるあらゆる重荷を支えられるだけの強固さと柔軟性をそなえた言葉を編み出そうとするときに裁判所が直面した困難が描かれている。裁判所は、現代的な避妊方法によって女性たちが享受する自由を定義し、その限界を定めなければならなかった。つまり、その自由が胎児と国家の権利との関係において生み出す矛盾を解決しなければならなかったのだ。とりわけ、連邦議会、州議会、妊娠中絶に賛成・反対する活動家、研究者、そしてとくに批判的な法学者たちといった、コントロールしにくいアクター集団に承認を強いるだけの、はっきりとした結論を述べておく必要があったということだ。

　女性の生殖をめぐる自由の問題が最初に連邦最高裁で取り沙汰されたのは、1879年に制定されたコネチカット州法に対する異議申立てを通じてである。その法は、避妊手法の使用や指示を犯罪として禁じていた。ウィリアム・O・ダグラス裁判官は、学究肌ではないにしても熱烈な、個人の自由の擁護者であった。彼はグリズウォルド対コネチカット州判決において、簡潔な法廷意見を記している。それによれば、避妊にかかわる決定は「プライバシーの領域」のなかで行われるものであり、国家の介入から隔離されるべきであるという。彼によれば、「警察が、夫婦の寝室という神聖な領域に立ち入って、避妊具を使用した紛れもない痕跡を探し出すことを、はたして許すべきだろうか？　こうした考えはまさに、夫婦関係をとりまくプライバシーという観念にとって忌むべきものでしかない」[10]。ある意味では、この決定はわかりやすいものに思える。というのも、反対意見を述べたヒューゴ・ブラックとポター・スチュワートの2人の裁判官さえも、夫婦や担当医によって私的になされるべき意思決定に対しコネチカット州法があまりに深く割り込んでいることには同意しているからだ。しかし、グリズウォルド判決の6つの個別意見を読むと、もっと複雑な話であることがわかる。社会的な直感をほぼ全員の裁判官がもっともだと感じたにもかかわらず、それに対する正当化に関しては、単一の根拠に合意するのは難しいと裁判官たちは明らかに思っていた。そしていくぶん嫌々ながらも多数の裁判官は、州法が侵害したのは「プライバシー」であった、という

結論の線でまとまったのである。

　グリズウォルド判決はプライバシーの権利を憲法のうちに見出すことができるとしたが、その正確な意味はひどく曖昧なままにした。この権利は、特定の親密な関係を政府による管理を受けずに営む権利なのか（しかし、バウアース対ハードウィック判決で裁判所は、この権利の同性愛カップルへの拡張を明確に否定している[11]）。あるいは、結婚したカップルだけが行使することのできる権利なのか（しかし、アイゼンシュタット対ベアード判決ではとくに争点にもならず未婚者にも拡張された[12]）。あるいは単に、国家によって邪魔されることなく薬を買って使う権利なのか（しかし、この立場は、ローレンス・トライブが、数年後のハードウィック事件で明確に否定されるべきだと考えた立場だ[13]）。ともあれ、このプライバシーの権利はいったいどこから生じるのだろうか。ダグラスが多数意見で記述しているように、憲法の明文の保障の半面である「半影 (penumbras)」から「投影」されるものなのだろうか。それとも、アーサー・ゴールドバーグ裁判官が論じたように、列挙されざる権利も人民に認める修正第９条によって、より強固に根拠づけうるのだろうか。あるいはジョン・ハーラン裁判官に従って、憲法に明確に述べられている言葉である「自由」の概念を用いたほうがよかったのだろうか。こうした観点から見てグリズウォルド判決は、プライバシーという観念のまわりにあってどうにでも解釈できる領域を、憲法の言葉を巧みに使って閉じることはできなかったのである。

　生殖の自由の支持者が各州の反中絶法への異議を最高裁に持ち込んだとき、決して十分には正統化されていなかったプライバシーの概念は、さらに激しく意見が対立する領域に引きずり出されることになった。そこで今度は、裁判所は女性の生殖にかかわる自律性と、どこかの時点で人間としての属性を完全にそなえることになる胎児の側の権利とのバランスをとらなければならなかった。

　1973年までには新しい避妊技術のおかげで、女性たちはかなり高い予測可能性のもとに妊娠の計画をたてることができるようになり、男女がともに家族を作るつもりのないままに性行為にふけることもまた可能になった。もはや、性的な関係をもったからといって自由が損なわれることがほとんどなくなったのだ。この変化はとくに女性にとって大事なことであった。というのも女性

は、生物学的な産む性として、社会的にはずっと、生殖の時期や母親になるタイミングをコントロールできない地位にあったからだ。避妊が可能になり、主要な社会機関がそれを認めるようになると（カトリック教会は例外だが[14]）、生殖は性的関係から切り離された。それによって、中絶を支持するような道徳的空間がさらに広げられた。しかし、この空間のなかでの中絶の制限は、まさに避妊によって推し進められた自由を台無しにすることになる。というのも、望まれない妊娠は依然として「無防備な性行為」から生じうるものであり、法はその結果から身を守る手段を何も提供していないからである。一方には生物学的に定められた性的役割から女性を解き放つ、開かれた将来への展望があり、もう一方には女性の生き方についての古い観点と、いまだ（とくに妊娠の初期段階では）道徳的にふたしかな胎児の地位があった。その両側から圧迫される格好で、避妊や中絶のこれまでとは異なったあり方が、次第に、法的にも社会的にも対立の焦点になっていった。

　避妊から早期の中絶にいたるまでは道徳的に分けることのできない連続したものであるという認識は、1973年当時までに多くの人々が抱いていたが、これはまだ単なる社会的直感にすぎず、説得力のある学術的な言語で身をまとう必要があった。この点で、ロー判決を出した連邦裁判所は、自らの先例に拘束されてぐらぐらと不安定な足場に身を置いていた。グリズウォルド判決とそれに続く判決では、避妊具の使用は「私的（private）」なものと巧みに表現された。誰も避妊の制限に利点を見出さなかった。しかし、ロー判決では、女性や医者、国家というつながりのなかに、胎児という新しいアクターが加えられた。グリズウォルド判決では夫婦の寝室を多少無理してではあったが、性的自由を享受するにふさわしい空間として構成（construct）できた。しかし、胎児という新しいアクターの利害は、夫婦の寝室に容易には押しとどめられない。ロー判決の多数意見は、女性、生まれていない子ども、そして国家のそれぞれに対立する利害を調整することによって、胎児の権利を認めようと試みた。その結果として、物議をかもすことになる三半期ごとに分ける枠組みが考えだされた。たしかにこの枠組みは、すべての利害関係当事者に何らかの利益があるように作られてはいる。だが、その理論的根拠は、政治的対立を前にして粉々に崩れてしまった。ロー判決の最も重要な成果は女性が妊娠したからといって

必ず出産しなくてもよいという権利を、憲法上の原理の問題として認めたことだろう。ロー判決で裁判所は再びこの権利をプライバシーへの権利であると述べたが、この権利は妊娠の第1三半期には絶対的に保護されるべきだと主張したことで、さらに激しい議論が巻き起こされた。裁判所によれば、妊娠の第2三半期では、中絶による死亡リスクが増加するので、母体の健康を保護するために国家の規制が正当化される。第3三半期になると、胎児は母親の子宮を離れて生存できるようになる時点を超えるため、ようやく胎児の生命保護という方向に均衡が傾いていき、国家は中絶を自由に制限・禁止できるようになる[15]。

　三半期ごとのアプローチは、あたかも政治的な利益のバランス取りのように見えるものを通じて道徳的ジレンマに取り組んでいるが、対象とされている利益にしても、連邦最高裁での審議においては不平等なかたちでしか代弁されていない。ロー判決での中心的な関心は女性の性的自由の限界であって、それが年月をかけて法システムのなかに浸透していったことはたしかである。したがって、ロー判決のこの側面においては、ギャローが次のように結論づけたのにも根拠があったといえるだろう。「ついに、ハリー・ブラックマンはおそらく最も単純であるものの結局のところ何よりも最も長く忘れ去られていた真実をつかんだのであろう。それは『ロー対ウェイド判決は当時、それほど革命的な意見ではなかった』ということだ」[16]。三半期という枠組みを作るために裁判所が利用したものは、ブラックマンによる中絶法の歴史のつまみ食いだったり、医学的意見を丸呑みしたものだったりした。しかしそれらは、弱く崩れやすいものだということがわかってしまった。とくに、第1三半期と第2三半期のあいだに引かれた境界が技巧的なものであったことは、すぐに明らかになった。というのも、医学の進歩によって、第2三半期の中絶は、母体の健康という点では事実上ほぼ安全になったからである。この点についてサンドラ・デイ・オコナー裁判官は、アクロン市対アクロン生殖健康センター事件の反対意見で注意を喚起し、母体の健康という利益のために国家が正当に規制できる時点は、医療技術の進歩によってどんどん後になるが、胎児の利益のために国家の規制が許される地点は、どんどん前になっていくだろうと予測している。こうした医学の進歩により、三半期という図式は、やがて自身のなかで衝

突する道にあるのではないかとオコナーは述べている。そうなったとき裁判所は「科学の審査委員会のように振る舞わなければならなくなるだろう」[17]。なぜならば、州の中絶法の合憲性は、医療技術でできることを事件ごと(ケース・バイ・ケース)に確定していくことに左右されるからである。

　その後の医療の進歩によっても、生命維持技術によって胎児の生育可能性が妊娠のはてなく早い段階へと押し戻されていくことになろうというオコナーの予測は実現しなかった[18]。しかし実際のところ、生育可能性という法的概念は、まさに、その概念が技術の進歩に凌駕されるものではないゆえに確立された不動の概念として、時間をかけて重要性を獲得していった。ギャローが述べるには、国家の介入の適切な時点として最初に生育可能性を取り上げたのはブラックマンであり、それは、もし生育能力よりも早い地点を認めてしまうとロー判決で女性に認められた権利を侵害してしまうというサーゴット・マーシャル裁判官の意見を受け入れたものだった[19]。折しも、当時の最新の医学知識もまた、生育可能性での線引きは、胎児の権利を規定するのにふさわしい時点であると明らかにするとともに、第1三半期が女性の権利のための有意義な線引きであるという考えを当然のように打ち消していった。こうしたことを受けて、連邦最高裁は次第に、ロー判決の哲学的に問題の多い立場から離れていくことになる。というのも、ロー判決では、潜在的な生命について国家が利害関心を主張しうるのは生育可能性が生じた後だけであると考えられていたからである。連邦最高裁はウェブスター対ミズーリ州リプロダクティブ・ヘルス・サービス事件[20]で、妊娠期間のすべてにわたっての胎児の生命を保護する権限を州議会に認めた。ケイシー判決はこの進歩を完成させるものであった。というのは、そこでの多数意見は、三半期という枠組みを明らかに否定し、妊娠がいかなる段階にあっても、中絶を規制することを各州に認めているのである。それにあたっての条件は、妊娠を終わらせるという、女性の基本的な権利に対する「不当な負担（unduly burden）」にならないかぎりにおいてということであった[21]。

　このケイシー判決で示された「不当な負担」基準によって、ロー事件によってもたらされた論争の火が完全に吹き消されたようには見えなかった。この基準は文言上、特定の政策がもたらす社会への影響をケースごとに細かく審

査することを求めるもののようであり、その政策のなかには、技術に依存した政策、たとえば生存可能性検査の強制（mandatory viability testing）なども含まれているのである[22]。1994年12月マサチューセッツ州ブルックリンでは、計画出産診療所が襲われ、2人の従業員が殺害される事件が起きた。この事件のような反中絶主義者たちの暴力的戦術は次第に増えていったのだが、このことからは、いまや法の外に向けられて行われることが多くなったとはいえ、この運動がなお強い政治的な強い意志を示していることがわかる。技術的な変化を統制できないロー判決の力の不完全さを示すもう1つの例がある。それはRU-486にまつわる政治の歴史である。いわゆる経口避妊薬だが、この薬をフランスから輸入することは、ブッシュ政権のもと、保健社会福祉省による禁止が成功していた[23]。もし仮に、早期の中絶であれば道徳的に受け入れられるという考えがしっかりと確立されていたならば、RU-486に対する行政的な禁止を続けることは法的に困難だったであろう。しかし実情は、1993年1月にクリントン大統領が禁止撤廃を広く認めたため中絶法におけるふたしかさはいまだ残ってはいたものの、出生のコントロールの選択肢を自由化することを政治がはっきり支援することが示された。

　にもかかわらず、ロー判決の「理由づけは誤っていた」というよくなされる主張は、判決がもたらした社会と技術の変化を浅く、不当なまでに否定的に評価するものだ。こうした主張は要点を外しているのだ。たとえば、この1973年に連邦最高裁は避妊と、生育能力がない胎児の中絶の間にある道徳的な境界線が、出生のコントロールや性の解放によって強調され始めていたことを正しく認識していた。その境界線は、妊娠を「防ぐ」ための行為が性行為の直前になされるべきなのか、それとも直後になされるべきなのかという点にあまりにも多くの比重を置いていた。また、ロー判決はケイシー判決で狭められたうえで再確認された、次のような事実をすでに指摘していた。すなわち、生殖のコントロールが可能な世界では、ほとんどの男女にとって、中絶を決めるにあたって、妊娠よりも「生育可能性」のほうがずっと道徳的にわかりやすい境界線になるということである。重要なのは、ロー判決とケイシー判決にわたる20年のあいだに、連邦最高裁は、憲法の論理と社会行動の相互浸透に対する、新たな洞察力を手に入れたように思われることである。かつての判決に欠

けていた象徴的意味と強い決意を表すために、ケイシー判決の多数意見は、サンドラ・デイ・オコナー、アンソニー・ケネディ、ディビッド・スーターの3人の裁判官によって署名されている。これは実に23年ぶりに複数の裁判官によって執筆された判決になった[24]。スーターは、この多数意見のなかで、女性の変わりゆく地位について雄弁に述べ、めったにない再帰的な表現を使って、ロー判決は、人々がこの20年にわたり、「親密な関係性を築き、自分自身についての考えと自身を社会にどう位置づけられるのかを決めるような選択をする際に、不可欠な役割を果たした」[25]と述べた。言語技術としては、ロー判決はケイシー判決の多数意見のなかに組み込まれることによって最終的にその説得力を確立することができたのである。

8.2　胎児の権利の領域のマッピング

　中絶の政治問題が、全米で無尽蔵に供給されているかのような法のエネルギーを吸い上げていた一方、下級裁判所は、数多くの判断を下す必要に迫られていた。そうした判決は、中心的な論争から外れてはいるが生物医学上の矢継ぎ早な発見の時代に、生殖の自由についての公衆の理解を再定義するにあたって決定的な役割を果たしている。中絶の事例と同じように、それらの争いは、発育する胎児の地位と権限の問題に関心が集中していた。おしなべて裁判所は変化し続けている生物学的・社会的な諸関係に一貫性のある見解をこしらえるというよりも、局所化された紛争にその場ごとの解決をもたらすことのほうが得意である。しかし、これらの訴訟をまとまりとして見れば、中絶の判決と同じく、形成されつつある公衆のコンセンサスを裏打ちするものである。つまり、胎児の権利についてのさまざまな観点がそれぞれ正統に、胎児の発達段階ごとの争いのなかに登場し、かかわることになるということである。

8.2.1　胚についての争い

　医学によって人工的に作られた胚をどう位置づけるのかという問題は、訴訟で争われる焦点の1つである。これについて連邦政府は、人間の生殖の問題に積極的な立場を取ってはおらず、新しい生殖技術についての政策立案は

各国家機関にほとんど全部、丸投げされていた。そしてその研究と開発の大部分は民間に託されていた。1979年、保健教育福祉省（当時）の倫理諮問委員会（EAB）は、体外受精に関する政策方針について報告書を提出し、連邦政府がこの分野の研究に支援を増やすように勧めた[26]。人々の関心は高まったが、レーガン政権がEABを解散したために体外受精の医学的、法的、倫理的な次元での熟議に基づく探求の道は閉ざされてしまった。とりわけ連邦レベルとも協働して政策立案することはなおさら難しくなった[27]。体外受精のための政府資金もまた、無期限に停止されることになった[28]。

　1980年代には、卵子提供や、体外受精、胚凍結や胚移植といった技術が急速に発達していき、まるでSFのようなシナリオを作り出した。そこでは人間の胚が予期せぬアクターとして現れてきた。国家政策がないために、胚の地位をめぐる争いは、州法のパッチワークのもとに規制されていた。そのため、はっきりと体外受精に適用可能な法もあれば、たまたま適用できるにすぎない法もあった。生殖補助技術の利用について、訴訟は一般に、抑制か促進のいずれかを目的としてなされた。このような状況のもとで、スミス対ハーティガン事件[29]があり、これは、とくに体外受精に関連した訴訟のなかでも記録が残っている数少ないものの1つである。体外受精の利用を禁じているように思われたイリノイ州法の合憲性について、子どものいない夫婦が担当の医者とともに争ったものだ。

　デル・ジオ対プレスビテリアン病院事件[30]は、体外受精の法的意味が試されることになった最初期の訴訟だが、この事例では胚は明らかに、自分自身の権利をもつ人格としては扱われなかった。デル・ジオ夫人は、担当医と相談した結果、まだ実験段階とみなされていた体外受精を受ける決意をした。デル・ジオ夫人の卵子と、彼女の夫から採取された精子によって作られた培養基は、コロンビア大学のプレスビテリアン病院にあった人工孵卵器のなかに4日間の予定で置かれた。2日目に当時産婦人科委員長であったヴァンデ・ビール医師が、培養基を取り出して冷凍し、このプロセスを完全に断ち切った。これに対し、デル・ジオ夫人は、私有財産の窃取による損害と精神的損害の賠償を求めて、プレスビテリアン病院、コロンビア大学そしてヴァンデ・ビール医師を提訴した。賠償額5万ドルという最終的な判断は、デル・ジオ夫人のもって

いた生殖への期待が失われたことに対する同情を表現しただけでなく、廃棄された胚に対する夫人の所有権の主張を暗示的に承認したものである。

　これとは対照的に、デービス対デービス事件[31]では、テネシー州に住む女性が凍結した胚の移植を受ける法的権利を主張したのだが、問題はそれがいまや離婚した夫の意思に反していることだった。控訴審はこのケースで「母親」を勝たせるような判決をしたならば前夫の子どもを作らない権利を侵害する、と判示した。テネシー州法によれば胚そのものには「人格」として保護を受ける権限はない、とされた点はロー判決と一致している。しかし、生物学的な一方の親の利益を、他方の親の利益よりも優先させることはできないので、裁判所は、いまや2人の子どものような胚に対して、両者に共同養育権を与える判決を下したのだ。人工妊娠という争点を含む同時代のケースで、死亡した夫の精子を使って子どもを産む権利を主張するようなシングルの請求者の事件で、それに匹敵するような分析をしたものはない。ただし、そうした手続きから生まれる子どもも、予見できない法的不確実性に直面することになるだろう[32]。胚の人格性を主張したいがために、イリノイ州の反中絶運動家たちは、ある立法に成功した。その法律は、体外受精によって作られた胚の法的養育権を、そのプロセスを担当した担当医に与えるというものであった[33]。皮肉にも、この法の擁護者たちは、こう主張している。体外受精胚を移植しないという医学的決定は、法的に妊娠の終了とみなされるべきである。つまり、移植しないという決定は、合法的に妊娠を終わらせることとみなされうる——つまり、中絶の一形式——いうことであり、これによって、ロー対ウェイド事件のような衝突を避けたいと考えたのだった。

8.2.2　不完全な生

　遺伝子診断の新しい可能性は、ロー対ウェイド判決のもとでの中絶の自由化と結びつくことにより、出生前の生の価値と意味を問い直す、また別の場を作り出すことになった。たった一世代前には、肉体的・精神的な障害児が生まれることは、神の意思によって定められた不運の問題とみなされていた。しかし今日では、たとえばダウン症のような染色体の異常や、テイ＝サックス病のような遺伝子疾患、および脊柱水腫のような神経管の疾患は、羊水穿刺によっ

て検出することができる。羊水穿刺は、およそ妊娠 16 週目に羊膜腔から抜き出した液体を調べる手法である。それよりも新しい検査として、絨毛採取があるが、これは、成長中の胎盤の繊維を採取し、羊水穿刺とほぼ同じようにさまざまな異常を調べるものだ[34]。これらと関連した検査、たとえば超音波写真や超音波検査、および血液検査を併用することで、高いリスクの出産を控えた女性たちは、将来生まれてくる子どもの肉体的な状況について、きわめて正確な情報を得ることができるようになった。しかし、出生前診断によって明らかになる遺伝的疾患に対して、医学的に治療することはまだ不可能なままである[35]。したがって、深刻な障害をもった胎児の出産を防ぐ唯一の現実的な方法は、合法的な中絶の道を探ることになる。こうした検査技術によって、子どもは特定の先天的な疾患[36]をもたずに生まれる「権利」があるという考えを親たちは抱くようになり、その結果、そうした出産のリスクがあるとわかった時点で警告を発しなかった担当医を提訴する決意を抱くようになっていった。

　裁判所は少なくとも 1946 年以来、出生前の医療過誤によって障害を被った子どもに損害賠償を請求する資格があることを認めている[37]。しかし、初期のこうした裁判では、医者の過失（ネグリジェンス）が原告の状態を作り出したり、悪化させたという事例だった。1967 年にグレイトマン対コスグローヴ事件[38]でニュージャージー州最高裁は、医療過誤法理を、当該出生前カウンセリングの誤りに起因する訴えに拡大するように求められていた。グレイトマン夫人の担当医は、妊娠初期にかかった風疹が胎児を害する可能性があることを夫人に警告していなかった。その子が生まれると、夫人は、担当医の不作為のせいで時宜に適った中絶を選択する機会が奪われたと主張した。それに対し裁判所は、これらの事実では、親や子の損害賠償請求は認められないと判決した。

　グレイトマン裁判の後で裁判所は、異なってはいるがたいへん緊密に関連した、出生前カウンセリングでの過失によって生じる 2 つの不法行為のもつれを少しずつほどいていった。1 つは、「ロングフルバース（wrongful birth）」の訴え[39]である。これは、親が担当医に対してなす主張で、子どもが障害をもって生まれるかもしれないリスクを告げなかったことを争うものだ。もう 1 つは、「ロングフルライフ（wrongful life）」の訴えである。これは、子どもに

よる主張で、もし両親が適切に助言を受けられたならば、苦痛に満ちた人生を経験しなくてもよかったというものである。「ロングフルバース」の訴えは、伝統的な過失法を比較的素直に拡張したものである。不適切な検査やカウンセリングの証拠があれば、裁判所は、担当医が両親に対する専門職上の注意義務に違反しており、そして義務違反が障害児出生の直近の原因 (proximate cause) であるという判決を下すことはそれほど難しくない[40]。その場合、両親は、肉体的・精神的障害のある子どもの養育費として、通常ならばかからないであろう金額を賠償されることになる[41]。これに対して、「ロングフルライフ」の訴えは、より厄介な分析上の難問を提起している[42]。この場合、裁判所は、障害児の損害をどのように計算すればよいのだろうか。というのもコモン・ローの裁判官たちは、障害があろうとなかろうと、生きていることの価値を、生きていないということよりも計り知れないほど高い価値があるものとして扱ってきたからである。実際、グレイトマン事件で裁判所は、ロングフルライフ訴訟の損害を算定することは「論理的に不可能」[43]であると断言した。バーマン対アラン事件[44]を担当したニュージャージー州最高裁は、障害があっても、存在していることは存在していないことよりも望ましいと述べている。だが、グレイトマン事件の17年後、プロカニック対シーロ事件[45]でニュージャージー州裁判所は、カリフォルニア州裁判所とワシントン州裁判所にならって、新生児の原告に出生前カウンセリングのはっきりした誤りによって生じた被害について、いくらかの損害賠償を徴収する権利を与えている[46]。

しかし、賠償責任に基づく解決を選んだことは、裁判所がきちんと解決できる範囲を越える、いっそう広い社会的・文化的争点へと道を開くことになった。ロングフルバース訴訟とロングフルライフ訴訟は、またもや司法によって認められることになった権利で、それは担当医たちにとって無茶なほど厳しい基準を作り出すことになった。その結果、「防衛医療」の実践が促され、不必要で費用がかかる、検査に継ぐ検査が行われるようになった[47]。出生前のケアを専門とする担当医たちが、専門職上の基準に従うべきであるということには間違いない[48]。たとえば次のようなケースで、裁判所が合理的に賠償責任を課すことができることに対して、とくに争いはなかった。家系に先天性異常の者がいないか尋ね忘れたケース、祖母や両親から脊柱水腫が遺伝するとい

う情報を提供しなかったケース、あるいは、出生前診断検査を注意深く行わなかったケースである[49]。新しい賠償責任の理論にともなう問題はその点ではなく、この新しい理論が、それまでに確立されていた医療行為の境界線に対して、受け入れがたい圧力をかけたことにある。たとえ賠償責任のルールに加えられた変更がどんなに小さくとも、医学診断の方針を、専門職上の営みによって設定されていた境界線を越えさせてしまうだけの法的不確実性を生み出してしまうのである。

医者たちとその所属する組織は彼らの決定に対して下されるかもしれない法的非難を逃れるため、一緒になって技術を安全装置として使うという共謀関係に立つようになる。保健と家族法の専門家として著名なジョージ・アナスは、アメリカ産婦人科学会（ACOG）が、会員はすべての出産を控えた患者に次のような情報を伝えるよう助言したときのことを記している。その情報とは、αフェトプロテイン検査を、神経管異常のスクリーニングに使うことができる、というものだった[50]。この助言は、検査の需要を増やすと見込まれ、産婦人科学会に所属する医療スタッフの意見とも真っ向から対立することになった。つまり、検査はつねに、それに見合ったカウンセリングと技術支援を受けうるわけではないのだから、すべての妊婦をスクリーニングすることの価値がはたしてどれぐらいあるのだろうか、という意見である。アナスはこう結論している。ACOGが政策の転換をした理論的根拠は、「医学的ではなく、法的な根拠に基づいていた。つまり、医者たちに、医療過誤訴訟に対する『できるだけベストな防御』を与える」[51]という根拠だったのだ。このことを違う視点から見てみると、賠償責任法と医療行為は相乗効果を生み出し、人々から自由裁量を奪った。その代わりに、「検査」という非人格的技術にその自由裁量を与えることにしたわけだ。なぜならば、アメリカ文化のなかで検査は、客観的で、司法審査の対象とならないものとして見られていたからである。

肉体的な完璧さという理想にこだわりのあるアメリカ社会では、ロングフルバース訴訟とロングフルライフ訴訟はまた、すべての子どもは五体満足で生まれてくる権利があり[52]、障害児の出生は可能なかぎり予防すべきだという観念を強めている。検査技術が発達することによって、法システムは大きな圧力を受けることになるだろう。というのも、どの子どもが「正常」で、どのよう

な存在が「受け入れ可能」かどうかを決定しなければならないからだ。こうして、「ロングフルバース」と「ロングフルライフ」は、新しい優生学の道具になりうるものだ。賠償責任の恐怖に駆られて、医者たちは［胎児の］家族と結託して、現在の社会では耐えうると考えている特質でさえ、寛容性の低い将来には「障害（disorder）」[53]とみなすようになるかもしれない特質として除去しようとするだろう。

8.2.3 母を束縛する

　最終的に、裁判所は医者と国家の側と手を結んで、妊娠後期になり、胎児が生育可能になると、母親の利益を胎児の利益に譲るものとした。医療過誤訴訟や刑事訴追の恐怖に駆られて、このような状況になると、医者たちは医療的処置を勧めざるをえないが、この処置によって妊娠中の女性たちは、自らの権利や信教の自由を侵害されるかもしれない。訴訟記録によれば、こうした訴訟では、司法権力は、妊娠女性の有利になるようというよりは、妊娠女性にとって不利なほうに行使されることが多いのである。

　1986年10月、カリフォルニア州在住、27歳の経済力の乏しい女性、パメラ・モンソンが、妊娠中にした行為によって軽犯罪に問われることになり[54]、母と胎児との利害衝突の可能性が、はっきりと全国的な注目を集めた。彼女は、前置胎盤で胎児が死にいたる可能性のある危険な状況にあった。医者は彼女に、違法なドラッグを止めるように、性交渉を慎むように、もし出血をみたらすぐに医療手当を受けるように忠告した。申立てによれば、モンソンは忠告を1つも守らなかった。その結果、彼女が出産した子どもには、ひどい脳損傷があり、生後5週間で死亡した。それから何ヶ月か後に、モンソンは1926年法違反の疑いで起訴されることになった。1926年法は故意に子どもに医療的な世話をしないことを犯罪であると規定している。しかし、その後、その特別法による起訴は不適切であるとして取り下げられた[55]。

　妊娠女性が刑事訴追されることはめったにないが、女性には、まだ生まれていない子どもの健康に悪影響を与えるような決定を下す自由がはたしてあるのかどうかについての争いはそれほど珍しくない。1986年の調査によると11の州で、母親が胎児への医学的な治療を拒否した後に、裁判所が胎児を保護す

るために産科治療を受けさせる命令を下している[56]。命令が下った女性たちの多くは、社会のなかで最弱者層を象徴している者たちである。81％は黒人か、アジアか、あるいはヒスパニック系の女性たちである。44％は未婚である。そして、24％は、英語を第一言語として話さない女性たちである。こうした訴訟の88％で、裁判所が命令を下すまでの時間は6時間に満たない。この調査を行った人物はこう結論づけている。裁判官たちは医学的専門家たちに過度に敬譲的であるゆえに、妊娠女性たちには適切な法的代理人もついていないままに、複雑な医学的・法的決定を勢いで下している、と[57]。

　このような訴訟が全国的に[58]増加してくると、裁判所や法システムが医者や政府に抗して、妊娠女性たちがもつ市民的自由を保護する能力をもたないのではないかという疑問の声が高まってきた。ジョージ・アナスは、法が女性たちの権利の側に立たない場合に起こる灰色の将来像を描いている。「近未来小説『侍女の物語』でマーガレット・アトウッドが描き出した世界では、医者と国家が一緒になって、妊娠可能な女性たちからすべての人権を剥ぎ取ろうとしている。そうした女性たちは、自分たちを「ただの2本足の子宮とだけしか認識していない。彼女たちは、神聖な器、歩行する聖杯でしかない」。しかし、ある者たちにとって、その未来はもう起きている」[59]。この荒涼たる見通しに同意するかどうかはともかく、医療側の緊迫した事情に圧されて、裁判所が医者たちと無批判に結託してしまうという結末は避けがたいように思われる。これでは、母親と胎児の紛争を解決するために、バランスのとれて一貫した、慈悲深い原理は生み出されそうにない。むしろ、アメリカ産婦人科学会が1987年に残した声明の方が、ずっと見込みがある。それは、司法が権威を使って、妊娠女性が望まない治療を命じることは、患者の自律への侵害である、というものである[60]。

8.3　家族を再構築する

　何が家族を作るのだろう。遺伝子だろうか。それとも、生物学と結びついていない社会的な特徴のセットだろうか。いったいどちらが、子のケアをする大人の資格を決めるのに適しているだろうか。幼いジェシカ・デ・ブールをめぐ

って、アイオワ州に住む生物学上の両親が、彼女を出生からずっと養育してきたミシガン州に住むカップルに対して、2年に及ぶ養育権をめぐる争いを起こしていた。この争いは、養育権の問題に法が関与するようになって何年もたった90年代になっても、いかに未解決の問題が残されているかということをよく表している。この争いと同時代の決定では、たとえば、子どもが会ったことすらない生物学的両親との関係を断ち切った事例があると思えば、一方では、レズビアンのカップルの養育から子どもを引き離したものもある。こうした決定を見ると、今日の流動的で、性的に自由な社会においてなお、何が本当に大人と子どもを家族としてまとめるのかということについては不確実な状態が続いていることがわかるのである。

　絶え間なく起こる養子縁組と養育をめぐる紛争に、テクノロジーは新しい次元を付け加えている。テクノロジーを用いれば、あらかじめ熟慮したうえで、社会的な親から、生物学的な親を分離することが可能になる。20世紀後半には、ほんの少しテクノロジーを用いたことで、1人の子どもに、5人も、親権の一部ないしは全部を主張する人が出てくるような世界に突入している。その5人とは、遺伝子上の母と父（それぞれ卵子と精子のドナー）、社会的（あるいは養子関係の）父と母、そして産みの（あるいは代理の）母である。代理母が最初に社会的に取り沙汰されたベイビー・M事件では、裁判所の強みと弱みが同時に浮き彫りになった。つまり、生殖行為の変容というより広い問題の個別的で偶発的な現れを扱う場としての裁判所がもっている強みと弱みである。

　「代理母」[61]、つまり契約によって妊娠し、養子として手放すためだけに出産する者は1980年代に出現した。彼女たちは、1世紀の歴史のある人工授精という技術の予期せぬ新しい消費者たちだった。代理母が法の世界にたどりついたころには、非配偶者間人工授精（AID）、つまり夫以外のドナーの精子によって女性を妊娠させる処置は、2世代ほどにわたって利用されるありふれた処置になっていた[62]。AIDは、夫の生殖不能に対する安全で社会的に受け入れられた対処法だった。そして、そのうちのいくつかのケースでは、重大な遺伝的疾患をもつ子どもを出産するリスクを避けるための対処法としても用いられていた。精子ドナーという第三者が、生殖過程に入り込むことで、AIDの子どもと、2人の「父親たち」との関係についての数多くの紛争を生み出すこと

になった。しかし、そのうちの重要な争点は、裁判所が2人の母親がともに、自分こそが一人の子どもの「母親（mothers）」だと主張する、まるでソロモン王の伝説にあるような問題に直面することになったころには、おおむね決着がついていた。

　裁判所はAID事件において、時として一歩下がることがあっても、次第に、ほかの考慮要素はさておき何よりも子どもの利益を優先させるべきだ、という結論にいたるようになっていった。初期の事件のなかには、AIDを姦通罪の一種と定式化したものもある。母親の夫以外の当事者が父親となっている子どもは、非嫡出子と考えるべきというのである[63]。しかし、この見解は、夫が受精に同意しているかぎりは、AIDによって産まれた子どもは夫の嫡出子であるという、より進んだ立場に道を譲ることになった[64]。進歩的な司法判断は、こうした訴訟で非生物学的な父親の権利を拡張し続けた。すなわち、子どもとの遺伝的につながっていない、AID児の母親の前夫に訪問権と養育権さえも認めているのである[65]。しかし、生物学的な決定論が裁判官たちの頭から完全に消え去ることはなかった。たとえば、C. M. 対 C. C. 事件[66]などがそのよい証拠である。この事件で裁判所は、「子どもには母親と同じように父親も与えられるべきという要件を支持する」[67]長年にわたってとられてきた裁判所の方針を根拠に、母親の激しい反対を押し切って、父親の訪問権の主張を認めたのである。

　1987年、ベイビー・Mの物語は、7週間にもわたって、アメリカ中の注目を集め続けたが、技術的にいえば、単なるAIDによって誕生した子どもの誕生にすぎず、何ら目新しさはなかった。この訴訟がこれほど特別になったのは、法的・社会的な状況が変化したことが理由である。それによって、ありふれていた医療上の処置が、ゴールデンタイムのドラマや、道徳劇として見られてしまったのだ。ドラマのように見られた最大の理由は、（AID事件のように男性ではなく）女性が、子どものいない、血縁関係のないカップルに、遺伝子と身体を提供したことにあるだろう。この物語は、メアリー・ベス・ホワイトヘッドとウィリアム・スターンが契約書にサインしたところから始まる。契約書によれば、スターンから提供された精子を、ホワイトヘッドが人工授精することに同意している。そして、子を宿し、出産する。出産後は、スターン夫妻に

子どもを譲渡し、彼女がもつ親権を放棄することになっていた。そのときホワイトヘッドは、29 歳の既婚の女性であり、2 人の子どもがいた。彼女は見返りとして、一万ドルと、すべての医療費を受け取るはずであった。代理出産は、暗黙ではあるものの、社会的に認められることが多くなっていた。この取り決めは当初、そのうちの目立たない一事例のように思われた[68]。だが、一夜にして状況は一変する。ホワイトヘッドは「ベイビー・M」を出産した後、スターン夫妻との取引を果たすことはできない、と決意したのである。

ここから生じる紛争は、ニュージャージー州裁判所に持ち込まれた。州裁判所は、母であることのモデルが、生物学的なものなのか（この場合、潜在的な還元主義になる）、それとも社会的なものなのか（この場合、全体論的であると同時に、集団バイアスに向かいやすい）、の選択に迫られたが、これは父親について初期の AID 事件が直面したのと同様であった。ニュージャージー州上位裁判所のソルコウ裁判官は、この事件の最初の判決ではとくに熟考することなく、社会的モデルを選んでいる。彼は「代理母制度は、養子法が成立したときには利用可能な生殖方法の選択肢ではなかったし、未知のものだった」[69]からという理由で、争われている契約を無効にすることになる州の養子法の適用を否定した。ソルコウはさらに進んで、スターンとホワイトヘッドの契約が有効であると認めるために、ベイビー・M の「最善の利益」が何かを決定している。これは伝統的な養育権の審判で使われるやり方である。当然のことながら、こうした計算から導かれるのは、経済的にも教育的にもより有利なスターン夫妻に養育権および完全な親権を認めるということになる。

ニュージャージー州最高裁に上訴されると、今度は、はるかにホワイトヘッドに有利な仕方で州法が解釈された[70]。州最高裁はまず、代理母契約は無効であると判断した。というのも、ニュージャージー州には、養子と親権を規律するための多くの制定法と公共政策があるが、代理母契約はこれらと対立するからである。このようにして裁判所は契約を無効とし、スターン夫妻に養育権を認める判断は維持している。しかし同時に、ホワイトヘッドの母親としての権利を回復し、彼女のために、これから先も子どもに会い続けることができる、という但し書きをつけた。

ソルコウが事件を審理したときに抜け落ちていた生物学的な考慮こそ、州最

高裁の法解釈を下支えしているものである。スターンが主張したところ、代理母契約を無効にするのはスターンへの平等な保護の否定であるという。なぜならば、生物学的な父親であるという彼自身の主張と引き換えに、ホワイトヘッドの利益を不当に擁護することになるからである。しかし州最高裁はこの主張に対し、精子ドナーとしてのスターンの立場と、遺伝子上の母であり懐胎者としての母であるホワイトヘッドの立場をあまりに簡単に同等視してはならないと警告している[71]。州最高裁の判断によれば、9ヶ月という月日を妊娠に費やしたという事実によって、出産に対する女性の貢献と、男性の貢献ははっきりと区別できる。社会的偏見にあらがえなかった下級審は、より裕福であるという理由でスターンの立場を有利にし、それによってホワイトヘッドによる母親としての権利の主張を退けた。このことを考えれば、偏見に打ち勝った州最高裁の判決は、多くの者から称賛を得ることになった。しかし、他方でその理由づけに困惑する人々もいた。というのも、裁判所の理由づけは、幸福な状態としての妊娠の神秘と、母親という「公式の」女性像を維持し強化しているように思えたからである[72]。ロー判決以来、中絶権をめぐる訴訟が目指していたゴールは、女性にとっての完全な平等だった。その考えに従えば、ホワイトヘッドの権利は、スターンの権利と同等に認められるべきものだったのだ。しかし、生殖と出産について女性が特別な役割を担っていることを強調することで、こうした権利の主張をするのは、どうしても問題がつきまとう。

　この訴訟の後、アンナ・J対マーク・C[73]というカリフォルニア州での裁判では、まだ未熟なかたちではあったのだが、生殖と育児という複雑な政策問題に裁判所による生物学の理解を持ち込むことのリスクがきわだつことになった。このケースでの争点は、遺伝上の母親、クリスピーナ・カルベールと、妊娠した母親、アンナ・ジョンソンのあいだで起きている。アンナは1万ドルの契約でカルベールの受精卵を出産することになっていた。カリフォルニア州法によってカルベールが母親であると判決を下したことにより、誰が母親であるかを決める基礎として適切なのは遺伝子であるという見解を控訴裁判所が示したことになる。これに対し、ジョージ・アナスは痛烈な批評のなかで、法と生物学のあいだの境界線の引き方を脱構築している。彼によれば、さまざまな知識や専門家の競合する意見のなかから、裁判所は、自らの思う結論に達する

ために、そのうちの1つを戦略的に選択しているのだという[74]。たとえば控訴裁判所は、「遺伝子は、味覚、好み、個性、スタイル、話し方や癖に影響を与える」[75]という、大いに異論の余地のある専門家証言を採用している。同時に裁判所は、ACOG倫理委員会が出した、遺伝学よりも妊娠こそが母親を決定するために用いられるべき基準であるという勧告は理由が不十分であるとして退けている。人間行動が遺伝的に決定されるという決定論的見解を採用し、ACOGの対立する見解を退けたことにより、裁判所は、こっそりと法の権威を利用して、生物学的、そして社会的な役割についての特定の見方を支持しているのである。

8.4 生物学と社会のネットワークのなかの法

　本章で議論した法的論争は、テクノロジーの変化に対する司法の応答を見てきたなかで、前章までにぶつかってきたテーマを発展させ、洗練させてきた。第一に、裁判所はテクノロジーの革新を社会的・文化的な文脈へと引き入れる最初の段階で重要な役割を担っているということを、本章のケースは再び裏づけている。ほかの政府機関がこうしたことを考慮する機会をもったり、考えようとした後ではなく、それよりも前に、紛争が裁判所に持ち込まれるのである。したがって、裁判官たちには、新しいテクノロジーに対する社会政策を形作るにあたって、特別に権威のある声を上げることになるのだ。理想的な状況においては、裁判所の画期的な判断は、その他のアクターたちが政策決定をする義務を課すほどの力を与えることが期待されているのである。したがって、ベイビー・M事件は、代理母制度に対する公の注目を大いに高め、一度に多くの州がこの問題を立法すべき課題の筆頭へと押し上げることになったわけである[76]。たとえば、アーカンソー州はすぐに、既婚の夫婦が結婚していない代理母を利用した場合の子どもの法的な両親はその既婚の夫婦であり、養子制度を利用する必要はないという法律を制定した。体外受精では、胚とその提供者の権利については、立法の無気力のために、ほとんど当たり前のように裁判所が第一の監護者になっている。

　第二に、ロー対ウェイド事件と、それに続く中絶のケースによって明らかに

なったのは、生殖技術をめぐって急激に変化している社会的な期待を落ち着けるために、憲法を用いることのリスクと利点だった。たとえば、DNA の二重らせん構造のような科学的発見が、全世界を構造化できないのと同様に、あまりにも抽象的な憲法の原理が、行動や期待が変化している世界全体の基盤を提供できるわけがないのだ。広範囲にわたる議論で明らかになったように、ロー判決は、本当の社会的な大変革を支えるにはおそらくとりわけ壊れやすい接合体でしかなかった。だが同時に、振り返ってみれば、1970 年代初期には、女性が性的解放を主張するための政治的な手段となりえたのは、州ごとの法律ではなく、ただ憲法だけだったことも明らかであるように思われる。重要な法的・政治的コミュニティの一部が十分な説得力をもってロー判決の核心部分を擁護するまで、ロー判決から 20 年もかかったという事実は驚くべきことだ。ここでブラウン対教育委員会事件を思い起こすことには意義があるだろう。この判決の憲法上の正しさが疑問に付されることはめったにないのだが、一夜にして人種差別が完全に撤廃されることはなかったのである。ブラウン対教育委員会判決の命令は、「慎重な速度」で進むことだった。したがって、この命令はその後、40 年にわたり続く、公民権運動や、スクールバス抗議運動、アファーマティブ・アクション、そしてそれらすべてに対するバックラッシュといった長期間の苦痛の単にかすかな伏線にすぎないのである。より平凡な例として、前章で議論したダイアモンド対チャクラバーティ事件を挙げておこう。この判決によって、遺伝子操作動物の所有権を認める社会的なコンセンサスがすぐに生まれることはなかった。ロー判決を、生物学、セクシュアリティ、人間の生殖や胚の権利、そして社会における女性の役割、これらについての考え方が大きく変化したなかで、それらの変化を構成する単なる一部分であったと見ることは、この判決の重要性の判断としては控えめにすぎるだろう。また、憲法法理上の誤った転換点であるとみなすことも、20 世紀の後半を通じ、ゆっくりとだが確実に新しい社会秩序が形成されていくにあたってこの判決が果たした中心的な役割を捉えられていないのである。

　第三に、生殖技術をめぐる訴訟は、司法が判決を下すために、その説明の裏づけとして生物学を捉えていることに対して、内省や批判的な洞察が欠けているという注意を呼びかけている。この領域の訴訟はたいてい、自然世界と社会

的世界のあいだにある境界線を深くえぐることになるし、原理的には、人間本性や主体性、管理についての深い思案をかき立てるはずである。にもかかわらず、たとえばベイビー・Mやアンナ・Jの判決では、何が生物学的であり、何が社会的なのかについての当然視された思い込みが手つかずのままだったことに注目すべきである。実際には、法がこうした領域の公的理解を作り出す役割を演じている（たとえば、アンナ・J判決では、妊娠の「生物学」よりも、遺伝子学の「生物学」を持ち上げることによって）という洞察は司法でのほとんどの推論から抜け落ちてしまっている。裁判所はケイシー事件において少しだけ、ある可能性を垣間見せている。それは、人間が、自然世界と社会的世界の両方の一員として境界線を作り、また作り直すという行為に積極的にかかわることによって、自分自身のイメージと行為を明確にし、制御することができるという可能性である。

第 9 章
生と死のさまざまな定義

　7 年にわたって、32 歳のナンシー・クルーザンはミズーリ州の病院で昏睡状態のまま横たわっていた。彼女の病状は「遷延性植物状態」と医師から診断されており、その「生命」は栄養チューブによって人工的に維持されていた。そして 1990 年 6 月 25 日、彼女の苦境は連邦最高裁判所によって審査された。クルーザン対ミズーリ州保険局長[1)]で連邦最高裁判所は、栄養チューブを外し、娘を死なせるのを認めるように求めたクルーザンの両親の要求をミズーリ州が退けたのは正当だったと判示した。ミズーリ州法は昏睡状態にある患者が生命維持治療の中止を望んでいたであろうことを示す「明確で説得的な」証拠を要求しているが、クルーザンは意識があったときも、この法的基準を満たすかたちで自分の希望を表明していなかったということが判決理由だった。この判決はナンシーの生命だけでなくクルーザン一家の苦悩をも長引かせることになったとはいえ[2)]、憲法上の記念碑的成果として多くの人たちから熱烈な支持を受けている。というのも連邦最高裁が初めて、個人の自由に、何も認識することのできない生 (cognitively empty life) を長引かせない権利が含まれることを認めたからである。

　しかし、終末期患者の治療を受ける権利のように伝統的に、私的事項とされてきたものがどのようにして、人目につかない医療の場から憲法訴訟という日の当たる道にたどりついたのか。そしてどのようにして、この問題は個人の自由というフレームで扱われるにいたったのか。より一般的にいうならば、生命維持技術の利用を取り巻く倫理学的、経済学的、社会政策的な諸問題の入れ子に対して、法的プロセスがどれほど効果的に対処してきたのか。本章は死ぬ権利 (right-to-die) 問題の進展について、2 つのストーリーを取り上げる。第一は

成人の患者に関するものであり、次に深刻な障害をもつ新生児に関するものである。前者では、裁判所は制度上可能なかぎりの努力を尽くし、個人の権利と社会的責任に関する争点を徐々に明るみに出すとともに、ほかの政策決定機関によく整理された方向性を示した。後者では、裁判所が、人間の主体性と技術の力に関する社会通念を打ちくだく能力の限界がここでもあらわになり、法による脱構築があまり有効でないことが明らかになった。

　死ぬ権利をめぐる法的争点が最初に定義されたのは、責任を恐れる医者と、仰々しい治療を無駄とみなす患者や家族との争いにおいてだった。裁判所は、昏睡状態の患者から人工呼吸器を取り外すための適切な基準といった、医者が専門職として直面する問題を足がかりに、やがて、どのような生が生きる価値があるのか、自身で話すことのできない患者の代わりに誰が話すべきか、治療が自由を制約するのはどんな場合かといった問題まで、広範に探求していくことになった。アメリカ人の高齢化と医療費の増加にともなって、このような問題の法的次元はいつのまにか、より広い経済的・公共政策的な問題へと変容していった。この最も豊かな社会においてさえ、終末期患者の生を長引かせる余裕がどれほどあるのだろうか。重病の新生児は、費用や親の判断にかかわりなく生かしておくべきなのだろうか。死ぬ権利の判断では、臓器の摘出や移植の可能性を考慮に入れるべきなのだろうか。生命を保持することに傾斜した医者や国家の取り組み(コミットメント)を弱めることなく、医師による自殺幇助（medically assisted suicide）を認める余地を切り開くことはできるだろうか。

　こうした問題は当初、法律家や倫理学者によって議論されたが、最終的には司法や哲学の領域を離れて、議会や医療従事者、政府の政策立案者の関心事となった。裁判所はその過程で、延命技術に関する法的ルールの一時的な独占状態を放棄した。死ぬ権利の司法的解釈は、新たに公共性を獲得した、技術によって幇助される死の儀式に社会が適応していくにあたっての複雑なタペストリーに織り込まれることになったのである。

9.1　死の床から法廷へ

　人がこの世に生まれ、そして旅立つあり方のさまざまな変化は、20世紀の

社会史における重要な一節をなしている[3]。1900年以降、死のプロセスは自宅と家族の私的ケアから引き離され、病院と高齢者施設による公的管理へと絶え間なく移行していった[4]。死はその犠牲者に、晩年になって、密やかに、たいていは長く続く病気の後に忍び寄る。外科手術や臓器移植、薬物治療、蘇生法の劇的な進歩とともに、何らかの人為的介入が行われる終末期医療にかかわることのない疾病はほとんどなくなった。避けることのできない死の瞬間に人が近づく際に運と自然が果たす役割は、かつてと比べてはるかに小さくなっている。

　何世紀ものあいだ、ユダヤ・キリスト教的な伝統は魂の不可死性を讃えることによって肉体のはかなさを埋め合わせていた。西洋の美術、音楽、文学は、肉体的な枠組みは死すれども、地上の束縛を逃れた敬虔な魂は永遠の生を享受すると誇らかに宣言していた。だが現代になって、その古典的な想定を技術は皮肉なかたちでひっくり返した。肉体は人工呼吸装置と栄養チューブにつながれることで、意味のある認識ができる存在でなくなったずっと後でも、物理的に機能し続けるのである。このような技術装置は、古くからの「死」の意味にいまだ解決されない突然の曖昧さをもたらし[5]、それによって社会規範のみならず法規範にも課題を突きつけた。終末期における治療判断を規律するのは誰の政策や原理なのか、それは病人や終末期患者なのか、あるいは家族、医者、または病院や裁判所、議会といった非個人的制度なのかについて、新しい理解が必要であることが訴訟によってあらわになった。こうした争点は科学的事実認定と医学的判断の範囲をただちに越え出た。なぜなら、生物学者も医者も、どの時点で患者が「医療的ケアを必要とする人間である」ことを止めて「遺体となる」のか[6]、自分たちだけで判断することはできなかったからである。あえてちがう考え方をする医者は、民事・刑事責任の脅威にうっかり自らをさらしてしまうこともあった。医療倫理学者ノーマン・フォストが指摘しているように、「これまで、どのような理由による、どのような患者への、どのような生命維持治療についても、故意の差し控えや中止に責任を負うとされ」た医者はいない[7]のではあるが。驚くべきことではないが、医学界は、患者の権利の明確な定式化、そして責任が問われる医療行為と問われないものの境界線の引き直しのために法に依拠した。

だが、このような法の道具的な使用は、重大な制度的帰結を引き起こした。かつては不可視だった医学的判断を公的な法的紛争へと変換し、司法のリソースを酷使したうえ、医者を事後的に批判する困難な立場に裁判所をつかせたのである。新しい事件の猛攻を受けて、法システムは、死と臨終（death and dying）に関する判断を再び医学の問題として投げ返すことを迫られた。取り組むべき課題は、裁判所が明確化・精緻化した患者の権利を尊重し、医者と病院が生と死の境界について明確な理解をもちながら、法的報復をおそれずに自らの責任を引き受けることを可能にするような行為規範を発展させることだった。生命を守る国家の役割は、とくに終末期患者の権利とは反対の方向に向かう場合には評価し直されなければならなかった。1980年代半ばまでには、死の現代化が及ぼす心理学的・経済学的影響はケースごとに解決するにはあまりに大きくなっており、臨終（dying）の負担を緩和するための新たなアプローチを法と医学の双方から検討することが必要になってきた。

9.2 問題の組み立て方

ベイビー・M事件が「母であること」の意味を再構成する必要を示したように、ニュージャージー州のクインラン事件[8]と、それとほぼ同時期のマサチューセッツ州のサイケヴィッチ事件[9]は、生命維持技術をめぐって現れた法的・倫理的争点を公衆の意識の最前線に押し出した[10]。これらの事件は、進展しつつあったほとんど不可視の社会変動を人々が広く知るところとなる公共的問題へと転換させたが[11]、そのことによって、これらの事件は適切なことに、成人の「ものいわぬ患者」[12]のためになされる治療判断に関する法における重要な節目とみなされるようになった。そして全体として、その後何年にもわたって裁判所と議会を占めることになる、延命技術とその受益者とされる人々に関する一連の問題を打ち立てることになった。

法においてはよくあることなのだが、悲劇的だが小さなできごとが思ってもみなかった結果を引き起こした。見たところ心身とも健全な21歳の女性カレン・アン・クインランは1975年4月15日、友人とのパーティーに参加するために家を出た。その夜遅く、おそらく薬の副作用に関係する原因から、彼女

は意識を失い、15分間の呼吸停止を少なくとも2回起こした。クインランはニュージャージー州のある病院に収容され、そこで何度も緊急蘇生措置が施されたが、蘇生せず、人工呼吸器と栄養補給のチューブをつけられた。その後、クインランは深い昏睡状態のまま、いかなる認知のはたらきもない「遷延性植物状態」と専門家によって診断された。しかしクインランは臨床的に「脳死」状態ではなかった。というのも彼女は脳幹機能の一部を維持しており、光や音といった外的刺激に最低限の反応を示したからである。

クインランの担当医の大多数は、彼女が完全な知的能力のある存在（existence）に戻れる可能性はきわめて少ないということで意見が一致していた。しかし同時に、彼女の病状は脳死の基準を満たしていないため、人工呼吸器のサポートで生命を維持されるべきという専門的判断も示していた[13]。彼女の父親であるジョセフ・クインランは敬虔なカトリック信者であり、この判断に異議を唱え、家族と教会の支援を受けつつ、自分の娘の後見人として人工呼吸器の取り外しを求める権利を認めるよう裁判所に提訴した。後の死ぬ権利事件の試金石となった判決において[14]、ニュージャージー州最高裁判所はまず、クインランには憲法上のプライバシー権があり、それにより自分の身体の治療について決定することが認められると結論づけた。さらに裁判所は、彼女の父親をクインランに代わってこの権利を行使する権限のある後見人であると判示した。第三に、裁判所は、将来的にはこのような判断は、医者やソーシャル・ワーカー、弁護士、神学者からなる多元的な「倫理委員会」によって下されるべきことを推奨した。このような委員会は、取り上げるに値しない家族や医者の動機を「遮断」し、司法が介入する必要のないままに大部分の事件を解決する助けになるだろう。そのような手続きが実施されたら、司法審査は「医療専門家が適切に扱いうる領域に対する余計な侵犯であるだけでなく、とてつもないほど重荷であることから」[15]、不適切とみなされることになるだろうと裁判所は指摘している。

この判決を受け、クインランの担当医たちは、彼女がすぐに死ぬだろうと考えて、人工呼吸器を取り外すことに同意した。だがクインランは、昏睡状態のままその後10年間生き続け、ほとんどの医学的予想と、彼女に死期が迫っているという身体状態の法的構成のいずれをも裏切ることになる[16]。この期

間、「鍵がかけられ、日よけが下ろされた薄暗い 8×10 フィートの養護施設の一室」[17] が彼女の家だった。そこで彼女は両親の訪問を頻繁に受けたが、通常より注意深い看護を受けることはおそらくなかった。意識を取り戻す徴候を示さないまま、彼女は 1985 年 6 月 11 日に亡くなった。

クインラン判決がニュージャージー州で言い渡されたのとほぼ同じ時期、マサチューセッツ州最高裁は、クインランとちがって、通常の人間の意思疎通を十分に行ったことがない患者に代わって生死にかかわる判断をどのように下すべきかという問題に直面していた。争点は、白血病のため州立病院に入院している、精神的に無能力な患者であるジョセフ・サイケヴィッチへの化学療法を差し控えることは合法かどうかだった。彼は生まれつき発達が遅れており、診断時 67 歳だったが、知能指数は 2 歳児程度だった。医者は、治療は苦痛をともない生死にかかわる可能性もあるが、彼は治療の目的や副作用を理解することはできないだろうと証言した。化学療法をやめた場合、サイケヴィッチはとくに苦痛を感じることなく、数週間から数ヶ月のうちに死亡すると考えられた。

サイケヴィッチ事件の裁判所は、倫理委員会なら、判断能力のない患者の生命の引き延ばしに関する判断について、遺言検認裁判官に助言するにあたって有益な役割を果たすことができるだろうという点では、クインラン判決と同意見だった。しかし、マサチューセッツ州の裁判所は、医療の専門家との協議やその意見の尊重が司法による監督に代わりうるというニュージャージー州最高裁判所の考え方とは鋭く対立した。サイケヴィッチ事件の裁判所は、司法審査を「医学的専門知識の領域への不当な介入」としてはねつけるどころか逆に、死ぬ権利の事件では司法府のみが、このような紛争で要求される「距離をとりつつ情のこもった調査と判断」を行うことができるとみなした[18]。この帝国主義的とも思える態度は、医師の意見を覆したいという願望というよりも、判断を下すための法的基準をコントロールしようとする決意を反映するものであった。マサチューセッツ州最高裁が選んだのは「代理判断」の基準である。それによれば、代理決定者は「当該の判断能力が欠けた者が、仮に判断能力があって現在と将来の判断能力の欠如を考慮に入れることができたとしたら下したであろう」[19] 判断をすることを求められる。

州最高裁の望みは、このようにして患者の観点に優越的な重みを与えることによって、医療専門家によるおせっかいな(パターナリスティック)判断の落とし穴を避けることだった。しかし、代理判断基準は実際にはほとんど実行不可能なことが明らかとなった。なぜなら、十分に判断能力のある者が、この基準が求めるほど完全に判断能力を欠いた者の思考プロセスに入り込むことを望むことはありえないからである[20]。サイケヴィッチ事件に非常に類似したストーラー事件においてニューヨーク州上訴裁判所は、代理判断テストを退けるチャンスを得て（裁判所はそれを「もしひと夏ずっと雪が降ったら、それは冬になるだろうか」という問いと比較した）、それに代え、通常は子どもに関する判断に適用される「最善の利益」基準を採用した[21]。裁判所はこのアプローチのほうに深く精通していたにもかかわらず、後に見るように、これにも問題があった。なぜならそれは、医療も司法も有している、治療を選択しがちなバイアスが患者の観点からの冷静な状況評価を押しつぶしてしまう恐れがあることを見落としていたからである。

9.3　患者を構築すること

　裁判所はクインラン事件とサイケヴィッチ事件の両方で患者を構築するという複雑なプロセスを、医療の場での診断と治療という初期の行為から引き継いでいる。これらの事件の判決は、生と死の境界をさまよう人間の道徳的地位の確定に向けた、司法システムの最初の一歩の試みを表すものである。このような地位を明確化することは、司法のエネルギーを少なからず必要とした。患者と医者のあいだ、患者と生命維持システムのあいだ、そして患者と国家のあいだの依存関係は、まだ十分に理解されていなかったが、裁判所は、それを法的に意味ある形で記述する方法を見出さなければならなかったのである。この社会構築の複雑なプロセスにおけるそれぞれの歩みは、出発点を間違ったり、誤ったところで曲がったりしていて、後の判決で修正されたり、取り消されたりしなければならなかった。

9.3.1　医者と患者

　サイケヴィッチ事件などの死ぬ権利をめぐる紛争で裁判所が介入することの

正当化としては、第一に、競合する諸価値を比較したり、弱者と無力者の権利を保護するという権限は裁判所だけにあるということであった。裁判所に持ち込まれる紛争には明白な不平等がある。一方の側にはさまざまな程度で身体的・精神的に無力な患者がおり、（代理人によって主張されることもあるが）彼らのやむにやまれずになされる訴えは、自律、プライバシー、人間の尊厳という価値に立脚している。他方の側には医者と医療機関があり、専門的な知識と、命を守ることについて、国に認められた集団としての取り組み(コミットメント)を根拠として優越的な権限を主張している。このような状況での裁判所の制度的義務は患者の権利と利益を守ることである——要するに、つねに患者本人と希望が一致するわけではない患者家族も含め、患者に対し優越的な地位にある人々の反対に立つカウンターとして行動することである。

　そうした役割を裁判所が効果的に果たせるかどうかについて、医学における倫理問題研究のための大統領委員会は治療に関する報告書のなかで、疑問を投げかけている。というのも、裁判所は医療専門家を後知恵で云々することに対して周知のように及び腰だからである。「典型的に問題になるのは、選択された特定の治療が正しいかどうかである。これに答えるには患者の進行しつつある病状について実質的に理解していなければならないが、裁判所にはそれができないので、単に担当医の勧めに従うことになりかねない」[22]。死ぬ権利のリーディング・ケースはこのような疑いを裏づけるように、担当医による証言について裁判官は十分に独立して批判的な検討に及ぶ能力を明らかにもっていないことを示した。患者の心理的・道徳的地位の裁判所による構成は、医者の専門的判断、それに加えてもちろん、患者の状態と能力について医学界に根づいている規範的な想定を含むことは疑いない。

　一例をあげるとクインラン判決は、患者は不可逆的な昏睡状態にあり、呼吸を維持するのに完全に機械に依存しているという裁判所の評価に拠っていた。したがって、彼女への治療は臨終の人為的な引き延ばしであり、最終的な回復の見込みのない技術的な介入として概念化された。ロバート・バートの見解では、このような結論は医学的証言についての恣意的で、おそらくは根拠のない解釈に基づいているという。この昏睡状態の患者を人工呼吸器から引き離そうと実際に試みて、この患者は機械のサポートがなくても生きられるだろうとい

う、結局は正しかった結論を下した医者による証言が唯一あったが、事実審裁判官と州最高裁のどちらもそれを軽視したのである[23]。州最高裁判所も疑わしい根拠によりながら、クインランの病状を「ガンに蝕まれひどい苦痛を覚えているが、判断能力のある終末期患者」と類比していた[24]。このような特性評価（＝診断、characterization）は、患者が完全に絶望的であるとの印象を強めたが、しかし法廷での医師の証言はクインランは実際に苦痛を感じる能力がないことを示していたのであった。

　科学技術社会学の用語によれば、ここで裁判所は、患者の特性評価を単純化するために、医学的証言によってあらわになった「解釈上の柔軟性（interpretive flexibility）」[25]を軽視することを選んだのである。「死の引き延ばし（prolongation of death）」は（いまやこの世を去りつつあるようであった）クインランの主体性を否定するものであり、そのために「病気の治療」とは全く異なった法的・医学的含意をもつ。仮にクインラン事件を審理した裁判所が、患者は苦痛を感じておらず、末期状態ではないという証拠に焦点を当てていたとしても、この裁判所は治療を中止する用意があったのだろうか[26]。対照的に、先に言及したストーラー事件では、患者の母親は治療に反対しており、患者はあと数ヶ月しか生きられず、この治療を全くいただけないと考えていた証拠があるにもかかわらず、治療モデルが採用されたことによって、輸血の継続が患者の最善の利益だという医師の主張にニューヨーク州上訴裁判所は同意することになった[27]。

　サイケヴィッチ事件でも司法の意見は不適当なまでに医療専門家の意向によって作り上げられたが、クインラン事件でみられた、解釈上の柔軟性によることはなかった。サイケヴィッチの担当医は、最初は裁判官に敬譲して、自分自身は治療の判断に必要な「深い知識」をもっていないと述べた[28]。しかし裁判官が化学療法を継続したいという気持ちを示すやいなや、担当医と、裁判所選任のサイケヴィッチの後見人の両者が、患者は管理しにくくなるだろう、そしてこの治療は患者の生命を現実に縮めるだろうと慌てて裁判官に告げた。彼らの猛攻は裁判官をゆるがせ、後に考えを改めさせた。最終的な決定では次のように述べている。「出廷した医療専門家と医師に十分な尋問を行い、その証言を採用した結果、当裁判所は現時点で化学療法は行われるべきでないと判断

し、判決する」[29]。この決定には熟慮されたかのような響きがあるが、聴取記録が明らかにしている結論、つまりサイケヴィッチの運命に関する法的判断は実際には患者への医療提供者が有している望みを法的に追認する以上のものではほとんどなかった、ということを覆い隠すものであった。

完全に意識と知的能力がある患者が通常外の医療措置を受けさせられているケースにおいても、[患者の]特性評価の問題は裁判所にとって難しいことが明らかになった。エリザベス・ブーヴィアのケースは、1980年代にアメリカで起こった多くの類似する紛争のなかでも最も痛ましいものである。彼女の申立てにカリフォルニア州の司法システムがとった対応は、試行錯誤的な努力であったが、ある評者はこれを、医療専門家の手による彼女の処置よりもずっと配慮に欠けると非難している[30]。

ブーヴィアの問題は、彼女は精神的には健常だが、身体的には無能力だという点だった。彼女は脳性麻痺のために完全に不随状態にあり、介助がなければあらゆる身体機能をケアすることができなかった。1983年、夫と別れ、家族とともに住んでいたこの26歳の女性は、自分では何もできない無力な病人として残りの人生に向き合うことはできないと決心した。彼女は、カリフォルニア州のある病院に自ら入院し、そこで死を早めたいという意思を公表した。しかしこの病院は明らかな自殺の試みに携わることを拒み、経鼻胃チューブによる強制栄養補給を強く主張した。彼女が栄養補給中止の裁判所命令を求めたとき、カリフォルニア州上位裁判所は病院側を支持した[31]。この判断から3年後、ブーヴィアが入院と強制栄養補給をさらに続けた後になって、州控訴裁判所は最終的に、栄養チューブを取り外したいという彼女の希望に応じた。[だが]このとき、ブーヴィアは[権利を行使して]栄養を拒否するつもりはないことを病院に確約しなければならなかった。

自分の治療をコントロールする権利を勝ち取った後でさえ、ブーヴィアの生存は不幸にも制約されたままだった。1983年に法的勝利を得た10年後、彼女はカリフォルニア州のある病院の1日800ドルかかる病室で、ほぼ完全に隔離されたままの生を送っていた。1987年には、餓死するには数週間必要で、その苦痛やその他の副作用に耐えられないだろうと知ったため、餓死による自殺の試みもやめた。1993年に行われた珍しいインタビューで、彼女はあるジ

ャーナリストに対して、自分はまだ「安らかに死ぬ」ことを望んでいるけれども、早期の死が果たせなかった以上、今は「病院から出ようと努めている」と語っている[32]。

　州裁判所はやがて、障害があるが判断能力をもっている患者の権利をもっと同情的に見るようになった。1984 年、カリフォルニア州控訴裁判所は、不治の成人患者はその病状が「末期的(ターミナル)」と診断されていなくても生命維持治療を拒否することができると判示した[33]。その後のニューヨーク州の事件では、養護施設に入っているが精神的にはしっかりしている 84 歳の患者が餓死する権利を認められた[34]。コロラド州のある裁判所は、薬物の過剰摂取のため不随となった 34 歳の男性に、栄養と水分を摂取しないことを認めただけでなく、治療を受けていた病院からほかへ移すことはできないとも判示した[35]。裁判官は、この事件における死は患者の疾患の自然な帰結であるという理由で、自殺に関与することについての病院の懸念を退けた。クルーザン事件は、患者の自律のさらなる尊重に向けたこのような動きを完成させるものであった。[この事件で]連邦最高裁判所は、合衆国憲法の適正手続(デュー・プロセス)条項によって保護される自由の利益には、望まない治療を拒否する自由が含まれると判示したのである。[だが]とりわけこの推論に欠けているのは、クインラン事件や後の多くの死ぬ権利をめぐる事件で援用されたプライバシーの概念である。

　これらの判決は自由至上主義的(リバタリアン)な潮流を例証すると同時に、患者の真のニーズと意図に対処する司法の力の悲劇的な限界を記しづけるものでもある。裁判所は、患者の病状の適切な法的構成によって死を手助けすることはできるが、知的能力と知覚能力をもつ障害者が切望する意味と自由を人生に取り戻させることはできなかった。裁判官は、死が患者の中心的動機では必ずしもないケースでは、人工的な生命維持の除去を求める訴えを認めた。四肢麻痺を患うジョージア州の元技師、ラリー・マカフィーは、彼が苦労して勝ち取った自分の人工呼吸器を止める権利を行使しないことを選んだことで、この点を劇的に表現した[36]。裁判所との闘争によって世間の注目を集めたことで、マカフィーは耐えがたいほど制約された生を少なくとも当面は続ける決心をするほど、十分な社会的援助を得ることができたのであった。

9.3.2　装置に支配させること

　クインラン判決の後、州裁判所は、栄養チューブの取り外しを人工呼吸器の取り外しやその他の治療の中止と法的に異なるものとみなすべきかどうか判断するため、原理的な理由を見出そうとした。だがこれによって、死ぬ権利をめぐる訴訟は一般的に生産性のない回り道に入ることになった。初期の1、2の事件で裁判所は、患者の生命を終わらせることが確実な治療中止を命じてはならないとの理由から、人工栄養を命じた。このような判決は、栄養や水分を患者に与えないことは、それが昏睡状態の患者であっても基本的な道徳的価値や倫理的な医療実践と両立しないという、一部の医療倫理学者の信念をなぞるものだった[37]。

　栄養補給の差し控えは他の治療方法を止めることよりも「決定的 (final)」だという議論は、最終的に法曹界を納得させられなかった（ここで、第8章でみたような、人工妊娠中絶判決を説明するためのレトリック的構成としての「プライバシー」に存在する類似の困難と比較することができるかもしれない）。たとえばジョージ・アナスは、終末期患者への換気や透析、化学療法の中止はほとんどの場合、食物の差し控えに劣らず決定的であると論じている[38]。さらに特定の技術に焦点を絞るならば、患者のニーズと社会的文脈を法的分析の中心に置き続けることから司法の注意が逸れてしまう結果になるように思われる。たとえば、ブロフィー対ニューイングランド・シナイ病院事件でマサチューセッツ州検認裁判所は、患者の望みについて尋ねるよりも、胃ろうチューブの物理的性質を分析するほうに大きな関心を示した。チューブは「非侵襲的」だと裁判官は判断し（これはチューブをその使用の状況全体と切り離すことによってのみ可能となった判断である）、仮にブロフィーに判断能力があったとしたら彼は治療を止めることを選んだであろうことが証明されるとしても、栄養と水分の補給を続けることを命じた。裁判所の行動は患者と家族の希望に反しているだけでなく、きわめて高額の費用がかかるものだった。この事件と同時期のある説明によると、ブロフィーのような患者を身体的に生かしておくための費用は、1ヶ月1万1000ドルにも及ぶという[39]。マサチューセッツ州最高裁は最終的に下級審の判断を覆し[40]、栄養チューブの使用はほかの形態の延命治療と変わらないと認定する、わずかながらその数を増しつつある判決を1つ増やした。

また、治療方法の性質をめぐる法的な境界画定は、法と医学の専門言語に内在する文化的相違を露呈させる。裁判官にとってある意味をもつ定式は、医者にとっては全く別の意味をもつことがありうる。遺伝子組換えバクテリアとの関係で、生物学者と法律家が「環境への大きな影響」の意味について異なる見解をもっていたように（第7章参照）、医者と裁判官は何が「英雄的」な治療や「通常外」の治療にあたるかについて意見を異にする。大統領委員会は、このような言葉は「残念ながら多くの異なった意味」をもつ傾向にあることを指摘している[41]。医者が「標準的な治療」とみなすものは、裁判官によって「通常外」の治療との烙印を押されて、技術の必要性に関する全く違う評価をもたらすことになるかもしれない。そのため大統領委員会は、法的判断の基礎としての通常・通常外の区別を放棄して、その代わりに患者の観点からさまざまな治療の相対的な利益と負担を調査することを勧告した[42]。この提案は、臨終のドラマの中心人物に注意を集中し直すという有益な営為をしるしづけたが、技術の必要性や技術的に延命された生の道徳的地位に関する専門家と素人の見解の相違という、根本的な問題を解決することはできなかった。

　ニュージャージー州最高裁は、「深刻な認知症」と説明された、養護施設で暮らす84歳の女性にかかわる事件において栄養補給の停止を認めた最初の上級州裁判所となった[43]。この判決は養護施設の高齢患者に限定されていたが、人工的な栄養補給とその他の生命維持に法的な違いはないという認定は、他の種類の患者にも一般化できるものとなった。あとは連邦最高裁がクルーザン事件において、強制的な栄養・水分補給を拒否することは憲法上保護された個人の医学的自己決定の領域に属すると確定的に判断するだけだった。オコナー裁判官は同意意見のなかで要点を最も明確に述べている。「人工的な栄養補給は他の形態の治療とたやすく区別することはできない」[44]。同時に連邦最高裁は、このような最終的判断により、ミズーリ州の法律のような、沈黙する患者に代わって栄養と水分の補給を停止することを求める代理判断者に高いレベルの証明を課す州法も正当化されると考えた。

　司法の理論がクルーザン判決の方向に向かっていたときでも、一部の州議会は、死ぬ権利をめぐる法において、栄養の中止とほかの形態の生命維持とのあいだに明確な区別を維持することを意図していたようだった。このような法域

では、裁判所の個人権ベースのアプローチでは、終末期患者への栄養補給がもつ特別な美徳についての社会の感受性と衝突することが避けられないようであった。共同体の価値についての類似の主張によって、障害のある新生児の治療をめぐる法的・医学的難局も説明がつく。

9.4 市民としての患者

裁判所は人的・機械的な治療設備との関係で患者を構築していたが、他方で州の別のアクターである議会と行政も、生命を守り、市民の福利を増進する州の責任の観点から、死ぬ権利にアプローチしていた。議会の取り組みは、大多数の死ぬ権利をめぐる事件を裁判所から取り戻す手段をもたらした。それとは対照的に、重病新生児のための行政介入は、1990年代の未解決のジレンマの1つを示すものであった。

9.4.1 患者をエンパワーする：議会の役割

州議会は、終末期患者とその家族の望みに公的な承認を与えることに対して広範な取り組み(コミットメント)を行っていた。多くの州では、病気や身体能力のない成人に代わって家族などに医学的判断を下す法的権限を与えることで、個々のケースで誰が患者の声で語るのかを決める必要をなくした[45]。たしかに、適切な代理人を選任することそれ自体は、患者の要望を確定するという問題を解決しない。クルーザン判決での連邦最高裁の判示は、自分で医学的判断を下す能力を失った場合に自分がどのように扱われたいか明記することを健康な成人に認める法的文書である、「事前指示書」の有効性についての公衆の意識を高めた。州制定法は事前指示書の執行のための主要な手段となった。

クインラン判決に続く10年のあいだ、ほとんどの州は、生命維持治療を拒否するために承認された法的手段を個人に与える、いわゆる自然死法（natural death acts）を制定した。1976年から1980年にかけて10州がこのような法律を制定し、1981年から1984年にはさらに13の州が制定し、1985年だけで13以上の州が制定した[46]。制定のペースは、死の自己決定の原理の社会的受容の広がりについて多くを物語っている。だが、この法律は、初期の死ぬ権

利をめぐる事件で提起された問題のすべてをつねに成功裏に解決したわけではなく、それ自体の解釈がまた問題になった。

　ほとんどの自然死法には、医療について成人が事前指示を行うことの承認、医療提供者の法的免責、宣言の形式（多くの場合、本人による修正を定めている）、関連用語の定義といった基本的規定が含まれている[47]。事前指示の最も一般的な形式は、意識と判断能力がある成人が病気や事故で完全に能力を失った場合に治療を止めることを求める、書面による宣言「リビング・ウィル（living will）」である。リビング・ウィルの概念は、1930年に公民権活動家である弁護士のルイ・カットナーが発展させたが、社会的に受容されるまで20年かかり、法的承認を獲得するまではさらに長い年月を要した[48]。それでも、このリビング・ウィル文書は非常に好評を博することが明らかになり、1980年代初頭には数千、ついには数百万もの関心ある市民に配布された[49]。死ぬ権利の支持者は、クルーザン判決は、その後の数ヶ月間で、数十万もの人々をこのような文書に署名するように促したと評価している[50]。

　それほどの好評にもかかわらず、リビング・ウィルは倫理的・法的な不確実性に取り囲まれていた。第一に、事前になされた指示では、精神的・身体的に無能力に陥った時点で個人が実際に示す反応を含むことができない。そして医療提供者は、このような文書を尊重することで、本物の自己決定の行為にではなく、せいぜい個人が不完全で仮想的な知識に基づいて行った推定に効果を与えられるにすぎない。もっとも、「持続的委任状（durable power of attorney）」はこのような欠点の一部を回避できる。この手段は、ある人（「本人」）が別の人（「代理人」）に、前者に代わって判断を下す法的に承認された権限を与えるために使われる。このように付与された権限が「持続的」なのは、本人が判断能力を失った後でも存続するからである。とくに治療の問題を扱うため、持続的委任状は、本人の意図について計り知れないほどの証拠の重みを与えることができる。同時に、これにはリビング・ウィルよりも大きな柔軟性がある。なぜならこれは、法定の代理人が事前に表明された本人の希望だけでなく、判断当時の実際の医学的状況を検討することも可能にするからである。このような利点のために、法律家や政策アナリストは医療にかかわる判断において持続的委任状を広範に使用することを推奨した[51]。だが、死ぬ権利をめぐるケースにお

けるこの手段の地位は州立法で明確に確立される必要があり、そうした措置を講じたのは 1980 年代末になっても一部の州にとどまった[52]。

　一部の自然死法には、死ぬ権利への重要な制約が含まれている。たとえば、いくつかの自然死法では終末期患者への人工的な栄養・水分補給の中止はできないと規定されている。人工的栄養補給が「1980 年代の死ぬ権利をめぐる主要な争点」[53]として登場して以来、このような規定は法の適用領域を大きく限定している。またほとんどの自然死法には、妊娠した患者が行う宣言を無効とする条項も含まれている——胎児に生存能力があるケースだけにかぎられていることもあるが。

　このような法律は、事前の宣言を行う手続きと形式を制限する点で、混乱を招いたり、あるいは不必要に制約的になったりするおそれがある[54]。ほとんどの州法は、たとえば治療の中止を認めるのは患者が「末期状態」にあると認定できる場合だけだと規定しており、カリフォルニア州の 1976 年自然死法はさらに、事前指示は患者がそのような状態にあると診断された後に改めて再実行（reexecute）された場合にのみ有効であると規定している[55]。このような規定のせいで、肺ガンと肺気腫の患者で、人工呼吸器によって生命維持されているウィリアム・バートリングは、医学と法のあいだの絶望的とも思える袋小路に陥った。バートリングの担当医は彼を末期症状と診断することを拒んだため、彼には自然死法の下で拘束力ある指示を実行する権限がなかった。その一方で彼の病院は、彼は鬱状態にあるため有効な判断を下すことができないという理由で、治療に関する彼の要求に応じることを拒否した。控訴裁判所は結局、バートリングにはたしかに治療を拒む能力があり、自然死法を援用しなくても治療を拒むことができるという判断を下した[56]。

9.4.2　障害のある新生児と「治療」のコントロール

　重症新生児のケアは、1980 年代初頭までには深刻さを増しつつある問題として広く認識されていた。たとえば大統領委員会は、治療の差し控えに関する報告書のなかで、そのような判断は倫理委員会のような制度内審査パネルと協議したうえで、より明示的になされるべきであること、そして治療を「明確に有益」「あいまい」「明確に無益」に分類すべきことを勧告した。加えて大統領

委員会は、治療が明らかに有益だと医者が判断しているが親が治療を拒んでいる場合を除き、治療に関する親の意向がすべてのケースを決定するべきと結論づけた[57]。医者は家族よりも治療を推奨することが多いと想定されていることは明らかである。

　こうした比較的閉じられていた専門的議論は、1982年に突然、公の目にさらされた。食道閉塞とダウン症を患う新生男児が、両親の希望によって、裁判所の承認のもと、インディアナ州の病院で死ぬことを許された。社会的抗議に応えて、レーガン大統領は将来のこの種のケースでは障害者を保護する連邦法を適用するよう司法長官と保健社会福祉省に求めた。行動にむけて拍車をかけたのは、ベイビー・ジェーン・ドゥ［匿名の当事者を指す仮名］だった。彼女は1983年10月11日にニューヨーク州のある病院で、二分脊椎、水頭症、小頭症などの深刻な先天異常を複数抱えて生まれた[58]。彼女のケースは、医学的、法的、倫理的に、かの有名な「ハードケース」だった。彼女の担当医たちは、脊椎の損傷を閉じる手術をしなければ、ごく近いうちに感染が原因で死亡するだろうという点では同意見だった。しかし、矯正手術の後、身体的・精神的にどれほど完全に回復できるかについては、意見が分かれた。この乳児は家族や自分の周囲についてある程度の意識を発達させるだろうと予想した医者もいたが、両親は、この乳児の前途について悲観的な展望を描いた神経学者の助言に従って、手術を拒否した。

　ベイビー・ドゥ事件は、生命権（right-to-life）運動に参加するバーモント州の弁護士であるA・ローレンス・ウォッシュバーンによって最初に裁判に持ち込まれた。この事件は、最終的には州裁判所裁判官、連邦裁判所裁判官、連邦議会、保健社会福祉省を巻き込むこととなった、約2年にわたる法的な活動の引き金を引いた。ニューヨーク州控訴裁判所はウォッシュバーンの訴えを退け、彼は手続きの部外者であるため、ベイビー・ドゥの家族と有資格の医療専門家が下した判断に介入する当事者適格をもたないと判示した[59]。保健社会福祉省は、「障害のある乳児」は適切なケアを与えられていないとする報告書に基づいて、病院への立入査察を行う広範な権限を政府に与える規則を1982年と1983年に定めた。手荒な連邦規制機関が「ベイビー・ドゥ事件特務隊（flying Baby Doe squads）」として病院に襲いかかって、医療の裁量を一掃し

てしまうことへの懸念が、さらなる訴訟をもたらした。第2巡回区控訴裁判所はこれらの規制を無効としたが[60]、それに対して連邦議会は1984年に、障害のある新生児への治療を差し控える医者の決定を制約することを明示的に目的とする新たな立法によって応答した[61]。その翌年、保健社会福祉省は最終的に、医療怠慢の報告書に応えるための体制を作ることを州に求める規制を定めた。

ノーマン・フォストの見解では、1985年のベイビー・ドゥ規制は、長く有意味な生を送ることが原理的に可能なダウン症と二分脊椎の罹患者を主とする新生児の過小治療の問題を、実質的に一夜のうちに消し去ったという。その代わり、天秤は過剰治療の側、つまり有意味な生を送る見込みのない幼児に対する不適切に侵襲的なケアの側に傾いた。病院審査委員会の業績に関するある楽観的な考察のなかで、フォストはこのような機関によって行われる集団的熟議によって、過剰治療はある程度防がれていると結論づけた[62]。だが、1990年代に裁判所に提訴された事件では、このような前向きな評価は時期尚早だったかもしれないことが示唆されている。重病新生児に対してさえ、両親が継続治療を求め、かつそれを提供する用意がある施設がどこかにある場合、裁判所も医療機関もそのような治療をやめさせることができないのである[63]。ジャーナリスティックな説明では、こうした事件は主に倫理的問題にかかわるものとして扱われてきたが、それらは、実際はきわめて複雑な社会的構築物である「治療」の観念を囲むようにして形成されている。「治療」という言葉が人々に行動を迫るのは、次のような、互いに全く異質だが強力な諸価値を包含し、それに表現を与えるがゆえである。すなわち、人間の生に超越的な価値を与えたいという社会の欲求（それ自体、死ぬ権利をめぐる事件における社会的構築物である）[64]、英雄的な医療提供者というイメージへの医学の傾倒、子どもの延命への親の希望、アメリカ文化における技術への楽観主義、といった価値である。これらのすべての社会的コミットメントがもっとローカルで偶然的な要素のある政治（ポリティクス）の特徴と交差するのは、反中絶運動の強まりや医療専門家たちの利益、そして個々の家族の訴えにおいてである。私は概して、政策手段としての訴訟の強みは、「治療」のようなブラックボックスとなった概念を脱構築し、新しく承認されたニーズと利益に適合するための再交渉を可能にするようなか

たちでその構成要素を透明化できる点にあると論じてきた。今後裁判所が重病新生児をめぐる訴訟においてこの課題に応えられるかどうかは、今のところ明らかでない。

9.5 司法の役割の再検討

　終末期患者にかかわる法と政策は、新たに作り出された人工物と新たにできるようになったことに対する社会的反応を継続的に見定めることを通じて技術の変革を管理するにあたり、裁判所が果たすきわめて重要な役割を改めて確認するものだ。裁判所は生命維持治療の争点を初めて公共的問題の地位に高めた。裁判所は15年以上にわたって訴訟を強いられたことで、とくに成人の患者がかかわる事件で誰が死のプロセスをコントロールすべきかを決定するための分析枠組みを発展させた。1970年代の草分け的な判決は、治療を指示する医者の権限とそれを拒否する患者の権能のあいだの、そしてそれと並んで、生命を守る国家の利益と個人の死ぬ権利のあいだの重要な線引きを明確にした。クルーザン判決における終末期患者の自由の利益の承認は、原理的に、医学と国家の制度化された利益に対する、比較的無力な私人の意味ある勝利だった。

　クインラン判決に続く数年間の司法の仕事ぶりは、裁判所を中心とする分散化された判断形成の典型的な短所をあらわにした。終末期患者の取り扱いに関する明確な指針を定式化しようとする取り組みにおいて、裁判官の態度は揺れ動いた。患者の関心は必ずしも、周囲の環境から注意深く解きほぐされ適切な重みを与えられるわけではなかった。裁判所は「プライバシー」に基づいてその利益が守られる、相応に受動的な患者を構築するために、専門家証言を無自覚に間違って解釈したり、あるいは、医師の助言や機械がもつとされる力を安易に尊重しすぎた。さまざまな法管轄において、相互に対立し、錯綜したルールが生まれた。高く評価されるクインラン判決でさえ、倫理委員会はほかと比べて倫理的では全くない役割である、予後審査委員会として機能するべきだという、筋違いの示唆をしている。

　だが結局のところ裁判所は、生命維持技術の社会的影響に対して、死と臨終に関する集合的規範と新たな制度のあり方の発展を促進するようなかたちで

対処した。クインラン判決を受けて、裁判所は死ぬ権利に関する判断を細かくコントロールする責任を倫理委員会に委譲することに成功した。大統領委員会は、倫理委員会が設置されるのは全米の病院の1％未満であることを明らかにしたが、現在その数字はかなり大きくなっている[65]。倫理委員会が及ぼす影響についてはさらなる研究が必要だが、少なくとも事例証拠では、倫理委員会は文脈に敏感な熟慮と地域社会的（communal）規範形成という機能に適切に役立っていることが示されている——もっと高いコストがかかることが多いものの、陪審もそれを提供している[66]。

　州議会もまた、裁判所によって明確化された事前の原理から恩恵を受けていた。死ぬ権利をめぐる初期の判決に示された多くの概念や原理に明確なかたちを与える自然死法の急増は、長期的には、より永続的な政策的解決を示していた。州議会が一般的に適切に機能することによって、医療の人的・機械的なはたらきに対する大きな管理能力を個々人に与えるにあたって、裁判所がコモン・ローの最先端をいじり回す必要はもうなくなった。その代わり、司法的判断形成は関連する制定法の曖昧さを取り除くという、裁判所が制度的によりよく適応できる仕事に集中することができた。新しい法を発展させる主導権は、死ぬ権利をめぐる制定法の対象範囲から除外された領域、あるいは曖昧なまま残された領域に焦点を合わせることができた。それはたとえば、人工栄養、妊娠した患者の生命維持の停止、重病新生児の治療、そして場合によっては安楽死の問題である。

第10章
さらに反照的な協働関係に向けて

　科学技術と法の関係は、不可欠な同盟関係にあるのか、嫌々ながらの抱き合わせか。共同作業か、不幸な結婚か。それは複数の文化にまたがる専門性をそなえた制度や人々にしか橋渡しできない「文化の断崖」なのか。法的プロセスに参加する科学者は、我慢して受け入れられているだけのおせっかい者か、あるいは不可欠な貢献者なのか。研究者やジャーナリストによってなされる整った形容で、現在の法廷での科学技術をめぐる紛争の複雑な痕跡や、その根底にある社会的な熱望と不安を正当に評価したものは少ない。狭義の技術的問題から道徳的対立まで、構造的・持続的なものから偶然のつかのまのものまで、こうした論争は単純な分類を拒む。なぜならそれは社会の安定とアイデンティティにとって脅威であると認識されたものを理解し、コントロールしようとする現代社会の試み全体を包含するものだからだ。科学と科学者が法廷に引きずり込まれるのは単に法的事実認定の補佐役としてではない。人間が技術によって行う創意工夫は絶えず新しく、手に負えないような生のかたちを生み出し、それは同様に人間にある予測可能性と平穏への熱望を追い越してしまうからだ。

　この最終章での課題は、法と科学をめぐる論争のうねりのなかから、なにがしかの成功と失敗の一般的なパターンをいくらかでも見つけ出すことにある。民主主義社会での科学技術政策を、訴訟はいかにして促進し、いかにして妨げているか。技術の専門家のあいだでの論争を解決するために裁判を用いる場合、結果として生じるもののうち何が最も大きな問題であるか。法、科学、技術、あるいは政治過程のどのような制度的特徴がその問題の原因であるか。こうした問題はどうすれば改善できるのか、あるいはそもそも改善すべき問題なのか。こういった問題に体系的なかたちで取り組むことによって初めて、法シ

ステムが、科学技術と社会の変化に対応していく方法に根本的変革の必要があるかどうかの見通しが得られそうである。

　大きく広がっている法的論争のあちらこちらで、本書の最初の数章で示されたような不満を根拠づけたり、さらには強めさえする証拠が存在する。因果関係、確率、統計的有意性といった概念など、科学者が当然とみなしている計量的な方法や原理について裁判所は不案内であったり、抵抗を示したりすることが多い。また、現代の科学は社会制度であり、科学の主張や信頼性がその科学コミュニティ内部、および外部の制度との複雑なやりとりのなかで生み出されるものであることも裁判所はあまりきちんと理解していないようだ。裁判がケース・バイ・ケースに行われるせいで、技術的証拠の評価には一貫性がない結果となり、落ち度のない犠牲者に対してのみならず商取引や専門家のコミュニティにとっても不確実性がもたらされる。司法審査では複雑な環境法を解釈するための整合的なガイドが提供されないため、規制行政機関の信頼性はさらなる危機にみまわれる。そのため、不法行為法は技術革新やリスク引受にマイナスの影響を与え続けてきたといって差し支えなかろう。もっとも、この点についての企業の対応は、損害賠償システムの実際の作動によってではなく、そのシステムをどう認識したかによって触発された場合のほうが多いのだが。

　こうした欠点はあるものの、裁判所は一般に、そして州裁判所はとくに、技術専門的な論争を解決するにあたってなお欠かすことができない、ときに魅力的なフォーラムであり続けてきたことを本書では見てきた。本書全体で扱われているさまざまなケースでは、多くの場合、裁判所がほとんど最初から主導的に、科学技術をめぐる社会的・政治的な新しい秩序を形成するように求められている。すなわち、連邦議会はたとえば有害物質に曝露した被害者のニーズを満たすための複雑な訴訟手続と損害賠償責任ルールの整備にあたって、わざと消極的であり、その役割を裁判所が担わされることになったのである。同様に、生物医学の技術や営みで起こった変化に比して州や連邦議会の反応も遅く、方向の定まらないものでしかなかった。代理母から死ぬ権利の問題まで、その方針を明確にする任務はまず司法府の肩にかかった。立法府はというと、クインランやベイビー・Mのような、目印となる事件によって問題が注目され、その緊急性がもはや否定できなくなるまでは行動を避けることが多

かった。対照的に、裁判所の決定、たとえばダイアモンド対チャクラバーティ事件はバイオテクノロジーの商業化にあたって時代を先取りする役割を果たした。法科学の新しい技術のなかで近年の最も強力なものであるDNA鑑定にしても、連邦レベルの科学や警察諸機関において議論されるようになったのは、州裁判所の手続きのなかで、その信頼性について賛否両論が激しく巻き起こされて以降のことなのである。

アメリカ社会が技術の変化に対し道徳的・実質的・制度的な側面に真剣に取り組んでいくプロセスにおいて、訴訟はその不可欠な一部であると結論づけなければならない。アメリカでは科学技術が、裁判なしですますという選択肢はまずありえないのである。というのも訴訟があまりに浸透しており、それが判断での微妙な調整と、個々の訴えに対する迅速な対応能力の両方を重んじるアメリカの政治文化の特長にもなっているからだ。したがって、政策にとって差し迫った問いは、科学や技術の次元で重要な問題に直面した場合にどうすれば訴訟をよりよく機能するものにできるかである。その探求にさらに集中するためにまず、科学技術にかかわる法システムのはたらきについてこれまでの章で顕著になったことを振り返ってみたい。それを出発点に、裁判所はどうすればその複合的な責務を効果的に果たせるのかが問われることになる。その責務には、科学技術の解釈者として、規制者として、消費者として、そしてある程度までは共同制作者としてのものも含まれている。

10.1 「主流科学」の神話

法廷で専門家どうしが争うとき、裁判所はその論争の誤った側を有利に扱うものだという認識があり、それによって次のような、検証されたわけではないものの広く支持されている確信がもたらされる。それは社会と技術にかかわる紛争を扱ううえで法システムが有している問題のほとんどを「主流科学」が解消できるはずというものだ。これまで論じてきたように、この確信は、科学での決定と法的な決定のあいだのつながりを根本的に誤解したものにほかならない。科学界や産業界の多くの人々によって公言されている信念とは裏腹に、よい科学というものは、裁判所がどこか社会から超越したところにある純粋な知

識の市場で手軽に買ってこられるような商品ではない。法がアクセスできる事実の領域は、価値や社会的利害から隔絶したものではありえないのだ。法プロセスに持ち込まれる科学的主張は、その当事者の利害関心のみならず、社会のその他のアクターたちの政治的態度(コミットメント)によっても色づけられている。それはたとえば、同じ専門領域の連帯を傷つけることへの専門家たちのためらい、また、専門家や実験手段の「客観的」な権威によって難しい道徳的判断を覆い隠したいという法の欲望、そして決定は合理的で開かれたものであるべきだという社会的要求などである。それゆえ歴史学的・社会学的・政治的にいって、裁判所は価値中立的な主流科学にもっと頼るべきだという主張はきわめて問題含みである。

　科学的な決着と法的な論争はそもそも、単線的に次が予測できるようなお決まりの関係にあるわけではない。意見の対立は科学につきものであり、知識の主張も、法廷でさらなる検証が求められる際には科学者コミュニティのなかでまだ決着のついていないことも多い。科学研究は多くの場合、訴訟のなかで、因果的関連の可能性がピンポイントで示された後で初めて行われるのである。研究がすでになされていても、訴訟にかかわる問題に取り組むにあたっては、データをさらに集め、再分析することが必要である。それはときに、メタ分析のように意見が分かれる科学的方法によってなされる。証拠のギャップを埋めるためには、その問題状況に応じた情報が集められなければならない。それは雇用差別から、特許侵害にかかわる産業的・環境的な被害まで範囲が広がる。科学的発見との関連性は限定的であることが多いので、そうした情報が訴訟から独立して審査・公表されることはないだろうし、公表されたとしてもそのときには法プロセスのニーズには間に合わないだろう。したがって、裁判所は主流の科学的意見をそのまま採用すべきだというルールを作ったところで、実際にはほとんど役立たない。合意される立場は、広く分散し、たびたび蒸し返される問題のまわりで発展するだろうが、それは訴訟から何年もたち、決定的な知識を生み出すための数々の中間的な努力のはてのものである。したがって、ダウ・コーニング社［シリコン製造業者］が訴訟を和解に持ち込んだ時点では豊胸手術の信頼できる疫学研究がなかったとか、臨床環境学者がいくつかの訴訟で勝ち始めた後になって医学の主流から正式に外されたといったことも、

それほど珍しいことではない。

　さらにいえば、どの時点をとってみても、何が科学の「主流」の立場を構成しているかについての法の見方は、法システムには科学者コミュニティを問いただす能力がかぎられていて偶然に左右される、ということの結果であるだろう。たとえばDNA鑑定が誤る可能性が公的に示されたのは、その基準に従った200件近い裁判が行われた後である。州民対カストロ事件で予定にはなかった専門家からの聞き取りがなされるまで、実験室で検証・解釈されてきたこの方法について裁判官が疑問を差し挟む明確な根拠はなかったのである。対立遺伝子頻度の表現の問題が現れるのはさらにゆっくりとしていた。標準化された検証手続きについて実効的な合意が形成されるまでには、アメリカ学術研究会議（NRC）やアメリカ連邦捜査局（FBI）を含む、科学コミュニティと法執行機関のコミュニティによる大変な時間と労力のコストがかかった。1994年になっても、NRCによって支持された「天井原則（ceiling principle）」は集団遺伝学者コミュニティのいくつかの分派からいまだ異論を唱えられていた[1]。科学的な合意形成は絶えず法的論争に絡め取られたが、それはDNA鑑定の「信用の市場」を法が実際に作り出し、構造化したからである。そこにはDNA鑑定が実験室から出る最初の一歩から、脱構築、そして信頼できる捜査のための科学技術として部分的に再構築されるまでを含んでいる。

　法廷のための科学的証言の生産は、交錯する制度的・政治的な必要と切っても切れない関係にある。それは法から独立した自由な文化としての科学の意味を混乱させるものだ。当事者対抗主義的なプロセス、決定的な結論へといたらなければならないというプレッシャー、そして当事者が利害関心から知識を選択して利用することは、主張や観察結果を法廷での使用に適した科学的証拠に変換するのに、最もわかりやすいかたちで社会的影響を与えているにすぎない。十分に証明されてはいないが重要であれば、科学の営みを法システムにとっての現実の、あるいは想像されたニーズに適するように軌道修正される場合もある。それは戦略的研究を喚起することや、一般的でないかたちでのピア・レビューや出版公開の方法の採用にまでいたる。たとえば、組換えDNA研究についてのアシロマ会議、DNA鑑定についてのアメリカ学術研究会議の研究、臨床環境学についてのカリフォルニア医師会のレポート、有害物質をめ

ぐる不法行為訴訟に用いるための証拠基準の提案が『サイエンス』に掲載されたこと、こうしたさまざまな例はすべて、科学者コミュニティが、「主流科学」の立場を構築しようとすることへの深い利害関心をもって、法システムによって最終的に採用されることを目指している実例である。そうした状況のもとでなされた（またはそう捉えられた）科学は、法廷で公開の検証を受けるにあたって、説得力のある不偏的なものとして信頼されるのは難しい[2]。

さらに、教科書的な科学、つまりその知識の中身がすでに公知となり、科学の批判的なフィルターを通過したものであっても、文脈に応じた知識を求める法のニーズを十分に満たすことはほとんどない。たとえば有害化学物質をめぐる不法行為訴訟は、一般的な因果関係について述べている文献がたとえたくさんあったとしても（十分に消化されていないことが多かったものの）、原告が損害の主張根拠とする特定の／個人の因果関係については答えを出せない典型例となった[3]。環境被害などの大規模不法行為訴訟においてはその場所固有の知識が求められるが、それは専門の科学者によって妥当とみなされてきた知識と、地域の被害者によって積み重ねられてきた知識とのあいだに対立の火種を作り出すことになった[4]。証拠の種類が異なれば、事実認定者による信頼性の判断も異なったものになりがちである。だから、動物実験よりも疫学データ、毒物学者よりも担当医師の証言、患者自身の認識よりも医師による合理性の判断が好まれるかもしれない。警察官やその協力者の個人的な経験の報告よりも機械によるデータ解析のほうが支持されるかもしれない。第3章で述べたように、そうした信頼性の判断には、事実認定者自身の、科学や専門的知識についての隠れた理解が組み込まれているのである。もっとも、そうした個人的判断はレトリックを駆使し、境界画定作業を巧みに行うことによって批判的審査を免れることになる[5]。こうして事実認定者は不可避的に、事実上の参与観察者として、法廷においてもっともらしい事実の構築に参加しているのである。

もし、法的に関連のある知識がつねに利害関係を背負ったものであるとすれば、複数ある科学的説明のなかでの選択も必然的に規範的で、政治的でさえある判断となる。特定の知識の主張を受け入れようとすることは、その知識を生み出した制度や営みを信用すると表明することに等しい[6]。エリート大学出身の研究者や、有力な専門家団体の代表者や、行政機関所属の専門家は、博士号

や公刊業績をもっていない「単なる技術者」よりも権威があると判断されるかもしれない。他の文脈では、たとえば被告企業に雇われたコンサルタントや、産業界から研究資金を得ている大学の科学者は、専門的な資格では劣っていても利害関係がなさそうな証人と比べて、信用性に欠けると退けられてしまうかもしれない。しかし、信用性の判断はときに一貫しているように見えることもある。たとえば「死ぬ権利」のケースでは、選択される処置の侵襲性や推測される有効性に関する医学的知見は、患者側の考えよりも優先されることが多かった。ベンディクティン事件の正式事実審理での陪審員は、裁判官よりも原告寄りの評決に達した。因果関係にかかわる事実認定者の感受性は、とくに製造物責任や医療過誤訴訟では、制度化されてしまった社会的・政治的判断を含みこんでいるようである[7]。

まとめると、裁判所は、規制行政機関のように、科学的探求の相当の部分を「科学的知識の最先端において」指揮しているのである。そこでの主張は、おおむね確立された「主流」の知識を背景にしたものに反するわけではなく、不確実で、争いがあり、流動的なものである。それゆえ、英雄と悪漢の理想化された物語（たとえばグレゴール・メンデルの「よい」科学的営みに対比されるT・D・ルイセンコの「悪い」科学的営み）から裁判所が手がかりを得るように導くことは、根本的に方向違いのものだ[8]。ここでは別のかたちのガイドが必要である。それは現実の訴訟の状況における科学的知識の非決定的性質に応じ現実的に調整され、司法による紛争解決という制度的な長所と短所に自覚的なものである。

10.2　司法が達成したものの記録

科学技術の変化に伴走し、実際にはその中身の決定を助けてきた広範な社会的再調整を促進するにあたって、法的な制度はどう機能してきただろうか。本書での応答は、第1章で示唆したように、脱構築、市民教育、そして実効性という見出しでの分類が有用である。こうした内的につながった分析基準を使うことで、「主流科学」と「ジャンク・サイエンス」といった身動きの取れない概念を避けることができるだけでなく、科学技術と法プロセスのあいだの相互作用的・相互構築的な性質とより整合的なものとなる。

10.2.1　専門家の権威を脱構築する

「法廷に立つ科学」という言い方が彷彿させるのは、正義の法廷での説明に駆り出されてきた科学の、威張った、自信過剰の、そしてもしかしたら陶酔したイメージかもしれない。実際、弁護士の反対尋問によってなされる専門家証拠の脱構築が、科学と法の関係のなかで最も広範に議論されてきた局面だろう。しかし、反対尋問は実際のところ、何を達成しているのだろうか。科学の信頼性は、原理的には多くのレベルで問題にされうる。たとえば特定の科学的主張、その個人的な支持者たち、その主張の基礎にある方法や仮定、そしてその方法や仮定にお墨つきを与える制度などが考えられる。しかし、実際には、法廷で専門家に対してなされる攻撃はむしろ、もっと的をしぼって、攻撃にさらされる証言者の個人的な信頼性に向けられる。ブライアン・ウィンが鋭く見抜いたように、反対尋問で前提とされているのは、何らかの真実が、証人の説明の「(価値観や意見も含む) 隠された、外部的なバイアス、能力の欠如」から沈殿してくるということだ[9]。こうして、法は制度的に、事実／価値の区別を保持する立場をとっているために——たとえそんな区別が人為的なものにすぎないと、優れた実務家にはわかっているとしても——反対尋問は、その信頼性を常識という指標ではかるテストにあたっては重要とされている、証人による証言の矛盾や、証人の経済的利害との結びつきなどのバイアスへと強迫的なまでに向かうことになる。それゆえ、こうした弁護実務のテクニックは、決定的な事実の貯水池としての科学、という観念へのコミットメントをさらに強めてしまう。科学は全体として嘘をつかない。非難されるべきは、証言台の上にたまにいる不誠実な科学者だけなのだ、というように。

そうすると自然な成り行きだが、法プロセスは案の定、科学的知識におけるさまざまな偶然性が構造的、制度的に条件づけられていることを明確にしていくものではなく、むしろ、専門家証人個人への認知的・社会的なこだわりを予想通りさらけ出すものだとわかる。試験所の技能や DNA 型の非認証プロトコルといったシステム的な問題は、しかるべき専門家証人がその方法論上の弱点に注意を促すという幸運に見舞われないかぎり本質的には見落とされていた。法が医療の専門家をはっきりと尊重していたせいで、死ぬ権利やロングフルバース、裁判所の命令による産科的介入 [分娩誘発や帝王切開など] の場面での概

念を発展させる可能性は覆い隠されていた。スターリング対ヴェルシコル化学会社事件では集団による専門家の権威の主張が重視され、裁判所は医学団体が「真の科学」と臨床環境学のあいだに引いた境界線を進んで採用した。

同時に、法的な原理や議論によって、裁判所がどのようなかたちで制度化された専門知であれば尊重するのかの基本的な解釈枠組みが形作られた。法解釈の守護者としての裁判所は、法的カテゴリーを再吟味し、新しく形作る権利をコントロールしている。それはちょうど科学者が科学的主張について行うのと同じことだ。しかし、一見純粋に法的にみえる決定でも、特定のケースでは科学の脱構築がどこまでなされるかを決めることになるかもしれない。この現象の最もはっきりした例になるのはおそらく「一般的承認」テストだろう。これは今日の「主流科学」の概念上の祖先であり、フライ対合衆国判決で確立されたものだ。「一般的承認」の基準は70年間にわたって、特定の科学的主張がなお覆される余地があるかどうかを——科学の独立した権威を表面上は一貫して尊重しつつ——決める裁量を裁判所に与えるものとなった。

さらに細かい点でいえばおそらく、第5章で論じたムーア対カリフォルニア大学理事会事件での「インフォームド・コンセント」の拡張は、科学によってほのめかされた新しい可能性に反対するかたちで財産権の伝統的な意味を守ることになった。カリフォルニア州最高裁は、分子研究を通じた人間身体の「脱構築」にしたがってヒト組織や細胞に新しい財産権を創造することもできたのだが、その選択肢をとらなかった。ダイアモンド対チャクラバーティ事件での連邦最高裁も同様に、そこで現れたバイオテクノロジーの新しい生産物が出されたときに特許法のもとでの発明や所有権の意味を脱構築するチャンスがあったのだが、それを見送った。司法による境界維持は、アンナ・J対マーク・C事件でも行われた。この事件はカリフォルニアの代理母のケースであり（第8章で論じた）、アメリカ産婦人科学会（American College of Obstetrics and Gynecology: ACOG）による、懐胎を母性の基礎とみなすようにという勧告を裁判所は受け入れなかった。裁判所はアメリカ産婦人科学会の結論を「法」の問題として特徴づけることによって、専門家集団がこの争点について発言するに足るだけの権威を効果的に掘り崩した。そして、遺伝学のほうが科学的により適切な母性の印であるという裁判所自身の構成を守ったのである[10]。

ピア・レビューの法的扱いからは再び、[科学を] 見事に使い分ける法解釈上の戦略が明らかになる。法はそれらを通じて科学の総体的な権威を守るとともに、その科学的権威を争う法自身の制度上の権利をも保持するのである。ピア・レビューは、その [科学的] 営みが研究助成資金に緊密に結びついているときには概して、その完全さに疑問符はつけられることはなかった。それとは対照的に、訴訟当事者による証拠開示請求がなされた場合には、ピア・レビューや出版はほとんど保護されなくなりつつある。司法権力に直接に踏み込む文脈では、裁判所は進んで両当事者にピア・レビューを受けた科学的発見の内幕を探らせ、その妥当性を争わせるようになる。しかし、この戦略は生のデータを解釈するにあたっての柔軟性 (=幅) があることを認め、たとえ明示的ではなくても、ピア・レビューや出版は科学的に観察されたものについて唯一の権威ある解釈をもたらさないと認めるものである。ドーバート対メリル・ドウ製薬会社判決では、敬譲と不信のあいだの中間の道が選ばれた。連邦最高裁はピア・レビュー一般に正統化の役割を認めたが、その結果へのケース・バイ・ケースでの異議申立ての可能性も開いたままにしたのである。

　法的脱構築が選択的に行われることは、技術がかかわる場合でも同様に現れる。生医学における技術的リスクや新しい発展をめぐる論争では、訴訟のもつ積極的な力が明らかになった。それは既存の専門技術的な知見の構造を問い直したり、新しく生じつつある社会規範を読み取ったり、その規範に名前や意味を与えたり、競合するさまざまな権利と義務を選び出したりする力である。しかし、司法による創意工夫は、さまざまな新しい技術を促進するとともに、禁止するためにも用いられうる。たとえば遺伝子工学やバイオテクノロジーについていえば、裁判所はそれらに限界を課す命令をおそらく狭く解しすぎ、そのためヨーロッパのいくつかの立法府で行われていたより広範な倫理的・社会的な論争を妨害することになった。[一方、] 裁判所は、新しい生殖技術にかかわる解釈上の柔軟性 (=幅) を明るみに出すにあたってはうまくやってきた (誰が「母」なのか、何を「プライバシー」とみなすか、胚は「所有され」うるか)。それはもしかしたら、裁判所の決定がそれぞれ独立・分散し、中心を欠いている (decentralized) という性質や、異なる法管轄のあいだでは、あるいは同じ法管轄のなかでさえ異なった法解釈がなされうるおかげかもしれない。

こうした例によって強調される事実は、法の脱構築的な力は個々の主張や論争でのミクロレベルで作動するだけでなく、マクロレベルでも作動するということだ。つまり、法は不信の制度的な具現化として、科学が同様に制度上優越した権威であることを主張することには異議を申し立てる。周知の通り、科学者たちはお互いの仕事については精力的に批判するが、この批判は、基本的な信頼関係の外被のなかで実効性があり、その信頼は、全体としての科学探求の公正さを脅かさないかぎりは傷つけられない[11]。科学論争についての数十年にわたる研究が実証するところによれば、科学社会学者のロバート・マートンが科学を構成する規範の1つとみなした「系統的懐疑主義（organized skepticism）」は、かぎられた性質にすぎない[12]。法はそれとは異なる制度的コミットメントと、科学と同様の強力な懐疑的レトリックを自由に駆使することで、科学の偶然性や構築性を可視化できる。それは文化的に限界づけられた科学での質疑のプロセスによっては光が当てられなかったものだ。繰り返されながら少しずつ、ときに対立もしながらなされる科学技術と法システムの相互作用を通じ、法システムは専門家についての先入観を明るみに出し、さまざまに変わりゆく公的な価値や期待に対する説明責任を専門家たちに課すにあたって不可欠の役割を果たす。

　しかし、法が科学や専門知についての自身の理解、とくにそうした理解が財産やジェンダー、因果関係、合理性、そしてとりわけ事実のような法的カテゴリーのなかにコード化されるとき、そうした理解を脱構築する法の反照的＝反省的（reflexive）な能力とはどのようなものだろうか？　ちょうど科学的なピア・レビューが科学の規範に拘束されるのと同じように、先例から出発しつつそこからの区別を設けるテクニックを通じて進められる法的な自己批判は、法の制度的な取り組み（コミットメント）によって制約されている。広範囲にわたる事例のなかに、法的批判は司法による科学技術の理解をばらばらのかたちでしか切り開かないことがからくも示されている。たとえば、証拠の許容性（ドーバート）、知的財産権（チャクラバーティ、ムーア）、創造論（エドワーズ）、有害物質をめぐる不法行為（枯葉剤、パオリ）、電磁場（クリスクオラ）、そして代理母（ベイビー・M、アンナ・J）をめぐる決定で、科学技術についての司法の見方が、法理論を暗示的に、または明示的に根拠づけ、そうした法理がひるがえって裁判所の潜在

的な科学理解をブラックボックス化したり、隠蔽したりするのである。とりわけ、法の目的のために何を科学としてみなすかを宣言する権力を、法は用心深く守っている。法的な学術文献のなかには科学の方法や文化について、科学内の違いをあまりにも無視した無批判的な説明が多く見られるけれども、それらもこの戦略のための重要な知的サポートを提供しているというわけだ。

10.2.2 市民教育

　法的手続きは、最も効果的な場合であれば、専門家のさまざまな技術的な理解に光を当てられるだけでなく、その根本にある、規範的・社会的な価値観をも明らかにし、それによって素人も知的に評価できるようになる。しかし、当事者対抗主義（対審構造）の手続きは、その影響力の点で見境なく脱構築的であるため、批判的探求を進めると同時に混乱させもしうる。科学技術にかかわる争点についての公的な議論の質を高めるにあたって、訴訟はどこまで資することができるだろうか——参加を増やすことによって、適切な概念的・対話的資源を提供することによって、それとも熟議を促進することによって？

　リスクをめぐる論争はおそらく、アメリカの科学技術についての市民文化に裁判所が最も印象的なかたちで寄与してきた領域だろう。ジェネラリストの裁判官による審査は、政府の活動はすべて、どれだけ難解でも秘教的でも、非専門家たる聴衆に理解できる言葉で説明されなければならない、という原理へのアメリカの長く続くこだわりを象徴している。裁判所はこの点について自分たちの特権を主張し、技術政策を導く最終的な力は専門家ではなく一般市民に帰属するのだと繰り返し確認してきた。ハード・ルック論の題目のもとに、行政的判断を司法が積極的に代理して行ってきたことは、そうしたスタンスにつきものの濫用可能性を示している。第4章と第7章で見たように、司法審査は政治的言説における、ある種の合理性を超え出るもの（hyperrationality）の促進の手助けにもなる。というのも、技術的な合理化に過度に依存すると、政策形成は表面的には開かれた参加的なものになるが、それは価値の問題を客観性の見せかけのもとに埋めてしまうからである[13]。にもかかわらずやはり、法プロセスによって媒介された、専門家と一般の人々のあいだの対話を維持することの効果は総体的には健全なものとして現れてきた。科学技術に対するア

メリカ人の態度は一般に楽観的であり続けている。今日までの西ヨーロッパ諸国のところどころで見られるような、技術からの広範囲にわたる疎外や、技術への不信は、アメリカではその強い共鳴を聞くことがない。

　裁判所はおおむね、そしてときには華々しく、人々の技術にかかわる不安や関心、要求を表面化させるのに成功してきたけれども、そうしたメッセージをほかの熟議の場に送り伝えるという点での実績についてはまだ何ともいえない。サイケヴィッチ判決（第9章で論じた）でのマサチューセッツ州最高裁のように、死ぬ権利［の問題］は、個人の自由の事柄について裁判所に「距離を取りつつ熱意のある調査と決定」をもたらす能力を引き受けさせた。裁判所は時代を通じ、概念的な明確化と、政策責任をより当事者対抗主義的＝対審的でない機関——倫理委員会、専門家協会、そして立法府——へと引き渡すことに、どちらかといえば成功してきた。しかし、その他の司法上の決定の民主化の流れ、たとえば20世紀前半の不法行為法におけるリスクの分散に向けての動きや、また1960年代から70年代の患者の自律性の是認に向けての動きは、おそらくそれ以上は実りが見込めないところまできている。複雑な訴訟は非常に重大な手続き的な革新を導入したが、しかしそれは本質的に官僚主義的な動きであり、被害者への補償という争点をめぐる政治的言説に対しては有用な影響をほとんど与えられなかった。科学者たちが今でも、集団による不法行為訴訟の力によって原告の立証責任が引き下げられたと非難しているのに対し、法的分析の熟練者は、手続き改革のために精力を傾けられた創意工夫によって、そもそも念頭に置かれていた被害者たちが十分に利益を受けたかどうかに疑問を呈している[14]。

　論争が長く続くことが市民教育と同じ意味だとするならば、生殖技術をめぐるケースは司法が達成したものの頂点ということになろう。現実にはもちろん、さらに控えめな判断が求められるのであるが。科学的知識や重要な発明、社会的価値を一掃するような再編成をつなぐ1つの鍵として、ロー対ウェイド判決は、脆弱ではあったが、しかし意外なほど長続きする法的構築物となった。この判決は評釈者を満足させなかったし（生体組織の特許をめぐるダイアモンド対チャクラバーティ判決とは異なる）、社会制度やそれにかかわる人々の無秩序なネットワークを規律するのに成功したわけでもなかった（避妊をめぐる連邦

最高裁の初期の決定とは異なる)。ロー判決の三半期の枠組みと未解決のプライバシー理論は、法コミュニティの内側と外側からの大々的な攻撃に屈することになった。しかし、ロー判決のいくつかの概念上のボキャブラリーのおかげで、裁判所は生殖をめぐる権利(リプロダクティブ・ライツ)をめぐる他の争点についても決定できるようになった。それゆえロー判決の絶対主義的でない、バランスをとったアプローチはほとんど意識されないほどに広まったのである。そしてこの20年間、胎児の生存可能性という概念によって、明らかに保守的になった連邦最高裁も反中絶をめぐる論争の混乱を切り分け、女性の生殖をめぐる自由の中心的な原理に明らかな定義を付与することができたのだ。

10.2.3 有効性

専門家の権威を脱構築したり、政治的言説のための言語やフォーラムをもたらすこと以外に、裁判所は、科学技術にかかわる決定にあたっての衡平性、効率性、応答性といった公的な要求にどのように答えられるだろうか。学術文献の多くを占めている不法行為法システムへの一般的な批判から始めるのはやめておこう。というのも、それは本書が主に焦点を当てている、テクノロジーにかかわる論争の範囲を超えるからである。どんなケースのなかにも、不法行為法システムが社会に与えるインパクトについてコンセンサスのある知識は、アメリカ式の訴訟が純粋に金銭的な意味で高くつく趣味であるという事実への同意を別にすれば、ごくかぎられたものにすぎない。

司法システムの非効率性はひどく批判され、しばしば立法府の脇役にとどまっているが、これも連邦主義と多元主義のレンズを通して見た場合には、比較的穏健な配役が想定される。現代の技術は、生と死、人間本性や社会的関係に関する困難な問題を提起してきたが、それに対して20世紀のアメリカは、多くのばらばらに起こる論争で、想定できるかぎりの多様な応答が尽くされるまでは集団としての答えを出すのにきわだって消極的であるように思われる。アメリカ社会の宗教的、文化的、そして倫理的な多様性を考えるならば、問題をより小さな単位——個人や家族、あるいは州——で対処するほうが間違いなく有益である。多元主義的な社会では、価値の負荷がかかった技術の問題を連邦レベルで注目される立法の視線にさらさないことに大きな利点があるのだ。裁

判所は政策形成者としては全く非力であるとしても、対立する多くの価値の調停役としてそれを補う長所をもっている。相対的に独立・分散し、小規模で、ケースごとである司法的決定の性格のおかげで、道徳的・倫理的な問題について、立法の場で一般的に可能なものよりもさらにじっくりとした熟慮ができるのである。

応答性は法システムのもう1つの大きな長所である——科学技術についての司法の仕事が包括的に評価される場合、科学技術の公共的な舵取りに裁判所があまりに無批判的に参加することには批判もあるかもしれないのだが。有害化学物質と増大するリスクへの司法の懸念は、原子力とバイオテクノロジーへの楽観論とあわせてみると、世論調査に見られるものと同様の無分別な両義性を示している。にもかかわらず、司法の業績をフェアに評価するならば、裁判所は科学技術の発展を概してくじいてきたという非難ははねのけられる。新しい生命体の特許から代理母の規制にいたるケースで、裁判所は、政策上の行き詰まりを打破し、人々の不安が高まっている問題に立法府を向き合わせるだけの制度的＝組織的な力を示してきた。環境法分野のように立法が先んじる場合であっても、司法と比べておおざっぱな道具しかもたない立法には出しえないような詳細で微妙な解釈原理の提供は、司法の肩にかかっているのである。たとえばディレーニー修正条項は発ガン性物質の食品添加を連邦レベルで全面的に禁止したが、これはその施行から40年近くにわたって人々のリスク認識に影響を与え続けた。しかし司法の決定では、ディレーニー修正条項のように産業にとって拘束的になったものは、たとえあるにしても非常に少ない。

10.3 政策改革——信頼しつつの批判

民主化にあたっての裁判所の影響力をどれだけ肯定的に評価するにせよ、20世紀の終わりになって、科学技術を扱うにあたってアメリカの法システムのどこかに修繕が必要なほどのほころびが生じている、という認識が広まっていることは否定できないだろう。司法的決定を改善するために急増している提案で、この問題の本質についての思考と、その可能な解決方法としては次の少なくとも3つの線がある。それは、(1) 裁判所は外的な科学的権威（「主流科学」

の資源をもっと尊重（defer）するべきだ、(2) 法システムのなかで技術的問題を扱うすでにある制度的な機構を強化するべきだ、(3) 科学や技術にかかわる争点をめぐる訴訟も含め、もっと訴訟に代わる手段が模索されるべきだ、というものである。それぞれの命題は、法廷は短期的・長期的両方の社会的ニーズに資するように科学技術を構成し、また必然的に構成せざるをえない場であるという本書での全体的な主張に照らしながら評価される必要がある。

10.3.1　分離主義の枠組み

　法と科学の世界、あるいは文化が分離されている、少なくともその「中核」の部分はそうであると見る人々は多いけれども[15]、「科学裁判所」[16]や、科学技術の専門性のある特別な司法部門という発想にはほとんど政治的アピールがない。合衆国憲法第3条によって権限を与えられたジェネラリストたる裁判所への歴史的信頼（コミットメント）と、「科学的分離主義」[17]の理念に対し法システムが抱いている敵意によって、制度上の分離を防ぐための手強いバリアが形作られた。連邦巡回控訴裁判所は、特許にかかわる上訴を管轄しているため連邦上訴裁判所のなかでも最も技術的で専門的なものだが、それでも法の包括的（holistic）な観念になおしっかりと結びつけられている。

　しかし、分離主義はほかの表現形態をとることもある。その1つのかたちは、裁判官が「科学者のように考える［法律家のように考える（thinking like a lawyer）のもじり］」ことを学ぶべきであり、目の前にある証拠が真に科学的かどうかを決めるにあたっては、特定の、画一的に適用可能な基準を用いることを要求することである。概念的な問題があるにもかかわらず、ドーバート判決での証拠の許容性基準はそうした方向をさらに推し進める傾向がある。もっとも、私の分析するところ、あらゆる科学的営みを単一の還元主義モデルに縮減しようとする試みは法的思考を混乱させ、さらなる不確実性を生み出すだけだと思われる。分離主義のそれほど押しつけがましくない形態は、よくある種類の科学的紛争を解決するにあたって利用できるように知識を体系化しようとするハンドブックやマニュアル、委員会報告書などの作成である。そうした仕事は、問題となるような神話を生むことなしに、実質的な問題（たとえば有害化学物質をめぐる不法行為、DNA鑑定など）と、科学が事実を作り出すプロセス（た

とえば追試やピア・レビュー）の両方を説明できるものだ。そうして1994年には連邦司法センターが裁判官に向けて、科学的証拠に関するレファレンス・マニュアルを出版し、どうすればよくある訴訟の争点を理解し、より十分な知識に基づいた決定ができるかを教示している[18]。このマニュアルの一節には、7分野の専門家証言についての参照ガイドがある。疫学、毒物学、調査研究、DNAの捜査科学分析、統計的推論、多重回帰分析、そして経済的損失の算定である。

　情報の陳腐化を別とすれば、このアプローチの主なリスクは、マニュアルや報告書が描こうとしているコンセンサスの起源や基礎を裁判官が問うことができなくなってしまうことである。この文書を作るためにどのような仕事がなされたのだろうか。さらなる吟味なしにこの結果を受け入れる（たとえばその結論に対する司法確知（judicial notice）などのかたちで）ことに意味があるだろうか。最初のアメリカ学術研究会議会（NRC）のDNA鑑定研究の歴史では、そうした懸念にもっとも理由があることが示されている。研究に参加したあるパネリストは、後に、「さまざまなメンバーの信条の対立があらわにならないように、報告書そのものに語らせるに任せることに評議会のメンバーは同意していた」[19]（強調は著者）。このような科学側の、ご都合主義的ともいえる約束事が背後にあることを裁判所が見抜けなかったら、その規範的な責務を果たすことは難しいだろう。とくにDNA型の場合、有罪、無罪、そして人間の生命がそこにかかっているのである。

　最後に、科学裁判所モデルに基づいて法と科学の区別をするよりは、切り離された領域と思われている法と科学を新しい制度によってつなごうとする研究者もいる。両者を架橋する制度、そして「科学カウンセラー」[20]のような個人が、文化的断絶と認識されているところで情報や批判的な理解を行き来させることが期待されている。私は、そうした提案は単に、ある社会構築プロセスを別のものに置き換えようとするだけだろうと述べてきた。これまで見てきたように、裁判所はそれ自体、「架橋する制度」の神髄ともいえる一形態なのである。裁判では信頼と権威を確立するための特定の儀式化された慣習のもとで、科学者、法律家、素人たる一般人が法的関連性のある知識の産出に参加する場となっている。このように実績に裏打ちされた「多文化的」制度をなぜ、それ

ほど検証されているわけではない知と法秩序構築のモデルに置き換えなければならないのだろうか。

　その部分的な答えとしては、一定の状況においては非‐当事者対抗主義的な制度のほうが、裁判所が行うよりも科学的かつ民主的な価値に資することがある。たとえば批判や市民教育という目的には、訴訟に任せるのがつねに最善ではない。とりわけ各種の科学諮問組織は、科学的、法的、そして政治的な説明責任の規範を満たすような共通の知識を総合的に扱う能力を示してきた。そうした組織はうまくいけば、終わりなき技術の脱構築の餌食にならずに、利用できる証拠への「ハード・ルック」を示すことができる。たとえば環境保護庁（EPA）は、非‐当事者対抗主義的な科学諮問委員会によって、技術的・道徳的に微妙な問題が競合するなかでの交渉を実現させた。それは、農薬プログラムに対して複雑な技術的問題への「科学的な」答えを提供することを目指した、法廷に似た科学諮問委員会よりもうまくいったのである[21]。さらに一般的なポイントは、知識を生み出す制度はすべて、法廷に似ていようがいまいが、その長所やそれが目指している特定の目的との関係において評価されるべきだということだ。

10.3.2　裁判官の研修、陪審員への情報

　科学的・技術的な論争を評価する裁判所の能力を強化する方策は数多く提案されてきた。その中心は通常、裁判官である。なぜなら裁判官は、陪審員が科学的証拠を評価し、文脈のなかに位置づけるための手助けをするのに最もよい立場にあるからだ——もっとも、特別陪審（blue ribbon jury）のアイデアもまた検討に値するものだが。一般的に、こうしたアプローチが有望なのは、訴訟における規範的・技術的な争点のからみあいへの事実認定者［＝陪審員］の意識を強める可能性と、［判断の］柔軟性を結びつけるものだからである。

　最もラディカルな枠組みは、ヨーロッパの大陸法系の管轄で見られるように、専門家証人は裁判所によって任命され、裁判官に対してしか応答できないというものである。しかしこの方向は、当事者の自律性という美徳と結びついたコモン・ローの文化では理論的な関心以上のものは引かない。ある法システムから一部の手続き上の仕組みを切り取って、ほかの法システムに接ぎ木す

るような、文化横断的な借り物は、どのみちほとんど成功する見込みがないのだ。法は言語のように各要素が相互依存しているシステムであって、完全に理解できるのは「ネイティブ・スピーカー」だけなのである[22]。なお、連邦裁判官は連邦証拠規則（the Federal Rules of Evidence）の規則706条のもとで偏りのない専門家証人を任命する権限をもっているが、この権限が拡張されるべきであると信じている者は法コミュニティにほとんどいない。裁判官は確立した慣習ゆえに、知識の欠如ゆえに、あるいは陪審員がもつ事実認定の特権を侵すことを恐れるがゆえに、規則706条を用いるのには気が進まないのかもしれない。こうした不安［の解消］に向けた施策はさらなる十分な検討をするに値しよう。正式事実審理前のヒアリングでは、科学専門家のあいだでのギブ・アンド・テイクが促進され、両当事者によって両極端を追究する通常の場合よりも専門知の範囲が広げられたりもする[23]。行政的なルール作りの文脈と同様、正式事実審理型の尋問や反対尋問の形式的な手続きよりも、ヒアリングによって情報豊かな記録が生み出せるかもしれない。

　ここで提示されたような解決策は、巨大な構造的問題とも捉えられるものに対しては漸進的な慰めにしかならないが、それでも法と科学技術の相互作用の漸進主義を支持するだけの強い理由がある。(1) まず、法的手続きの最大の強みの1つはまさに、局地的で、文脈に特定された認識論的・規範的な理解を生み出す能力である。その理解を普遍的主張・基準の下位に置くことは不適切である。(2) 次に、専門知の脱構築は、科学者と法律家の繰り返される対面を通じてしばしば最も実効的に行われることや、認定される事実、参加している専門家、ゲームの法的ルールは、紛争の文脈が変わるたびに変化することをみてきた。［1と2の］両者を考慮すれば、アメリカの法システムによって現在、代表されているような問題解決アプローチの多様性を尊重する改革が望ましいだろう。

10.3.3　訴訟に代わるもの

　人工妊娠中絶、胚研究、死ぬ権利などをめぐる紛争の成り行きからわかるのは、裁判所と同様に価値の問題に敏感で、立法府よりももっと動きやすく、それでいて選挙で選ばれたわけではない司法府より政治的妥協を生み出せるよ

うな政策形成機関が必要であるということだ。アメリカではイギリスと同様、裁判所と立法府のあいだの制度的な溝を埋める仕組みとして特別委員会（blue ribbon committee）が好まれる。しかし、そうした委員会が効果的かどうかは、それがどのようにしてより大きな政治的プロセスにつながっているかに決定的に左右されてしまう。たとえば連邦議会は、1988年にヒトゲノム計画の法的・倫理的意味を研究し、生物医学の科学の最前線で生じている政策上のデリケートな争点へのガイドを提供するため、生命倫理委員会を設立した。しかし、コネチカット州のリベラルな共和党員で上院議員であったローウェル・ワイカーが1988年の国政選挙で敗れ離脱したことによる空席を連邦議会が埋められないことがわかると、この委員会は行き詰まってしまった[24]。それとは対照的に、ニューヨーク州知事のマリオ・クオモが1985年に任命した、さほど政治的でない生命倫理の調査委員会は、宗教的・民族的なグループを上手に取りもって、政治的な合意形成において決定的な役割を果たした[25]。同様に、病院倫理委員会や、科学や技術にかかわる学会による倫理諮問委員会も、法システムの大切な補佐役になりうる。訴訟の差し迫ったプレッシャーがないため、そうした組織は専門職業上の規準や営み——それは時間的に過剰な負担を抱えている裁判所の手から往々にして逃れてしまう——の冷静な調査を実行するのに適した立場にある[26]。

　より一般的にいうと、科学技術とほとんどかかわりのないような法の傾向が、本書で述べてきた多くの問題をやわらげたり、根本的に再定義する改革を導くかもしれない。訴訟の複雑さやコスト、非効率性への懸念はここ20年ほどで確実に高まっており、アメリカでの法実践のあり方に広範な変化を及ぼしている。無過失保険のスキーム、交渉によるルール策定、複雑訴訟、正式事実審理前の証拠開示、その他の代替的な紛争解決手段が次第に受け入れられていることは、社会のフォーマルな苦情を処理するにあたって、厳格な当事者対抗主義的アプローチから徐々に離反が起こっていることを証するものだ。同時に、司法のはたらきの監視が進められたり、法廷外での和解が強調されたりすることで、法的なアリーナにまさに入り込んでしまった案件が手早く処理されるようになっている。結局のところ法と科学技術のあいだの歯車のきしみは、完璧な正義と完璧な合理性を結合しようとする理想主義的な戦略よりも、こう

したマクロ政治的な傾向によってこそ緩和されるのかもしれない。

10.4　訴訟社会での対立と合意

　法の支配の究極的な基礎は、不確実性と混沌のなかから秩序と安定を再構築する力にある。それゆえ、対立よりも構築こそがまとめとして述べるのにふさわしい。法と科学技術を研究するにあたっての構築主義的アプローチによって、アメリカ社会における自然科学の知識と社会正義の互恵的な関係について、いくつもの特色ある洞察がもたらされた。私はそれゆえ、このアプローチが、法と科学技術の相互作用についての法的な研究課題を深めるのに有用と思われる3つの例をあげることで、本書の分析をしめくくろうと思う。ここでの具体例は科学技術にかかわる紛争について通常なされている法的探求の方法、目的、そしてテーマの多角化をより一般的に誘うものと見るべきものである。

　第一に、「訴訟爆発」についてアメリカで国家レベルで続けられている議論はこれまでおおむね、統計に基づく主張と、その現象の「リアリティ」にかかわる反論を通じて進められてきた。さまざまに異なった立場を支持できる証拠の「構築」にも焦点を当てつつ、この議論の批判的な社会史研究を行えば、それぞれの主張はきりがなく、結論に達するものでもないことがわかる。知識社会学の観点を取り入れた研究をすれば、法に無関係な人々のみならず、法にかかわる人々が、どのようにして科学や専門知、正義についてそれぞれの信念を構築しているのかについて興味深いかたちで明らかにできる。知識社会学による論争研究の方法をとれば、連邦裁判所における訴訟爆発の程度をめぐっての、会計検査院（GAO）と司法省のあいだで1986年に起こったにらみ合いのようなエピソードを生産的に用いることができる。司法省によって指揮された機関横断的な調査委員会の報告によると、1974年から1985年までを通じ、連邦裁判所に提訴された製造物責任にかかわる事件の数は758％も増加したとされる。この統計を審査するよう、ニュージャージー州の民主党員であるジェイムズ・フロリオ下院議員［後に1990年から1994年までニュージャージー州知事］が求めたところ、会計検査院は、こうした提訴数の不釣り合いはごく一握りの

製造物（アスベスト、ダルコンシールド［子宮内避妊器具の一種］、ベンディクティン）に帰因しうると反論した。科学（この場合は社会科学）の解釈についての政治的負荷のかかった論争で予測することもできた通り、会計検査院と司法省は、それぞれに異なった基準値を前提としてサンプリングとデータ収集を行ってこの争点を捉えたのである[27]。

　第二に、科学技術の支配的な理解を構築するにあたって、法の「言語技術」の役割を説明するためには、より批判的な検討が必要であろう。法学の道具立ては、法の実効的な機能を担っていると考えられている「判示部分」と形式的な「推論（reasoning）」にのみ焦点を当てているが、それはあまりにも狭いものである。まるでヒトの活性遺伝子のあいだにある有用性が明らかでない「ジャンクDNA」のように、人間の条件や科学技術についての司法の見解のうち、法的拘束力のない言明は、研究者や専門家からほとんど関心をもたれることがなかった。しかし、法的文章のなかであまり意味がないとされているものでも、司法のイデオロギーや法の文化における暗黙の前提を分析するという目的のためには非常に意味があるかもしれない。とくに興味深いのは、事実と価値、専門知と経験知、知識と法のそれぞれの領域のあいだに有用な境界を画定するときに裁判所が用いるメタファーやそのほかのレトリック術である。

　最後に第三として、特定の法的プロセスについての人々の選好に対する正当化、さらに一般化すれば、法的プロセスと科学的権威や政治文化の関係は、より体系的な研究に値する。1970年代になされたいくつかの実証研究によれば、「たとえ第三者が結果をコントロールしても」、参加者が「証拠提示のプロセスを自身でコントロールすれば」、法的プロセスへの人々の満足度が上がることについて、決定的ではないにせよ示唆的な根拠が示されている。［一方、］こうした調査が結論づけるところでは、「当事者の対立や、証人への反対尋問がないこと」のような要素は、法的プロセスへの参加者の満足を下げる方向につながるかもしれないということである[28]。科学技術と法の構築主義的分析からは、そうした選好の文化的・制度的基礎を探り当てるための枠組みが得られるだろう。たとえば西洋社会でのリスクや規制の同様の研究は、専門的な論争の解決にあたっての合理性や十分な民主的参加がどういうものかについて全く異なった考え方を見きわめるのを助けてきた[29]。社会的、そして技術的な不確

実性が加速する時代においては、変わりゆく知識への公共的な反応について信頼できるリストを拡大し、そして科学技術と法が、反照＝反省と自己批判のための互恵的な試みに再び取り組めるようにするためには、そうした比較的・分野横断的な分析が有望なのである。

原注

第1章

1) 核兵器と原子力に対するアメリカの考え方を形成した神話とイメージに関する見事な記事については、Spencer Weart, *Nuclear Fear* (Cambridge, Mass.: Harvard University Press, 1998) を見よ。
2) Rachel Carson, *Silent Spring* (Boston: Houghton Mifflin, 1962) [レイチェル・カーソン著、青樹築一訳『沈黙の春』、新潮社、1974 年].
3) Humphrey Taylor, "Scientists, Doctors, and Teachers: the Most Prestigious Occupations—But Doctors' and Lawyers' Prestige Falls Steeply," Harris poll, June 7, 1992, in *American Public Opinion Data* (Louisville, Ky.: Opinion Research Service 1992), microfiche HAR, 7 June.
4) National Science Board (NSB), "Science and Technology: Public Attitudes and Public Understanding, " in NSB, ed., *Science and Engineering Indicators*——1993 (Washington, D.C.: U.S. Government Printing Office, 1993), pp. 204, 483.
5) Richard Topf, "Science, Public Policy, and the Authoritativeness of the Governmental Process," in Anthony Barker and Guy Peters, eds., *Expert Advice* (Pittsburgh: University of Pittsburgh Press, 1993), pp. 105–109.
6) Gina Kolata, "Forget the Butler; the Medical Industry Did It, " *New York Times*, October 17, 1993, p. E3.
7) いくつかの批判に対する合理的な反論とともに、こうした主張を概観するには、Marc Galanter, "Predators and Parasites: Lawyer-Bashing and Civil Justice," *Georgia Law Review* 28 (1994), 633–681 を見よ。
8) Robert Gilpin and Christopher Weight, eds., *Scientists and National Policy-Making* (New York: Columbia University Press, 1964), p. 76.
9) "Junk science" という言葉は、法律家であり技術者である Peter Huber の、非主流と主流の科学を見極めるということについて裁判所が無能力であるという点に主眼をおいた、学術的ではないもののいきいきとした、告発により一般に広がった。Huber, *Galileo's Revenge: Junk Science in the Courtroom* (New York: Basic Books, 1991) を見よ。
10) Daniel E. Koshland, "Scientific Evidence in Court," *Science* 266 (1994), 1787.
11) たとえば、Steven Goldberg, "The Reluctant Embrace: Law and Science in America," *Georgetown Law Journal* 75 (1987), 1345 を見よ。
12) Francisco J. Ayala and Bert Black, "Science and the Courts," *American Scientist* 81 (1993), 230–239; Peter H. Shuck, "Multi-Culturalism Redux: Science, Law, and Politics," *Yale Law and Policy Review* 11 (1993), 14–21.
13) 法と科学の「文化的衝突（cultural crash）」に関する文献の例として、Philip M. Boffey, "Scientists and Bureaucrats: A Clash of Cultures on FDA Advisory Panel," *Science* 199 (1976), 1244–46; Leslie Roberts, "Science in Court: A Culture Clash," *Science* 257 (1992), 732–736; Steven Goldberg, *Culture Clash* (New York: New York University Press, 1994); Shuck, "Multi-Culturalism Redux." を見よ。
14) Ayala and Black, "Science and the Courts," p. 239.

15) Shuck, "Multi-Culturalism Redux," pp. 43-44; Goldberg, *Culture Clash*, pp. 103–108.
16) 科学におけるパラダイム転換に関する古典的な作品として、Thomas S. Kuhn, *The Structure of Scientific Revolutions* (Chicago: Chicago University Press, 1962) [トーマス・クーン著、中山茂訳『科学革命の構造』、みすず書房、1971 年].
17) Michael Polanyi, *Science, Faith and Society* (Oxford: Oxford University Press, 1946), pp. 45–46. ポランニーは、「包括的な権威（General Authority）」体制として法と科学に言及する。というのも、ポランニーによれば、カトリック教会のような「特別の権威（Specific Authority）」体制とは対照的に、法と科学の 2 つの領域は、法則を解釈する能力を分散させているからである。
18) John Ziman, *Public Knowledge: An Essay concerning the Social Dimension of Science* (Cambridge: Cambridge University Press, 1968), pp. 14–15.
19) R. Austin Freeman, *The Eye of Osiris* (1911; reprint, New York: Carroll and Graf, 1986), pp. 123–124.
20) 科学における証拠と法システムにおける証拠のあいだの重要な差異は、後者について「情報それ自体が、その信用性や関連性に対する明白な保証をもたらすのではない」という点にあると考えられてきた。したがって、法は、「裁判事例における証拠として提出された証拠を提示したり検証したりするための、高度に発展した『証拠法』を作り上げてきた」。Jerome R. Ravets, *Scientific Knowledge and Its Social Problems* (Oxford: Oxford University Press, 1971) [J. R. ラベッツ著、中山茂ほか訳『批判的科学—産業化科学の批判のために』、秀潤社、1977 年] p.121. 科学的知識の社会学の最近の研究は、実験的観察に基づく主張は、実際のところ、信用性に関する「明白な保証」をもたらすのかという疑問を投げかける。一例として、H. M. Collins の *Changing Order* (London: Sage, 1985) を見よ。本書の目的にとって、重要なポイントは、法的証拠がほとんどの科学的証拠よりも明らかに信用性が低いかどうかという点ではなく、むしろ「証拠法」が信用性の評価のための科学的基準と一致するかどうかという転移にある。
21) Berry v. Chaplin, 74 Cal.2d 652 (1946).
22) Ayala and Black, "Science and the Courts," p. 230.
23) Michael J. Saks, "Accuracy v. Advocacy: Expert Testimony before the Bench," *Technology Review*, 90 (1987), 48.
24) Philip L. Bereano, "Courts as Institutions for Assessing Technology," in William A. Thomas, ed., *Scientists in the Legal System: Tolerated Meddlers or Essential Contributors?* (Ann Arbor: Ann Arbor Science, 1974), p. 85.
25) Lawrence M. Friedman, *The Republic of Choice: Law Authority and Culture* (Cambridge, Mass.: Harvard university Press, 1990).
26) Peter Huber, "Safety and the Second Best: The Hazards of Public Risk Management in the Courts," *Columbia Law Review* 85 (1985), 277–337.
27) Peter Huber, "Exorcists vs. Gatekeepers in Risk Regulation," *Regulation*, November/December 1983, pp. 23–32.
28) この文献のサンプルとして、Baruch Fischhoff et al., *Acceptable Risk* (Cambridge: Cambridge University Press, 1981); Mary Douglas and Aaron Wildavsky, *Risk and Culture* (Berkeley: University of California Press, 1982); Branden B. Johnson and Vincent Covello, *The Social and Cultural Construction of Risk* (Dordrecht: Reidel, 1987); Deborah G. Mayo and Rachelle D. Hollander, eds., *Acceptable Evidence: Science and Values in Risk Management* (New York: Oxford University Press, 1991).
29) Edmund W. Kitch, "The Vaccine Dilemma," *Issues in Science and Technology* 2 (1986), 108–121 を

見よ。

30) Philip M. Boffey, "Drug Shipments to Resume to Treat Rare Disorder," *New York Times*, November 6, 1986, p. B20.
31) Barbara J. Culliton, "Omnibus Health Bill: Vaccines, Drug Exports, Physician Peer Review," *Science* 234 (1986), 1313.
32) Patricia B. Gray, "Endless Trial," *Wall Street Journal*, January 13, 1987, p.1.
33) Seth Mydans, "For Jurors, Facts Could Not Be Sifted from Fantasies," *New York Times*, January 19, 1990, p. A18.
34) Matthew L. Wald, "Jury in Cancer Death Suit Says Factory Polluted Wells," *New York Times*, July 29, 1986, p. A8.
35) Peter J. Shuck, *Agent orange on Trial*(Cambridge, Mass.: Harvard University Press, 1986), pp.263–265; Glenn Collins, "A Tobacco Case's Legal Buccaneers," *New York Times*, March 6, 1995, p. D1.
36) James S. Kakalik et al., *Costs of Asbestos Litigation* (Santa Monica, Calif.: Rand Corporation, 1983).
37) 例として、Michael J. Saks, "Do We Really Know Anything about the Behaviour of the Tort Litigation System——and Why Not?" *University of Pennsylvania Law Review* 140 (1992), 1147–1292; Marc Galanter, "The Transnational Traffic in Legal Remedies," in Sheila Jasanoff, ed., *Learning from Disaster: Risk Management After Bhopal* (Philadelphia: University of Pennsylvania Press, 1994), pp. 135–144 を見よ。
38) 日本と西ヨーロッパにおける訴訟習慣は、合衆国のそれと比較して著しく対照的である。
39) Galanter, "Transnational Traffic in Legal Remedies," pp.135–144.
40) Criscuola v. Power Authority of the State of New York, 81 N.Y.2d 649, 652 (1993).
41) 61 U.S.L.W. 4805, 113 S.Ct. 2786 (1993).
42) People v. Ojeda, 225 Cal. App. 3d 404 (1990).
43) Eric S. Lander and Bruce Budowle, "DNA Fingerprinting Dispute Laid to Rest," *Nature* 371 (1994), 735–738.
44) Association of American Physicians and Surgeons v. Hillary Rodham Clinton, et al., 1993 U.S. Dist. LEXIS 2597 (D.C.D.C. 1993).
45) Richard Stone, "Court Test for Plagiarism Detector?" *Science* 254 (1991), 1448.
46) "Ruling Left Intact in Sperm Bequeast," *New York Times*, September 5, 1993, p. 36; "Newlywed Hopes to Use Sperm of Dead Spouse to Start a Family," *New York Times*, June 5, 1994, p/ 34; David W. Dunlap, "Sperm Donor Is Awarded Standing as Girl's Father," *New York Times*, November 19, 1994, p. 27; Ellen Goodman, "The Law vs. New Fact of Life," *Boston Globe*, January 26, 1995, p. 13.
47) "AIDS Victim's Colleagues Walk Out," *New York Times*, October 23, 1986, p. A24.
48) Gerry Elman, "Pasteur Institute Sues U.S. over AIDS Test Royalties," *Genetic Engineering News*, January 1986, p. 6.
49) Philip J. Hilts, "Americans Block French Move on AIDS Test," *New York Times*, September 20, 1992, p. 35; Jon Cohen, "U.S.- French Patent Dispute Heads for a Showdown," *Science* 265 (1994), 23–25.
50) Richard L. Madden, "Comatose Woman's Fetus Is Focus of Dispute," *New York Times*, March 8, 1987, p. 39.
51) Marcia Chambers, "Dead Baby's Mother Faces Criminal Charges on Acts in Pregnancy," *New York Times*, October 9, 1986, p. A22.

52) Linda Greenhouse, "Court Order to Treat Baby Prompts a Debate on Ethics," *New York Times*, February 20, 1994, p. 12.
53) どうすれば技術が、ある方法では安定するのに別の方法ではそうではなくなるのかについて研究することに関心を有していた学者らは、技術的なシステムの解釈の柔軟性を指摘していた。Wiebe E. Bijker, Thomas P. Hughes, and Trevor Pinch, *The Social Construction of Technological Systems*(Cambridge, Mass.: MIT Press, 1987) を見よ。

第 2 章

1) William Aldred の事例、77 Eng. Rep. 817(1610).
2) Barbara Ward and René Dubos, *Only One Earth: The Care and Maintenance of Small Planet* (New York: Norton, 1972), p. 11.
3) Lawrence M. Friedman, *The Republic of Choice: Law, Authority, and Culture* (Cambridge, Mass.: Harvard University Press, 1990). 技術的変化の国境を越えた法的政治的インパクトの研究に向けては、Sheila Jasanoff, ed., *Learning from Disaster: Risk Management after Bhopal* (Philadelphia: University of Pennsylvania Press, 1994) を見よ。
4) AIG（アメリカンインターナショナルグループ）の広告。*News Week*, February 26, 1990, pp.32-33. AIG のメッセージはピーター・フーバーの過失責任についての考えに大きく依拠している。詳しくは注 5 参照。
5) 近代の製造物責任法の訴訟をくまなく、時に行き過ぎるほど精査するには、Peter Huber, *Liability* (New York: Basic Books 1988) を見よ。フーバーは、私的な当事者間での同意に基づいた契約法は、裁判官と陪審員に製造者の安全義務を決定することを認める公的な「強制の法」に取って代わっていると主張している。イェール大学ロースクールのジョージ・プリーストなどは、不法行為法をリスク拡散に向かっていく保険のメカニズムとして利用することが非効率でありうることに注目するよう呼びかけている。Priest "The New Legal Structure of Risk Control," *Daedalus* 119 (1991) 207-227. 賠償責任法と製品の利用不能性の関係で最もよく文章化されたものとしては、医薬品とデバイスの領域がある。たとえば、Leslie Roberts, "U.S. Lags on a Birth Control Development," *Science* 247 (1990), 909（新しい避妊薬を市場に出すために賠償責任法に変化を求めたアメリカ科学アカデミーについて書いている）。
6) William L. Prosser, *Law of Torts* (St. Paul: West Publishing, 1971), p. 641.
7) 217 N.Y. 382 (1916).
8) G. Edward White, *Tort Law in America: An Intellectual History* (New York: Oxford University Press, 1985), p. 148.
9) Leon Green, "Tort Law Public Law in Disguise," *Texas Law Review* 38 (1959), 257.
10) Escola v. Coca-Cola Bottling Co., 24 Cal.2d 453, 462 (1944)（同意意見）。
11) Greenman v. Yuba Power Product, Inc., 59 Cal.3d 57 (1963)。
12) たとえば、ニュージャージー州最高裁は 1960 年に、自動車製造業者の潜在的な賠償責任が、購入者の家族やその製品を使いそうな他人にまで広げる判決を下した。Henningsen v. Bloomfield Motors, Inc., 32 N.J. 358 (1960)。
13) Summers v. Tice, 33 Cal.2d 80 (1948).
14) 26 Cal.3d 588 (1980).
15) 別の管轄の DES の訴訟では、潜在的に責任のある製造者集団内での賠償責任の分配に合理的な方法があるかぎり、被告確定要件は留保されると考えられた。たとえば、Bichler v. Eli Lilly and

Co., 55 N.Y. 2d 571 (1982)、McElhaney v. Eli Lilly and Co., 564 F. Supp. 265 (1983)、Collins v. Eli Lilly and Co., 342 N.W.2d 37 (Wis. 1984) を見よ。
16) Peter S. Barth and H. Alan Hunt, *Workers' Compensation and Work-Related Illnesses and Disease* (Cambridge, Mass.: MIT Press, 1980), p. 4.
17) 493 F.2d 1076 (5th Cir. 1973).
18) Deborah R. Hensler, William L. F. Felstiner, Molly Selvin, and Patricia A. Ebener, *Asbestos in the Courts: The Challenge of Mass Toxic Torts* (Santa Monica, Calif.: Rand Corporation, 1985), p. 20.
19) "Doctors in Boycott of Lawyer's Baby," *The Guardian*, May 25, 1986, p. 14.
20) General Accounting Office (GAO), *Medical Malpractice* (Washington, D.C., 1986), pp. 12–13.
21) Deborah Jones Merritt, "The Constitutional Balance between Health and Liability," *Hastings Center Report*, December 1986, p. 3.
22) Duffield v. Williamsport School District, 162 Pa. 476 (1984)。
23) New York State Ass'n for Retarded Children v. Carey, 466 F. Supp. 487 (E.D.N.Y. 1978)。
24) Brune v. Belinkoff, 354 Mass. 102 (1968)、Naccarato v. Grob, 384 Mich. 248 (1970)、Pederson v. Dumonchel, 72 Wash.2d 73 (1967)。また、*Stanford Law Review* 14 (1962), 884、および *Vanderbilt Law Review* 23 (1970), 729 を見よ。
25) GAO, *Medical Malpractice*, p. 80.
26) Jeffrey O'Connell, *The Lawsuit Lottery* New York: Free Press, 1979), chap. 1.
27) 1985 年 6 月時点で、19 州がケア基準条項を発効している。GAO, *Medical Malpractice*, p. 80.
28) Canterbury v. Spence, 464 F.2d 772 (D.C. Cir 1972)。
29) Jethro K. Lieberman, *The Litigious House Society* (New York: Basic Books, 1981), p. 88.
30) Ibid., p. 88.
31) Helling v. Carey, 83 Wash.2d 514 (1974).
32) Lieberman, *Litigious Society*, p. 78.
33) Gates v. Jensen, 595 P.2d 919 (Wash. 1979).
34) GAO, *Medical Malpractice*, p. 18.
35) Fletcher v. Bealey, 28 Ch.D. 688-700 (1885)。
36) NEPA 訴訟の初期における法的役割の歴史については、Fredrick R. Anderson, *NEPA in the Courts* (Baltimore: Johns Hopkins University Press, 1973) を見よ。
37) Christopher Stone, *Should Trees Have Standing? Toward Legal Rights for Natural Objects* (Los Altos, Calif.: William Kaufmann, 1974).
38) Reserve Mining Co. v. EPA, 514 F.2d 492 (8th Cir. 1975).
39) Ethyl Corp. v. EPA, 541 F.2d 1 (D.C. Cir. 1976).
40) 541 F.2d at 13.
41) 541 F.2d at 520.
42) 541 F.2d at 18.
43) 621 N.E.2d at 1195 (N.Y. 1993).
44) 621 N.E.2d at 1196.
45) 62 U.S.L.W. 4576 (1994).
46) Linda Greenhouse, "High Court Limits the Public Power on Private Land," *New York Times*, June 25, 1994, p. 1.

第 3 章

1) 以下に引用されている。Hubert W. Smith, "Scientific Proof," *Southern California Law Review* 16 (1943), 148.
2) たとえば、次を参照。Lloyd L. Rosenthal, "The Development of the Use of Expert Testimony," *Law and Contemporary Problems* 2 (1935) 406–409.
3) Ibid., p. 410.
4) Folkes v. Chadd, 3 Doug. 157 (1782)（Lawton L. J. In R. v. Turner に引用されている）.
5) Smith, "Scientific Proof," p. 122.
6) Martin Shapiro, *Courts: A Comparative and Political Analysis* (Chicago: University of Chicago Press, 1981), p. 11.
7) アメリカで初めて DNA 鑑定を証拠として使用した裁判であるフロリダ州対トミー・リー・アンドリュース事件の正式事実審理前の聴問会の口述筆記からは、用いられた個人特定手法がその当時において最善のものであったことを強調することが検察側の専門家にとっていかに重要であったかがうかがい知れる。聴問会では用いられた手法の絶対的信頼性についての質問はなく、反対尋問においてさえも質問されることはなかった。Trial Proceedings, Information No. CR87-1400, Orange County Courthouse, Orlando, Fla., October 20, 1987.
8) John A. Jenkins, "Experts' Day in Court," *New York Times Magazine*, December 11, 1983, p. 98.
9) "Expert Witnesses: Booming Business for the Specialists," *New York Times*, July 5, 1987, p. 1.
10) たとえば、次を参照。Calvin M. Kunin, "The Expert Witness in Medical Malpractice Litigation," *Annals of Internal Medicine* 100 (1984), 14.
11) Jenkins, "Experts' Day in Court," p. 105.
12) こうしたやり方は、「評決（*The Verdict*）」というタイトルの有名な映画のなかでも描かれているように、反対尋問の際にプロの原告側専門家の面目を丸潰しにしてしまうという欠点を秘めているにもかかわらず、広く慣習化している。
13) Peter Schuck, *Agent Orange on Trial* (Cambridge, Mass.: Harvard University Press, 1986), p. 230; Peter Huber, *Galileo's Revenge: Junk Science in the Courtroom* (New York: Basic Books, 199), pp. 96–100.
14) Joseph Sanders, "From Science to Evidence: The Testimony on Causation in the Bendectin Cases," *Stanford Law Review* 46 (1993), 36–47.
15) Lee Loevinger, "Law and Science as Rival Systems," *Jurimetrics* 8 (1966), 66.
16) Marvin E. Frankel, "The Search for Truth: An Umpireal View," *University of Pennsylvania Law Review* 123 (1975), 1036.
17) Ibid., p. 1038.
18) Peter Brett, "The Implications of Science for the Law," *McGill Law Journal* 18 (1972), 187.
19) Alan Usher, "The Expert Witness," *Medical Science Law* 25 (1985), 114.
20) Paul Meier, "Damned Liars and Expert Witnesses," *Journal of the American Statistical Association* 81 (1986), 273.
21) James E. Hough, "The Engineer as Expert Witness," *Civil Engineering ASCE*, December 1981, p. 57. この一節は他分野の専門家にも同情的に受け入れられた。その証拠に、この一節は以下の文献でもほぼ一言一句たがわず繰り返されている。Sanford M. Brown, "The Environmental Health Professional as an Expert Witness," *Journal of Environmental Health* 46 (1983), 86.
22) Hough, "The Engineer as Expert Witness," p. 58. この一節は、コロラド州法廷弁護士協会の

元会長の発言に驚くほど酷似している。彼は、専門家による反対尋問をマス釣りに喩えている。William A. Trine, "Cross-Examining the Expert Witness in the Products Case," *Trial*, November 1983, p. 87. おもしろいことに、ハウもトラインと同様、「餌に食いつく（rise to the bait）」という釣りの比喩を用いている。この表現は、訓練を受けた訴訟弁護士が非協力的な証人という役を「演じる（play）」傾向があるのとちょうど同じように、一部の技術的専門家には反対尋問に臨む弁護士の役を「演じる」覚悟があるということをほのめかしている。

23) Brett, "The Implications of Science," pp. 186–187.
24) McLean v. Arkansas, 529 F. Supp. 1255 (E.D. Ark. 1982).
25) Philip L. Quinn, "The Philosopher of Science as Expert Witness," in James T. Cushing et al., eds., *Science and Reality: Recent Work in the Philosophy of Science* (Notre Dame: University of Notre Dame Press, 1984), p. 51. 意図の有無はわからないが、クインはここで、注 62 で詳述するフライ基準に非常に近いものを提唱している。イギリスの著名な哲学者であるアンソニー・ケニーは、クインの提案を一歩進めて、自らの科学が整合性、方法論、累積力、予測力についての検証で一定のラインを満たした場合にのみ、専門家は証言を許されることを提案した。ケニーは、専門家としての証言を許可される前に、「新しい科学」の擁護者は自らの分野の王立憲章［王からの許可、勅許の印］のようなものを求めるべきであると提言した。フライ基準とは異なり、ケニーのアプローチでは、特定の裁判の文脈のなかでローカルな信頼性について協議することが不可能になるだろう。Anthony Kenny, "The Psychiatric Expert in Court," *Psychological Medicine* 14 (1984), 291–302.
26) Michael Ruse, "Commentary: The Academic as Expert Witness," *Science, Technology, and Human Values* 11 (1986), 72.
27) 訴訟が心理学や精神医学にもたらす問題の概要については、次を参照。Kenny, "The Psychiatric Expert in Court"; Kenneth F. Englade, "When Psychiatrists Take the Stand, Science itself Goes on Trial," *The Scientist*, December 12, 1988, p. 1; Daniel Goleman, "Psychologists' Expert Testimony Called Unscientific," *New York Times*, October 11, 1988, p. C6; David Faust and Jay Ziskin, "The Expert Witness in Psychology and Psychiatry," *Science* 241 (1988), 31–35; Daniel E. Koshland, Jr., "Scientific Evidence in Court," *Science* 266 (1994), 1787.
28) たとえば、次を参照。Meier, "Damned Liars and Expert Witnesses."
29) Marcia Angell, "Do Breast Implants Cause Systemic Disease?" *New England Journal of Medicine* 330 (1994), 1748. また、次も参照。Sherine E. Gabriel et al., "Risk of Connective-Tissue Disease and Other Disorders after Breast Implantation," *New England Journal of Medicine* 330 (1994), 1697–1702.
30) George J. Annas, "Setting Standards for the Use of DNA-Typing Results in the Courtroom—the State of the Art," *New England Journal of Medicine* 326 (1992), 1643.
31) Huber, *Galileo's Revenge*; とくに pp. 39–56 にある外傷と関連のあるガンに関する主張がどのように盛り上がりどのように下火になったのかについての彼の説明を参照せよ。
32) Eric S. Lander and Bruce Budowle, "DNA Fingerprinting Dispute Laid to Rest," *Nature* 371 (1994), 735.
33) Dorothy Nelkin and Laurence Tancredi, *Dangerous Diagnostics* (New York: Basic Books, 1989); Arielle Emmett, "Simulations on Trial," *Technology Review* 97 (1994), 30–36.
34) Sheila Jasanoff, *The Fifth Branch: Science Advisers as Policymakers* (Cambridge, Mass.: Harvard University Press, 1990), p. 68.
35) たとえば、次を参照。Gina Kolata, "Two Chief Rivals in the Battle over DNA Evidence," *New*

York Times, October 27, 1994, p. B14.
36) Brett, "Implications of Science for Law," p. 186（英国の著名な植民地管理者であり歴史家であるトーマス・バビントン・マコーレイ卿の発言を引用している）.
37) Richardson v. Perales, 402 U.S. 413, 414 (1971).
38) この分野における主な文献としては、Thomas S. Kuhn, *The Structure of Scientific Revolutions* (Chicago: University of Chicago Press, 1962) ［トマス・クーン著、中山茂訳『科学革命の構造』、みすず書房、1971 年］; Karin D. Knorr-Cetina and Michael Mulkay, eds., *Science Observed* (London; Sage, 1983); Bruno Latour and Steve Woolgar, *Laboratory Life* (Princeton: Princeton University Press, 1986); H. M. Collins, *Changing Order* (London: Sage, 1985); Bruno Latour, *Science in Action* (Cambridge, Mass.: Harvard University Press, 1987) ［ブルーノ・ラトゥール著、川﨑勝・高田紀代志訳『科学が作られているとき——人類学的考察』、産業図書、1999 年］などがある。これらの考え方を法における専門性という特定の文脈に応用したものとしては、次を参照。Roger Smith and Brian Wynne, eds., *Expert Evidence: Interpreting Science in the Law* (London: Routledge, 1989).
39) 機器自体について、そして機器が慣習を取り込んでいく過程についての啓蒙的な議論としては次を参照。Latour, *Science in Action*, pp. 67–70.
40) この現象の詳細については、以前に何度か文献にまとめたことがある。たとえば、次を参照。Sheila Jasanoff, *Risk Management and Political Culture* (New York: Russell Sage Foundation, 1986): "The Problem of Rationality in American Health and Safety Regulation," in Smith and Wynne, *Expert Evidence*, pp. 151–183; and *The Fifth Branch*.
41) 603 F.2d 263 (2d Cir. 1979).
42) "The Law Tries to Decide Whether Whooping Cough Vaccine Causes Brain Damage: Professor Gordon Stewart Testifies," *British Medical Journal* 292 (1986), 1264–66.
43) 615 F. Supp. 262 (D. Ga. 1985).
44) 615 F. Supp. at 273.
45) 615 F. Supp. at 286, 291.
46) Robert K. Merton, "The Normative Structure of Science," reprinted in *The Sociology of Science* (Chicago: University of Chicago Press, 1973), pp. 267–278. しかし、ブルーノ・ラトゥールとスティーブ・ウルガーは、実験室科学の文化についての影響力の大きい著作のなかで、プロの科学者が実際には知識についての論争をしょっちゅう個人化していることを指摘している。研究員の研究についての実験室での会話から明らかになったことは、「同僚とその内容との日常的合体、すなわち、提案の信頼性と提案者の信頼性とが同一になっていること」であった。Latour and Woolgar, *Laboratory Life*, p. 202.
47) たとえば、次を参照。Sanders, "From Science to Evidence," pp. 39–41.
48) U.S. Congress, Office of Technology Assessment, *Genetic Witness: Forensic Uses of DNA Tests* (Washington, D.C.: U.S. Government Printing Office, 1990), p. 14.
49) 545 N.Y.S.2d 985 (Sup. 1989). また、次も参照。Peter Banks, "Bench Notes," *Journal of NIH Research* 2 (1990), 75–77.
50) Colin Norman, "Maine Case Deals Blow to DNA Fingerprinting," *Science* 246 (1989), 1556–58.
51) この議論に関するより詳細な説明については、次を参照。Sheila Jasanoff, "What Judges Should Know about the Sociology of Science," *Jurimetrics* 32 (1992), 345–359. DNA 鑑定手法が 7 つの異なる分野にまたがっていることをほぼ確実に示し、DNA 鑑定を鮮やかに脱構築したものとしては次を参照。William C. Thompson and Simon Ford, "DNA Typing: Acceptance and Weight of

the New Genetic Identification Tests," *Virginia Law Review* 75 (1989), 45–108.
52) 「天井原則」は、あらゆる遺伝子座における対立遺伝子の頻度に関して、その最大値をすべての民族的部分母集団における頻度とし、最悪のケースを想定していた。それらの頻度を掛け合わせ、母集団全体における特定の遺伝子型の頻度の上限を算出し、さらに刑事裁判で有罪判決を勝ち取るために立証すべき確率も算出される。National Research Council, *DNA Technology in Forensic Science* (Washington, D.C.: National Academy Press, 1992). また、次も参照。Lander and Budowle, "DNA Fingerprinting Dispute."
53) Letters from R. C. Lewontin and Daniel L. Hartl, *Nature* 372 (1994), 398–399.
54) Milton R. Wessel, "Scientific Truth and the Courts," *Scientist*, March 9, 1987, p. 12.
55) R. E. Gots, "Medical Causation and Expert Testimony," *Regulatory Toxicology and Pharmacology* 6 (1986), 96–97.
56) Thompson v. Southern Pacific Transportation Co., 809 F.2d 1167 (5th Cir. 1987).
57) 略式判決におけるワインスタインの根拠づけに関するより広範な説明については、次を参照。Schuck, *Agent Orange on Trial*, pp. 226–242.
58) 枯葉剤(エイジェント・オレンジ)製造物責任訴訟については、次を参照。818 F.2d 145 (2d Cir. 1987). 正式事実審理の裁判官が、専門家証言が合理的に特定の種類の専門的証拠に基づいているかどうかを決定する際に、関連する分野の専門家と相談しないことは破棄事由となる誤りであると認めた裁判所もある。これについては、In re Japanese Electronics Products 723 F.2d 238 (3d Cir. 1983).
59) カリフォルニア州最高裁判所も同様に、技術者／科学者という区別を用いた。しかし、カリフォルニア州最高裁判所では、よりよい科学的記録を求めて問題を第一審裁判所に差戻すという解決法がとられた。これは法的意思決定においてよりもむしろ行政的意思決定において頻繁に用いられるアプローチである。これらの裁判のより広範な分析については、次を参照。Sheila Jasanoff, "Judicial Construction of New Scientific Evidence," in Paul T. Durbin. ed., *Critical Perspectives in Nonacademic Science and Engineering* (Bethlehem, Pa.: Lehigh University Press, 1991), pp. 225–228.
60) People v. Ojeda, 225 Cal. App. 3d 404, 408 (1990).
61) 3 Cal. App. 4th 1326, 1333–34 (1992).
62) Frye v. United States, 293 F. 1013, 1014 (D.C. Cir. 1923).
63) たとえば、次を参照。Philip Hiall Dixon, "Frye Standard of 'General Acceptance' for Admissibility of Scientific Evidence Rejected in Favor of Balancing Test," *Cornell Law Review* 64 (1979), 875–885; "Expert Testimony Based on Novel Scientific Techniques: Admissibility under the Federal Rules of Evidence," *George Washington Law Review* 48 (1980), 774–790; Mary W. Costley, "Scientific Evidence—Fryed to a Crisp," *South Texas Law Journal* 21 (1980), 62–79.
64) People v. Barbara, 400 Mich. 352, 405 (1977).
65) John W. Behringer, "Introduction to Proposals for a Model Rule on the Admissibility of Scientific Evidence," *Jurimetrics* 26 (1986), 238.
66) たとえば、次を参照。Kenny, "The Psychiatric Expert," pp. 294–295.
67) United States v. Williams, 583 F.2d 1194 (2d Cir. 1978).
68) 113 S.Ct. 2786 (1993).
69) この点に関して最高裁判所がもっている二面性を批判するものとしては、次を参照。Margaret G. Farrell, "*Daubert v. Merrell Dow Pharmaceuticals, Inc.*: Epistemology and Legal Process," *Cardozo Law Review* 15 (1994), 2183–2217.

70) Oliver Wendell Holmes, *The Common Law* (reprint, Boston: Little, Brown, 1963), p. 5: "The life of the law has not been logic: it has been experience."（法の命は論理にではなく経験にこそある）
71) Marcia Barinager, "Bendectin Case Dismissed," *Science* 267 (1995), 167.
72) Ron Simon, "High Court Throws Out Rigid Rules Excluding Scientific Evidence, Says Focus Must Be on Methods, Principles," Bureau of National Affairs, *Toxics Law Reporter* 8 (Summer/Fall 1993), 10.
73) Bert Black, Francisco J. Ayala, and Carol Saffran-Brinks, "Science and the Law in the Wake of Daubert: A New Search for Scientific Knowledge," *Texas Law Review* 72 (1994), 753, n. 260.
74) 科学裁判所という提案に対しては、批判的な文献が多数生産された。たとえば、次を参照。Arthur Kantrowitz, "Proposal for an Institution for Scientific Judgment," *Science* 156 (1967), 763–764; idem, "Controlling Technology Democratically," *American Scientist* 63 (1975), 505–509; "The Science Court Experiment: Criticisms and Responses," *Bulletin of the Atomic Scientists* 33 (1977), 44–50; Barry M. Casper, "Technology Policy and Democracy: Is the Proposed Science Court What We Need?" *Science* 194 (1976), 29–35. また、以下の科学裁判所に関する特集号に掲載された論文も参照。*RISK–Issues in Health and Safety* 4 (1993).
75) Task Force of the Presidential Advisory Group on Anticipated Advances in Science and Technology, "The Science Court Experiment: An Interim Report," *Science* 193 (1976), 653.
76) Sheila Jasanoff and Dorothy Nelkin, "Science, Technology, and the Limits of Judicial Competence," *Science* 214 (1981), 1211–15.
77) Joseph S. Cecil, Division of Research, Federal Judicial Center, Washington, D.C. からの私信。1990 年 9 月 14 日。
78) John H. Langbein, "Restricting Adversary Involvement in the Proof of Fact: Lessons from Continental Civil Procedure" (Cornell Law School での配付資料, January 1985), p. 2. また、次も参照。idem, "The German Advantage in Civil Procedure," *University of Chicago Law Review* 52 (1985), 823.
79) Pamela L. Johnston, Comment, *High Technology Law Journal* 2 (1988), 249.
80) Brian Wynne, *Rationality and Ritual: The Windscale Inquiry and Nuclear Decisions in Britain* (Chalfont St. Giles: British Society for the History of Science, 1982).
81) United Shoe Machinery Corp. v. United States, 110 F. Supp. 295 (D.Mass. 1953).
82) Harold Leventhal, "Environmental Decisionmaking and the Role of the Courts," *University of Pennsylvania Law Review* 122 (1974), 553.
83) Federal Judicial Center, *Reference Manual on Scientific Evidence* (Washington, D.C.: U.S. Government Printing Office, 1994).

第 4 章

1) Association of American Physicians and Surgeons v. Hillary Rodham Clinton, et al., 1993 U.S. Dist. LEXIS 2597 (D.D.C. 1993).
2) 規制政策の比較研究は、アメリカの規制機関が法的問題についてとりわけ脆弱であることに注目してきた。たとえば次を参照。Joseph L. Badaracco, Jr., *Loading the Dice* (Boston: Harvard Business School Press, 1985); Ronald Brickmon, Sheila Jasanoff, and Thomas Ilgen, *Controllong Chemicals: The Politics of Regulation in Europe and the United States* (Ithaca: Cornell University Press, 1985); David Vogel, *National Styles of Regulation* (Ithaca: Cornell University Press, 1986).

3) Sheila Jasanoff, *Risk Management and Political Culture* (New York: Russell Sage Foundation, 1986).
4) Ted Greenwood, *Knowledge and Discretion in Government Regulation* (New York: Praeger, 1984).
5) これらの問題の包括的な説明については、以下を参照。Mark E. Rushefsky, *Making Cancer Policy* (Albany: SUNY Press, 1986).
6) Ethyl Corp. v. EPA, 541 F2d 1, 67 (D.C. Cir. 1976).
7) 「社会的規制」という用語は、ウィリアム・リリー3世とジェイムズ・ミラー3世によって、1970年代に設立された多くの新たな規制行政機関の機能を描写するために用いられた。経済的目的に主に関心をもっていたそれまでの機関とは対照的に、それらの新たな機関は、公衆衛生、安全、環境の保護に責任を負っていた。こうした機関の権限はさまざまなビジネスや産業にまで広がり、経済的にも技術的にも大きな重荷となる規制を実施する権限を与えられた。参照、William Lilley III and James C. Miller III, "The New 'Social Regulation'," *Public Interest*, no. 47 (Spring 1977), 49–61.
8) William H. Rodgers, Jr., "A Hard Look at Vermont Yankee: Environmental Law under Close Scrutiny," *Georgetown Law Journal* 67 (1979), 706.
9) 541 F.2d at 68.
10) 435 U.S. 519, 547 (1978).
11) こうした発展が環境保護庁にとって一般的によいことであったという主張については以下を参照。William Pedersen, "Formal Records and Informal Rulemaking," *Yale Law Journal* 85 (1975), 38.
12) Industrial Union Department, AFO-CIO v. Hpdgson, 499 F.2d 467, 474 (D.C. Cir. 1974).
13) 以下の著書において、私はより詳細に科学政策パラダイムの起源を論じている。Sheila Jasanoff, *The Fifth Branch: Science Advisers as Policymakers* (Cambridge, Mass.: Harvard University Press, 1990), pp. 50–53.
14) 541 F.2d at 28.
15) Certified Color Manufacturers Association v. Mathews, 543 F.2d 284 (D.C. Cir. 1976); EDF v. EPF, 598 F.2d 62 (D.C. Cir. 1978); Society of Plastics Industry, Inc. v. OSHA, 509 F.2d 1301 (2d Cir. 1975).
16) EDF v. EPA, 465 F.2d 528, 538 (D.C. Cir. 1972).
17) 543 F.2d at 297–298.
18) Hercules, Inc. v. EPA, 598 F.2d 91, 126 (D.C. Cir. 1978).
19) Lead Industries Association v. EPA, 647 F.2d 1130 (D.C. Cir 1980).
20) R. Shep Melnik, *Regulation and the Courts* (Washington, D.C.: Brookings Institution, 1983), p. 356.
21) 具体的にいえば、裁判所が示唆したのは、ディレーニー修正条項が伝えようとしている議会の関心の程度を考えれば、連邦殺虫剤殺菌剤殺鼠剤法のもとで発ガン性殺虫剤に特別な取り扱いをすることは正当化される、ということであった。EDF v. Ruckelshaus, 439 F.2d 584, 596, n. 41 (D.C. Cir. 1971).
22) Brickman, Jasanoff, and Ilgen, *Controlling Chemicals*, pp. 120–122.
23) 行政が司法の積極的な監視下に入っていない国々では、リスクに基づく事前的な規制アプローチへの移行は起きなかった。たとえば以下を参照、Brickman, Jasanoff, and Ilgen, *Controlling Chemicals*; Brendan Gillespie, Dave Eva, and Ron Johnston, "Carcinogenic Risk Asessment in the United States and Great Britain: The Case of Aldrin/Dieldrin," *Social Studies of Science* 9 (1979), pp. 265–301. 行政機関の行動を律する法令上の安全基準がヨーロッパ諸国のほうがアメ

リカよりも文言上は厳格に見えるにもかかわらず、このようなリスクに基づくアプローチが発展しなかったことはとくに注目すべきであろう。Ronald Brickman and Sheila Jasanoff, "Concepts of Risk and Safety in Toxic Substances Regulation: A Comparison of France and the United States," *Policy Studies Journal* 9 (1980), 394–403.
24) Monsanto v. Kennedy, 613 F.2d 947 (D.C. Cir. 1979).
25) 613 F.2d at 955.
26) Melnick, *Regulation and the Courts*, p. 365.
27) American Petroleum Institute v. OSHA, 448 U.S. 607 (1980).
28) 労働安全衛生法（Occupational Safety and Health Act）第 6 条 (b)(5) は、職場における有害物質の基準は、「身体的な健康障害あるいは機能障害を労働者が受けることのないよう」に「実現可能なかぎり」保証する水準で設定されなければならないと規定している。
29) 448 U.S. at 653.
30) Kenneth S. Abraham and Richard A. Merrill, "Scientific Uncertainty in the courts," *Issues in Science and Technology* 2 (1986), 98.
31) Devra Lee Davis, "The 'Shotgun Wedding' of Science and Law: Risk Assessment and Judicial Review," *Columbia Journal of Environmental Law* 10 (1985), 81.
32) Ibid.
33) Thomas O. McGarity, "Beyond the Hard Look: A New Standard for Judicial Review," *National Resource of Environment* 2 (1986), 66.
34) 62 U.S.L.W. 4576(1994).
35) 701 F.2d 1137 (5th Cir. 1983).
36) Davis, "Shotgun Wedding," p.85; Richard Merrill, "The Legal System's Response to Scientific Uncertainty: The Role of Judicial Review," *Fundamental and Applied Toxicology* 4(1984), S418–425; Thomas O. McGarity, "Judicial Review of Scientific Rulemaking," *Science, Technology, and Human Values* 9(1984), 97–106; Carl F. Cranor, *Regulating Toxic Substances: A Philosophy of Science and the Law* (New York: Oxford University Press, 1993), p. 122.
37) Abraham and Merrill, "Scientific Uncertainty in the Courts," p. 98.
38) Davis, "Shotgun Wedding," p.85.
39) McGarity, "Beyond the Hard Look." マクガリティによると、裁判所は自らを、「弁解の余地がないような、同じ分析内での不一致、明白かつ重大な引用間違い、知的に誠実でない証拠などが存在するときにのみ」（Ibid., p.68）学生を落第させる「合否判定教授」だと考えているのかもしれないという。
40) 462 U.S. 87 (1984).
41) Vermont Yankee, 435 U.S. 519 (1978); Duke Power Co. v. Carolina Environmental Study Group, 438 U.S. 59 (1978).
42) 462 U.S. at 103.
43) 462 U.S. at 99.
44) 467 U.S. 837 (1984).
45) Peter H. Schuck and E. Donald Elliott, "To the Chevron Station: An Empirical Study of Federal Administrative Law," *Duke Law Journal*, 1990, pp. 984 –1077.
46) とくに以下の文献を参照。Marc Roberts, Stephen Thomas, and Marc Landy, *The Environmental Protection Agency: Asking the Wrong Questions* (New York: Oxford University Press, 1990); and Shiela Jasanoff, "Science, Politics, and the Renegotiation of Expertise at EPA," *Osiris* 7(1991),

195–217.
47) 824 F.2d 1146 (1987).
48) 831 F.2d 1108 (D.C.Cir. 1987).
49) Stephen Breyer, *Breaking the Vicious Circle: Toward Effective Risk Regulation* (Cambridge, Mass.: Harvard University Press, 1933).
50) このような展開に関する詳細な議論は以下を参照。Sheila Jasanoff, "Contested Boundaries in Policy Relevant Science," *Social Studies of Science* 17 (1987), 217–218.
51) Jasanoff, "Science, Politics, and Renegotiation." 議会の反応については以下も参照。Jasanoff, *The Fifth Branch*, pp.89–90.
52) この点についてはさらに以下を参照。Jasanoff, *The Fifth Branch*, pp. 240–241.
53) Asbestos Information Association v. OSHA, 727 F.2d 415 (5th Cir. 1984).
54) National Research Council, *Improving Risk Communication* (Washington D.C.: National Academy Press, 1989), p. 21.
55) 以下にあるパトリシア・ウォルドのコメントである。"The Contribution of the D.C. Circuit to Administrative Law" (transcript of a program presented at the ABA Section of Administrative Law), *Administrative Law Review* 40 (1988), 528.

第 5 章

1) 科学が主張する特別な地位のさまざまな根拠については、Bruce Bimber and David H. Guston, "Politics by the Same Means: Government and Science in the United States," in Sheila Jasanoff, Gerald E. Markle, James C. Petersen, and Trevor Pinch, *Handbook of Science and Technology Studies* (Thousand Oaks, Calif.: Sage Publications, 1995), pp. 554–571 を参照。
2) 科学者による境界画定作業の概説は、Thomas F. Gieryn, "Boundaries of Science," in Jasanoff, Markle, Peterson, and Pinch, *Handbook of Science and Technology Studies*, pp.393-456; Gieryn, "Boundary-Work and the Demarcation of Science from Non-Science," *American Sociological Review* 48(1983), 781–795 を参照。
3) 科学社会学者は、一般的にこういった主張に懐疑的な見解をとる。たとえば、Daryl E. Chubin and Edward J. Hackett, *Peerless Science: Peer Review and U.S. Science Policy* (Albany: SUNY Press, 1990) を参照。
4) "Duesberg Gets His Day in Court," *Science* 240(1988), 279.
5) John Maddox, James Randi, and Walter W. Srewart, "'High-Dillution' Experiments a Delusion," *Nature* 334(1988), 287–290.
6) Steven Goldberg, *Culture Clash: Law and Science in America* (New York: New York University Press, 1994), p. 61.
7) 411 F.2d 436(2d Cir. 1969).
8) 411 F.2d at 443.
9) Apter v. Richardson, 510 F.2d 351 (7th Cir. 1975).
10) Steven Goldberg, "The Reluctant Embrace: Law and Science in America," *Georgetown Law Journal* 75(1987), 1357.
11) 456 F. Supp. 1120(S.D.N.Y. 1978).
12) Ujvarosy v. Sullivan, 1993 U.S. Dist. LEXIS 6330(N.D. Cal. May 5, 1993).
13) 439 F.2d 584(D.C. Cir. 1971).

14) 439 F.2d at 596, n.41.
15) Lombardo v. Hamdler, 397 F. Supp.792(D.D.C 1975), *affd*, 546 F.2d 1043(D.C. Cir. 1976), *cert. denied.*, 431 U.S.932(1977).
16) この判例は、アメリカ学術研究会議の論争的なレポートである *Diet, Nutrition, and Cancer* (Washington, D.C.: National Academy Press, 1982) に関係している。行政法裁判官であるトマス・F・ハウダーは、「このような資料に関する、その「守秘」方針は、その本質的な機能の働きのために要求される。その討議やレビュープロセスの保護がなければ、学術会議の研究への参加者は、しばしば論争的な科学的問題に関して忌憚のない意見の交換をすることができないだろう。このような公開は、熱心な内的討議行動を萎縮させる効果をもち、政府にとってありうる最善の質をもつレポートを作る、学術会議の能力を深刻に害するだろう」という学術会議の論拠を完全に受け入れた。つまり、ハウダーは、科学のクオリティの制御は、科学者や確立されたピア・レビューのプロセスに委ねるのが最もよい問題であるという学術会議に賛同したのである。Order Granting Motion to Limit Discovery Subpoena, In the Matter of General Nutrition, Inc., Federal Trade Commission Docket No. 9175, March 19, 1985.
17) たとえば、ウー対アメリカ人文科学基金事件では、第5巡回区控訴裁判所は、情報公開法が、総合中国史への助成の望ましさについて基金に助言した審査レポートの公開を要求していないとした。裁判所は、部外者であるレビューアーは、もし自分の評価が公開されることを知っていたら、それほど忌憚ないものになっていなかっただろうという論拠を受け入れ、このような専門家のはたらきを維持することへの基金の利益は、公開することによる公益よりも重いと結論づけた。
18) University of Pensylvania v. Equal Employment Opportunity Commission, 493 U.S. 182(1989).
19) 113 S.Ct. 2786, 2797(1993). 裁判所は、この宣言を擁護するうえで、科学社会学の業績（とくに諮問委員会に関する私の本）を引用した。たしかに、証拠の許容性の適切な基準を模索する裁判所は、依然として、ピア・レビューを、確固たるテストとして適用するかもしれない。しかし原理的には、裁判所は、科学者自身にこれほどの自律を与える用意はなかった。
20) 関係はないがおそらく兆候的なできごとでは、国立科学財団のピア・レビューシステムの守秘性に対する最初の直接的な異議申立てが、1994年2月のプライバシー法においてなされた。Eliot Marshall, "Reseachers Sue to Get Reviewer Names," Science 263(1994), 747.
21) Dow Chemical Company v. Allen, 672 F.2d 1262(7th Cir. 1982)（除草剤の毒性の研究の出版前公表を阻止した）。
22) Richards of Rockford, Inc. v. Pacific Gas & Electric Co., 71 F.R.D. 388(N.D.Cal. 1976)（従業員の名前は、カリフォルニアの発電所の冷却装置の不具合の研究では保護された）、Fransworth v. Proctor and Gamble Co., 758 F.2d 1545(11th Cir. 1985)（情報源の秘匿性は、毒素性ショック症候群に関する訴訟では維持された）。
23) Eliot Marshall, "Court Orders 'Sharing' of Data," *Science* 261(1993), 284–286. American Tobacco Company については、880 F.2d 1520(2d Cir.1989), Wright v. Jeep Corp., 547 F. Supp. 871(E.D. Mich. 1982)。
24) William Broad and Nicolas Wade, *Betrayers of the Truth* (Oxford: Oxford University Press, 1982); Alexander Kohn, *False Prophets: Fraud and Error in Science and Medicine* (Oxford: Basil Blackwell, 1986). 1980年代の科学の不正行為に関して書かれた新聞・雑誌記事・論説・書簡のリストについては、Marcel C. LaFollette, "Ethical Misconduct in Research Communication: An Annotated Bibliography" (photocopy, Massachusetts Institute of Technology, August 1988). さらに Walter W. Stewart and Ned Feder, "The Integrity of the Scientific Literature," *Nature* 325(1987), 207–214. ボルチモア事件と呼ばれるものに関する長編としては Chubin and Hackett, *Peerless Science*,

pp.138–153 がある。
25) Robert M.Anderson, "The Federal Government's Role in Regulating Misconduct in Scientific and Technological Research," *Journal of Law and Technology* 3(1988), 121–148. 公衆衛生局が提案したルールが公表されたのは、Federal Register 53, September 19, 1988, pp.36345–50 である。
26) 756 F. Supp. 1172(W.D. Wis. 1990).
27) Christopher Anderson, "Popovic Is Cleared on All Charges; Gallo Case in Doubt," *Science* 262(1993), 981–983; "ORI Drops Gallo Case in Legal Dispute," *Science* 262(1993), 1202–03.
28) 648 F. Supp. 1248(S.D.N.Y. 1988); 868 F.2d 1313(2d Cir. 1989), *cert. denied.*, 110 S.Ct. 219(1989).
29) 独立した批判的洞察の欠如が著しい一節において、地方裁判所は次のように述べている。「ワイスマン博士にドアを開いた、つまり彼女の研究や著作を可能にし、専門的に承認したのは被告である。被告は医学コミュニティにおける彼の名声の結果として、製造者から、放射線医療品を獲得していた。原告が彼女自身の名で放射性医療品を獲得することが可能であったとしても、被告は「最終責任者」として、その薬品の使用に最終的な責任を負っていただろう」。Weissman v. Freeman, 648 F. Supp. 1248 at 1259.
30) Alexander M. Capron, "Human Experimentation," Biolaw(1986), 227–228. Henry K. Beecher, "Ethics and Clinical Research." *New England Journal of Medicine* 274(1966), 1354–60. 最近 1993 年になって、アメリカのエネルギー省は、同意なく民間人に対してなされた放射能被爆実験に関する記録を公開した。とくに困惑させたのは、マサチューセッツの学校で発達遅滞の子どもたちに、給食の一環として放射能汚染された食材を食べさせたというものである。
31) 人体実験に関するおそらく最初の控訴裁判所の判決は、1776 年のイングランドでなされた。そこでは、ある外科医が、折れた脚を固定する新しい技術の使用に責任がみとめられた。裁判所が言うには、外科医は、しようとすることについて、あらかじめ患者に伝えるべきである。George Annas, Leonard Glantz, and Barbara Katz, *Informed Consent to Human Experimentation: The Subject's Dilemma* (Cambridge, Mass.: Ballinger, 1977), pp. 2–3.
32) いかさまと正統な実験の区別をした初期のアメリカの判例は、Baldor v. Roger, 81 So.2d 658(Fla. 1955) である。裁判所は、医学実験は、自動的に悪しき慣習と見られるべきではなく、ほかに効果的な処置が可能でないときに推奨されうると結論づけた。
33) Maria Woltjen, "Regulation of Informed Consent to Human Experimentation," *Loyola University Law Journal* 17(1986), 510.
34) 1974 年の国家研究法に従って出された規制は、保健社会福祉省（DHHS; 旧・保健教育福祉省）の外部プログラムによって助成されたすべての研究が満たさなくてはならない同意要件を示した。FDA は、薬品や医療機器の承認を獲得するためになされる臨床研究に同様の規制を採用した。わずかの州、有名なところではニューヨーク州とカリフォルニア州は、生物医学研究に独自のインフォームド・コンセント法令を立法した。このような法は、連邦の規制のギャップを埋めることを目的とし、DHHS が採るアプローチとも一般的に合致していた。Woltjen, "Regulation of Informed Consent," pp. 518–523.
35) U.S. Congress, Office of Technology Assessment, *Human Gene Therapy* (Washington, D.C., 1984), p. 45.
36) Peter H. Schuck, "Rethinling Informed Consent," *Yale Law Journal* 103(1994), 899–959.
37) たとえば、Karp v. Cooley, 493 F.2d 408(5th Cir. 1974) at 419, n. 11。
38) Canterbury v. Spence, 464 F.2d 772(D.C. Cir. 1972), *cert. denied*, 409 U.S. 1064(1972).
39) 23 Cal. Rptr. 2d 131(1993).
40) Annas, Glantz, and Katz, *Informed Consent*, pp. 32–33.

41）Haulushka v. University of Saskatchewan, 53 D.L.R.2d 436(Sask. 1965). この事件の被験者は、心拍の一時的な停止、深刻な緊急手術、14日間の入院をもたらす処置にも耐えた。裁判所は、彼が処置のリスクを十分に知らされておらず、そのような環境下でサインされた同意は、研究者の責任を免除するものではないとした。
42）Annas, Glantz, and Katz, *Informed Consent*, p. 12.
43）493 F.2d 408(5th Cir. 1974).
44）カーブ事件の裁判所は、クーリーによる人工心臓の使用取り決めの妥当性は考えていなかった。その処置が、1974年に医療機器の人間を使ったテストに関して、全米心臓肺学会が出した基準を満たしていなかったことは明らかである。たとえば、クーリーの外科的処置は、事前に動物で十分にテストされておらず、公式のピア・レビューも受けていなかった。Annas, Glantz, and Katz,*Informed Consent*, p. 13. しかし、それ以前の証拠がかぎられていることからして、カーブ事件の裁判所が、手術のこれらの側面を扱い損ねたことは驚くべきではない。この判例から推論できることはせいぜい、当事者によってこの問題へと注意を喚起されたり、科学コミュニティによって明確な指針が与えられていないかぎり、裁判所が、洗練された方法で科学的処置の妥当性を分析することはあまりないということである。
45）493 F.2d at 423.
46）George J. Annas, "Changing the Consent Rules for Desert Storm," *New England Journal of Medicine* 326(1992), 770–773.
47）452 N.Y.S.2d 875(App. Div. 1982).
48）452 N.Y.S.2d at 879.
49）Mink v. University of Chicago, 460 F. Supp. 713(1978).
50）Mark Crawford, "Court Rules Cells Are the Patient's Property," *Science* 241(1988), 653.
51）John Moore v. Regents of the University of California et al., 241 Cal. Rptr. 147(1990) at 149.
52）James Boyle. "A Theory of Law and Information: Copyright, Spleens, Blackmail, and Insider Trading," *California Law Review* 80(1992), 1413–1540; とくに pp. 1429–32.
53）Keith Schneider, "Theft of Infected Cats from U.S. Lab Spurs Alert," *New York Times*, August 25, 1987, p. A14.
54）Constance Holden, "Centers Targeted by Activists," *Science* 232(1986), 149.
55）Scneider, "Theft of Infected Cats."
56）Dianne Dumanoski, "The Animal-Rights Underground," *Boston Globe Magazine*, April 22, 1987, p. 17.
57）反中絶運動による暴力は、1990年代初頭までに、司法による反対を硬化させ始めたのだろう。たとえば、1994年の判決では、連邦最高裁は連邦の恐喝法を州を越えて反中絶集団の活動に適用するよう拡張した。
58）Animal Lovers Volunteer Association (ALVA) v. Weinberger, 765 F.2d 937(9th Cir. 1985). Humane Society of the United States v. Block, Civil Action No.81-2691 (D.D.C. 1982); Fund for Animals v. Malone, Civil Action No. 81-2977 (D.D.C. 1982); International Primate Protection League v. Institute for Behavioral Research, 799 F.2d 934 (4th Cir. 1986).
59）Taub v. State of Maryland, 463 A.2d 819 (Md. 1983).
60）799 F.2d at 935.
61）799 F.2d at 939.
62）Scopes v. State of Tennessee, 154 Tenn. 105 (1927).
63）Ronald L. Numbers, "Creationism in 20th-Century America," *Science* 218 (1982), 538–544. Idem,

The Creationists (New York: Knopf, 1992).
64) Epperson v. Arkansas, 393 U.S. 97 (1968).
65) 482 U.S. 578 (1987).
66) Brief for *Amicus curiae* the National Academy of Science Urging Affirmance in *Edwards v. Aguillard*, No. 85-1513, Supreme Court, October Term, 1985, pp. 6-16.
67) 403 U.S. 602 (1971).
68) 482 U.S. at 591.
69) Goldberg, *Culture Clash*, pp. 78–79.
70) 地方裁判所レベルでは当初成功していたが、後のこの論拠も、連邦の控訴裁判所では退けられた。Smith v. Board of School Commissioners of Mobile County, 635 F. Supp. 939 (S.D. Ala. 1987); reversed, Smith v. Board of School Commissioners of Mobile County, 827 F.2d 684 (11th Cir. 1987).
71) この見解の特徴的な言明としては、Gary Taubes, "Misconduct: Views from the Trenches," *Science* 261 (1993), 1108–11.

第 6 章

1) こうした意見の例としては以下を参照のこと。Kenneth R. Foster, David E. Bernstein, and Peter W. Huber, "Science and the Toxic Tort," *Science* 261 (1993), 1509–10; Stephen D. Sugarman, "The Need to Reform Personal Injury Law Leaving Scientific Disputes to Scientists," *Science* 248 (1990), 823–827; Peter W. Huber, *Galileo's Revenge: Junk Science in the Courtroom* (New York: Basic Books, 1991). 以下も参照のこと。Republican Party, "common sense legal reforms," in the "Contract with America." Washington. D.C., September 1994. こうした提案の技術官僚的な偏見は規制に関する以下のような現代の著作にも反映されている。Stephen Breyer, *Breaking the Vicious Circle: Toward Effective Risk Regulation* (Cambridge, Mass.: Harvard University Press, 1993).
2) たとえば以下を参照のこと。David Rosenberg, "The Causal Connection in Mass Exposure Cases: A 'Public Law' Vision of the Tort System," *Harvard Law Review* 97 (1984), 851–929. 簡潔にいえば、ローゼンバーグは、原告の損害のうち、被告の活動に帰されうる割合だけに関して被告に責任があるという「比例責任」のルールに従って損害が認められるべきだと主張する。ローゼンバーグの提案は、集団訴訟や損害賠償表（damage schedule）、被告の支払いに基づく保険基金といった公的な法メカニズム（public law mechanisms）のさらなる裁判での利用を意図してもいる。大規模不法行為訴訟に持ち込もうとする弁護士の予測行動の熱意の徴候については以下を参照のこと。Glenn Collins, "A Tobacco Case's Legal Buccaneers," *New York Times*, March 6, 1995, p. D1.
3) Michael J. Saks, "Do We Really Know Anything about the Behavior of the Tort Litigation System-and Why Not?" *University of Pennsylvania Law Review* 140 (1992), 1147–1292.
4) Mary Douglas and Aaron Wildavsky, *Risk and Culture* (Berkeley: University of California Press, 1982), pp. 31–32.
5) Lawrence M. Friedman, *The Republic of Choice: Law, Authority, and Culture* (Cambridge, Mass.: Harvard University Press, 1990), p. 60.
6) こうした影響のより広範な記述については以下を参照のこと。*Man's Impact on the Global Environment*, Report of the Study of Critical Environmental Problems (SCEP) (Cambridge, Mass.: MIT Press, 1970), pp. 126–136.
7) ラットやマウスで DDT による発ガン性が見られることを示しているとされる証拠は、さまざま

な方法論的観点から攻撃されている。こうした批判の1つは以下を参照のこと。Edith Efron, *The Apocalyptics* (New York: Simon and Schuster, 1984), pp. 267–270. エフロンが示唆するように、DDTに関する動物のデータの解釈には多くの主観的判断が含まれており、殺虫剤の発ガン性に関する問いは現在でも論争中である。

8) Association of Trial Lawyers of America, *Toxic Torts* (Washington, D.C., 1977).
9) William R. Ginsberg and Lois Weiss, "Common Law Liability for Toxic Torts: A Phantom Remedy," *Hofstra Law Review* 9 (1980-81), 859–941. 因果関係を証明する難しさを指摘して、著者らはラヴ・キャナルのような有害廃棄物汚染事故の被害者の損害を補償する行政的救済の創立を提案している。
10) Marcia Angell, "Do Breast Implants Cause Systemic Disease?" *New England Journal of Medicine* 330 (1994), 1748–49. 3章も参照のこと。
11) 以下について、Paoli Railroad Yard PCB Litigation, 916 F.2d 829 (3d Cir. 1990).
12) 939 F.2d 1106 (5th Cir. 1991).
13) 法的過程における臨床医の果たす役割に関する体系的研究はない。しかし、ほかの法システムに比べてアメリカにおいて臨床医がより特権的位置を占めているだろうといういくつかの比較データが存在する。とくに、アメリカのアスベスト訴訟では、被害を受けた労働者に対して一般的に自身の医師が代弁するのに対して、イギリスの補償訴訟では専門家はより選ばれた粉塵関連疾患の専門家共同体から選ばれている。ロバート・ディングウォール (Centre for Socio-Legal Studies, Oxford, England) からの私信による。
14) 552 F. Supp. 1293 (D.D.C. 1982).
15) 552 F. Supp. at 1300.
16) いくつかの法廷でこの扱いの選好は法的推定の位置まで高められてきた。Menendez v. Continental Insurance Co., 515 So.2d 525 (La. App. 1st Cir. 1987).
17) Civil Action No. 84-3235 (D.N.J. April 16, 1986).
18) Ibid., p. 6.
19) 809 F.2d 1167 (5th Cir. 1987).
20) とくにサミュエル・エプスタイン博士による証言をワインスタインが以下のように却下したことを参照のこと。「エプスタイン博士の長大な証言は……供述で扱った人々〔原告の人々〕に関する医学的背景やその他の背景についての知識の欠如を示すのに破壊的なまでに成功している」。611 F. Supp. at 1238.
21) 615 F. Supp. 262 (D.Ga. 1985).
22) Jethro K. Lieberman, *The Litigious Society* (New York: Basic Books, 1981), p. 82.
23) David H. Kaye, "On Standards and Sociology," *Jurimetrics* 32 (1992), 545.
24) 588 F. Supp. 247 (1984).
25) 「実質的な要因」であることの検証を満たすために、原告は少なくとも以下を示さなければならなかった。(1)「背景」〔自然〕放射線を超えた放射線量への曝露の可能性、(2) 電離放射線への曝露と矛盾しないような傷害、(3) 大気圏内核実験の時期に実験場の近くに住んでいたこと。588 F. Supp. at 428.
26) 以下を参照のこと。Sheila L. Birnbaum, "Remarks on Expert Testimony, Rules of Evidence, and Judicial Interpretation," in Institute for Health Policy Analysis, *Causation and Financial Compensation*, Conference Proceedings (Washington, D.C., 1986).
27) Allen v. U.S., 816 F.2d 1417 (10th Cir. 1987).
28) 以下について、Agent Orange Produce Liability Litigation, 611 F. Supp. 1223 (D.N.Y. 1985).

29) 611 F. Supp. at 1231.
30) Foster, Bernstein, and Huber, "Science and the Toxic Tort," p. 1509.
31) Sheila Jasanoff, *The Fifth Branch: Science Advisers as Policymakers* (Cambridge, Mass.: Harvard University Press, 1990), pp. 145–146.
32) Dorothy Nelkin and Laurence Tancredi, *Dangerous Diagnostics* (New York: Basic Books, 1989).
33) Clifford Zatz, unpublished remarks presented at Cornell University, Institute for Comparative and Environmental Toxicology, Symposium on "Immunotoxicology: From Lab to Law," October 1987.
34) 525 A.2d 287 (N.J. 1987).
35) 525 A.2d at 309.
36) 647 F. Supp. 303 (D.Tenn. 1986).
37) 855 F.2d 1188, 1205 (6th Cir. 1988).
38) 以下について、Paoli Railroad Yard PCB Litigation, 916 F.2d at 852.
39) 621 N.E.2d 1195 (N.Y. 1993).
40) このような見方を非常に説得的に説明した著作として、以下を参照のこと。驚くべきことに、そして同時に重要なことに、ドイツ語版の原著はドイツにおいて25万部というううなぎのぼりの販売を記録した。Ulrich Beck, *The Risk Society: Towards a New Modernity* (London: Sage Publications, 1992) [ウルリッヒ・ベック著、東廉・伊藤美登里訳『危険社会――新しい近代への道』、法政大学出版局、1998年]。
41) John W. Gulliver and Christine C. Vito, "EMF and Transmission Line Siting: The Emerging State Regulatory Framework and Implications for Utilities," *Natural Resources and Environment* 7 (Winter 1993), 12-15.
42) 460 U.S. 766 (1983).
43) たとえば以下を参照のこと。Foster, Bernstein, and Huber, "Science and the Toxic Tort"; and Huber, *Galileo's Revenge*. 「主流科学（mainstream science）」という語は、ブッシュ（父）時代に副大統領ダン・クエールが座長を務めたホワイトハウスの保守派政策ロビーである競争力会議 Competitiveness Council の努力によって国の政治的言説となった。以下を参照のこと。President's Council on Competitiveness, Agenda for Civil Justice Reform (Washington, D.C.: U.S. Government Printing Office, 1991). その後この問題は1994年に共和党の公約文書「アメリカとの契約（Contact with America）」で取り上げられた。
44) Robert Reinhold, "When Life Is Toxic," *New York Times Magazine*, September 16, 1990, p. 51.
45) 628 F. Supp. 1219 (D.Mass. 1986).
46) Laurie A. Rich, "'No Winners' in an $ 8–9 Million Settlement," *Chemical Week*, October 8, 1986, pp. 18–19.
47) 515 So.2d 525 (La. App. 1st Cir. 1987).
48) 515 So.2d at 527.
49) Civil Action No. 3-84-0219-H (N.D. Tex. 1985).
50) 474 So.2d 1320 (La. App. 3rd Cir. 1985). 以下での引用による。Peter N. Sheridan and Bradley S. Tupi, "Joint Arrangement Results in Victory for Chemical and Insurance Companies," 332 PLI/Lit 447 (1987).
51) 855 F.2d 1188 (6th Cir. 1988).
52) American Academy of Allergy and Immunology, "Position Statements: Clinical Ecology," *Journal of Allergy and Clinical Immunology* 78 (1986), 270.

53） California Medical Association Scientific Board Task Force on Clinical Ecology, "Clinical Ecology-A Critical Appraisal," *Western Journal of Medicine* 144 (1986), 240.
54） Ibid., p. 243.
55） 855 F.2d at 1208.
56） Saks, "Do We Really Know Anything?" p. 1287. 以下も参照のこと。James A. Henderson Jr. and Theodore Eisenberg, "The Quiet Revolution in Products Liability: An Empirical Study of Legal Change," *UCLA Law Review* 37 (1990), 479-553.
57） 以下を参照のこと。Toxic Tort Act, H.R. 1049, 96th Cong., 1st sess. (1979); Toxic Waste and Tort Act of 1979, H.R. 3797, 96th Cong., 1st sess. (1979); Hazardous Waste Control and Toxic Tort Act of 1979, H,R. 5291, 96th Cong., 1st sess. (1979). 行政的補償の賛否に関する当時の分析については以下を参照のこと。Stephen M. Soble, "A Proposal for the Administrative Compensation of Victims of Toxic Substance Pollution: A Model Act," *Harvard Journal on Legislation* 14 (1977), 683–824.
58） *Injuries and Damages from Hazardous Wastes: Analysis and Improvement of Legal Remedies*, Report to Congress in Compliance with Section 301(e) of the Comprehensive Environmental Response, Compensation, and Liability Act of 1980 (P.L. 96-510) by the "Superfund Section 301(e) Study Group," 97th Cong., 2nd sess. (1982).
59） House Committee on Public Works and Transportation, Subcommittee on Investigations and Oversight, *Hazardous Waste Contamination of Water Resources* (Compensation of Victims Exposed to Hazardous Wastes), 98th Cong., 1st sess. (1983).
60） House Committee on Public Works and Transportation, Subcommittee on Investigations and Oversight, *Hazardous Waste Exposure Victims Compensation (Assessing Risks from Ambient, Non-workplace Exposure, and the Need for Additional Remedies)*, 99th Cong., 2nd sess. (1986), p. 27.
61） Saks, "Do We Really Know Anything?" p. 1289.
62） Tom Durkin and William L. F. Felstiner, "Bad Arithmetic: Disaster Litigation as Less than the Sum of Its Parts," in Sheila Jasanoff, ed., *Learning from Disaster: Risk Management after Bhopal* (Philadelphia: University of Pennsylvania Press, 1994), pp. 158-179.

第 7 章

1） Chrtstopher Walters, *American Way*, July 1991, p. 73. リフキンがアメリカ航空業界雑誌でインタビューに値するとされたことが、それ自体として彼の独特な政治的地位の象徴である。
2） "A Novel Strain of Recklessness" *New York Times*, April 6, 1986, sec. 4, p. 22.
3） "Rifkin against the World," *Los Angeles TImes*, April 17, 1986, pt. Ⅱ, p. 6.
4） "Ban Experiments in Genetic Engineering?" *U.S. News & World Report*, October 8, 1984, p. 44.
5） Daniel E. Koshland, "Judicial Impact Statements" *Science* 239 (1988), 1225.
6） Diamond v. Chakrabarty 447 U.S. 303(1980).
7） たとえば以下を参照、Judith P. Swazey, James R. Sorenson, and Cynthia B. Wong, "Risks and Benefits, Rights and Responsibilities: A History of the Recombinant DNA Research Controversy," *Southern California Law Review* 51(1978),1019–77; Sheldon Krimsky, *Genetic Alchemy* (Cambridge, Mass.: MIT Press,1982); Donald S. Frederickson, "Asilomar and Recombinant DNA: The End of the Beginning," in Kathi E. Hanna, ed., *Biomedical Politics* (Washington D.C.: National Academy Press, 1991): Susan Wright, *Molecular Politics* (Chicago: University of Chicago Press, 1994).

8) コロンビア大学のガン研究者であるロバート・ポラックは自分の反応を次のように描いていた。「まったくおったまげたよ。SV40 は、小さな動物腫瘍ウィルスだ。実験室での組織培養では、SV40 は個別のヒト細胞を変容して腫瘍細胞類似のものにすることができる。バクテリオファージ［細菌の細胞に感染するウィルス］ラムダは、全く自然に大腸菌のなかに住んでいて、大腸菌は全く自然に人体に住んでいる……馬鹿げてるかもしれないけど、少なくともそれをファージの中に入れたら、あんたの内臓のなかの菌で育つのとはちがうんだ」(Swazey, Sorenson, and Wong, "Risks and Benents," p. 1021.).
9) Michael Rogers, *Biohazard*(New York: Knopf, 1977), p. 48.
10) Anne L. Hiskes and Richard P. Hiskes, *Science, Technology, and Policy Decisions*(Boulder: Westview, 1986), p. 127.
11) Judith Areen, Patricia A. King, Steven Goldberg, and Alexander M. Capron, *Law, Science, and Medicine* (Mineola, N.Y.: Foundation Press, 1984), p. 46.
12) U.S. Congress, Office of Technology Assessment (OTA), *New Developments in Biotechnology-Background Paper: Public Perceptions of Biotechnology* (Washington, D.C.: U.S. Government Printing Office, 1987), p. 86.
13) しかし、被調査者の 78% は深刻な遺伝病を治療するためには遺伝子治療を受けるといっていた。OTA, *New Developments in Biotechnology*, p. 75.
14) Swazey, Sorenson, and Wong, "Risks and Benefits," pp. 1068–73.
15) 447 U.S. 303 (1980).
16) 35 U.S.C. §101.
17) 35 U.S.C. §l01 は、「何らかの新しく有用な過程、機会、製作品や、事物の構成、あるいはそこからの何らかの新しく有用な改善を発明・発見した者は誰であれ、このために特許を、この権利の条件と要件に従って、得ることができる」と規定している。
18) *Revision of Title 35, United States Code*, S. Rep. No. 1979, 82nd Cong., 2nd sess. (1952), p. 5.
19) 447 U.S. at 317.
20) 447 U.S. at 322.
21) 少なくとも遺伝子工学コミュニティのなかには、ブレナンの評価に同意せず、バイオテクノロジーの進歩のために特許保護が重要であるという考えに対する（大多数の）懐疑論に共感する者もいた。バイオテクノロジー特許の価値を薄めた要因には、特許のファイリングから発行までの遅さや、新しい生物のサンプルを競争相手がアクセス可能な場所に集めて置いておくという要件もある。Areen, King, Goldberg, and Capron, *Law, Science, and Medicine*, p. 108.
22) この牡蠣は遺伝子改良されて、産卵期（通常、牡蠣は食べられない期間）を過ぎても甘いままであるようにされていた。
23) Keith Schneider, "House Panel Rebuffs Its Staff on Animal Patents," *New York Times*, March 31, 1988, p. Al9.
24) この革命的なできごとを報告した『サイエンス』の記事は、「思いがけず、慈悲深い第一例だ」との見出しのついたフィリップ・レダーの写真を掲載している。William Booth, "Animals of Invention," *Science* 240(1988), 718. チャクラバーティとレダーの訴訟のあいだの数年の違いを考えると、特許商標局はこの論争的な一歩を踏み出す前に、ガン患者の潜在的利益を本当にとても慎重に考慮したと結論づけるのが、より合理的であるようだ。
25) 「ハーバード・マウス」特許に悩まされた経済的利害関係者には、農家と牧場経営者も含まれる。彼らは、特許のある家畜に対して使用料を払わなければならなくなる可能性に強く反発していた。過去においては、特許権は売った時点でなくなると一般に考えられてきた。しかし遺伝子改

変された動物においては、このルールの適用をすると、新しい優れた品種を買った側が、子孫を売ることを認められてしまうだろう。それゆえ特許所有者と競合してしまうのである。
26) *Federal Register* 49, October 17, 1984, pp. 40659–61. 環境保護庁は遺伝子工学をほどこされた生物は TSCA の「化学物質」の定義のなかに包含すると結論づけた。
27) House Committee on Science and Technology, Subcommittee on Investigations and Oversight, *Issues in the Federal Regulation of Biotechnology: From Research to Release*（以下 *Biotechnology Report* と引用）、99th Cong., 2nd sess. (1984), p. 31.
28) Marjorie Sun, "EPA Suspends Biotech Permit," *Science* 232(1986), 15.
29) Keith Schneider, "Biotech's Stalled Revolution," *New York Times Magazine*, November 16, 1988, p. 47.
30) FIFRA Scientific Advisory Panel Subpanel, "Review of the Agency's Scientific Assessment of the Monsanto Application for an Experimental Use Permit to Field Test a Genetically Engineered Microbial Pesticide," Washington, D.C., April 25, 1986, p. 2.
31) Schneider, "Biotech's Stalled Revolution."
32) *Biotechnology Report*, pp. 22–23.
33) Ibid., p. 48.
34) Mark Crawford, "NIH Finds Argentine Experiment Did Not Break U.S. Biotechnology Rules," *Science* 235 (l987), 226.
35) Phllip Boffey, "Tree Expert Ignores Federal Rules in Test of Altered Bacteria," *New York Times*, August 14, 1987, p. Al.
36) ガイドラインのなかで定義されたように、組換え DNA 分子とは「(i) 自然または合成の DNA 断片を DAN 分子に導入することによって、生きている細胞の外部で構成された分子、あるいは (ii) 上記 (i) において述べられたものの複製から生じた DNA 分子、のいずれか」である。ストロベルの研究は、組換えプラスミド［核外遺伝子］を使っていた。しかしそれは、ストロベルが環境中へ「計画的に放出した」宿主生物——シュードモナス・シリンゲ［植物の病原菌］の系統——のなかですべて複製されたのではなかった。ここから放出された生物は、技術的な意味において組換え DNA 分子を含んでいない。"Report of the Committee to Review Allegations of Violations of the National Institutes of Health Guidelines for Research Involving Recombinant DNA Molecules in the Conduct of Studies Involving Injection of Altered Microbes into Elm Trees at Montana State University," Washington, D.C., December 15, 1987.
37) Schneider, "Biotech's Stalled Revolution," p. 66.
38) 447 F. Supp. 668(D.D.C.1978).
39) 587 F. Supp. 753(D.D.C.1984).
40) Foundation on Economic Trends v. Heckler, 756 F.2d 143(D.C.Cir.1985).
41) 756 F.2d at 149.
42) NIH 長官は、スタンフォード大学とコーネル大学の研究者からの野外実験の要求を、それぞれ 1981 年 8 月と 1983 年 4 月に認めた。しかしどちらの実験も実施可能性の問題のためにキャンセルされた。カリフォルニア大学バークレー校のスティーヴン・リンドウとニコラス・パノプロスによって申請された野外実験が、それゆえ 1983 年 6 月に NIH が認可した最初の計画的放出実験となった。
43) たとえば 1984 年 2 月に、議会小委員会の報告書は NIH の規制枠組みは計画的放出実験の危険性について適切な考慮を保証していないと結論づけた。Foundation on Economic Trends v. Hcckler, 756 F. 2d at 150.

44) 587 F. Supp. at 759.
45) 587 F. Supp. at 760.
46) 756 F. 2d at 153. 裁判官や公衆が潜在的に破滅的であるとみなすリスクに関心があるとき、連邦裁判所は専門家組織からの短い説明についてとりわけ懐疑的である。たとえば D.C. 巡回控訴裁判所は、アルドリンやディルドリンの発ガン性についての環境保護庁行政官の「ワンセンテンス・ディスカッション」に満足しなかった。Environmental Defense Fund v. EPA, 465 F. 2d 528, 537(D.C. Cir. 1972).
47) Maxine Singer, "Genetics and the Law: A Scientist's View," *Yale Law and Policy Review* 3(1985), 333.
48) Ibid., p. 332.
49) 類似ケースとして以下を参照。環境保護庁の科学諮問パネルは、連邦殺虫剤・殺菌剤・殺鼠剤法における「緊急差し止め（emergency suspension）」の概念を理解できなかった。Jasanoff, *The Fifth Branch*, 第 8 章。もちろん、スティーヴン・シャゾーは AGS のケースにおける計画的放出の概念を純粋に常識的な用語として解釈した（木は「閉鎖施設」ではない）時点で同等の過ちをしていたと論じることは可能である。危険なテクノロジーの規制に関連する法的概念はしばしば、常識だけで直観することのできない科学的構成要素をともなっているのだ。
50) 587 F. Supp. at 761.
51) Adrienne B. Naumann, "Federal Regulation of Recombinant DNA Technology: Time for Change," *High Technology Law Journal* 61(1986), 88.
52) Scott D. Deatherage, "Scientific Uncertainty in Regulating Deliberate Release of Genetically Engineered Organisms: Substantive Judicial Review and Institutional Alternatives," *Harvard Environmental Law Review* 11(1987), 203–246.
53) 法廷が実際に、提案された新しい審査基準（「見込み」の基準）を、行政手続法によって規定された基準と区別してきたかどうかは疑わしい。先立つ経験が教えるところによれば、科学知識の前線に直面した機関の決定に対する法廷の見方は、審査基準についての正確な法的言い回しによってよりも、考慮されている問題の性質により影響される。たとえば以下を参照。Sheila Jasanoff, "The Problem of Rationality in the U. S. Health and Safety Regulation," in Roger Smith and Brian Wynne, eds., *Expert Evidence: Interpreting Science in the Law* (London: Routledge, 1989), pp. 154–157.
54) たとえば以下を参照。David Dickson, *The New Politics of Science* (New York: Pantheon Books, 1984).
55) Foundation on Economic Trends v. Weinberger, 610 F. Supp. 829 (D.D.C. 1985).
56) 637 F. Supp. 25 (D.D.C. 1986).
57) 25 ERC 1429 (D.D.C. 1986).
58) 817 F.2d 882 (D.C.Cir. 1987).
59) *Federal Register* 49, December 31, 1984, p. 50856.
60) *Federal Register* 51, June 26, 1986, pp. 23302–93.
61) 連携フレームワークはとりわけ、新しい立法の可能性を却下した。これがより大きな不確実性にいたるという理由で。また遺伝子工学を通じて生まれた生産物の全範囲を、単一の制定法のアプローチのなかで簡単には扱えないという理由で。Ibid., p. 23303.
62) 例証として、ヘンリー・ミラーによる環境保護庁のバイオテクノロジー政策に対する批判を参照。彼は保守的なフーバー協会のフェローであり、食品医薬品局の職員としていわゆるプロセスベース規制アプローチに対する指折りの主要な規制反対論者だった。Henry I. Miller, "A Need to

Reinvent Biotechnology Regulation at EPA," *Science* 266(1994), 1815–18.
63) 一例は 1994 年のバージニア州バイオテクノロジー研究法であり、以下で論じられている。S. Brian Farmer and Brian L. Buniva, "Virginia's New Biotechnology Law: Guidance for an Emerging Industry, " *Virginia Bar Association Journal* 20(1994), 3-5. 法は社会的封じ込めに敬意を示して、州の現場がバイオテクノロジー活動を規制したり禁じたりする彼ら自身の条例を立法することを禁じている。
64) Sheila Jasanoff, "Product, Process or Program: Three Cultures and the Regulation of Biotechnology," in Martin Bauer, ed., *Public Resistance to New Technologies* (Cambrldge: Cambridge University Press,1995), pp. 311–331. Judy J. Kim, "Out of the Lab and into the Field: Harmonization of Deliberate Release Regulations for Genetically Modified Organisms," *Fordham International Law Journal* 16(1993), 1160–1207.
65) Edward Yoxen, *The Gene Business* (New York: Oxford University Press, 1983), p. 181.

第 8 章

1) この革新には、画像技術や、外科手術、出生前診断なども含まれている。この革新が、新しい選択と、新しい争いを生み出している。たとえば、次の文献を参照。Gina Kolata, "Operating on the Unborn," *New York Times Magazine*, May 14, 1989, pp. 34–35, 46–48.
2) Wiebe E. Bijker, Thomas P. Hughes, and Trevor Pinch, eds., *The Social Construction of Thechnological Systems* (Cambridge, Mass.: MIT Press, 1987).
3) 憲法を「言語技術」と述べているが、これは私が次の言語についての大変生産的な考察から推定していることである。すなわち、科学史の上で、言語は、知識どうしの主張のぶつかり合いを安定させるために用いられてきた技術だったという考察である。とくに以下の文献を参照。Steven Shapin and Simon Schaffer, *Leviathan and the Air-Pomp: Hobbes, Boyle, and the Experimental Life* (Princeton: Princeton University Press, 1985). 合わせて次の文献も参照。Peter Dear, ed., *The Literary Structure of Scientific Argument: Historical Studies* (Philadelphia: University of Pennsylvania Press, 1911).
4) 410. U.S. 113 (1973).
5) この事例についての研究で主要なものは以下の文献である。John Hart Ely, "The Wages of Crying Wolf: A Comment on Roe v. Wade," *Yale Law Journal* 82 (1973), 920–949; Donald H. Regan, "Rewriting Roe v. Wade," *Michgan Law Review* 77 (1979), 1569–1646; Catharine MacKinnon, "Privacy v. Equality: Beyond Roe v. Wade," in *Feminism Unmodified: Discourses on Life and Law* (Cambridge, Mass.: Harvard University Press, 1987) 〔「プライバシー対平等――ロー対ウェイド判決を超えて―」キャサリン・A・マッキノン著、奥田暁子ほか訳『フェミニズムと表現の自由』、明石書店、1993 年〕; Laurence H. Tribe, *Abortion: The Clash of Absolutes* (New York: Norton, 1990).
6) 技術社会学で使われているアクター・ネットワーク理論については、以下を参照。Bijker, Hughes, and Pinch, *The Social Construction of Technological Systems*; Michel Callon, "Four Models of the Dynamics of Science," in Sheila Jasanoff, Gerald E. Markie, James C. Peterson, and Trevor Pinch, eds., *Handbook of Science and Technology Studies* (Thousand Oaks, Calif.: Sage Publications, 1995), pp. 29–63.
7) David J. Garrow, *Liberty and Sexuality: The Right to Privacy and the Making of Roe v. Wade* (New York: Macmillan, 1994).

8) 381 U.S. 479 (1965).
9) 60 U.S.L.W. 4795 (1992).
10) 381 U.S. at 486.
11) 478 U.S. 186 (1986).
12) 405 U.S. 438 (1972).
13) Garrow, *Liberty and Sexuality*, p. 658.
14) たとえば、次を参照。Pope Paul Ⅵ, Encyclical Humanae Vitae, *Acta Apostolicae Sedes* 60 (1968), pp. 481–503. さらに次も参照。Doctrinal Statement, "Instruction on Respect for Human Life in its Origin and the Dignity of Procreation: Replies to Certain Questions of the Day," March 10, 1987［ホアン・マシア著、馬場真光共訳『生命のはじまりに関する教書』（カトリック中央協議会 1996)］．
15) 第三期は、胎児が生育可能になった後の期間、あるいは、たとえ人工的な補助が必要でも、母親の子宮外で生きることのできる潜在性のある期間と、定義されている。
16) Garrow, *Liberty and Sexuality*, p. 599.
17) 462 U.S. 416, 458 (1983).
18) たとえば、以下を参照。Nancy K. Rhoden, "Trimesters and Technology: Revamping Roe v. Wade," *Yale Law Journal* 95 (1986), 639–697.
19) Garrow, *Liberty and Sexuality*, pp. 582–584.
20) 492 U.S. 490 (1989).
21) 60 U.S.L.W. at 4806–07.
22) 20 週以降、胎児に対して州が生存可能性検査の強制を行うことは、ウェブスター対ミズーリ州リプロダクティブ・ヘルス・サービス事件において支持された州法の特徴であった。
23) ベントン対ケスラー事件（Benten v. Kessler, 112 S.Ct. 2929 (1992).）において、連邦最高裁は、行政法を理由とした禁止を支持している。食品医薬品局を禁止へと導いたできごとの説明については以下を参照。Alta Charo, "A Political History of RU-486," in Kathi E. Hanna, ed., *Biomedical Politics* (Washington, D.C.: National Academy Press, 1991), pp. 43–93.
24) Garrow, *Liberty and Sexuality*, p. 692.
25) 60 U.S.L.W. at 4801. より正確にいえば、意見はこう提言している。ロー判決によって、人々は、「避妊に失敗したときは、中絶することができる」という期待を抱くようになった。私の見解によれば、この理由づけは、ありうべき因果関係の方向性を逆転させている。私が今まで議論してきたように、ロー判決は、多大な労力を費やして、広い支持を獲得した。その理由というのは、すでに避妊が可能な状況で、その結果として、計画的に妊娠を回避する自由があるなかで、人々がこう期待していたからである。すなわち、不適切な国家の干渉を受けることなく、初期の段階で妊娠を終わらせるという、多少なりとも制限された自由はあるはずだという期待である。言い換えると、ロー判決は、根本的な社会的変化の媒介者であり、少なくともその徴候であった。
26) Ethics Advisory Board, *Report and Conclusions: HEW Support of Research Involving Human In Vitro Fertilization and Embryo Transfer* (Washington, D.C.: U.S. Government Printing Office, 1979).
27) Peter Singer, "Technology and Procreation: How Far Should We Go?" *Technology Review* 88 (February/March 1985), 29. Clifford Grobstein, Michael Flower, and John Mendeloff, "External Human Fertilization: An Evaluation of Policy, " *Science* 222 (1983), 131; Gina Kolata, "Frozen Embryos: Few Rules in a Rapidly Growing Field," *New York Times*, June 5, 1992, p. A10.
28) Lori B. Andrews, *New Conceptions: A Consumer's Guide to the Newest Infertility Treatments, Including in Vitro Fertilization, Artficial Insemination, and Surrogate Motherhood* (New York: St. Martin's

Press, 1984), p. 147.
29) 556 F. Supp. 157 (N.D. Ill. 1983).
30) 74 Civ. 3588 (S.D.N.Y. 1978). この判決についてのレポートは次を参照。*Bioethics Reporter* (Court Cases), no. 1/2 (1985), 7–24.
31) 59 U.S.L.W. 2205 (Tenn. App. 1990).
32) Ellen Goodman, "The Law vs. New Fact of Life," *Boston Globe*, January 26, 1995, p. 13.
33) Andrews, *New Conceptions*, p. 150.
34) 主な例外は、二分脊椎症である。
35) いくつかの遺伝的に受け継がれる身体的傷害は、早期発見と早期治療によって予防することができる。その1つの例は、先天性股関節脱臼である。この症状は男の子よりも女の子に起こりやすい。以下を参照のこと。Colin Bruce and Henry R. Corwell, "The Prevention of Genetically Determined Orthopaedic Defects," *Clinical Orthopaedics and Related Research* 222 (1987), 85–90.
36) 障害児の出生に関して、親がとる態度の興味深い例として、以下を参照。Letters, *New York Times*, June 9, 1988, p. C12.
37) Bonbrest v. Kotz, 65 F. Supp. 138 (D.D.C. 1946).
38) 49 N.J. 22 (1967).
39) 「ロングフルバース（wrongful birth）」という用語は、「不法死亡（wrongful death）」の類推として法のなかに導入された。不法死亡は、伝統的に使われてきた法律用語であり、被告の不法行為によって引き起こされた死亡のことを指す。
40) Thomas DeWitt Rogers III, "Wrongful Life and Wrongful Birth: Medical Malpractice in Genetic Counseling and Prenatal Testing," *South Carolina Law Review* 33 (1982), 749–752.
41) 対照的に、精神的損傷への損害賠償は、否定されるケースがいくつかある。その理由は、「両親はそれでも愛情を感じることができる。というのも障害が愛情を完全に消し去ることはできない」からである。Becker v. Schwartz, 46 N.Y.2d 401, 414–415 (1978) を参照。ロジャースはこう提案している。子の出生によって親に生じる潜在的な精神的利益を、精神的損害の主張と相殺するものと考えるべきであり、両者を一緒くたに否定すべきではない。"Wrongful Life and Wrongful Birth," pp. 751–752 を参照。しかしながら、こうした推測による主張は、救済への障害になるかもしれない。
42) このような理由づけの例として以下を参照。Bonnie Steinbock, "The Logical Case for 'Wrongful Life,'" *Hastings Center Report* 16 (1986), 15–20.; Rogers, "Wrongful Life and Wrongful Birth."
43) 49 N.J. at 28.
44) 80 N.J. 421 (1979).
45) 97 N.J. 339 (1984).
46) Steinbock, "The Logical Case for 'Wrongful Life,'" p. 15.
47) たとえば、次を参照。ibid., p. 19（この論文は、ウォール・ストリート・ジャーナルのロングフルライフ訴訟を規制する立法についての記事を引用している）。
48) 遺伝子診断の業務には、多様な専門家たちがかかわっているかもしれない。しかしながら、彼らはみな同じケアの基準に従っていると考えることは的を射ているように思われる。少なくとも、彼らは互いに交換しうる業務に携わっているというかぎりではその通りであろう。責任を基礎とした医療過誤のモデルは、遺伝子診断の分野に適用するのに最も適したモデルであると、次第に考えられるようになってきた。次を参照。Alexander M. Capron, "Tort Liability in Genetic Counseling," *Columbia Law Review* 69 (1979), 621–625.
49) 遺伝に関する家族歴について尋ね忘れたケースとして、次を参照。Karlsons v. Guerinot, 394

N.Y.S.2d 933 (1977); Phillips v. United States, 508 F. Supp. 544 (D.S.C. 1981); Turpin v. Sortini, 31 Cal.3d 220 (1982). 羊水穿刺を勧めなかったものとして、Berman v. Allen, 80 N.J. 421 (1979) を参照。最後に、Naccash v. Burger, 223 Va. 406 (1982) 事件では、担当医が、父親の血液サンプルのラベルを張り間違えたために責任を問われた。この父親はタイ＝サッチ症の保有者であると診断されなかった結果、子どもはタイ＝サッチ症をもって産まれることになった。
50) George Annas, "Is a Genetic Screening Test Ready When the Lawyers Say It Is?" *Hastings Center Report* 15 (1985), 16–18. 神経管異常（たとえば、無脳症や二分脊椎症など）は、アメリカでは、1000 人に 1 人か 2 人の割合で生じている。
51) Ibid., p. 17.
52) ロングフルバース訴訟およびロングフルライフ訴訟の根底にある原理を慎重に分析した結果、こうした推定は却下された。たとえば、Becker v. Schwartz, 46 N.Y.2d 401 (1978) 事件で、ニューヨーク州控訴裁判所は、この命題を明確に否定している。そして、子どもの「人間としての機能を果たすために、完全体として産まれる……「基本的権利」(Park v. Chessin, 400 N.Y.S.2d 110 [1977]) を認めた初期の判決を覆した。同じく次も参照。Steinbock, "The Logical Case for 'Wrongful Life,'" p.19（この論文では、子どもにとって本当に間違っているのは、「最も基本的な利益の多くが前もって運命づけられてしまうような、深刻な障害を持って産まれること」であると議論している）。
53) この問題のより詳しい議論は、以下を参照。Daniel Kevles, *In the Name of Eugenics: Genetics and the Uses of Human Heredity* (Berkley: University og California Press, 1985)［ダニエル・J・ケヴルズ著、西俣総平訳『優生学の名のもとに――「人類改良」の悪夢の百年』、朝日新聞、1993 年］. Dorothy Nelkin and Laurence Tancredi, *Dangerous Diagnostics: The Social Power of Biological Information* (New York: Basic Books, 1989); Neil A. Holtzman, *Proceed with Caution: Predicting Genetic Risks in the Reconbinant DNA Era* (Baltimore: Johns Hopkins University Press, 1989).
54) Marcia Chambers, "Dead Boy's Mother Faces Criminal Charges on Acts in Pregnancy," *New York Times*, October 9, 1986, p. A22.
55) 裁判所は、その法律が、妊娠中の母親の不注意には適用されないことを決定した。Marcia Chambers, "Case against Woman in Baby Death Dropped," *New York Times*, February 28, 1987. p. A32.
56) Veronika E. B. Kolder, Janet Gallagher, and Michael T. Parsons, "Court-Ordered Obstetrical Interventions," *New England Journal of Medicine* 316 (1987), 1192-96.
57) Ibid., p. 1195.
58) たとえば、次を参照。Tamar Lewin, "Courts Acting to Force Care of the Unborn," *New York Times*, November 23, 1987, p. A1.
59) Georges Annas, "Protecting the Liberty of Pregnant Patients," *New England Journal of Medicine* 316 (1987), 1213.
60) Lewin, "Courts Acting to Force Care," p. B10.
61) この用語がもっているアイロニーと質の悪さについては、頻繁に指摘されている。たとえば、次を参照。William Safire, "The Modifiers of Mother," *New York Times Magazine*, May 10, 1987, pp. 10–12. 生物学的には、「代理人」という用語は、多くの場合、本当の母親を指している。なぜならば、彼女は卵子の供給者であり、また同時に、子どもの出産者でもあるからだ。胚移植の技術は、代理人という集団を新たに作り出した。すなわち、彼女たちは、自分の子宮で養育した子どもとは遺伝的につながりがなく、また裁判所次第では、母親としての権利が却下されるような、新しい集団である。
62) 1979 年の調査によると、アメリカにおいて、非配偶者間人工授精（AID）は、生まれてくる子

どものうち、毎年 6000～10000 を数える。Martin Curie-Cohen, Lesleigh Luttrell, and Sander Shapiro, "Current Practice of Artificial Insemination by Donor in the United States," *New England Journal of Medecine* 300 (1979), 585–590.
63）Doornbos v. Doornbos, 23 U.S.L.W. 2308 (Ⅲ. Super. Ct., Cook County. Dec. 13 1954); Gursky, 242 N.Y.S.2d 406 (Sup. Ct. 1963).
64）People v. Sorensen, 68 Cal.2d 280 (1968).
65）Strnad v. Strnad, 78 N.Y.S.2d 390 (Sup/ Ct. 1948).
66）この奇妙な争いは、ある女性が、未婚の男友達が提供した精子を人工授精したという事例である。その理由は、申立てによると、結婚前の性交渉を避けるためだという。後に、精子提供者は、この型破りな出産活動によって産まれた子どもへの訪問権を要求している。152 N.J. Super, 160 (1977).
67）非配偶者間人工授精（AID）の争いで、裁判所が狭く時代遅れの家族観を用いていることへの批判については、以下を参照。*UCLA Law Review* 15 (1968), 503; C. Thomas Dienes, "Artificial Insemination: Perspectives on Legal and Social Change," *Iowa Law Review* 54 (1968), 285; Commentary, "Artificial Insemination: Problems, Policies and Proposals," *Alabama Law Review* 26 (1973), 160–161.
68）「代理」契約を取り巻く法的不確実性にもかかわらず、1986 年には、およそ 600 人の子どもが代理母によって出生している。*Nebraska Law Review* 65 (1986), 690. 代理契約は、ホワイトヘッド―スターン論争の前に、多くの州で検証されている。Doe v. Kelly, 106 Mich. App. 169 (1981). 裁判は、アメリカの記録に残っているなかで初めての代理母裁判だが、ミシガン州控訴裁判所は、代理協定による養子縁組について、いかなる金銭も払ってはならないとしている。ただし、養子縁組自体は認めている。1986 年、ケンタッキー州最高裁判所は、商業的な代理契約が、子どもの売買を禁じる州法を侵害することはないと述べた。やや紛らわしい言い方で、裁判所は代理について、不妊の問題に対して、「科学によってもたらされた」解決法であると述べている。そして、このような科学の発展に由来する社会的・倫理的問題をどのように扱うかは、立法次第であると議論した。Surrogate Parenting Associates v. Kentucky exrel, Armstrong, 704 S.W.2d 209 (1986).
69）ベイビー・M について、217 N.J. Super. 313, 372 (1987).
70）ベイビー・M について、109 N.J. 396 (1988).
71）ニュージャージー州法によれば、AID によって妊娠した女性の夫は、その子どもに関する父親の権利をすべて享受しうる。スターンは、不妊症の妻も、代理によって産まれる子どもに対して、父親と同じような権利を与えられるべきであると議論した。
72）ベイビー・M に対する、さまざまなフェミニストの反応について、より詳細な議論は、次を参照。Nadine Taub, "Sorting Through the Alternatives," *Berkeley Women's Law Journal* 4 (1989), 285–299.
73）286 Cal. Rptr. 361 (Cal. App. 4th Dist. 1991).
74）Georges Annas, "Using Genes to Define Motherfood," *New England Journal of Medicine* 326 (1992), 417–420.
75）286 Cal. Rptr. at 380.
76）"'Baby M' Decision Creates Flurry of Legislative Activity," 13 FLR 1295, April 21, 1987. 1987 年の初めには、いくつかの州で、代理契約を規定するための法案が考えられていた。しかし、1985 年の時点で、代理を規定したり禁止している州は 1 つもなかった。約 20 の州とコロンビア特別区では、まだこの問題を考慮していたのである。John J. Mandler, "Developing a Concept of the Modern 'Family': A Proposed Uniform Surrogate Parenthood Act," *Georgetown Law Journal* 73

(1985), 1288.

第 9 章

1) 497 U.S. 261 (1990).
2) 最終的に、クルーザンの家族は彼らの娘の希望に関するさらなる証拠を携えて裁判所に戻り、ミズーリ州司法長官は彼らの主張を争わないことに決めた。1990 年 12 月 14 日、州裁判所は栄養を中止してよいとの判断を下し、それによってクルーザンに死ぬことを認めた。Andrew H. Malcolm, "Missouri Family Renews Battle over Right to Die," *New York Times*, November 2, 1990, p. A14; "Right-to-Die Case Nearing a Finale," *New York Times*, December 7, 1990, p. A4.
3) たとえば、以下を参照せよ。Jessica Mitford, *The American Way of Death* (New York: Simon and Schuster, 1963).
4) アメリカにおける死亡の約 80％ は病院あるいは長期介護施設で起こる。President's Commission for the Study of Ethical Problems in Medicine and Biomedical and Behavioral Research, *Deciding to Forego[sic] Life-Sustaining Treatment* (hereafter cited as *Forgoing Life-Sustaining Treatment*) (Washington, D.C.: U.S. Government Printing Office, 1983), pp. 17–18.
5) 聴診器や心電図といったもっと早い段階の技術革新は、死亡確認のテストに改善をもたらしたが、呼吸と心拍の停止という一般的な死の定義の変更を迫るにはいたらなかった。David Lamb, *Death, Brain Death, and Ethics* (Albany: SUNY Press, 1985), pp. 11–12. 脳死基準の採用は曖昧さを一掃しなかった。このことは、脳死状態に陥った妊娠中の女性が、胎児を守るために「生き」ながらえさせられた事件で明らかになった。以下を参照せよ。Michael B. Green and Daniel Wikler, "Brain Death and Personal Identity," *Philosophy and Public Affairs* 9 (1980), 106–132.
6) New York State Task Force on Life and the Law, "The Determination of Death," July 1986, p.3.
7) Norman Fost, "Do the Right Thing: Samuel Linares and Defensive Law," *Law, Medicine and Health Care* 17 (1989), 330. それでも、責任の恐れは現実的かもしれない。たとえば、以下を参照せよ。Barber v. Superior Court, 147 Cal. App.3d 1006 (Cal. Ct. App. 1983).
8) *In re* Quinlan, 70 N.J. 10 (1976).
9) Superintendent of Belchertown v. Saikewicz, 373 Mass. 728 (1977).
10) 倫理問題研究のための大統領委員会は、意識不明の患者の治療にかかわる最初の事件が 1975 年になって初めて生じたということを注目すべき事実と捉えた。クインラン裁判で述べられた証言は、この種のケアに関する決定が、裁判所による正式な審査を受けずに、日常的に行われてきたことを示していた。*Forgoing Life-Sustaining Treatment*, p. 155.
11) もちろん、訴訟は社会現象を「問題」として位置づける高度に専門化された方法を提供するし、同じく高度に専門化された解決方法、すなわち裁判所によって考案・執行されうる法的救済をもたらす。訴訟は合衆国ではとくに好まれる技術ではあるが、争点を公共的問題として同定する唯一の技術というわけではない。以下を参照せよ。Joseph Gusfield, *The Culture of Public Problems: Drinking-Driving and the Symbolic Order* (Chicago: University of Chicago Press, 1981).
12) この言葉はロバート・バートが *Taking Care of Strangers* (New York: Free Press, 1979) のなかで、自分の医療提供者とコミュニケーションできない患者を指して使ったものである。
13) クインラン裁判の当時、ハーバード・メディカル・スクールの特別委員会によって発行された報告書が「脳死」を定義する基準の典拠として広範に受け入れられていた。ハーバード報告書は、それが「不可逆的昏睡」と呼ぶ状態を確定するための基準として、次のものを提案している。すなわち、無感受状態および無反応状態、反射の完全な欠如、自発運動および自発呼吸の欠如で

ある。Ad Hoc Committee of the Harvard Medical School to Examine the Definition of Brain Death, "A Definition of Irreversible Coma," *Journal of the American Medical Association* 205 (1968), 337. 植物状態にあることは死と同じではないという見解は、医療専門家に幅広く共有されている。たとえば、以下を参照せよ。Lamb, Death, *Brain Death, and Ethics*, pp. 109–112.
14) クインラン事件の意義の一部は、「遷延性植物状態」と表せる昏睡状態の患者はアメリカに約10,000 人いるという事実によって、評価することができる。"Top Maine Court Backs Right to Die," *New York Times*, December 6, 1987, p. 41.
15) 70 N.J. at 50.
16) 遷延性植物状態（PVS）にある患者は、何ヶ月間、あるいは何年間も、自発呼吸を続け、循環機能を維持し続けることがある。記録にあるうちもっとも長期のものは、エレイン・エスポジトの事例である。この女性は 1941 年 8 月に PVS に陥り、37 年後の 1978 年 11 月に呼吸が停止した。Lamb, *Death, Brain Death, and Ethics*, p. 6. PVS 患者の意識回復は稀ではあるが、知られていないわけではなく、その場合、深刻で回復不能な身体的損傷がともなうのが普通である。*Forgoing Life-Sustaining Treatment*, pp. 182–183.
17) Jane D. Hoyt, "Karen Ann Quinlan's Fate Might Have Been Different," *Minneapolis Star and Tribune*, August 9, 1985, p. 15A.
18) 373 Mass. at 759.
19) 373 Mass, at 752–753.
20) Burt, *Taking Care of Strangers*, pp. 157–158. 大統領委員会は「最善の利益」基準を、能力があったとしたらどんな判断を下すかわからない患者にかかわるケースに用いることも勧めている。*Forgoing Life-Sustaining Treatment*, p. 136.
21) 52 N.Y.2d 363 (1981).
22) *Forgoing Life-Sustaining Treatment*, p. 160.
23) Burt, *Taking Care of Strangers*, p. 154.
24) 70 N.J. at 39.
25) 技術に適用されたこの語の説明について、以下を参照せよ。Wiebe E. Bijker, Thomas P. Hughes, and Trevor Pinch, eds., *The Social Construction of Technological Systems* (Cambridge, Mass.: MIT Press, 1987), p. 27.
26) この点に関して以下を参照せよ。George Annas, "Reconciling Quinlan and Saikewicz: Decision Making for the Terminally Ill Incompetent," *American Journal of Law and Medicine* 4 (1979), 384.
27) Judith Areen, "Death and Dying," *Biolaw* 12 (1986), 277.
28) Burt, *Taking Care of Strangers*, p. 156.
29) Ibid., p. 157.
30) George J. Annas, "Whose Space Is This Anyway?" *Hasting Center Report* 16 (1986), 24.
31) Bouvia v. County of Riverside, No. 159780 (Cal. Super. Ct. Dec. 16, 1983).
32) Jay Horning, "Bedridden Bouvia Still Strong-Willed," *St. Petersburg Times*, April 25, 1993, p. 10A. もっと前の説明として、以下を参照せよ。Myrna Oliver, "Bouvia Still Wants the Right to Die," *Los Angeles Times*, May 23, 1988, p. 14.
33) Bartling v. Superior Court, 209 Cal. Rptr, 220 (Cal. App. 2d Dist. 1984).
34) E. J. McMahon, "Judge Allows Aged Patient to Starve Herself to Death," *New York Law Journal*, June 16, 1987, p. 1.
35) "Patient Allowed to End Treatment," *New York Times*, January 27, 1987, p. B9.
36) Peter Applebome, "An Angry Man Fights to Die, Then Tests Life," *New York Times*, February 7,

1990, p. A5.
37) Daniel Callahan, "On Feeding the Dying," *Hastings Center Report* 13 (1983), 22.
38) George J. Annas, "Do Feeding Tubes Have More Rights than Patients?" *Hastings Center Report* 16 (1986), 28.
39) "Top Maine Court Backs Right to Die," p. 41.
40) Brophy v. New England Sinai Hospital, 398 Mass. 417 (1986).
41) *Forgoing Life-Sustaining Treatment*, p. 83.
42) Ibid., pp. 88–89.
43) コンロイ（Conroy）について、98 N.J. 321 (1985).
44) 497 U.S. at 288.
45) 1985年段階で、この争点に関する法律を明確に制定していたのは12の州にすぎなかった。以下を参照せよ。House Select Committee on Aging, *Dying with Dignity: Difficult Times, Difficult Choices*, 99th Cong., 1st sess. (1985), pp. 26–27（Barbara Mishkinの証言）.
46) Society for the Right to Die, *Handbook of 1985 Living Will Laws* (New York: Society for Right to Die, 1986), p. 5.
47) Ibid., pp. 16–17.
48) Myrna Oliver, "Controlling the End: Right-to-Die Laws Take On New Life," *Los Angeles Times*, May 23, 1988, p. 1.
49) *Forgoing Life-Sustaining Treatment*, p. 139.
50) Malcolm, "Missouri Family Renews Battle," p. A14.
51) たとえば、以下を参照せよ。*Forgoing Life-Sustaining Treatment*, pp. 145-47; Barbara Mishkin, "Decisions concerning the Terminally Ill: How to Protect Patients, Staff and the Hospital," *HealthSpan* 2 (1985), 20.
52) デラウエア州はそのような規定を自然死法に取り入れた最初の州である。*Forgoing Life-Sustaining Treatment*, p. 145.
53) Society for the Right to Die, *Handbook of 1985 Living Will Laws*, p. 7.
54) このアプローチは、コンロイ判決におけるニュージャージー州最高裁判所の立場と比較すると見劣りがする。その判決によると、患者の要望の証拠は、患者にまだ判断能力があった頃の口頭の発言や書面などのさまざまな出所から確認されうる。
55) 「末期状態」を厳密に解釈することで、多くの自然死法の適用を死の瀬戸際にある患者だけに限定することができる。その場合、そのような患者やその家族が治療の中止から得られるものは最小限ではあるが。バージニア州最高裁判所は1986年に、同州の自然死法による「末期状態」の定義は死亡までわずか数時間であることを要求しておらず、数ヶ月内に死亡するとの診断で十分であると宣言した。Hazelton v. Powhatan Nursing Home, Inc., Supreme Court of Virginia, No. 860814, September 2, 1986.
56) Bartling v. Superior Court, 163 Cal. App. 3d 186 (1984).
57) *Forgoing Life-Sustaining Treatment*, pp. 217–223. 治療が子どもにとって有益かどうか判断するにあたって、委員会は、「障害児の生が、両親、兄弟姉妹、社会など他人に及ぼす悪影響に関する考慮の余地を奪う」ようなきわめて厳格な基準を提案した。Ibid., p. 219. この提案は、生命維持治療を行う決定は、人生の選択が合理的な程度に残すような継続的なケアを提供するべき義務を生み出すという、委員会の同様に断固たる見解と両立しがたい。Ibid., p. 228. そのようなケアには、両親が子どもを自分たち自身で育てることのできない場合の養子縁組や児童養護業務も含まれるだろう。

58) 彼女の脳に関する事実と彼女と精神発達に関する診断は議論の的になりはしたが、これはベイビー・ドゥの状態の適切な描写であるように思われる。以下を参照せよ。Richard Sherlock, *Preserving Life: Public Policy and the Life Not Worth Living* (Chicago: Loyola University Press, 1987), p. 3.
59) Weber v. Stony Brook Hospital, 60 N.Y.2d 208 (1983).
60) U.S. v. University Hospital, 729 F. 2d 144 (2d Cir. 1984).
61) 児童虐待防止法の改正および養子縁組改正法が立法の動力となった。
62) Norman Fost, "Infant Care Review Committee in the Aftermath of Baby Doe," in Arthur L. Caplan, Robert H. Blank, and Janna C. Merrick, eds., *Compelled Compassion* (Totowa, N.J.: Humana Press, 1992), pp. 285–297. 以下も参照せよ。Fost, "Do the Right Thing."
63) Linda Greenhouse, "Court Order to Treat Baby Prompts a Debate on Ethics," *New York Times*, February 20, 1994（母親の希望により無脳症児に呼吸補助が与えられる）；Gina Kolata, "Battle over a Baby's Future Raises Hard Ethical Issues," *New York Times*, December 27, 1994, p. A1（両親の希望により泌尿器系と腸管に異常のある脳損傷乳児の生命維持が継続される）．
64) これらの価値を公共的政策決定において主張することの重要性と含意の古典的な解説として、以下を参照せよ。Guido Calabresi and Philip Bobbitt, *Tragic Choices* (New York: Norton, 1978).
65) *Forgoing Life-Sustaining Treatment*, p. 161.
66) Fost, "Infant Care Review Committees." 以下も参照せよ。"Symposium-Hospital Ethics Committees and the Law," *Maryland Law Review* 50 (1991), 742–919.

第 10 章

1) 標準化時代以前の DNA 鑑定は、受け入れがたく、ときに擁護できないやり方に基づいていたものの、間違った有罪判決はもたらさなかったという所見が高度な信頼を受けている 2 人の専門家によってなされたが、法律家は科学者ほどには元気づけられないかもしれない。Eric S. Lander and Bruce Budowle, "DNA Fingerprinting Dispute Laid to Rest," *Nature* 371 (1994), 735.
2) この点を最も補強する根拠は、高度に分極化した規制論争の研究から得られる。たとえば、David Colingridge and Colin Reeve, *Science Speaks to Power* (London: Pinter, 1986); そして、Sheila Jasanoff, *The Fifth Branch: Science Advisers as Policymakers* (Cambridge, Mass.: Harvard University Press, 1990) 参照。
3) おそらく間違いなく、ベンディクティンの諸ケースでの疫学的証拠は、一般的な因果関係にとっての十分に強い否定的な理由を確立した。特定の因果関係についての物理学者による証言とはほとんど関係のないものによって裁判所の判断は正当化された。Joseph Sanders, "From Science to Evidence: The Testimony on Causation in the Bendictin Cases," *Stanford Law Review* 46 (1993), 36–47.
4) このような対立の証拠として、以下参照。Adeline Gorden Levine, *Love Canal: Science, Politics, and People* (Lexington Books, 1982); Phil Brown, "Popular Epidemiology: Community Response to Toxic Waste-Induced Disease in Woburn, Massachusetts," *Science, Technology, and Human Value* 12 (1987), 78–85; Sheila Jasanoff, ed., *Learning from Disaster: Risk Management after Bhopal* (Philadelphia: University of Pennsylvania Press, 1994). これらすべてのケースにおいて、原告集団によって、あるいはそれに代わってなされた疫学研究は、政府のお墨つきを得た科学研究機関やエリートによる研究に異議を突きつけた。
5) ここに含まれる境界は、第 3 章で扱った水平注視眼振のケースのような「経験」と「実験」、そ

して「科学者」と「技術者」のあいだにあるものである。後者の点について以下を参照。Sheila Jasanoff, "Judicial Construction of New Scientific Evidence," in Paul T. Durbin, ed., *Critical Perspectives in Nonacademic Science and Engineering* (Bethlehem, Pa.: Lehigh University Press, 1991), pp. 225–228.

6) この議論をさらに深めるケース・スタディとして、以下を参照。Brian Wynne, *Rationality and Ritual: The Windscale Inquiry and Nuclear Decisions in Britain* (Chalfont St. Giles: British Society for the History of Science, 1982); Roger Smith and Brian Wynne, eds., *Expert Evidence: Interpreting Science in the Law* (London: Routledge, 1989).

7) ベンディクティン事件について以下を参照。Sanders, "From Science to Evidence." しかし、連邦裁判所についての研究には、裁判官による非陪審審理のほうが賠償責任を認める決定をなしているというものもある。Kevin M. Clermont and Theodore Eisenberg, "Trial by Jury or Judge: Transcending Empiricism," *Cornell Law Review* 77 (1993), 1124–77. さらに、不法行為法システムでは全体として裁判官と陪審員の意見の一致が見られるとする研究もある。以下を参照。Michael J. Saks, "Do We Really Know Anything about the Behavior of the Tort Litigation System? and Why Not?" *University of Pennsylvania Law Review* 140 (1992), 1230–41.

8) こうした例は、以下で論じられている。Francisco J. Ayala and Bert Black, "Science and the Courts," *American Scientist* 81(1993), 234–236. アヤラとブラックは「よい」科学の営みの単一モデルを主張し、「検査可能性」「反証可能性」概念を無批判に受容しているため、科学についての現代の歴史学的、政治学的、社会学的な研究成果をほとんど完全に無視してしまっている。日々の営みにおいて科学がしばしばどのようにはたらいているかについての全く対照的な見解としては、次に所収の諸論文を参照のこと。Sheila Jasanoff, Gerald E. Markle, James C. Peterson, and Trevor Pinch, eds., *Handbook of Science and Technology Studies* (Thousand Oaks, Calif.: Sage Publications, 1995).

9) Brian Wynne, "Establishing the Rules of Laws: Constructing Expert Authority," in Smith and Wynne, *Expert Evidence*, p. 30.

10) 「親子法のはたらきは、その領域でどれだけ優れて見識のある医師たちが法はこうあるべきだと考えたとしても、それには左右されない」。引用は以下から。George Annas, "Using Genes to Define Motherhood," *New England Journal of Medicine* 326 (1992), 420.

11) 科学における信頼と懐疑の社会学的ダイナミズムについては、以下で見事に述べられている。Steven Shapin, *A Social History of Truth* (Chicago: University of Chicago Press, 1994). そこまで理論的でないレベルでは、科学における欺瞞や不正行為の研究は、科学が一般的に、逸脱を見つけ出す科学者たちの能力を妨げるような、騙されやすい雰囲気のなかではたらいていることを指摘してきた。以下を参照。William Broad and Nicholas Wade, *Betrayers of the Truth* (London: Oxford University Press, 1982).

12) Robert K. Merton, "The Normative Structure of Science," reprinted in Merton, *The Sociology of Science* (Chicago: University of Chicago Press, 1973), pp. 67–278. 早い時期の批判として以下を参照。Michael J. Mulkay, "Norms and Ideology in Science," *Social Science Information* 15 (1976), 637–656.

13) このようなアメリカの行政的決定の傾向は、アメリカとヨーロッパを比較してみるととくにはっきりする。以下を参照。Ronald Brickman, Sheila Jasanoff, and Thomas Ilgen, *Controlling Chemicals: The Politics of Regulation in Europe and the United States* (Ithaca: Cornell University Press, 1985); and Sheila Jasanoff, *Risk Management and Political Culture* (New York: Russell Sage Foundation, 1986).

14）集団不法行為訴訟についての科学者の見解として、以下を参照。Marcia Angell, "Do Breast Implants Cause Systemic Disease?" *New England Journal of Medicine* 330 (1994), 1748–49. 法律家による留保として、以下を参照。Marc Galanter, "The Transnational Traffic in Legal Remedies," pp. 135–144; および Tom Durkin and William L. F. Felstiner, "Bad Arithmetic: Disaster Litigation as Less than the Sum of Its Parts," pp. 158–179（いずれも Jasanoff, *Learning from Disaster* に所収）。

15）Peter H. Schuck, "Multi-Culturalism Redux: Science, Law and Politics," *Yale Law and Policy Review* 11 (1993), 14–40. シュックの議論によると、私自身の「科学」「科学者」のような用語の使い方は、「話者の個人的な考えにすべて偶然的に左右されるわけではない、なんらかの中核的で客観的な意味（Ibid., p. 38, n. 116）」を科学者がもっていると私が信じていることを示しているという。もちろん、彼には正しい部分もある。科学の用語法（まさに「科学」という語も含む）が個々の話者のレベルで偶然的に左右されるとは私は思っていない。社会化と制度化という構造化現象のため、個々の話者や使い手には科学的な概念の意味をもてあそぶ自由がほとんど残されていない。これが意味するのは、偶然性が全く取り除かれたということではなく、科学技術についての多くの社会学者が述べるように、単に「ブラックボックス」の奥深くに押しやられただけなのである。とくに以下を参照。Bruno Latour and Steve Woolgar, *Laboratory Life* (Princeton: Princeton University Press, 1986); and Latour, *Science in Action* (Cambridge, Mass.: Harvard University Press, 1987)［川崎勝・高田紀代志訳『科学がつくられているとき――人類学的考察』産業図書、1999 年］。もちろん、同様の偶然性やブラックボックス化は、一見したところ曖昧でない法的概念でもなされうる。

16）Arthur Kantrowitz, "Proposal for an Institution for Scientific Judgment," *Science* 156 (1967), 763–764.

17）Richard Posner, "Will the Federal Court of Appeals Survive until 1984? An Essay on Delegation and Specialization of Judicial Function," *Southern California Law Review* 56 (1983), 775–790; Stephen L. Carter, "Separatism and Skepticism," *Yale Law Journal* 92 (1983), 1334–41.

18）Federal Judicial Center, *Reference Manual on Scientific Evidence* (Washington, D.C., 1994).

19）Lander and Budowle, "DNA Fingerprinting," p. 737（前掲注 1）。

20）スティーヴン・ゴールドバーグ（Steven Goldberg）はこの語を次で用いている。*Culture Clash: Law and Science in America* (New York: New York University Press, 1994), pp. 103–111. ゴールドバーグの用法のように、この語は「専門家」「目立つ科学者」「科学アドバイザー」といった、よく知られた用語と重なり合っている。ゴールドバーグは科学カウンセラーの役割について社会学的分析を行ってはいない。そのため、なぜ科学カウンセラーが法システムに参加するように動機づけられるのか、何を根拠にして敬意を得ているのか、いかなる認知的な思い込みを法プロセスに持ち込むのかはいまだ明らかでない。

21）これはおそらく間違いなく、エイラー［Alar：リンゴなどの植物の成長を遅らせる物質で、有効成分はダミノジド（daminozide）］事件においてユニロイヤル社が、製品に発がん性があるとする環境保護庁（EPA）の認定を争い、勝ったときに起こったことである。Sheila Jasanoff, "EPA's Regulation of Daminozide: Unscrambling the Messages of Risk," *Science, Technology, and Human Values* 12 (1987), 116–124. より一般的にいうと、科学諮問パネルに用いられた当事者対抗主義的（対審的）な手続きは両当事者を、お互いの証拠への攻撃的で往々にして的を外した信用低下戦術へとのめり込ませる。併せて以下を参照。Jasanoff, *The Fifth Branch*, and "Procedural Choices in Regulatory Science," *Risk-Issues in Health and Safety* 4 (1993), 143–160.

22）ホームズ裁判官がプエルトリコの法システムについて次のように書いたとき、明らかに言語上の

メタファーが頭にあった。「そのなかで育った者にとって、自在な強調、暗黙の前提、書かれざる営み、人生からのみ得られる無数の力、これらは各部分に全体として、書物からは論理と文法に決して与えられることのないような、新しい価値をもたらすかもしれないのである」。Diaz v. Gonzalez, 261 U.S. 102, 106 (1923).

23）適任の専門家のリストを裁判所に提供するにあたって、専門家の協会は有益な役割を果たしうると考えてきた人々もいる。1990–91 年にはアメリカ科学振興協会（AAAS）とアメリカ法律家協会（ABA）の調査委員会がこの点について、9 つの科学・技術の協会の代表者とともに検討した。裁判所を手助けするためのさらなる活動的な戦略を開発する可能性に、誰もが乗り気だった。調査委員会はカーネギー科学・技術・政府委員会に対し、科学者や技術者の専門家協会がその各メンバーに裁判所への専門的な手助けを奨励するような教育その他の活動を考慮することを推奨した。AAAS-ABA National Conference of Lawyers and Scientists, Task Force on Enhancing the Availability of Reliable and Impartial Scientific and Technical Expertise to the Federal Courts, "Report to the Carnegie Commission on Science, Technology, and Government," 1991.

24）1989 年 5 月 19 日、ワシントン D.C. でのロバート・M・クック・ディーガン（Robert M. Cook Deegan）へのインタビュー。

25）1987 年、生命と法に関するニューヨーク州の調査委員会は、個人がもし無能力者になった場合に、本人に代わって医療について決定するための「医療委任状」の指定が法的に認められるべきだという提案を行った。調査委員会は 1989 年にいくつかの修正を行うことによって主要なカトリック系からの承認を得た。Philip S. Gutis, "Patient Proxy for Treatment Gains Backing," *New York Times*, May 30, 1989, p. B1.

26）Institute of Medicine, *Society's Choices: Social and Ethical Decision Making in Biomedicine* (Washington, D.C.: National Academy Press, 1995).

27）General Accounting Office, "Product Liability: Extent of 'Litigation Explosion' in Federal Courts Questioned," Washington, D.C., January 1988. 構築主義的言語による問題枠組みではないものの、不法行為訴訟での「データ」についてのサックスによる分析には、私が提案してきた方向への興味深い出発点となるものがある。Saks, "Do We Really Know?" pp. 1154–68（とくにイェール・ロースクールのジョージ・プリースト（George Priest）の損害頻度表に対する脱構築を見よ）。しかし、サックス自身の量的データの使用は、科学の社会的研究におなじみの意味で「反照的＝反省的」ではない。というのも、彼がサーヴェイした多数の研究に通底する前提を問題にするにあたって、彼には一貫性がないからである。それがあれば驚嘆すべき論文であっただろう。

28）Stephen LaTour, Pauline Holden, Laurens Walker, and John Thibaut, 11Procedure: Transnational Perspectives and Preferences," *Yale Law Journal* 86 (1976), 283.

29）とくに以下を参照。Sheila Jasanoff, "American Exceptionalism and the Political Acknowledgment of Risk," *Daedalus* 119 (1990), 61–81; Jasanoff, "Acceptable Evidence in a Pluralistic Society," in Deborah G. Mayo and Rachelle D. Hollander, eds., *Acceptable Evidence: Science and Values in Risk Management* (New York: Oxford University Press, 1991), pp. 29–47.

「法と科学」の相互構築性——解説にかえて

渡辺千原・吉良貴之

　本書は、Sheila Jasanoff, *Science at the Bar: Law, Science, and Technology in America*, Harvard University Press, 1995 の全訳である。

本書のねらい

　著者のシーラ・ジャサノフは現在、ハーバード大学の教授であり、科学技術社会論（Science, Technology, and Society: STS）の世界的な第一人者として長らく活躍している。本書は彼女の多岐にわたる仕事のなかでも、とくに「法と科学技術（Law, Science and Technology）」をテーマとした研究である。「法と科学技術」は日本ではなじみが薄いものと思われるが、英語圏を中心に最近では法学・法実務や科学技術社会論・科学社会学、のみならず自然科学研究者も多く参加する形で学際的な賑わいを見せている分野である。昨今の巨大で複合的な科学技術は、ひとたび誤れば甚大な社会的影響をもたらす以上、法律家や法政策決定者は一定の科学リテラシーを育むべきだという考えも強まっている。実際、アメリカの一部のロースクールでは科目として開講されているほか、科学者協会などによる裁判官研修といった試みも制度的になされている。この「法と科学技術」は、(1) 法が科学技術に対して与える影響、(2) 科学技術が法に対して与える影響、およびその倫理的含意や望ましい相互関係について、法と科学それぞれの独特な性格を踏まえつつ、各種の具体的な問題に即して考察するものである」[1]。

　本書はこうした「法と科学技術」分野の先駆的な試みであり、後の研究の議論枠組みを作り上げた古典的著作である。ジャサノフは本書で、とくに「社会構築主義（social constructivism）」的な立場から、豊富な素材をもとにして法シ

ステムと科学システムの相互作用のあり方を描き出す。「法」は科学技術がもたらすさまざまな影響やリスクを規律する重要な手段であることは間違いない。しかし、それぞれに高度な専門性をもった法と科学の両分野は、はたしてどのような生産的な協働関係に立てるだろうか。よくいわれるように、日進月歩する科学技術とその影響を規律するにあたって、保守的な法システムはそれをつねに「後追い」するものとならざるをえないのだろうか——たとえばインターネット上の新しい問題が表面化して初めて、サイバー法がそれを追いかけたかのように。

　しかし、ジャサノフは本書でそうした見方を覆す。また、そこで主張されるのは両者が相互に影響を与え合いながら試行錯誤しつつ発展していくといったおなじみの筋道だけでもない。本書で描き出されているのは、「法」および「科学技術」という「専門知」そのものが法廷における両者の出会いと相互作用のなかで作り出されていくダイナミズムである。最も端的に述べた部分を引用するならば、「裁判所はそれ自体、『架橋する制度』の神髄ともいえる一形態なのである。裁判では信頼と権威を確立するための特定の儀式化された慣習のもとで、科学者、法律家、素人たる一般人が法的関連性のある知識の産出に参加する場となっている」(p. 231)。「法」や「科学技術」のシステムは見かけほど自律的なものとして独立してあるのではない。社会制度、とりわけ法廷（や規制行政）で個別具体的な争点が可視化されていくプロセスにおいて、それまで考えられてもいなかったような新しい専門知が構築されていき、そのフィードバックが積み重ねられていくなかで一定の自律性／自立性の外見を備えていく。法と科学は証拠に基づいて「真実を探求するという共通のプロジェクト」(p. 43) にコミットしているものの、法は法的価値判断に基づいたすみやかな紛争解決を任とする以上、十分な科学的データがそろうまで決定を先送りすることが許されるわけではない。どこかで「先走り」的に決定をなし、それによって問題枠組み (framing) が法の側から課され、科学がそれを後から追いかける場面さえある。本書の原題 *Science at the Bar* は文字通り、科学が法廷 (bar) に引き出され、そこで裁かれることを表すとともに、法によって課された枠 (bar) に直面していることも表している。ジャサノフが描き出しているのは、法と科学技術それぞれの目的の違いに起因する「いたちごっこ」であり、

さらにいえば両者はその「いたちごっこ」において、お互いがお互いを作り上げていく運動のなかにある。

　「法」も「科学技術」も高度な専門家集団によって営まれている自律的な、悪くいえば「普通の市民」にはうかがい知れないほどに閉鎖的なシステムであるといった社会通念はなお根強いが、それを突き崩す本書の洞察は、出版から 20 年が経ったいまでも決して色褪せてはいない。むしろ、日本においては 2011 年 3 月の東日本大震災とそれに続く東京電力福島第一原子力発電所事故の悲劇、そして近年のいくつかの科学的スキャンダルを経て、科学技術に対する社会的な眼差しはいっそう厳しくなっている。それは裏を返せば、そうした悲劇を事前に適切に規律しえなかった法システムへの落胆となって表れてもいるだろう。

　本書は今後の日本において、法と科学の双方をばらばらにではなく、相互構築的なものとして捉えていく視角を提供する。本書は原著副題に「アメリカにおける法と科学技術」とあるように、扱われている具体例はもっぱらアメリカの先端科学技術をめぐる裁判例である。しかし、それらは決してアメリカ特有のものではない。たとえば本書で扱われている、長期的な生体影響が問題になる各種の先端科学技術、遺伝子技術の発展にともなって変容する「親子関係」、尊厳死をめぐる「死ぬ権利」などは、日本も含め多くの先進諸国が共通して抱えているものであり、科学技術の発展とともにますます問題が複雑になりつつある。本書ではいまだ萌芽的な考察にとどまっている情報技術とプライバシーの関係も、その後の 20 年を経てインターネットが爆発的に普及した現在、より切迫した問題になっていることはいうまでもない。本書はそうした現在の問題を考えるにあたって有益な思考枠組みを提供するものである。

ジャサノフ、人と作品

　本書の著者、シーラ・ジャサノフは 1953 年にインドに生まれ、1960 年に家族とともにムンバイからアメリカ・ニューヨーク郊外に移住している。その後、ラドクリフ女子大学に入学するが、最初の専攻は数学であった。優秀な成績で卒業した後は一転、専攻を言語学に変更し、1966 年には当時の西ドイツ・ボン大学にて言語学の修士号を取得した。1973 年にはハーバード大学に

て言語学の博士号（Ph. D）を取得し、さらにハーバード・ロースクールで法学を学び、1976 年に法学博士号（J.D.）を得ている。その後、環境法を専門とする法律事務所でアソシエイト弁護士として 2 年間の実務経験を積んだ後、1978 年にコーネル大学・科学技術研究部局に職を得て、いまだ萌芽的な段階にあった科学技術社会論のパイオニア的存在として活躍することになる。そして、1998 年からはハーバード・ケネディスクールに移籍し、現在にいたっている。このように、インド出身でアメリカに渡り、数学、言語学、法学といった学問を修め、さらには環境法実務経験も有するという経歴の多様性は、文理融合的な学問たる科学技術社会論を研究するにあたって彼女の重要なバックグラウンドになっている。それは具体的には、初期の代表作 *The Fifth Branch* (1990) や本書で繰り返し登場している、生殖医療、農作物の安全規制、地球環境問題といった課題を法と科学の相互作用のもとに捉える視座につながっているだろう。

　これまでのジャサノフの著作を年代順に並べると、次の通りである。

- *Controlling Chemicals: The Politics of Regulation in Europe and the U.S.*, with R. Brickman and T. Ilgen, Ithaca, NY: Cornell University Press, 1985.
- *Risk Management and Political Culture*, New York: Russell Sage Foundation, 1986.
- *The Fifth Branch: Science Advisers as Policymakers*, Cambridge, MA: Harvard University Press, 1990.
- *Science at the Bar: Law, Science, and Technology in America*, a Twentieth Century Fund book, Cambridge, MA: Harvard University Press, 1995（本書『法廷に立つ科学』）．
- *Designs on Nature: Science and Democracy in Europe and the United States*, Princeton, NJ: Princeton University Press, 2005.
- *Science and Public Reason*, collected essays with new Introduction and Afterword, Abingdon, Oxon: Routledge-Earthscan, 2012.

　このほか、いくつかの編著・共編著、および多数の論文がある。著作のタイ

トルからも想像されるように、ジャサノフは狭義の「法と科学技術」のみを研究テーマとしているのではなく、「科学技術」を広く社会制度とのかかわりにおいて捉えている。とくに近年では科学の民主主義的正統性のあり方といったテーマに取り組み、「社会技術的想像力（sociotechnical imaginaries）」という新たな概念を用いて、いかに科学技術が社会的、政治的なアクターや制度に受容されていくかを比較分析するといった研究を進めている。

ジャサノフは国際シンポジウムなどの登壇者として何度か来日もしており、日本でも科学技術社会論、科学社会学、科学史といった分野を中心に一定の知名度があるが[2]、著書が翻訳されたのは本書『法廷に立つ科学 Science at the Bar』が初めてである。なお、本書は2001年にはフランス語版、2011年には韓国語版が出版されるなど、科学技術の発展とともに生じるひずみ、およびそれにかかわる倫理的・法的・社会的問題（Ethical, Legal, Social Issues; ELSI）を考えるうえで、出版から時を経たいまでも世界的に必読の書となっている。ジャサノフのほかの代表作、たとえば The Fifth Branch, 1990 や Designs on Nature, 2005 は中国語に翻訳されているし、フランス語による編著も近年、数冊出版されている。これはジャサノフの問題意識がアメリカにとどまるものではなく、洋の東西を問わず現在の科学技術先進国に共有されうることを示しているといえるだろう。ジャサノフ自身も本書の射程が現在の世界に、とりわけ東日本大震災以降の日本に及ぶことを強く意識しており、本訳書へのタイムリーな序文を快く執筆いただいた。

科学技術社会論としての「法と科学技術」

科学技術社会論（Science, Technology and Society: STS）は、ロバート・マートン（Robert Marton, 1910-2003）によって創始された科学社会学を源流としている。マートンはかつて、マートン・ノルム（Marton CUDOS）として知られる科学者のエートスを示した。すなわち、①共有主義（Communality）、②普遍主義（Universality）、③利害超越性（Disinterestedness）、④系統的懐疑主義（Organized Skepticism）である[3]。ここで示されている科学者像は、どこか俗世間から超越しながら、人類共通の財産としての科学知を純粋に探求していく存在であるかのように思われる。しかし、現実の科学者は「公刊するか、消えるか（Publish, or perish)」といった言葉に象徴されるような過酷な競争のなかにあり、社会に存在するさまざまな利害関係からも決して自由ではない。それに対し、ジョン・ザイマン (John Ziman, 1925-2005) は、①独占的 (Proprietary)、②局所的 (Local)、③権威主義的 (Authoritarian)、④受注的 (Commissioned)、⑤専門的 (Expert) という、PLACE と略称される科学者・科学知の現実のあり方を描き出した[4]。マートンの CUDOS とザイマンの PLACE は両立しないものではなく、前者が理想を、後者が現実を描き出していると考えれば理解しやすい。いや、さらに正確にいうならば、CUDOS 的理想と PLACE 的現実に引き裂かれながらなされているのが科学技術の営みであるといえるだろう。科学技術社会論はそうした問題関心のもと、科学的理想と社会的利害関係の厳しいバランスにある科学技術のあり方を、人類学、歴史学、政治学、社会学、そして法学などの分野の知見を積極的に活用しながら解き明かしていく学際分野として発展してきている。日本でも 1990 年代以降、「社会のなかの科学」を学際的・実践的に捉えようとする動きが強まり、2001 年には科学技術社会論学会が設立され、活発な活動がなされている。そこでは早くからジャサノフの議論も紹介され、またその社会構築主義的アプローチもおおむね肯定的に用いられてきた。なお、日本語で読める科学技術社会論の基本文献として、藤垣裕子『専門知と公共性』(東京大学出版会、2003 年)、同編『科学技術社会論の技法』(東京大学出版会、2005 年)、小林傳司『トランス・サイエンスの時代』(NTT 出版、2007 年)、平川秀幸『科学は誰のものか』(日本放送出版協会、2010 年) などがある。

　こうした科学技術社会論の方法論的特徴は、その学際的性格ゆえに当然ながら多岐にわたっている。訳者らがかつてまとめたものとしては、①科学の理論および知識に関する社会構築 [構成] 主義、②一定の目的のもとに科学を規律しようとする価値関係性、を押し出しているところに、かつての科学社会学の記述的な慎ましさを超えた、規範的なプロジェクトとしての特徴が強く出ていると思われる[5]。ジャサノフについていえば、本書での法と科学の相互構築的なダイナミズムを明らかにしようとする姿勢には①が、そして規制科学 (regulatory science) の政策的意思決定場面における規制機関や科学者集団の自立的な役割が描き出される *The Fifth Branch*, 1990 では②が (本書とともに) 強く

現れているといえるだろう。とりわけ「法」制度と科学技術との相互関係に着目したものは、科学技術社会論においては本書以前には類例が少ない。本書で扱われている問題はきわめて多様であり、かなり細かい裁判例にまで言及されている。本解説では本書の多様な話題に1つずつ触れていく余裕はないので、ジャサノフの姿勢が最もよく現れている部分を紹介したい。たとえば本書第3章でジャサノフは、科学技術の「専門性」がいかにして法的に構築されるかについて、豊富な例とともに詳細に述べている。

> たとえば電磁場とガン、豊胸手術のシリコンゲルと免疫不全症候群とのあいだのように、それまで疑われることのなかった因果連関の存在が訴訟によって疑われて初めて、そうした研究が始められる。(……) たいていの場合は法プロセスのスピードが速く、研究のほうが後追いになる。(p. 51)

ここでは先進科学技術の発展にともなってさまざまな法的紛争が生じるといった常識的な考えを覆すかたちで、逆に、法的な紛争そのものが科学技術研究を推進させる場合があることが述べられている。この場合、科学技術研究はそれを後追いしながら進められていくのであるが、科学的知見が「訴訟での必要性に応じて生産」されるとき、「科学が通常とる検証プロセスは省略されたり歪曲されたりする」(p. 52)。つまり、その探求は純粋な科学的真実の追究ではありえず、訴訟における紛争解決に資するためという、すでに価値的に方向づけられた営みになる。そして科学的信頼性は後景に退き、代わって法的有用性が科学知の優劣の基準となる——それは法廷にとどまらず、当該科学者共同体の態度をも方向づけていく。法システムは科学知について、「使える」かどうかによる「境界画定作業（boundary work）」をつねに行っているのである。

科学知が法的有用性によって構築されるとき、通常の科学プロセスとは異なった歪みが生じる。ジャサノフはその構造的要因として再三にわたって「当事者対抗主義＝対審構造（adversary system）」の問題を指摘している。この手続きは、対等な当事者、つまり原告と被告の双方が自分にとって最も有利な証拠を出してぶつけ合うことによってこそ、客観的な真実に効率的にいたることが

できるという信念をもとにしている。しかし、とりわけ科学的な専門知が訴訟上の争点になる場合、反対尋問は往々にして、専門家証人の証言の科学的信頼性を検証するというよりも、必ずしも科学的ではないあらゆる要素、それこそ態度や人柄にいたるまでを攻撃することによってその法的信頼性を低めようとするものになる。また、先端的な科学技術問題のように原告と被告のあいだに極端な知識勾配がある場合、知識を多く持つ側にはそれを隠す誘因が生じる。

法廷における科学（1995年から2015年）：合衆国の状況

　こうした当事者対抗主義の構造的な問題を緩和すべく、アメリカ司法でも、注目すべき取り組みを行ってきた。本書でもたびたび登場する1993年のドーバート対メリル・ドウ製薬会社判決では、科学的証拠を陪審の評価対象としてもよいという許容性判断基準について、フライ基準を塗り替え、科学的な証拠・証言が陪審員に提出される前にその信頼性と関連性を検証する「門番（gatekeeper）」としての役割を裁判所に求めた。この判決は、科学的証拠の許容性という問題設定を越えて、法と科学の関係、そもそも裁判とは何をするところなのか、といった広い視野からの議論を喚起することになった。当時、枯れ葉剤やアスベストなどの大規模な不法行為訴訟での因果関係の立証に、「ジャンク・サイエンス」が用いられ、裁判をゆがめているとの認識が高まっていたのである。また、この判決では、裁判官が門番機能を果たすにあたって「科学的妥当性」を評価することが求められたが、「科学」であることの指標として、カール・ポパーの反証可能性など、科学哲学の議論を参照していたこともその一因である。本書も、そうした議論が活発に行われるなかで出版された1冊ということになる。

　1993年のドーバート判決から20年以上を経ているが、当時から、科学の素人である裁判官に科学的証拠の門番などという役割が果たせるのかとの疑問が提起されていた。それでも連邦最高裁は1997年に、ジェネラル・エレクトリック社対ジョイナー判決で、上訴審の裁判官に対して、事実審での裁判官がドーバート基準で証拠の許容性を評価したかどうかを審査することを求め、また1999年のクムホタイヤ対カーミッチェル判決で、科学以外の技術、専門知識にかかわるような証拠についてもドーバート基準を適用すべきこと

を求め、ドーバート基準の適用範囲を拡張してきた。それらの流れを受けて、2000年には連邦証拠規則が改正され、「証言が十分な事実やデータに基づいており、その証言が信頼できる原理や方法論から出されており、証人が、その事件の事実に、その原理や方法を信頼できるかたちで適用している場合には」(連邦証拠規則701条)、専門家証人は意見の証言をすることができるとされ、多くの州でこのドーバート基準が採用されている。このように科学的証拠に関しては、裁判官による科学の精査でジャンク・サイエンスの排除を行おうとする方向に舵がきられた。連邦司法センターでは、こうした裁判官の教育のための科学的証拠マニュアルを作成するなどの努力もなされ、このマニュアルは2011年には第3版が出版されている。

　しかし、実務上は、裁判官による「門番」は手続きを複雑化させただけで根本的な問題を解決したわけではないとの批判が見られる。当事者対抗主義的な審理構造を修正し、大陸法的な鑑定制度を導入すべきというような手続き上の改革案のほか、1970年代に一度は提案されたものの導入にはいたらなかった、科学問題を特別に扱う科学裁判所の設置といった改革案を再び提起する声もある。ジャサノフ自身も、最終章において、慎重な言い回しながらも、正式事実審理前のヒアリングなど、当事者対抗主義をゆるめる、少なくとも訴訟以外の場も含めて紛争解決のあり方を多様化する方向も示唆している。専門家証人の不毛な対立を緩和するような改革は、同じ英米法圏のイギリスやオーストラリアでは近年、さまざまな取り組みがなされ一定の成果も上げている。しかし、当事者対抗主義的な審理構造を有する裁判形式への信頼の深いアメリカの法文化においては、そのような改革を実行に移すには相当のハードルがあり、これまでのところそうした改革案が実現する見込みは薄い。

　こうしたことは科学的専門知をめぐる紛争において、私たちはどのような科学的に信頼できる紛争解決の枠組みを選び取るかという問題であるが、司法の決定の正統性（legitimacy）や、司法府と立法府、そして行政府（とりわけ規制機関）の関係の問題にもつながる。先端的な科学技術にかかわる問題は、行政府や立法府で有効な規制枠組みを提示するよりも前に、具体的な紛争として司法府に持ち込まれるため、司法府は適役かどうかにかかわらず、そうした問題の調整役、一定の政策形成者としての役割を果たさざるをえない。その際

に、「法」と「科学」は相互に影響を与え合いながら「専門知」を構築していく。その微小なダイナミズムを明らかにする地道な作業をふまえてこそ、こうした問題を解きほぐす可能性が漸進的に開けてくるのである。

法の学際的研究としての「法と科学」

さて、本書の翻訳にあたったメンバーの専攻は多岐にわたるが、監訳者は法哲学・法社会学といった、法学のなかでは基礎法学に分類される学問を専攻する研究者である。渡辺が専攻する法社会学は、アメリカではリアリズム法学の影響を受けつつ、本のなかの法だけではなく、現実に作動している法を探求していくことの必要性を唱える「法と社会研究」として、1950年代より研究が活発化した新しい分野である。このような「法と○○」研究と称される学際的研究の発展は著しく、すでに実務にも大きな影響を与えている「法と経済学」や「法と心理学」のほか、最近では「法と文学」や「法と大衆文化」など、多様な研究領域が広がっている。これは、アメリカでは裁判が身近で、法の社会的プレゼンスが高いということに加え、法がその一専門分野としての自律性・独立性よりも、社会と接続し、他の学問分野の成果を取り入れる柔構造を有するものとして受け入れられていることも前提としている。「法と科学」もその一分野という側面がある。しかし、たとえば、「法と社会」運動も、もともと「現実に作動している法」を科学的な手法を用いながら実証的に明らかにしようというアプローチをとっており、法現象を科学的に解明しようとする営みでもあり、広い意味では「法と科学」の性質も備えている。

そうした法の側の、科学への憧憬ともいえる関心からのアプローチと、本書が焦点を当てる、社会的に発展を遂げてきた科学技術と法という切り口は、重なりつつも異なる位相を有するといえよう。そこで、比較的最近編じられた「法と科学」のリーディングスをひもといてみる。Masksymilian Del Mar & Burkhard Schafer, eds., *Legal Theory and the Natural Science*, Ashgate, 2014 では、科学とリアリズム、自然主義というテーマのほか、裁判における科学、証明と真理、科学と法的概念といったテーマが扱われている。法社会学の文献集としてまとめられた Susan S. Silbey ed., *Law and Science I, II*, Ashgate, 2008 では、科学の認識論、裁判における科学、科学の国家制度化、科学の市場と

いったテーマに加え、科学のガバナンスが大きなテーマとなっている。この2つの角度は、上に述べた2つの切り口をある程度反映していると思われるが、いずれも裁判における科学を主要なテーマの1つとして扱っていることは興味深い。そこで「科学」とされるものは、必ずしも本書で話題となったような科学技術にかかわるものばかりではないが、裁判が、法と科学が交わる場として理論的な研究対象として外せないことはたしかである。本書がいうように、やはり法廷は、好むと好まざるとにかかわらず、法と科学が相互構築する重要な場であり続けざるをえないのである。大きなトレンドとして、本書が書かれた1995年からすると、2015年の現在、法廷における科学への学術的関心は落ち着きを見せているものの、なお本書の内容は重要性を減じてはいない。

法廷における科学：日本での展開
　とはいえ、1995年の著書を20年経過した2015年に翻訳して日本で出版する以上、さらに現代日本の文脈にも若干触れておきたい。日本でも、同様に科学が裁判で争われる、いわゆる「科学裁判」といえるような裁判は高度経済成長期の四大公害病訴訟をはじめ、60年代後半から提起されてきた。そして、これらの問題の解決の第一次的な機関として裁判所が大きな役割を果たしてきた。四日市ゼンソク裁判などで裁判所が疫学の知見をベースとした疫学的因果関係を認める方向に動いたことは、法学にも大きなインパクトを与えた。しかし、こうした裁判を法と科学の相互構築性という観点から検討していくという試みは、この時代には小さな動きにとどまった。「疫学的因果関係」論も、裁判における自然科学的知見の利用という捉え方よりも、深刻な被害に苦しむ被害者救済のための法理論と考えられ、その理論をあみ出した公害訴訟における司法の役割は好意的に評価された。80年代以降日本の司法が、公害問題等の解決での一次的アクターから身を退こうとする消極態度に転じていったこともあり、裁判を通じた政策形成や裁判における対論という点には目が向いても、「法と科学」という切り込み方での検討には向かわなかった。
　司法改革の声が高まった90年代の終わりになって医療過誤訴訟の提起が急増し、「よい科学」ならぬ「よい医学的知見」の裁判への導入が求められるようになる。専門家の協力が得やすい体制作りとして、鑑定手続の改善や、専門

委員制度が導入されるなどの取り組みがなされ、都市部の裁判所では医事集中部による対応も始まっている。また、DNA 鑑定の発達によって、犯罪捜査や親子関係の確定において科学的証拠への依存が生まれたとともに、その限界にも目が向けられるようになった。初期の DNA 鑑定の問題を同じく DNA 鑑定によって覆すことになった足利事件の経過は、司法への社会的信頼を揺るがし、その反省から科学的証拠の適切な利用、評価への司法府の関心を高めることにもなった。司法研修所が毎年テーマとメンバーを精選して行っている司法研究でも、平成 22 年には「科学的証拠とこれを用いた裁判のあり方について」をテーマとしている。もっとも、この研究は刑事裁判での DNA 鑑定の扱いが中心となっており、この司法研究の結果としては DNA 鑑定が絶対的でないことに警鐘を鳴らしているものの、「科学的証拠」の概念がある意味では狭められ、むしろ絶対視する方向に向かう恐れもある。さらには、法整備がなされないまま、生殖補助医療が発達、利用されるようになってきたことから、司法に、生殖補助医療によって誕生した子の親子関係についての規範形成が求められるようにもなっている。2006 年には凍結精子によって誕生した子の、2007 年には代理出産で誕生した子の、遺伝上の親子関係にある親との親子関係について、最高裁は立法府による対応を求めつつも、現行民法のもとでは親子関係は認められないとの判断を示した。この段階では、当事者による司法による法形成への期待を受けつつも、立法府への注文にとどまる対応であった。ところが、2013 年には性同一性障害者特例法による性別変更後に婚姻したカップルから生殖補助医療によって生まれた子を嫡出子として認める判決、2013 年には嫡出推定を受けている子と遺伝的につながりのない父子関係がないことを確認しようとする訴えに対し嫡出推定をそのまま認める判断が下され、注目を集めている。これらは、DNA 鑑定などで容易に遺伝的な親子関係が確定できるようになってきたなか、血のつながりだけで法律上の親子関係を決めるのではないという考え方を最高裁が示すものである。裁判所が積極的に親子関係について一定のルールを提示しようとしてきた点、遺伝的なつながりと法律上の親子関係を切り分けて規律しようとする点で、日本における「法廷における科学」の新しい 1 ページを切り開いている。

　こうした「法廷における科学」の展開としては、2011 年の東日本大震災に

ともなう原発事故の影響も大きい。この事故によって、日本における科学者への信頼がゆらいだだけでなく、司法が原発の安全性を認め続けてきたことにも関心が集まった。そして、原発訴訟を担当していた裁判官がなぜそのような判断にいたったのかということにまで検討の目が向けられつつある。1980年代から90年代の司法の消極化のなか、原発訴訟の多くは原発の安全性を基本的に認めてきた。しかし、このたびの事故を受け、司法改革の流れのなかで、裁判所が、国会・内閣と並んで三権の一翼を担うべきこと、すなわち立法や行政に対するチェック機能を十分に発揮することが強く求められるようになったこと、科学技術社会論的な問題意識が発展してきたこと、こうした事情が重なって、改めてようやく「法廷における科学」という角度で、これらの問題に光が当たるようになってきたのである。

　ひるがえって本書のテーマを眺めてみると、20年のときを経て、各章での検討事項が同じく日本の司法が今直面している課題でもあることに気づかされる。司法改革を経て、立法府や行政府との関係でプレゼンスを高めることを求められるようになった司法は、科学技術に対して一定の規範形成を率先して行わざるをえなくなっているし、すでにそうしたフォーラムとして歩み出している。法廷で行われていることに、法学やその関係者だけでなく、科学を対象とする研究者や、科学者たちも関心を向けていく必要があろう。

　本書の翻訳は、科学技術振興機構・社会技術研究開発センター（JST-RISTEX）委託研究プロジェクト「不確実な科学的状況での法的意思決定」（研究代表者：中村多美子、2010年9月〜2012年9月）参加メンバーを中心に、ほか外部から法学や科学史・科学技術社会論を専門とする有志の方々の協力を得て行われた。いわば、この仕事自体が「法と科学」の、さらには研究者と実務家の、ときに緊張感のある相互関係の「現場」にもなった。この研究プロジェクトは、法律家と科学技術者の法廷における「わかり合えなさ」の構造的・文化的原因を探ったうえで、より望ましい法的意思決定のあり方を考えていくものである。その成果として、本書の翻訳メンバーの多くが執筆した『法と科学のハンドブック』があり、「法と科学技術」でどういったことが問題になりうるかを広く一般に向けて解説している。いわば本書の「入門編」という性格のものでもあ

るので、ご関心のある方はぜひご一読いただきたい（プロジェクトの公式サイトにて全文を公開している：http://www.law-science.org/top.html）。翻訳の進め方としては、まず各章をそれぞれの担当者が訳し、いくつかの章について訳者間の相互チェックを行ったうえで、中村がとくに法律用語についてチェックし、吉良が全体的な訳語・文体の統一を行い、渡辺が最終的な確認を行った。組版は関谷が担当し、装丁はグラフィックデザイナーの谷田幸さんにお願いした。企画・編集にあたっては勁草書房編集部の鈴木クニエさんに一方ならぬお世話になった。心よりの感謝を申し上げたい。

注
1) この分野の議論状況を簡潔にまとめたものとして、参照、ジョン・ローセン（吉良貴之ほか訳）「科学技術と法」、『科学・技術・倫理百科辞典』丸善出版、2012 年。
2) ジャサノフの初期の著作を扱った論考として、参照、中島貴子「論争する科学——レギュラトリーサイエンス論争を中心に」、金森修・中島秀人編『科学論の現在』勁草書房、2002 年。
3) Robert Marton, *The Sociology of Science: Theoretical and Empirical Investigations*, University of Chicago Press, 1973.
4) John Ziman, *Prometheus Bound: Science in a dynamic steady state*, Cambridge University Press, 1994（ジョン・ザイマン（村上陽一郎・三宅苞・川崎勝訳）『縛られたプロメテウス』シュプリンガー・フェアラーク東京、1995 年）.
5) 吉良貴之・小林史明・川瀬貴之ほか「法的思考と社会構成主義」、『常磐国際紀要』、2012 年、p. 71 ［吉良執筆部分］。

事項索引

■あ行■

アイス・マイナス・バクテリア 154, 155, 162, 163
アクター・ネットワーク（actor network） 172, 262
アグラセトゥス社（Agracetus Corporation） 156
アシロマ会議 148, 149, 219
アスベスト 236
アドバンスト・ジェネティック・サイエンシズ社（AGS） 154
アミカス・キュリエ 64, 115
アミカス・ブリーフ 116
アメリカアレルギー免疫学アカデミー（American Academy of Allergy and Immunology） 139
アメリカ科学アカデミー（National Academy of Science: NAS） 45, 64, 94, 104, 116, 148, 242
アメリカ科学振興協会（American Association of Advancement of Science: AAAS） 64, 66, 67, 273
アメリカ学術研究会議（National Research Council: NRC） 59, 94, 95, 104, 219, 231, 252
アメリカ産婦人科学会 184, 186, 223
アメリカ自由人権協会 51, 115
アメリカとの契約（Contract with America） 4, 13, 257
アメリカ農務省（Department of Agriculture: USDA） 153, 155, 156, 163, 164
アメリカ法律家協会（American Bar Association: ABA） x, 96, 273
アメリカ保健教育福祉省（Department of Health, Education and Welfare: HEW） 103, 108, 150, 157, 180, 253
アメリカ保健社会福祉省（Department of Health and Human Services: DHHS） 108, 150, 178, 211, 212, 253
アメリカ連邦捜査局（FBI） 219
RU-486 178
安楽死 214
医学における倫理問題研究のための大統領委員会 202, 207, 210, 214
遺伝子組換え i, 146, 154, 156, 160, 164, 207
遺伝子工学 2, 22, 111, 145, 147, 149, 151, 156, 157, 160, 165, 166, 224, 259-261
医療過誤 v, 23, 26, 32-36, 47, 110, 182, 184, 185, 221, 264, 285
因果関係 viii, 26, 31, 45, 61, 82, 125, 128, 130, 143, 216, 221, 225, 263
　一般的な因果関係（general causation） 128, 130-132, 142, 220, 270
　個別的な因果関係 128, 132
　特定の因果関係 51, 128, 130-132, 270
インスクリプション 54
インフォームド・コンセント 33-35, 107-112, 118, 223, 253
HIV　　　　　→ ヒト免疫不全ウイルス
疫学研究（epidemiological research） 55, 61, 127, 133, 218, 270
オラフレックス 124

■か行■

解釈の柔軟性（interpretive flexibility） 21, 203, 242
外挿 76, 78, 88, 133
科学技術政策局（Office of Science and Technology Policy: OSTP） 164
科学技術社会論（science and technology studies: STS） 8
科学（技術）政策 4, 14, 36, 81-86, 96, 147, 215, 249

科学裁判所（science court） 1, 6, 67, 68, 101, 231, 248, 283
科学的不正行為 i, 18, 19, 99, 101, 105, 252, 271
科学のための政策（policy for science） 4, 6
科学論争 21, 90, 141, 150, 225
カーネギー科学・技術・政府委員会（Carnegie Commission on Science, Technology, and Government） 66, 273
カリフォルニア医師会（California Medical Association: CMA） 139, 219
環境影響評価 87, 89, 158, 160
環境影響評価報告書（environmental impact statement: EIS） 158, 159, 162, 164
環境法 23, 216, 229
環境防衛基金（Environmental Defense Fund: EDF） 85, 103, 104
環境保護庁（Environmental Protection Agency: EPA） 76, 78, 82, 84, 85, 90-92, 94, 103, 104, 117, 153-155, 157, 162-164, 232, 249, 260, 261, 272
眼振検査 17, 62, 270
技術評価局（Office of Technology Assessment: OTA） 149
規制科学（regulatory science） 83, 96
境界画定作業（boundary work） 22, 54, 58, 61, 64, 96, 101, 123, 207, 220
巨大科学（big science） 2
均等アプローチ 115
組換えDNA諮問委員会（Recombinant DNA Advisory Committee: RAC） 148-150, 156, 159, 160, 162
グレイス社 15, 138
経済動向研究財団（Foundation on Economic Trends: FET） 146, 156, 158, 159, 162, 163, 166
敬譲審査 74, 88, 89, 91, 102, 105, 158, 162, 186
研究公正局（Office of Research Integrity: ORI） 106
原子力規制委員会（Nuclear Regulatory Commission: NRC） 89, 90
原子力発電所 i, 3, 137, 277
公衆衛生局（Public Health Service: PHS） 106, 108, 253

交絡因子（confounding factors） 127
合理的な疑いを超える（beyond reasonable doubt） 10, 58
国立衛生研究所（National Institutes of Health: NIH） 18, 19, 103, 104, 106, 109, 113, 114, 148-150, 153, 154, 156-162, 164, 171, 260
国立科学財団（National Science Foundation: NSF） 106, 252
国家環境政策法（National Environmental Policy Act: NEPA） 37, 38, 158, 160, 243
ゴードン研究会議 148
雇用機会均等委員会 105

■さ行■

『サイエンス』（Science） 5, 6, 45, 134, 146, 148, 220
終末期患者 195-198, 203, 206, 208, 210, 213
ジェネラル・エレクトリック社 151, 282
ジェネラル・モーターズ社 16, 29
ジブロモクロロプロパン（DBCP） 124
事実認定 5, 7, 9-11, 21, 23, 44-46, 54, 58, 60, 68-70, 73, 83, 88, 89, 102, 129, 130, 132, 142, 197, 215, 220, 221, 232, 233
自然死法 208-210, 214, 269
持続的委任状 209
実験室科学 246
死ぬ権利 24, 195, 196, 199-202, 205-210, 213, 214, 216, 221, 222, 233, 277
慈悲団（Band of Mercy） 113
司法鑑定技術 17
司法積極主義 4, 37, 74, 86
市民教育 21, 24, 57, 221, 226, 227, 232
社会構築［構成］主義 65, 170, 201, 231
『ジャーナル・オブ・ジ・アメリカン・メディカル・アソシエーション』（Journal of the American Medical Association） 53
ジャンク・サイエンス（junk science） 5, 137, 221, 282, 283
集団遺伝学 58, 59, 219
「ジュラシック・パーク」（映画） 3
証拠開示（discovery） 105

事項索引　291

証拠（科学と法）　8
証拠（専門家証言の許容性）　17
証拠の優越（preponderance of the evidence）　10, 126
常識に基づいた司法改革法（Common Sense Legal Reform Act）　4
消費者製品安全委員会　76, 87, 88, 94
職業安全衛生管理局（Occupational Safety and Health Administration: OSHA）　76, 86, 87, 164
食品医薬品局（Food and Drug Administration: FDA）　85, 86, 92, 93, 153, 164, 253, 261, 263
進化科学　51
進化論　114-117
人工授精　18, 187, 188, 266
　非配偶者間人工授精（artificial insemination by donor: AID）　187, 265, 266
新生児　183, 196, 208, 210, 212-214
真の友（True Friends）　113
政策における科学（science in policy）　4
生殖技術　6, 24, 169, 179, 192, 224, 227
製造物責任　4, 13, 15, 16, 23, 26-29, 31, 35, 41, 48, 55, 68, 221, 235, 242, 247
生命維持　19, 177, 195, 197, 198, 201, 205, 207, 208, 213, 214
説明責任　23, 74-76, 79, 97, 163, 225, 232
『セル』（Cell）　106
専門家証人 v, ix, x, 5, 11, 14, 21, 23, 33, 44, 46-50, 55, 56, 62, 122, 222, 232, 233, 282, 283
専門家証人ネットワーク（Expert Witness Network）　47
専門知 vii-ix, 22, 23, 26, 35, 45, 47, 48, 60, 75, 95, 96, 146, 147, 161, 200, 223, 225, 233, 235, 236, 276, 282-284
創造科学　51, 115-117
創造論　100, 115, 116
送電線　16, 41, 136, 137

■た行■
ダイオキシン　14, 16, 48, 60, 61, 131
体外受精（in vitro fertilization）2, 180, 181, 191

大気汚染防止法（Clean Air Act）　84, 90, 92
代理母　187, 189-191, 216, 223, 229, 266
ダウ・コーニング社　52, 218
タスキギー梅毒研究　108
脱構築　21, 45, 53, 54, 58, 59, 70, 90, 112, 119, 132, 171, 172, 190, 196, 212, 219, 221-226, 228, 232, 233, 246, 273
知的財産権　i, 112, 153, 225
懲罰的損害賠償　4, 29, 70
著者性（authorship）　107
『沈黙の春』（Silent Spring）　2
DNA 鑑定　217
DNA 指紋　17, 20, 45
DDT　37, 103, 124, 255, 256
ディレーニー修正条項（Delaney Clause）　77, 85, 86, 92, 93, 104, 229, 249
適正手続（デュー・プロセス）　81, 106, 205
テクノロジー・アセスメント　11, 166
電気泳動　61
電磁界　16, 17
電磁場　41, 51, 137, 225
天井原則（ceiling principle）　59, 219
統計的検出力（statistical power）　127
統計的有意性　5, 216
当事者対抗主義（対審構造）　5, 45, 48, 49, 51, 53-55, 57, 59, 166, 219, 227, 232, 234, 281, 283
当事者適格　38, 103, 113, 114, 163, 211
動植物健康検査サービス（Animal and Plant Health Inspection Service: APHIS）　155
動物解放戦線　113
動物実験61, 76-78, 82, 88, 113, 127, 130, 134, 220
動物の倫理的扱いを求める人々の会　113
盗用検出器　18
特異的疾患（signature disease）　126
特許庁審判部（Patent Office Board of Appeals）　151
特許法　151, 152, 166, 223
特許商標局（Patend and Trademark Office）　151-153, 166, 259

■な行■

『ニューイングランド・ジャーナル・オブ・メディシン』（*New England Journal of Medicine*） 52
ニューイングランド電話会社 18
ニュルンベルグ綱領 108
『ネイチャー』（*Nature*） 17, 45, 53, 59, 101, 106, 148
ノーマル・サイエンス 76

■は行■

バイオテクノロジー ii, 6, 14, 100, 145-150, 153-156, 161-167, 217, 223, 224, 229, 259, 261, 262
バイオテクノロジー規制連携フレームワーク（the Coordinated Framework for Regulation of Biotechnology） 163
バイオテクノロジーサイエンス連携委員会（Biotechnology Science Coordinating Committee） 164
賠償制限 13
敗訴者負担 4
パスツール研究所 19
発ガン性物質 77, 78, 84-86, 91-93, 229
ハード・ルック審査 78-81, 86, 88, 93, 94, 96, 97, 160, 226, 232
ハーバード・マウス 153, 166, 259
反対尋問 5, 7, 50, 53-56, 58, 222, 233, 236, 244, 245, 282
ピア・レビュー 94, 100-102, 104, 118, 224
PCB →ポリ塩化ビフェニル
秘匿性 104, 109, 252
ヒト免疫不全ウイルス 18, 19, 101
避妊 16, 170, 173-175, 178, 227, 236, 242, 263
「評決」（映画） 244
フォード社 16
不確実性 26, 31, 54, 77, 81, 84, 88, 89, 94, 121, 129, 154, 157, 209, 216, 230, 235, 237, 261
　科学的不確実性 21, 39, 74, 76, 78, 85, 125, 143
　社会的不確実性 30, 31, 137
　法的不確実性 78, 181, 184, 266
復員軍人援護局（Veterans Administration: VA） 102
フライ基準（Frye rule） 63, 64, 83, 245
プライバシー 3, 18, 26, 171, 173, 174, 176, 199, 202, 205, 206, 213, 224, 228, 252, 262, 277
ブラックボックス 140, 170, 212, 226, 272
文化衝突 7
ベイビーアスピリン 124
ベイビー・K 19
ベイビー・ドゥ規制 212
弁護士向け専門アドバイザー・サービス（Technical Advisory Service for Attorneys） 47
ベンディクティン（Bendictin） 48, 236, 270
防衛医療（defensive medicine） 183
法科学（捜査科学） iii, 47, 52, 123
豊胸手術 16, 51, 126, 218
ポリ塩化ビフェニル（polychlorinated biphenyl: PCB） 136
ポリ臭化ビフェニル 142

■ま行■

メタ分析（meta-analysis） 127, 218
モンサント社 14, 61, 155

■や行■

野外試験（field testing） 147, 156, 158, 161-163
有害物質規制法（Toxic Substance Control Act: TSCA） 154
よい科学（good science） vii, viii, 6, 20, 23, 118, 217, 221, 271, 285
予防原則 75, 82, 83, 95

■ら行■

ラヴ・キャナル汚染事件 142
ランド民事司法研究所（Rand Institute of Civil Justice） 15
リスク評価 40, 74-76, 78, 85, 87, 88, 93-96, 125, 134
立証責任 10, 30, 122, 125, 128, 132, 227
リビング・ウィル（living will） 209
臨床環境学（clinical ecology） 137-140, 145, 218, 219, 223

倫理委員会　191, 199, 200, 210, 213, 214, 227, 234
倫理諮問委員会（保健教育福祉省）　180
連邦関税および特許控訴院（Court of Customs and Patent Appeals）　151
連邦証拠規則（Federal Rules of Evidence）　60, 61, 64, 65, 68, 233, 283
ロビンズ社　16

ロングフルバース（wrongful birth）　182, 183, 264
ロングフルライフ（wrongful life）　182

■わ行■
ワクチン　12, 13
悪い科学（bad science）　221

人名索引

■あ行■

アトウッド、マーガレット（Atwood, Margaret） 186
アナス、ジョージ（Annas, George） 52, 110, 184, 186, 190, 206
アプター、ジュリア（Apter, Julia） 102, 103, 117
アブラムソン、スタンリー（Abramson, Stanley） 157
アヤラ、フランシスコ（Ayala, Francisco） 11, 67, 271
ウィルダフスキー、アーロン（Wildavsky, Aaron） 123
ウィン、ブライアン（Wynne, Brian） 68, 222
ウェッセル、ミルトン（Wessel, Milton） 59
ウェルズ、ケイティ（Wells, Katie） 121
ウォッシュバーン、A・ローレンス（Washburn, A. Lawrence） 211
ウォルド、パトリシア（Wald, Patricia） 96, 251
ウルガー、スティーブ（Woolgar, Steve） 246
エチェベリア、ジョン（Echeverria, John） 42
エプスタイン、サミュエル（Epstein, Samuel） 131, 256
エリオット、E・ドナルド（Elliott, E. Donald） 90
エンジェル、マーシャ（Angell, Marcia） 52
オコナー、サンドラ・デイ（O'Connor, Sandra Day） 176, 179, 207

■か行■

カーソン、レイチェル（Carson, Rachel） 2
カットナー、ルイ（Kutner, Luis） 209
カードーゾ、ベンジャミン（Cardozo, Benjamin） 27
カーナウ、バートラム（Carnow, Bertram） 48
カープ、ハスケル（Carp, Haskell） 110
カルベール、クリスピーナ（Calvert, Crispina） 190
カントロウィッツ、アーサー（Kantrowitz, Arthur） 67
キーツ、ジョン（Keats, John） 2
ギャランター、マーク（Galanter, Marc） 16
ギャロー、デービッド（Garrow, David） 172, 176, 177
ギャロ、ロバート（Gallo, Robert） 106
ギンズバーグ、ルース・ベイダー（Ginsburg, Ruth Bader） 171
クイン、フィリップ（Quinn, Philip） 51, 245
クインラン、カレン・アン（Quinlan, Karen Ann） 198, 199, 203
クオモ、マリオ（Cuomo, Mario） 234
クライン、マーティン（Cline, Martin） 108, 109, 157
クーリー、デントン（Cooley, Denton） 110, 254
クリントン、ヒラリー・ローダム（Clinton, Hillary Rodham） 18, 75
クリントン、ビル（Clinton, Bill） 17, 93, 141, 178
クルーザン、ナンシー（Cruzan, Nancy） 195, 267
クレチュカ、ハロルド（Kletschka, Harold） 102
ケイ、デイヴィッド（Kay, David） 132
ケイセン、カール（Kaysen, Carl） 69
ケニー、アンソニー（Kenny, Anthony） 245
ケネディ、アンソニー（Kennedy, Anthony） 179
ケネディ、エドワード（Kennedy, Edward） 150
コッシュランド、ダニエル（Koshland, Daniel） 5, 146, 147, 161
ゴールドバーグ、アーサー（Goldberg, Arthur）

人名索引　295

ゴールドバーグ，スティーヴン（Goldberg, Steven）　174, 102, 272

■さ行■
サイケヴィッチ，ジョセフ（Saikewicz, Joseph）　200, 203, 204
ザイマン，ジョン（Ziman, John）　9, 280
サイモン，ロン（Simon, Ron）　67
サックス，マイケル（Saks, Michael）　11, 123, 141, 143, 273
ザッツ，クリフォード（Zatz, Clifford）　134
サンダース，ジョセフ（Sanders, Joseph）　48
ジェンキンス，ブルース（Jenkins, Bruce）　132
シャゾー，スティーヴン（Schatzow, Steven）　154, 261
ジャビッツ，ジェイコブ（Jabits, Jacob）　150
シャピロ，マーティン（Shapiro, Martin）　46
シュック，ピーター（Schuck, Peter）　15, 90, 272
シューブ，マーヴィン（Shoob, Marvin）　55, 56
ジョンソン，アルフレッド（Johnson, Alfred）　138, 139
ジョンソン，アンナ（Johnson, Anna）　190
シリカ，ジョン（Sirica, John）　158-161
シンガー，マキシン（Singer, Maxine）　160-162
シンプソン，O・J（Simpson, O. J.）　45
スコープス，ジョン（Scopes, John）　115
スーター，ディビッド（Souter, David）　179
スターン，ウィリアム（Stern, William）　188-190, 266
スチュワート，ゴードン（Stewart, Gordon）　55
スチュワート，ティモシー（Stewart, Timothy）　153
スチュワート，ポッター（Stewart, Potter）　173
ストロベル，ギャリー（Strobel, Gary）　156, 157, 260
ストーン，クリストファー（Stone, Christopher）　38
スミス，ジョン・ルイス（Smith, John Lewis）　158
ソルコウ，ハーヴェイ（Sorkow, Harvey）　189

■た行■
タウブ，エドワード（Taub, Edward）　114
ダグラス，ウィリアム・O（Douglas, William O.）　173, 174
ダグラス，メアリー（Douglas, Mary）　123
チャクラバーティ，アナンダ（Chakrabarty, Ananda）　151, 259
チャップリン，チャーリー（Chaplin, Charlie）　10, 11
チュービン，ダリル（Chubin, Daryl）　66
ディーガン，ロバート・M・クック・（Deegan, Robert M. Cook）　273
ディンゲル，ジョン（Dingell, John）　106
デービス，バーナード（Davis, Bernard）　146, 147, 161, 167
デ・ブール，ジェシカ（De Boer, Jessica）　186
ドゥ，ベイビー・ジェーン（Doe, Baby Jane）　211, 270
トクヴィル，アレクシ・ド（Tocqueville, Alexis de）　3
トライブ，ローレンス（Tribe, Lawrence）　174
ドーラン，フローレンス（Dolan, Florence）　41
トレーナー，ロジャー（Traynor, Roger）　28

■な行■
ナンバーズ，ロナルド（Numbers, Ronald）　115
ネーダー，ラルフ（Nader, Ralph）　145

■は行■
ハウダー，F・トマス（Howder, Thomas F.）　252
バーガー，ウォレン（Burger, Warren）　151, 152
バーク，ポール（Berg, Paul）　148
パチェコ，アレックス（Pacheco, Alex）　114
バート，ロバート（Burt, Robert）　202, 267
バドウル，ブルース（Budowle, Bruce）　53, 59
バートリング，ウィリアム（Bartling, William）　210
ハートル，ダニエル（Hartl, Daniel）　59
バートン，ダニエル（Burton, Daniel）　110, 111
パノプロス，ニコラス（Panopoulos, Nicklas）　158-161, 260
ハーラン，ジョン（Harlan, John）　174

ハリス，ルイス（Harris, Louis） 149
ビューラー，ブルース（Buehler, Bruce） 55
ブーヴィア，エリザベス（Bouvia, Elizabeth） 204
フォスト，ノーマン（Fost, Norman） 197, 212
ブッシュ，ジョージ（Bush, George） 178
ブッシュ，ジョージ・H・W（Bush, George H. W.） 75, 171, 257
フーバー，ピーター（Huber, Peter） 12, 13, 52, 242
ブライヤー，スティーヴン（Breyer, Stephen） 93
ブラック，バート（Black, Bert） 11, 271
ブラック，ヒューゴ（Black, Hugo） 173
ブラックマン，ハリー（Blackman, Harry） 65, 67, 176, 177
フランケル，マーヴィン（Frankel, Marvin） 48, 49
プリースト，ジョージ（Priest, George） 242, 273
フリードマン，ローレンス（Friedman, Lawrence） 12, 123
フリーマン，オースティン（Freeman, R. Austin） 9
フリーマン，レオナルド（Freeman, Leonard） 106, 107
ブレット，ピーター（Brett, Peter） 49
ブレナン，ウィリアム・J, Jr.（Brennan, William J., Jr.） 152, 259
フロリオ，ジェイムズ（Florio, James） 235
ベイズロン，デイヴィッド（Bazelon, David） 79-81, 94-96
ペック，マートン・J（Peck, Merton J.） 55
ボイル，ジェームズ（Boyle, James） 112
ポット，パーシヴァール（Pott, Pervivall） 123
ポパー，カール（Popper, Karl） 65, 282
ポポビッチ，ミクラス（Popovic, Mikulas） 106
ポラック，ロバート（Pollack, Robert） 259
ボルチモア，デイヴィッド（Baltimore, David） 106
ホワイトヘッド，メアリー・ベス（Whitehead, Mary Beth） 188-190

■ま行■
マイヤー，ポール（Meier, Paul） 49
マカフィー，ラリー（McAfee, Larry） 205
マクガリティ，トーマス（McGarity, Thomas） 88, 250
マーシャル，サーゴット（Marshall, Thurgood） 177
マートン，ロバート（Merton, Robert） 225, 279, 280
ミラー，ヘンリー（Miller, Henry） 261
ミラー3世，ジェイムズ・C（Miller III, James C.） 249
ムーア，ジョン（Moore, John） 111, 112
メリット，デボラ（Merritt, Deborah） 32
メルニック，R・シェップ（Melnik, R. Shep） 84
メンデル，グレゴール（Mendel, Gregol） 221

■や行■
ユジヴァロシ，カジメル（Ujvarosy, Kajmer） 103, 104
ヨクセン，エドワード（Yoxen, Edward） 166, 167

■ら行■
ライト，J・スケリー（Wright, J. Skelly） 39, 40, 82, 158, 159
ラトゥール，ブルーノ（Latour, Bruno） 246
ラングバイン，ジョン（Langbein, John） 68
ランダー，エリック（Lander, Eric） 53, 58, 59
リーバーマン，ジェスロ（Lieberman, Jethro） 34, 131
リフキン，ジェレミー（Rifkin, Jeremy） 100, 145, 146, 154, 156, 157, 164, 258
リリー3世，ウィリアム（Lilley III, William） 249
リンドウ，スティーヴン（Lindow, Steven） 158-161, 260
ルイセンコ，T・D（Lysenko, T. D.） 221
ルーウォンティン，リチャード（Lewontin, Richard） 59
ルース，マイケル（Ruth, Michael） 51
レヴィン，アラン（Levin, Alan） 138, 139

レヴェンタール, ハロルド（Leventhal, Harold） 80, 81, 86, 88, 94, 96
レーガン, ロナルド（Reagan, Ronald） 75, 85, 164, 171, 180, 211
レダー, フィリップ（Leder, Philip） 152, 259
レンキスト, ウィリアム（Rehnquist, William） 41

■わ行■

ワイカー, ローウェル（Weicker, Lowell） 234
ワイザンスキー 69
ワイス, テッド（Weiss, Ted） 106
ワイスマン, ハイジ（Weissman, Heidi） 106, 107, 117, 253
ワインスタイン, ジャック（Weinstein, Jack） 61, 131, 133, 247, 256

判例索引

■あ行■

アイゼンシュタット対ベアード（Eisenstat v. Baird） 174
アクロン市対アクロン生殖健康センター（City of Akron v. Akron Center for Reproductive Health） 176
アスベスト訴訟 15, 31, 143, 256
アブス対サリヴァン（Abbs v. Sullivan） 106
アメリカ自然資源防衛協議会対環境保護庁（Natural Resource Defense Council v. EPA） 91
アレン対合衆国（Allen v. United States） 132
アンダーソン対 W. R. グレイス（Anderson v. W. R. Grace） 138
アンナ・J 対マーク・C（Anna J. v. Mark C.） 190, 193, 223, 225
アレイト対アヴェドン（Arato v. Avedon） 109
ヴァーモント・ヤンキー原子力発電会社対天然資源保護協議会（Vermont Yankee Nuclear Power Corp v. National Resources Defense Council） 81, 86, 89, 91
ウィリアムズ事件　→ 州民対ウィリアムズ
ウェブスター対ミズーリ州リプロダクティブ・ヘルス・サービス（Webstar v. Reproductive Health Services） 177, 263
ウェルズ対オルト製薬会社（Wells v. Ortho Pharmaceutical Corp.） 55, 70, 121, 131
ウー対アメリカ人文科学基金（Wu v. National Endowment for the Humanities） 252
エアー対ジャクソン郡区（Ayers v. Township of Jackson） 135
エイラー事件 272
エスコーラ対コカ・コーラ・ボトリング社（Escola v. Coca-Cola Bottling Co.） 242
エチル社対環境保護庁（Ethyl Corp. v. EPA） 38-40, 82, 95
エドワーズ対アギラード（Edwards v. Aguillard） 115, 116, 225
O・J・シンプソン事件 17, 47, 53

■か行■

合衆国対ウィリアムズ（United States v. Williams） 64
カープ対クーリー裁判（Karp v. Cooley） 110
ガルフ・サウス・インシュレーション社対消費者製品安全委員会（Gulf South Insulation Co. v. Consumer Product Safety Commission） 87, 94
枯葉剤事件（Agent Orange） 15, 48, 61, 133, 225
環境防衛基金対ラッケルズハウス（EDF v. Ruckelshaus） 85, 103, 104
カンタベリー対スペンス（Canterbury v. Spence） 243
クインラン事件（Quinlan） 198, 200-203, 205, 206, 208, 213, 214, 216, 267
グリズウォルド対コネチカット州（Griswold v. Connetict） 173-175
クリスクオラ対ニューヨーク州電力公社（Criscuola v. Power Authority of the State of New York） 41, 136, 225
クリストファーソン対アライド・シグナル社（Christopherson v. Allied Signal Corp.） 128, 129, 132
グリーンマン対ユバ・パワー・プロダクト社（Greenman v. Yuba Power Products, Inc.） 28
クルーザン対ミズーリ州保険局長（Cruzzan v. Director, Missouri Department of Health） 195, 205, 207-209, 213
グレイトマン対コスグローヴ（Gleitman v.

Cosgrove） 182, 183
クレチュカ対ドライバー（Kletschka v. Driver）
　102
経済動向研究財団対ジョンソン（FET v.
　Johnson） 163
経済動向研究財団対トーマス（FET v. Thomas）
　162
経済動向研究財団対ヘクラー（FET v. Heckler）
　158
経済動向研究財団対リング（FET v. Lyng） 163
ケイシー事件 → ペンシルヴァニア州南東部計画
　出産教会対ケイシー
ゲイツ対ジェンセン（Gates v. Jensen） 243
コリンズ対イーライ・リリー社（Collins v. Eli
　Lilly and Co.） 243

■さ行■
サイケヴィッチ判決 → ベルチャータウン州立学
　校長対サイケヴィッチ
サマーズ対タイス（Summers v. Tice） 29
シェヴロン USA 社対アメリカ自然資源防衛協
　議会（Chevron U.S.A Inc. v. Natural
　Resource Defense Council） 90-92
C. M. 対 C. C.（C. M. v. C. C.） 188
市民対ヤング（Public Citizen v. Young） 92
州民対ウィリアムズ（People v. Williams） 62,
　63
州民対カストロ（People v. Castro） 57, 58, 219
シンデル対アボット・ラボラトリーズ（Sindell
　v. Abbott Laboratories） 30, 129
スコープス事件 115
スターリング対ヴェルシコル化学会社（Sterling
　v. Velsicol Chemical Corp.135, 139, 223
ストーラー事件（Storar） 201, 203
スミス対ハーティガン事件（Smith v. Hartigan）
　180

■た行■
ダイアモンド対チャクラバーティ（Diamond v.
　Chakrabarty） 150, 152, 153, 166, 167,
　192, 217, 223, 225, 227
ダフィールド対ウィリアムズポート学校区
　（Duffield v. Williamsport School
District） 243
デービス対デービス（Davis v. Davis） 181
デル・ジオ対プレスビテリアン病院（Del Zio v.
　Presbyterian Hospital in the City of
　New York） 180
ドーバート対メリル・ドウ製薬会社（Daubert v.
　Merrel Dow Pharmaceuticals, Inc.）
　17, 64-67, 101, 105, 118, 224, 225, 230,
　282
ドーラン対ティガード（Dolan v. Tigard）41, 87
トンプソン対サザンパシフィック運輸
　（Thompson v. Southern Pacific
　Transportation Co.） 131

■な行■
ナキャラート対グローブ（Naccarato v. Grob）
　243
ニューイングランド電話会社事件 18
ニューヨーク州知的障害児協会対ケアリー
　（New York State Ass'n for Retarded
　Children v. Carey） 243

■は行■
バウアース対ハードウィック（Bowers v.
　Hardwick） 174
バーキー・フォト社対イーストマン・コダック
　社（Berkey Photo, Inc. v. Eastman
　Kodak Co.） 55
バートン対ブルックリン医師病院（Burton v.
　Brooklyn Doctors Hospital） 110
バーマン対アラン事件（Berman v. Allan） 183
ビシュラー対イーライ・リリー社（Bichler v.
　Eli Lilly and Co.） 243
フェレビー対シェヴロン化学（Ferebee v.
　Chevron Chemical Co.） 130
フライ対合衆国（Frye v. United States）63, 223
ブラウン対教育委員会（Brown v. Board of
　Education of Topeka） 192
ブルーヌ対ベリンコフ（Brune v. Belinkoff）
　243
フレッチャー対ビーリー（Fletcher v. Bealey）
　37
プロカニック対シーロ（Procanik v. Cillo） 183

ブロフィー対ニューイングランド・シナイ病院（Brophy v. New England Sinai Hospital, Inc.） 206
フロリダ州対トミー・リー・アンドリュース（State of Florida v. Tommie Lee Andrews） 244
ベイビー・M 事件（Baby M） 188, 191, 193, 198, 216, 225
ベイビー・ドゥ事件 211
ペダーソン対デュモンシェル（Pederson v. Dumonchel） 243
ヘニングセン対ブルームフィールド・モータース社（Henningsen v. Bloomfield Motors, Inc.） 242
ヘリング対ケアリー（Helling v. Carey） 111, 243
ベルチャータウン州立学校長対サイケヴィッチ（Superintendent of Belchertown v. Saikewicz） 198, 200, 201, 203, 227
ペンシルヴァニア州南東部計画出産教会対ケイシー（Planned Parenthood of Southeastern Pennsylvania v. Casey） 173, 177-179, 193
ベンゼン判決 93
ベンディクティン事件（Bendictin） 221, 271
ベントン対ケスラー（Benten v. Kessler） 263
ボルタッチ対ターミニクス・インターナショナル社事件（Boltuch v. Terminix International, Inc.） 131
ボルチモア・ガスアンドエレクトリック社対天然資源保護協議会（Baltimore Gas and Electric Co. v. Natural Resouces Defense Council: NRDC） 88, 89, 91, 252
ボレル対ファイヤーボード製紙会社（Borel v. Fireboard Paper Products Corp.） 31

■ま行■

マイニング裁判 → リザーブ・マイニング対環境保護庁

マケルハニー対イーライ・リリー社（McElhaney v. Eli Lilly and Co.） 243
マック対カリファノ（Mack v. Califano） 157
マクファーソン対ビュイック・モーター社（MacPherson v. Buick Motor Company） 27
マリノフ対アメリカ保健教育福祉省（Marinoff v. HEW） 103
マンヴィル社（Manville）裁判 16
ムーア対カリフォルニア大学理事会（Moore v. Regents of the University of California） 112, 118, 223, 225
メイン対マクラウド（Maine v. McLeod） 57
メトロポリタン・エディソン社対核エネルギーに反対する人々（Metropolitan Edison Co. v. People Against Nuclear Energy: PANE） 137
メネンデス対コンチネンタル保険会社（Menendez v. Continental Insurance Co.） 138

■ら行■

ラボード対ヴェルシコル化学会社（Laborde v. Velsicol Chemical Corp.） 139, 140
リザーブ・マイニング対環境保護庁（Reserve Mining v. EPA） 38, 39
レア対エトナ生命保険会社（Rea v. Aetna Life Insurance Co.） 139
レモン対カーツマン（Lemon v. Kurtzman） 116
ロー対ウェイド（Roe v. Wade） 171-173, 175-179, 181, 190-192, 227, 228, 263
ロビンズ社（Robbins（A. H.）Company））裁判 16
ロングフルバース訴訟 183, 184, 265
ロングフルライフ訴訟 183, 184, 265

■わ行■

ワイスマン対フリーマン（Weissman v. Freeman） 106

著者・監訳者・訳者プロフィール

[著者]

シーラ・ジャサノフ（Sheila Jasanoff）
　ハーバード大学ケネディスクール教授（科学技術社会論（STS））。代表作に *Fifth Brach* (1990)、*Science at the Bar* (1995)、近著に *Designs on Nature* (2005) など。

[監訳者]

渡辺 千原（わたなべ・ちはら）：監訳、解説ほか
　立命館大学法学部教授、法社会学専攻、京都大学大学院法学研究科基礎法学専攻博士後期課程満期退学。論文に、「非専門訴訟における専門的知見の利用と評価」和田仁孝ほか編『法の観察』（法律文化社、2014年）など。

吉良 貴之（きら・たかゆき）：監訳、第10章、解説ほか
　宇都宮共和大学シティライフ学部専任講師、法哲学専攻。東京大学大学院法学政治学研究科博士課程満期退学。論文に「世代間正義論」（『国家学会雑誌』119巻5-6号、2006年）、翻訳にドゥルシラ・コーネル『イーストウッドの男たち』（御茶の水書房、2011年）、同『自由の道徳的イメージ』（御茶の水書房、2015年）など。http://jj57010.web.fc2.com

[訳者]

中村 多美子（なかむら・たみこ）：第1章（前半）
　弁護士法人リブラ法律事務所弁護士。法哲学専攻。京都大学大学院法学研究科法政理論専攻博士後期課程修了。論文に、「不確実な科学的状況下での裁判」（亀本洋編『岩波講座 現代法の動態 第6巻 法と科学の交錯』岩波書店、2014年）など。

加藤 源太郎（かとう・げんたろう）：第2章
　追手門学院大学准教授。社会学理論、科学社会学専攻。神戸大学大学院総合人間科学研究科博士後期課程修了。論文に「リスク社会における不信の構造」（『プール学院大学紀要』第51号、2011年）、「堺と近代社会の変容」（木村一信ほか編『国際堺学を学ぶ人のために』世界思想社、2013年）など。

関谷 翔（せきや・しょう）：第3章、組版
　東邦大学理学部非常勤講師、科学技術社会論専攻。東京大学大学院総合文化研究科博士課程在学中。論文に「認知科学・脳神経科学がリスク論に与えるインパクト——個人的選択から社会的論争への変換」（『脳科学時代の倫理と社会（UTCP Booklet 15）』、2010年）など。

小林 史明（こばやし・ふみあき）：日本語版への序文、第 1 章（後半）、第 4 章
　立正大学法学部非常勤講師、法哲学専攻。明治大学大学院法学研究科博士後期課程在学中。論文に「法と芸術の交錯」（仲正昌樹編『批評理論と社会理論 1 アイステーシス』御茶の水書房、2011 年）、「法と文学の展開」（亀本洋編『岩波講座 現代法の動態 第 6 巻 法と科学の交錯』岩波書店、2014 年）など。https://sites.google.com/site/kobafu11/

川瀬 貴之（かわせ・たかゆき）：第 5 章
　千葉大学法政経学部准教授、法哲学専攻。京都大学大学院法学研究科法政理論専攻博士後期課程修了。論文に「臨床研究における診療と研究の価値対立の本質」（『千葉大学法学論集』第 29 巻第 1・2 号、2014 年）。

住田 朋久（すみだ・ともひさ）：第 6 章
　出版社勤務。東京大学大学院総合文化研究科博士課程満期退学。論文に「四大公害裁判期における疫学的因果関係論　1967-1973」（『哲学・科学史論叢』13 号、2011 年）など、共訳書にスティーブ・フラー『知識人として生きる』（青土社、2009 年）、上田昌文・渡部麻衣子編『エンハンスメント論争』（社会評論社、2008 年）など。
http://researchmap.jp/sumidatomohisa/

定松 淳（さだまつ・あつし）：第 7 章
　東京大学教養学部附属教養教育高度化機構特任講師、社会学専攻。東京大学大学院人文社会系研究科博士課程満期退学。論文に「ダイオキシン論争の分析」（盛山和夫ほか編『公共社会学 1』東京大学出版会、2012 年）など。

西迫 大佑（にしさこ・だいすけ）：第 8 章
　大妻女子大学非常勤講師、法哲学専攻。明治大学大学院法学研究科博士後期課程修了。論文に「フーコー、ベルヌーイ、ダランベール——天然痘の予防とリスクについて」（『VOL05 エピステモロジー』以文社、2011 年）、翻訳にベン・ゴールダーほか『フーコーの法』（勁草書房、2014 年）など。

佐藤 裕則（さとう・ひろのり）：第 9 章
　日本弁護士連合会情報統計室研究員、法哲学専攻。早稲田大学大学院法学研究科博士後期課程満期退学。論文に「近年のイギリスのソリシターの経済状況」（『自由と正義』66 巻 4 号、2015 年）、翻訳にチャールズ・D・ワイセルバーグ「アメリカにおける臨床法学教育の理論と実務へのインパクト」（『臨床法学セミナー』第 10 号、2011 年）など。

法廷に立つ科学
「法と科学」入門

2015 年 7 月 20 日　第 1 版第 1 刷発行

著　者　　シーラ・ジャサノフ

監訳者
　　　　　渡　辺　千　原
　　　　　吉　良　貴　之

発行者　　井　村　寿　人

発行所　株式会社　勁草書房

112-0005　東京都文京区水道 2-1-1　振替　00150-2-175253
　　　　（編集）電話 03-3815-5277／FAX 03-3814-6968
　　　　（営業）電話 03-3814-6861／FAX 03-3814-6854
　　　　　　　　大日本法令印刷・中永製本所

ⓒWATANABE Chihara, KIRA Takayuki　2015

ISBN978-4-326-40304-2　　Printed in Japan

JCOPY ＜(社)出版者著作権管理機構 委託出版物＞
本書の無断複写は著作権法上での例外を除き禁じられています。
複写される場合は、そのつど事前に、(社)出版者著作権管理機構
（電話 03-3513-6969、FAX 03-3513-6979、e-mail: info@jcopy.or.jp）
の許諾を得てください。

＊落丁本・乱丁本はお取替いたします。

http://www.keisoshobo.co.jp

金森修・中島秀人編著
科学論の現在

A5判　3,500円
10139-9

マイケル・リンチ／水川・中村監訳
エスノメソドロジーと科学実践の社会学

A5判　5,300円
60244-5

生貝直人
情報社会と共同規制
インターネット政策の国際比較制度研究

A5判　3,600円
40270-0

宇佐美誠編著
法学と経済学のあいだ
規範と制度を考える

A5判　3,000円
40262-5

キャス・サンスティーン／角松・内野監訳
恐怖の法則
予防原則を超えて

四六判　3,300円
15435-7

キャス・サンスティーン／那須耕介編監訳
熟議が壊れるとき
民主政と憲法解釈の統治理論

四六判　2,800円
15422-7

―――――――――――――――勁草書房刊

＊表示価格は2015年7月現在，消費税は含まれておりません。